聪明人由于说话的方式正确而让领导看重，让下属追随，让朋友喜欢，让异性认同，让客户信赖，让陌生人信任；愚蠢者由于说话方式欠妥而被领导冷遇，被下属忽视，被朋友讨厌，被异性抛弃，被客户怀疑，被陌生人提防。

说话智慧

一点通

聪明与愚蠢的说话差别

安心/编著

SHUOHUAZHIHUI

YIDIANTONG

当代世界出版社

图书在版编目(CIP)数据

说话智慧一点通:聪明与愚蠢的说话差别/安心编著.
—北京:当代世界出版社,2010.5
ISBN 978-7-5090-0641-2

Ⅰ.①说… Ⅱ.①安… Ⅲ.①语言艺术–通俗读物
Ⅳ.①H019-49

中国版本图书馆CIP数据核字(2010)第065935号

说话智慧一点通:聪明与愚蠢的说话差别

出版发行:当代世界出版社
社　　址:北京市复兴路4号(100860)
网　　址:http//www.worldpress.com.cn
编务电话:(010)83908403
发行电话:(010)83908410(传真)
　　　　　(010)83908408
　　　　　(010)83908409
　　　　　(010)83908377
　　　　　(010)83908423(邮购)
经　　销:全国新华书店
印　　刷:北京金秋豪印刷有限责任公司
开　　本:787×1092毫米　1/16
印　　张:23
字　　数:350千字
版　　次:2010年5月第1版
印　　次:2010年5月第1次印刷
书　　号:ISBN 978-7-5090-0641-2
定　　价:43.00元

前 言

　　说话的方式不同,受欢迎的程度也不同。说话方式正确与否,对于事情的结果截然不同。

　　愚蠢的说话方式让人被领导冷遇,被下属忽视,被朋友讨厌,被异性抛弃,被客户怀疑,被陌生人提防;聪明的说话方式让人被领导看重,被下属追随,被朋友喜欢,被异性认同,被客户依赖,被陌生人信任。

　　聪明说话的人走到哪里都受人欢迎,愚蠢说话的人走到哪里都遭人讨厌。

　　说话的方式有许多,有些话要直接说,有些话要间接说,有些话要委婉说,有些话要幽默地说。在什么场合说什么话,见什么人说什么话,看似简单,实则大有学问。

　　说话要讲究技巧,需要用心感受对方的心情和接受能力。说得好了,既交到了朋友,也能缓解尴尬和紧张气氛,让别人从心理上接受你,办什么事情都会一帆风顺;错误的说话方式会伤别人的自尊,失去朋友,办什么事情都四处碰壁。所以,说话的方式不同,生活的结果和感受完全不同。

　　说话是手腕,是交际能力,是维持友谊和保持情感的桥梁。说话可以为你的人生搭起一座桥,有了这座桥,才会有人走上来,才会有观光客。注意说话方式,把握尺度,一定能够让你八面玲珑,四面威风。

　　说话需要头脑,需要智慧,而不是光凭嘴。用嘴说话的人是没有思想的,而光有思想又不会用嘴说话,只是一个空心人。只有思想和嘴巴相互结合,才能够说出动听的话来,成为生活的宠儿。

　　说话的方式永远比内容更重要,本书会告诉你聪明的说话方式。

　　急事,要慢慢地说——遇到急事,如果能沉下心思考,然后不急不躁地把事情说清楚,会给听者留下稳重、不冲动的印象,增加别人对你的信任度。

　　小事,要幽默地说——尤其是一些善意的提醒,用句玩笑话讲出来,就不会让听者感觉生硬,他们不但会欣然接受你的提醒,还会增强彼此的亲密感。

没把握的事，要谨慎地说——对那些没有把握的事情，如果你不说，别人会觉得你虚伪；如果你能措辞严谨地说出来，会让人感到你是个值得信任的人。

没发生的事，不要胡说——人们最讨厌无事生非的人，如果你从来不随便臆测或胡说没有的事，会让人觉得你为人成熟、有修养，是个做事认真、有责任感的人。

做不到的事，别乱说——"没有金刚钻，别揽瓷器活"。不轻易承诺自己做不到的事，会让听者觉得你是一个"言必信，行必果"的人，愿意相信你。

伤害人的事，不能说——不用言语伤害别人，尤其在较为亲近的人之间，不说伤害人的话。这会让他们觉得你是个善良的人，有助于维系和增进感情。

伤心的事，不要见人就说——人在伤心时，都有倾诉的欲望，但如果见人就说，很容易使听者心理压力过大，对你产生怀疑和疏远。

别人的事，要小心地说——人与人之间都需要安全距离，不轻易评论和传播别人的事，会给人交往的安全感。

自己的事，听别人怎么说——自己的事情要多听听局外人的看法，一则可以给人以谦虚的印象；二则会让人觉得你是个明事理的人。

尊长的事，要多听少说——年长的人往往不喜欢年轻人对自己的事发表太多的评论，如果年轻人说得过多，他们就觉得你不是一个尊敬长辈、谦虚好学的人。

夫妻的事，要商量着说——夫妻之间，最怕的就是遇到事情相互指责，而相互商量会产生"共情"的效果，能增进夫妻感情。

孩子们的事，要开导着说——青春期的孩子，非常叛逆，采用温和又坚定的态度进行开导，可以让孩子既对你有好感，愿意和你成为朋友，又能起到说服的作用。

……

本书将聪明的说话方式和愚蠢的说话方式进行了透彻的对比分析，一定会让你在社交中游刃有余，在为人处世时左右逢源，在求人办事时得心应手，在职场上大展宏图，在商海中纵横捭阖，创造一个尽善尽美的生活。

目 录

智者见什么人说什么话
愚人说话办事不看对象

说话要察言观色,掌握火候,

一边看一边说,

一边说一边看。

只有说话办事量体裁衣,

把握分寸留有余地,

才能在人生的道路上,

路路都是绿灯,

处处纵横通畅。

俗话说:"看菜吃饭,量体裁衣。"这是指办事时要看具体情况,灵活机动,不能拘泥于现成的条文,生搬硬套。说话也是这样,也要看具体情况,灵活机动,因人而异。

《鬼谷子·权篇》将"看人说话"的技巧演绎得淋漓尽致:"与智者谈话,要以渊博为原则;与拙者谈话,要以强辩为原则;与善辩的人谈话,要以简要为原则;与高贵的人谈话,要以鼓吹气势为原则;与富人谈话,要以高雅潇洒为原则;与穷人谈话,要以利害为原则;与卑贱者谈话,要以谦恭为原则;与勇敢者谈话,要以果敢为原则;与上进者谈话,要以锐意进取为原则。"这些都是与人谈话的原则。

智者的故事

有位生性高傲的处长,他那生硬冷漠的面孔常使人望而却步。一位外地来的办事员听说了他的脾气,刚见面后就微笑着给了处长递一支烟,说:"处长,我一进门就有人告诉我,处长是个爽快人,办事认真,富有同情心,特别是对外地人格外关照。我一听,高兴极了。我就爱和这样的领导办事,痛快!"处长的脸上立刻露出一丝笑容,接下去谈正事,果然大见成效。

这位办事员的成功便得益于开头的那几句对处长脾气的话。这样,这位处长就不好意思给人脸色看了,反之会在维护自我形象的心理支配下变得和蔼可亲起来。看人的脾气说话需注意两点:一是要实事求是。你说的话不是无中生有,而是确有其事,对方才会感到高兴。如果进行肉麻的吹捧、拍马屁,清醒的人会把你当成小人。二是赞美要适可而止。赞美在这里不过是使高傲者改变态度的手段,是交际的序幕。如果一味赞美,而不及时转入正题,就失去了意义。

有一位大学毕业生去见一位企业家,试图向这位总经理推销"他自己"——到该企业工作。由于这位总经理见多识广,比较固执,根本没把这个乳臭未干的小伙子放在眼里,没搭上几句话,总经理便以不容商量的口吻说:"不行。"

这位聪明的小伙子,眉头一皱计上心来,想起孔明激孙权的故事来了。于是他决定转移话题。他若无其事地轻轻问道:"总经理的意思是,贵公司人才济济,外人纵有天大的本事,似乎也无须使用。再说像我这样的庸才能做什么也还是未知数,与其冒险使用,不如拒之于千里之外,是吗?"

他说到这里突然故意中断,只是微笑着直视总经理,在一两分钟的时间里,彼此都保持沉默,最后总经理终于忍不住开口了:"你能将你的经历、想法和计划告诉我吗?"

小伙子又将了他一军:"噢,抱歉,抱歉,刚才我冒昧了,请多包涵,不过像我这样的人还值得一谈吗?"说完,小伙子又沉默了。

总经理反而催促他说:"请不要客气。"

于是小伙子便将自己的学历、经历及对该企业经营发展规划的看法系统地告诉了总经理。总经理听完他的话后,态度立刻由严肃转为慈祥。临走时总经理对他说:"小伙子,我决定录用你,明天来上班,请保持过去的热情与毅力干吧!"

如果这位小伙子在"此路不通"的时候不看总经理的脾气说话,不转换话题,绝不能力挽狂澜,转败为胜。

愚人的故事

李杰外语专业毕业后就来到外事部门工作。由于他英语讲得很流利,开始时领导很器重他,准备派他出国深造。但一年后,这个很让人眼红的机会却给了另一个和他一起进入这个单位的同事。而此后,李杰在单位待得也很不顺心,最后辞职去了另一家单位。事后,有人问起他辞职的原因,他不无遗憾地说自己在原单位太爱卖弄了,动不动就和领导交谈两句英语,正巧这个部门的一位副职领导是位老干部,没学过英语,所以小李的行为很让这位领导厌烦,于是这位领导就把"小鞋"给他穿上了。

边看边说,边说边看

不同的人爱听不同的谈话内容,这是容易理解的。但困难的是你怎么知道他爱听什么、不爱听什么呢?这就要"看"人说话——边"看"边说,边说边"看"。这"看",即是观察:在与对方谈话时,要善于一边说一边察言观色。

"看"对方什么呢?

看面部表情

狄德罗曾经说过,一个人的"心灵的每一个活动都表现在他的脸上,刻画得很清晰,很明显"。有时对方口头表示赞同你的意见,但他的眉头却不知不觉地紧皱了起来,或者他的嘴唇突然紧闭,而且嘴角向下撇。这些表情恰恰是内心不愉快的流露。因此他说的赞同的话其实是言不由衷的，或者碍于情面，或者屈于权势，才不得不这样说。

看体态表情

几乎每一种体态，每一种动作都是一种特殊的语言，都在宣泄着一个人的内心世界。问题在于我们要能看懂这些体态表情，要能领会它们的内在含义。假如与你谈话的人双脚并立，双臂交叉在胸前，这就表明此人对你怀有某种敌意，他在作自我防卫；而当他不仅双臂交叉，而且双拳紧握时，那就是说他不只在自卫，而且还要向你进攻了。又如，如果谈话者常向你摊开双手，这就表明此人是真诚坦率的，他对你毫无提防之心。

看语言表情

与人交谈时不但要看他说什么，而且还要看他怎么说。这就是要从对方说话声音的高低、强弱、快慢、腔调等看出他的言外之意，听出他的弦外之音。这是因为说话声音的种种变化不但表现一个人的性格——急性子的人说话节奏快、声音响亮，慢性子的人说话节奏缓慢、声音低沉——而且能够表明一个人的情绪与心境。例如，人忧伤时语速慢、声音低、节奏平缓，而人兴奋时与之相反，语速快、声音高、节奏强烈。

所谓"看人说话"，主要是"看"上述三种表情。从这些表情变化中，我们便可随时猜度对方的心理态势，透视对方的心理需要，然后也就可以随时调整自己谈话的内容与方式，使之更适应对方的思想线索。这样，说话便可获得预期的良好效果。

看人说话，将使你在成功的道路上路路绿灯，处处顺畅。

⊙ 注意对方，谨慎开口

与人交谈要善于观察，尽可能地用眼睛捕捉一些与对方深入谈话的信息与灵感。如果有机会到陌生朋友家里做客，就要用自己的眼睛去细心观察对方的有关情况，加强对对方的了解。比如，我们从对方家庭的日常生活用品及布置设计中，就可以判断出对方的经济状况、生活情趣、艺术修养格调等；从对方的言谈举止、音容笑貌及衣着表情，就可以窥探出对方的性格、品德以及为人处世与待人接物方面怎样；从对方家中案头放的书籍、墙上挂的艺术作品，就可以了解到对方的个人爱好、学习兴趣、审美情趣等。有了这些对对方的了解我们就容易轻松自如地与对方进行交谈。

注意对方的心理

了解听者的心理，是掌握说话技巧的基础。我们只有在了解听者心理的基础上，才能正确地选择在某个场合该讲什么，不该讲什么，哪些话能够打动听众的心坎，能使听众产生共鸣，真正使谈话达到水乳交融的境地。

人的心理捉摸不定、较难把握，但是，在有些场合，人内心的东西又常通过各种方式而外露。善于观察听者的一举一动，并能据此加以分析和推测，那么，基本上就可以掌握听众的心理和情感。譬如，在讲话时，听者发出欷歔声，说明听众不喜欢那些话；如果听者两眼注视，说明说话的内容非常吸引人；如果听者左顾右盼，思想不集中，说明他心里可能很着急，但又出于尊敬而不愿离开……当然，有许多人善于抑制自己的感情，不让它外露，即使这样，也会露出蛛丝马迹。

战国时，魏文侯和一班士大夫在闲谈。文侯问他们："你们看我是怎样的一位国君？"许多人都答道："您是仁厚的国君。"可一位叫翟黄的人却回答说："你不是仁厚的国君。"文侯追问："何以见得？"翟黄有根有据地答道："你攻下了中山之后，不拿来分封给兄弟，却封给了自己的长子，显然出于自私的目的，所以我说你并不仁厚。"一席话说得文侯恼羞成怒，立刻令翟黄滚出去，翟黄若无其事地昂然离去。文侯仍不甘心，他又接着问任痤："我究竟是怎样的一个国君？"任痤答道："您的确是位仁厚之君。"文侯更加疑惑了。任痤说："我听说过，凡是仁厚的国君，其臣子一定刚直，敢说真话，刚才翟黄的一番话说得很直，而不是阿谀奉承之词，因此，我知道他的君主是位宽厚的人。"文侯听了，觉得言之有理，连声说："不错，不错。"立即让人把翟黄请了回来，而且拜他为上卿。

在这则故事中，我们不但能看出任痤的人品高尚，救助同事；而且能看出他机巧聪明，善于抓住魏文侯愿意被人尊为仁厚之君这种心理，从同一事件中巧妙地引出了有利的结论，化解了文侯和翟黄之间的矛盾。

注意对方的身份

几乎没有一个人可以在说话的时候不考虑到彼此的身份。不分对象，不看对方的身份，都用一样的口气说话，是一种幼稚无知的表现。虽然身份不同不会妨碍人际交往，比如下级对上级、晚辈对长辈、学生对老师、普通人对有名气地位的人，等等，不必表现得屈从、逢迎，但在言谈举止上有必要表现得更加尊重一些。在不是十分严肃隆重的场合，身份较高的人对身份较低的人说话越随和风趣越好，而身份较低的人对身份较高的人说话则不宜太过随便,尤其在公众场合,说话要恰如其分地把握好自己与听者的身份差别。

1953年6月28日,毛主席到了北京市郊区鱼池村视察。他走访的第一家主人名叫张振。走进院里,毛主席就问寒问暖,他摸着院子里晾的一床露棉花的破被套问,冬天盖这样的被子薄不薄?又走进屋里问,冬天烧不烧炕?还问家里几口人,都叫什么名字,多大年纪,小孩子上学没有,庄稼长得好不好……当问到粮食够不够吃时,张振如实回答:"过去吃野菜,现在有吃的啦,不过还不大好,荒月还要吃些白菜团子。"毛主席点点头,安慰他说:"不用急,生活会一天天好起来的。"

与乡亲拉家常,毛主席对不同的人擅长说不同的话,讲究话语的形式与自己和对方的身份相符,既得体又恰当,更把自己与乡亲的距离拉近了。

注意对方的地位

地位,是个人在团体组织中担负的职位和在社会关系中所处的位置。个人的社会地位不同,就会有不同的人生经历、社会职责和交际目的,对口才表达也会产生不同的需求。

美国军队中规定,凡是军人不能蓄长发。而黑格尔将军在担任北约部队的总司令时,却蓄着一头长发。有一名留长发的士兵看到画报上登载着一头长发的黑格尔将军的照片,就把它撕下来,贴在不允许他留长发的连长办公室门上。为了表示抗议,他还画了个箭头,并在旁边配了一行小字:"请看他的头发!"连长看了这份别出心裁的抗议书后,并没有立即把这个愤愤不平的士兵叫来训斥,而是将那箭头延长到总司令的肩章处,并也加了一行小字:"请看他的军衔!"

这个士兵只想和黑格尔攀比头发,因而愤愤不平,却没考虑到两者的身份和地位的悬殊差异,连长则不失时机地提醒了他。

清朝乾隆皇帝有一次到镇江金山游览。当地的方丈派了一个能说会道的小和尚做向导。当乾隆皇帝上山时,小和尚边走边说:"万岁爷步步高升。"乾隆听了很高兴。一会儿,下山了。乾隆皇帝有意试试小和尚的口才,便问:"你在上山时说我步步高升,现在你看我怎样?"小和尚不假思索,立即答道:"万岁爷后步更比前步高!"——下山时后面的脚当然比前面的脚要高,所以也暗含着"步步高升"的意思。这个小和尚能注意说话对象的身份地位恰当用语,体现了他随机应变的智慧。

注意对方的性格特征

性格，又称性子或脾气，是对人、对事的态度和行为方式所表现出来的心理特征。一个人的性格特征通过自身的言谈举止、表情等流露出来，如：那些快言快语、举止简捷、眼神锋利、情绪易冲动的人，往往是性格急躁的人；那些直率热情、活泼好动、反应迅速、喜欢交往的人，往往是性格开朗的人；那些表情细腻、眼神稳定、说话慢条斯理、举止注意分寸的人，往往是性格稳重的人；那些口出狂言、自吹自擂、好为人师的人，往往是性格骄傲自负的人；那些懂礼貌、讲信义、实事求是、心平气和、尊重别人的人，往往是性格谦虚谨慎的人。

对于这些不同性格的人，和他们说话时要具体分析，区别对待。如他喜欢婉转的，就说含蓄的话；他喜欢亢直的，就说激切的话；他喜欢学问的，就说高远的话；他喜欢家常的，就说浅近的话；他喜欢诚恳的，就说朴实的话。说话方式与对方性格相投，自能一拍即合。

罗斯福总统成名之前曾参加过一个宴会。他看见席间坐着许多不认识的人。这些人是认得罗斯福的，不过因为他们和罗斯福的地位不同，所以虽然认识罗斯福，也只是冷冷地相待而已，并不因罗斯福地位高而表示殷勤。那时罗斯福刚从非洲回来，正在预备1912年选举的第一次旅行。罗斯福看见这些人对他没有表示友好的意思，立刻想出一个办法，故意拿出几个简单的问题，去问那些不相识者。

陆思瓦特博士是筵席上的主人，那时，他正坐在罗斯福的身边。罗斯福凑近他轻轻地说："请把坐在我对面那些客人的情形告诉我一些！"陆思瓦特把每个人的性情特点都大略告诉了他。罗斯福了解到每个人的性情以后，立刻就有了适宜的谈话资料。

区别对方的知识水平

与人说话要区别听话人的文化知识水平。知识水平与人的经历、职业、文化教养等是紧密相关的。江苏省语言学会成立之时，蒋礼鹤教授受浙江省语言学会的委托向大会表示祝贺。他是这样说的："今天我受浙江省语言学会的委托，到这里来祝贺。江浙是兄弟之邦。从龚自珍和段玉裁来说，江苏还是浙江的'外公'，我来向'外公'祝贺。现在祝贺'外公'健康长寿！"

这几句话中，蒋礼鹤引用了有关的历史名人。段玉裁是清代著名文学家，龚自珍是段玉裁的外孙，也是个著名的文学家。由于在座的都是语言学工作者，对于段玉裁和龚自珍的这层关系都是了解的。所以，蒋礼鹤这几句就对方的知识水平而说的话，说得十分得体。

考虑对方的语言习惯

说话要考虑感情、褒贬、民族、时代、地域等问题,不可大意。我们说某人"壮得像头牛",英语则说"壮得像匹马",就是语言习惯的问题。有个牧师,想翻译《圣经》给非洲居民读,可是译到"你们的罪恶虽然是深红的,但也可以变成像雪一样的白"的时候,难题就出现了。因为热带的土人,根本不知道雪是什么东西,雪的颜色和煤的颜色有什么不同。后来,牧师根据椰子得到启发,把这句话改译成"你们的罪恶虽然是深红的,但也可以变成像椰子肉一样的白",这样,非洲居民就懂了。

把"罪恶可以变成像雪一样的白"译成"罪恶可以变成像椰子肉一样的白",这正是考虑到了对方的语言习惯。

顾及对方的兴趣爱好

兴趣是一个人力求认识、掌握某种事物,并经常参加该种活动的心理倾向。说话时,需要顾及对方对事物的兴趣,顺着他的心理倾向,如对一位潜心学问的学者就不能谈"股票"、"生意经";对一位经商的人就不能谈"治学之道"。一个具有敬业精神、勇于开拓创新的人,喜欢听事业、工作方面的具体指导和建议;生活困难、穷困潦倒的人喜欢听到扶贫济困、发财致富的信息。不同的兴趣有不同的"兴奋点",兴趣相投的人聚在一起交谈,可以激发出话题焦点的"火花",进而产生思想感情的共鸣。

面包商图维一直试着将面包卖到纽约某家饭店,可连续4年都失败了,最后图维决定改变策略。他打听到这家饭店的经理是"美国招待者协会"的主席,于是不论在何处举行活动,他都必定去出席。当图维再次见到经理时,就和他谈论他的"招待者协会",这一下打开了经理的话匣子,反应异乎寻常。经理在图维离开办公室之前,"卖"给了他一张协会的会员证。图维只字未谈面包销售之事。几天以后,饭店的人主动打电话要他送面包样品和价格单。4年努力未成,一朝交谈得手,全在于投其所好的功劳。

◉ 从声气中认识人

人类的声音包含各种要素。声调是很重要的要素之一,大的声音,同时也具备某种权力。发出很大的声音,可以让别人沉默下来。然而,小的声音有时候更能发挥效果,这是因为人们会注意去听的缘故。当然,声大声小都需要姿势辅助,效果才更好。

发声法对音质有很大的影响。若以鼻子产生共鸣,声音如泣如诉,也会给人傲慢的印象。但是,如果是以胸腔来产生共鸣的话,发声法亦随之改变,变得丰富、强烈,响度也够。

讲话的速度也影响到会话。说话速度太快的人,一方面容易给人好像有某种急事、戏剧性的事件或热心投入的印象;另一方面会让对方感觉焦躁、混乱以及些许的粗鲁。说话缓慢的人,虽然给人深思熟虑、诚实的印象,但太慢也会变成犹豫不决或漫不经心,甚至还会呈现消极性的含义。

从声气识人,对看人说话来说是很重要的一件事。

1. 和声细气者

人们在请求、询问、安慰、陈述意见时常使用和声细气。它可以弘扬男性的文雅大度和女性的阴柔之美。尤其是在抒发情感时,和声细气的运用,更具有一种迷人的魅力。由于语音学中音素、音位的原理和人们说话时用声用气的心理状态及规律的不同,和声细气,这种声和气宛如柔和的月光和涓涓的细流,由人的心底流出,轻松自然,和蔼亲切,不紧不慢,能给听者以舒适、安逸、细腻、亲密、友好、温馨的感觉。和声细气地说话的男人,为人必定厚道、宽容、襟怀开阔;和声细气地说话的女人,为人必定温柔、善良、善解人意。

2. 轻声小气者

轻声小气表现说话者的尊敬、谦恭、谨慎和文雅。在和别人交谈时,可以缩短人与人之间的感情距离,密切双方之间的关系。有时,它还能避免一些可能会招致的麻烦。但用它来公开坚持意见、反驳别人、维护正义和尊严或表示强调是不可取的。

3. 高声大气者

高声大气是人们用来召唤、鼓动、说理、强调和表达自己激动心情的声和气。它可以表现说话者的激情和粗犷豪放的性格。它通常用来表示极度的欢喜或慷慨激昂的情绪。张飞是《三国演义》中群众最喜爱的人物之一。他以粗豪、勇猛、爽直和坚贞的品质深深地吸引着历代的读者。这个人物说话声音响如洪钟,具有浓烈的草莽英雄气概。从其外表便可以看到这一点。他"身长八尺,豹头环眼,燕颔虎须,声若巨雷,势如奔马"。在长坂桥一役,曹操率众军追赶刘备。张飞立马桥头,圆睁环眼,厉声大喝:"我乃燕人张翼德也,谁敢与我决一死战!"吼声如雷,将曹军部将夏侯杰惊得肝胆碎裂,倒跌于马下。曹操更是回马便走。这段有声有色的传奇故事,凸现了张飞粗犷的草莽英雄气概。

4.唉声叹气者

这种人心理承受能力弱,自信心不强,缺乏勇气,一旦遭到失败,便灰心丧气,沮丧颓唐,乃至一蹶不振。《孔子家语》中记载了这样一段逸事。孔子去齐国的途中听到一阵十分悲哀的哭声,于是他对弟子们说:"这个哭声虽然很悲伤,但不是悼念死人的哀声。"孔子随后迅速向前走,遇到了那个哀哭的人。孔子下车询问他的名字,知道他叫皋鱼,孔子问道:"这里不是悲哀的地方,你为什么哭得这么悲伤呢?"皋鱼长叹一声,回答说:"我一生有三大过错,至今年老才深深觉悟到,但追悔莫及,因此痛哭。"孔子不明白其话中的意思,便一再追问。皋鱼才说:"我少年时代爱好学习,周游天下,等回来时我的父母都死了,作为一个儿子竟不能为父母养老送终,这是第一大过失。我做齐国臣子多年,齐君现在奢侈骄横,我多次劝谏都不被采纳,这是第二大过失。我生平交友无数,不料到后来都绝交了,这是第三大过失。树欲静而风不止,子欲养而亲不待。去而不回的,是时间;不能再见到的,是父母。我是个大失败者,还有什么脸面活在这个世上?"说完,皋鱼便投水而死。人到了这种悲伤而自杀的地步,他的哀情可想而知。而孔子从声气识别出皋鱼的哭声不是为了死者,而是有其他的原因,足见孔子识人之能。

🌀 从音色中辨别人

《人体科学》杂志上说,人的声音是气流通过声带振动时发出的声波。人体对声波的感觉并不是没有限度的。人的听觉器官所能感受到的是频率20赫兹到2000赫兹之间的声波,低于20赫兹和高于2000赫兹的声波是人无法感受到的。

人的声音具有浓厚的感情色彩,能引起人复杂的心理效应。声音的强弱、快慢、高低、清浊,都能显示出异常复杂的情感。《灵山秘叶》中有这么几句话:"察其声气,而测其度;视其声华,而别其质;听其声势,而观其力;考其声情,而推其征。"其中的声气,略同于声学中的音量,通过声气粗细,察看人的气度;声势相当于声学中的音长,声势壮者,声力必大;声华相当于声学中的音质音色,"声华"质美,则其人性善品高;"声情"相当于带感情的声音。人有喜怒哀乐恐悲伤七情,在语音中必然有所表现,即"如泣如诉,如怨如慕"。因此,由音能辨人之"征"。人的喜怒哀乐,必在音色中表现出来,即使人为极力掩饰和控制,也都会不由自主地有所流露。因此,通过这种方式来观察人的内心世界,是比较可行的方法。

1.凝重深沉者

这种人才高八斗、言辞隽永,对人情事理理解得深刻而准确,对社会、对他人较负责任,有一定的可靠性。但由于人情事理的复杂性,这种人往往得不到重用,抱负无法施展。

2.锋锐严厉者

这种人言辞锋锐,爱好争辩。谈话时他一旦逮住对方语言的漏洞就会毫不留情地反击,让对方无话可说。这种人看问题一针见血,眼光犀利,但由于急于找到并攻击对方的弱点,从而忽略从总体上把握问题的关键,陷入舍本逐末,顶牛抬杠的处境而不能自拔。

3.刚毅坚强者

这种人办事坚持原则,公正无私,是非分明,但是因原则性太强而显得不善变通,让人没有商量的余地。不过,他还是因为肯主持公道而得到了别人的尊敬。这种人在评判他人的价值时,不因个人恩怨而产生偏见,依然能做到公正无私,扬善除恶,光明磊落,实事求是,主持正义。

4.圆通和缓者

这种人为人宽厚仁慈,性格大度优雅,具有圆通性,对新生事物持公正包容的态度。在语言上圆通能使一个人在交往时显得温和可爱,具有柔和的言辞和态度,不轻易进行争论,以免伤了和气。拥有这种才能的人,总是"入乡随俗",不在别人面前大露棱角,举止、言语无不八面玲珑。这种人可以从事任何职业,因为搞好人际关系是必要的条件之一,尤其是外交官,若不会交际与圆通,必然难以胜任。

5.温顺平畅者

这种人说话速度慢,语气平和,性格温顺,权力欲望平淡,与世无争,易与人相处。但因为用意温软,而使自己长期处于一种胆小怕事的状态,对外界人事采取逃避态度。如果他能遇上一个肯提携他的人,从旁帮他一把,教导他磨炼胆气,知难而进,那么,他就会成为一个能刚能柔的人物,会有一番大作为,令人刮目相看。西晋时王湛在父亲去世后,居丧三年,丧期满,就居住在父亲坟墓的旁边。他的侄子王济每次来祭扫祖坟,从不去看望叔父,叔父也不去见他。偶然见一面,也只不过说几句客套话罢了。有一次,王济试探性地随便问了一些最近的事。王湛回答时措辞、音调都适当,音色温顺平畅,大出王济意料之外。他不禁大吃一惊。他觉得叔父不再是从前那个胆小怕事,没有主见,意志软弱的人了。因此继续和他谈下去,越来越精粹入微。在此之前,王济对王湛全没有一点子侄和长辈间应有的礼貌;自从听了他的言谈后,不觉心怀敬畏,外表也变得肃穆庄严。于是留下来日日夜夜地相互谈论。王济虽然才华出众,性格豪爽,但在叔父面前,觉得自愧弗如。有一次,王济听了叔父的谈话后,不禁长长地叹了一口气,说:"家里有名士,30年来却不知道!"晋武帝每次见到王济,常常拿王湛当做取笑的笑柄,问他:"你家里那位傻子叔父死了没有?"王济往往无辞答对。这一回,对叔父有了认识,当武帝又像过去那样问起时,便说:"臣的叔父并不傻。"接着,就如实地讲了王湛的优点。武帝问:"可以和谁相比?"王济说:"在山涛之下,魏舒之上。"经王济这一番广告宣传,王湛的名声一天天地大起来,28岁时他开始步入政界,终为人所知。

6. 漂浮燥热者

这种人易犯浮躁的毛病。他们做事情既无准备,又无计划,只凭脑子一热、兴头一来就动手去干。他们不是循序渐进地稳步向前,而是恨不得一锹挖出一眼井。结果事与愿违,欲速不达。

7. 激荡回旋者

这种人有强烈的好奇心,有独特的思维能力,敢于向传统挑战,敢于向权威说"不"。他们对事业开拓性强,经常弄出些奇思妙想,令人赞叹。他们在语言上的特点也与众不同,异想天开,独树一帜。他们的缺点是不能冷静思考,难以被世人理解,成为孤胆英雄。

十种会说话的人

语言是思维的工具,所以语言是鉴识别人的重要依据。人的思想及情感通过语言表达出来。一个人的品格是粗鲁还是优雅,会在粗鲁或优雅的措辞中自然而然地流露。生活中多数人谈吐漫无边际,说话不得体,不管别人愿不愿意听,他都一味空谈,最后必然是言多必失。

试看那些善于言谈的人,把生活打理得随时随地都很快乐。他们在业余的时间里,可以和他们的朋友或他们的家人快快活活地过一个晚上,使大家得到更多的乐趣。这些人在需要说几句话的场合,往往能说得十分得体,恰到好处。因此,善于运用口才的人,在生活、工作中都有很大的成功。

1.奇思妙语者

这种人机智风趣,谈吐幽默,灵感的火花常常在只言片语中迸发。他不论走到哪儿,都能给那个地方带来笑声,带来愉快和欢乐。

2.转守为攻者

这种人心思细密,关键时刻能稳住阵脚,应变能力强,攻防之间都能做到随心所欲,任意切换,不拘一格。这种人还有一个令人羡慕的优点,他从来不做没有把握的事,凡事总是先求不败,再求胜机。

3.善于倾听者

一个善于静静聆听别人谈话的人,必定是一个富于思想,有缜密见识和品行、有谦虚柔和性格的人。这种人在人群中,最先也许不大被注意,但最后必定是最受人敬重的。因为他虚心,所以为每个人所喜欢;因为他善思,所以为每个人所信任。

4.随机应变者

这种人头脑反应迅速,像一台高速运转的电子计算机,在一秒钟内能正确分析自己目前处境的优劣并设法找到为自己开脱的理由,巧妙应变。

5.妙语反诘者

这种人不仅能说,而且会听,对对方所说的话能够抓住机会提出各种问题加以反击,令对方哑口无言,从而一举赢得论辩的胜利。

6.说服力强者

这种人是优秀而不可多得的外交型人才。他对别人的思想、感觉、看法了解得非常清楚,谈别人的事如数家珍,能替人指点迷津,并能把那些和他不同的或相反的意见推倒移开,使谈话照着自己设计的方案和计划向前走。因此,这种人总是最后的赢家。比如三国时代的诸葛亮就是一位说服能手。

7.谈吐幽默者

富有幽默感的人不但能愉快地做事,更能愉快地说话,走到哪儿,欢乐就散布到哪儿。这样的人难免有缺点,但由于有情趣,使人欢笑,使人快乐,人人都愿意与之相处。

幽默型的人,他们很少遵从逻辑的法则,相反经常运用奇谈怪论,或类似诡辩的手法,使对方如坠云里雾里。打趣话、俏皮话、笑而不谑的话连续不断,使举座为之倾倒。这种才能特别发达的人,总是非常圆活、灵通的智者。有幽默感的人,是感觉敏锐的人,心理健康的人,也是笑颜常开的人,胸襟豁达的人,别人乐意与之交往、与之亲近、与之为友的人。

8. 滑稽搞笑者

这种人总是以一种调侃的方式,随心所欲地对一个问题进行自由自在的解释,硬将两个毫不沾边的东西粘连在一起,以造成一种不和谐、不合情理、出人意料的效果,从而在这种因果关系的错位和情感与逻辑的矛盾之中,产生出搞笑的艺术。

9. 旁敲侧击者

这种人和别人打交道善听弦外之音,又会传达言外之意,老于世故,擅长话里有话,一语双关。

10. 软缠硬磨者

这是一种性格顽强、不达目的誓不罢休的人。为了达到某种目的,他会采用软缠硬磨法,友好地赖着对方的时间,赖着对方的情面,甚至赖着对方的地盘,不答应就是不撤退,不把事情办成就是不回头,搞得对方急不得恼不得,最后不得不答应他的要求。

🌀 七种似是而非的人

人世间有不少假象存在,人身上也有许多似是而非的东西。这些似是而非的东西经由嘴里说出来,初听好像是优点,实际是致命的缺点,对这种人要仔细看清楚,才能确定怎么说话。

1. 吹毛求疵者

这种人总是故意挑剔毛病,硬找差错,没有问题时只想弄出些问题。他有时伪装成对工作事业认真负责的样子,有时又换上一副蛮不讲理的或自以为聪明透顶,抑或傲慢无知的面孔。不管他属于其中的哪一种表现,吹毛求疵者心里都揣着一个不正当的念头——不愿与人为善。当一个人处处都这么做的时候,他不是冲着真理、正确原则而来的,只是以此作为口实和把柄,来达到自己不可告人的目的。但这样做的结果是害人不利己。

2. 花言巧语者

常言道："虚浮不实的话语缺少仁爱。"英国谚语也说："诚实的话语常常不华丽雕琢;华丽雕琢的话语常常不诚实。"像这种描写"花言巧语"的说法还很多。花言巧语听起来十分顺耳。但如果谁要是全信这一类话,久而久之,后果必然不堪设想。爱花言巧语的人总是以自己的利益为出发点去奉承别人,在别人被冲昏了头之后,自己的私欲也得到了满足。不仅如此,花言巧语中隐藏着一口陷阱,一口鲜花覆盖的陷阱。经常是受害人掉进了陷阱后才发现。

3. 好讲空话者

这种人说大话,爱虚名,行架空之事,谈过高之理,言虚伪之言。爱说空话的人,当他的话不能兑现的时候,他为了维护自己的"尊严",便会编出一些假话来搪塞,这样,就常常使自己陷入失败的泥潭而不自知。王衍清谈误国,赵括纸上谈兵,这是好讲空话者的典型事例。他们最后都落了个身败名裂、祸国殃民的下场。

4. 鹦鹉学舌者

这种人自己没有什么独到的见解,只是善于吸收别人思想中的精华,将别人的思想嫁接到自己的口中,在众人面前宣讲,给人造成"这个人还真行"的错觉。无形之中令大家把他当高人看,从而崇拜尊敬他。鹦鹉学舌的性质说严重一点就是抄袭剽窃。在写作方面,这种人不会成为真正的作家,在演说方面不会成为真正的演说家。

5. 华而不实者

这种人说起话来滔滔不绝,头头是道,口若悬河,妙语生花,时髦理论总是嘴边挂。开始和他接触,容易对他产生好感,但接触时间长了之后,这种人"金玉其外,败絮其中"的本性会暴露无遗。

公元前 622 年,晋襄公手下有个大臣叫阳处父。他平时喜欢高谈阔论,好自以为是地教训他人。有一次,他奉襄公之命去卫国访问,回来的时候路过鲁国的宁城。宁城有个叫宁赢的人陪他同行。可是,刚走了几天,宁赢离开阳处父独自回家来了。宁赢的妻子很纳闷,便问他为什么这么快回来。宁赢回答:"我虽然同阳处父相处只有几天,但我发现他这个人好像是一株树花开得好看,可就是不结果子。"宁赢叹了口气,颇为感慨地继续说:"华而不实,怨之所聚也。"这后一句话的意思是说:"你想想看,像这样华而不实的人,别人定然都会怨恨他,积怨多了,我再跟着他,不仅不能得到好处,反而会受到连累的。所以,我就赶早回来了。"果然,一年以后,阳处父因为没有真本事而被人杀了。

6. 常发牢骚者

牢骚是个人在受到挫折时的一种抑郁不平的精神性宣泄,也就是说些怪话、不满的话。适当地发些牢骚,具有一定的积极意义。它是一种比较原始的"保护性措施"。但一个人经常发牢骚就意味着他适应社会的能力低劣,是一个无能的人,是一个只考虑个人得失的、喜欢斤斤计较的"小人"。经常发牢骚的人,不仅不会获得社会的同情,反而会使其本人的层次更低,因为人们并不喜欢将发牢骚作为社交的主要形式。

7. 絮絮叨叨者

这些人,脑子天生的糊涂,说话抓不住要领,看问题看不到本质,一谈及问题,总觉得什么都有理,什么都联系得上,什么都想说个明白,于是,不管他人是不是接受,能不能接受,不分先后次序、轻重缓急,统统将想说的都说出来,一直说到他人不耐烦为止。碰到这种人,最好的办法是或者转移话题,或者闭目养神,或者做自己的事,免得浪费时间。

🌀 与名人交谈,不卑不亢

与名人说话时,不要有害羞畏怯的心情,只要真正表现你内心的意思,你就能与任何名人开口说话。有些人对名人只是一味地说些奉承话及空洞话,这样是不能使对方愉快的。如果你是真诚的,那你就把深烙在内心的印象说给他听,他会深深感到愉快,但所用的措辞和说话的态度都要得体。你可以把他视为一位有血有肉的人来对待,对他提出一些能够表达感情的问题,不要把他视为什么超人。他也实实在在像任何人一样,敌不过疲倦,也承受不住伤害。他们可能比你更脆弱,而且与你一样害羞。不要认为他的人格真的就如他借以出名的职业一样。他向公众所投射的信心、睿智、仁慈、滑稽或情感等影像,实际上是杜撰的。

当你同时应对两位名流时,不要只顾你所景仰的一位,而置另一位于不顾。这会使他们两位都不自在。你应该说,遇见两位,真是使人兴奋,如果你想和他们继续交谈,那么你必须保证话题是他们二位都能表达意见的。换句话说,你要确保三人交谈的方式。如果你对另一位名人并不熟悉,而且在经过介绍之后,你仍想不起有关他的任何事迹,你也不能对他有所疏忽。你必须一视同仁,表现出同样的热情和友善。

不喜欢说话的名流,包括外貌滑稽突出而似乎容易亲近的喜剧演员在内,他们在舞台上已经笑到了极限,因此,在真实生活中是再也无法幽默的。

作家、诗人、画家、音乐家等从事创作性工作的人,虽不大喜欢说话,但这些人往往对政治乃至于宗教,都有广泛的兴趣。他们在社交场合也许不活跃,不自在,但他们有启发人们思想的独特见解,你和他们说话,必须耐心,不要轻易动怒,也不要太热切,要温和、冷静和体贴,就像应对任何敏感的人一样。

名气一般的名人,总是生活在情绪不稳定的状态。他们内心的恐惧,使他们脆弱敏感,别人稍有疏忽就会激怒他们,而且他们也容易傲慢。然而,他们绝对需要你的尊重和顺从,他们的名气愈小,他们对于亲切、尊重的需要也就愈大。

对褪了色的名人,也就是过时的名人,最好采取迂回的战术,也就是通过第三者来了解他的问题。你的开场白应当是积极的,最好不说如"这些日子以来你是如何打发的呀?"或"我们很久没有见你在公众场合露面,你去哪儿了?"或"这么久不在舞台上露面,觉不觉得无聊呢?"等类似的话。这些话等于当头泼他一盆凉水。

消极的开场白,要尽量避免,这无论如何也无法使他表达他的真情了。这样接下去的话,都会成了废话。

在多数情形下,与名人谈孩子是不会错的。你可以问对方有几个孩子,多大了,他们现在在哪儿,以及孩子读的学校好不好,学习成绩好吗……如果你也当了爸爸或妈妈,那么,你就更具备和他们谈孩子的资格了。你可以告诉他们,你的孩子已经长大了,或和对方的孩子同龄,你也可以向他们表达,你对孩子染头发的感觉,或孩子喜欢搜集小动物,等等,不过话题不要扯得太远,要适可而止,更不要把所有的秘密都抖出来。

✿ 与有钱人交谈,正直坦率

有钱人比名流还要敏感。他们的富有往往是别人与他们谈话发生困难的关键,他们的财富使你对他们敬而远之——不只是心理上,实际上你的生活方式就和他们有很长的一段距离。

他们和你之间的谈话材料因为你对他们的缺乏了解,甚至完全无知,而变得很有限。或者你可能认为,你和他们之间没有谈话的余地了。你当然可以这样使自己获得心理上的平衡,不能谈就不谈,反正于己也无损失。不过,假定你偏巧遇上了一位富翁,不管他是不是你的老板,你不知所措地呆站一旁,总是不好受的。

当你遇到有钱人时,你可以设法让他们说往事。过去的工作是否比现在更有趣?他们发展到现在这个地步的关键是什么? 谁是早年助他们成功的英雄? 当年的老板是否使他们紧张? 他们的财富是不是自己创造的, 以及他们是怎样赚到人生的第一桶金的? 如果这些问题问得他们不大自在,你就准备跳到其他问题上去吧。不要盯着问,那会很不愉快的。

如果他们不愿意打开他们的记忆之门,你就问他们的工作时间,问他们如何承担那么重大的责任,问他们爱好哪些休闲活动,以及怎样布置他们的办公室——很多有钱人的办公室,布置得就像豪华的皇宫一样,很有一谈的余地。同时记住,特别是当对方是一位医生时,不要忘了他也是血肉之躯,也是一个普通的人,你也可以和他谈谈他的健康问题。

在社交场合,我们不宜向各种专业人员要求提供免费的建议。即使你的问法很技巧,那也是一种冒犯,而且你问得再技巧也瞒不过专业人员。男人常喜欢在交易场合和律师谈他们的敌手之间的问题,女人则喜欢在社交场合和医生谈她们的孩子和丈夫。这其实与我们向所遭遇到的电器商人索取免费的电器并无不同。各种专业人员的职务,便是向他们的客户出售商品。我们应该在他们的营业时间向他们提出各种建议。

你对富翁们提出有关事业上的意见,以尽量避免为宜,如果确实有提出的必要,也许可以这样表白你的意见:"这次能认识您,真令人高兴,我有一个困扰很久的小问题,我想您也许能解开我的迷惑。我发现有些公司出口的酱油,瓶盖很难打开,我奇怪何以要封得那么紧呢?"你所表达的是同一个意见,但其中有很大的不同。这种表达的方式,显示你对问题的关切,而你又未指名道姓地说出他的产品。你请他解答你的迷惑,你的立场是消费者,是外行人,而他是非常能干的大富翁,他会乐意答复你的问题,因为你是他的听众,不是向他挑战来的。

当你和银行家、鞋店老板或任何孩子的母亲谈话时,你均不宜过分直率。坦直是无可厚非的,但适当的含蓄更值得学习。当我们说:"你是怎么使这么多人来来往往你这地方?"和我们说:"你这地方何以总是乱成一团?"所表示的意思是一致的,但是,你要知道,前者不会使人难堪,而后者常会引起听者的恼怒。那么,我们何不取前者呢?

说话不是竞争,不是斗嘴。商人把他的时间和金钱都投资在他的事业之中,并与其他的同行竞争,这是他们为生存所付出的代价,其中有些人发达起来,有些人还在奋力维持。如果他们能遇见一位能和他们交换意见而没有敌意的人，他们会觉得幸福和快慰的。如果你能发现他们可引以为荣的地方，以及他们觉得有成就和价值的地方，那么，他们在你的眼前会开花结果，你们就能缔结有建设性的友谊之果。

🌀 与陌生人交谈，自然大方

初次与陌生人交谈，由于双方素不相识，缺乏相互了解的基础，如果不注意讲话的基本要求，双方就很难沟通。

温和友善与彬彬有礼是与陌生人交谈的前提。只要以礼貌友善的态度进行交谈，双方就会很快地进行交流。

如果去拜访一位陌生人，你首先应当对他有所了解。向你们双方都认识的朋友，探听对方的一些情况。

陌生人之间的交谈应做到：

第一，说话中要适当考虑措辞。有人认为，同陌生人说话没什么诀窍，想怎样说就怎样说。这种认识其实不完全对。当然，说话不是写文章，不可能斟酌字句，但也绝不是想怎样说就怎样说。尤其在比较重要的交往中，怎样说好每句话，主观上还是要经过一番考虑的。

第二，神态应自然大方。与陌生人说话，语气要亲切，言辞要得体，态度要落落大方。为了吸引听者的注意，使言谈显得有声有色，增强感染力，在说话中也可加进一些手势，但动作不要过大，更不要手舞足蹈或用猥琐和低声下气的表情，如企图以鄙薄自己来取悦于对方，这样做无异是在降低自己的人格，主观上想讨好对方，结果可能适得其反，换来的是对方的轻视。只有以不卑不亢的态度去交谈，才有利于双方平等地交流思想感情，并获得对方的信任和尊重。

第三，说话时要认清自己的身份。任何人在任何场合说话，都有自己特定的身份。这种身份，也就是自己当时的"角色地位"。在说话时，首先你就要认清自己是以什么身份和哪个人说话。

第四，向陌生人提出请求时要语气恳切。因为对于你提出的请求，对方并没有义务非得按你所说的去做。即使是请人一起吃饭，你也应该这样做才对："请您和我共进午餐好吗？"你丝毫没有理由摆出一副施恩于人的样子。

第五，随机应变。看准说话的机会，适时插入交谈，并且不失时机地介绍自己的情况，让对方充分了解自己。如果陌生人能从你的话中了解你豁达的性格，双方会更亲近。

第六，寻找自己与陌生人之间的共同话题。以此找出共同语言，引起共鸣，缩短双方距离。如果你对陌生人的爱好显出浓厚兴趣，通过他的爱好表明自己的爱好，交谈也会顺利进行。

说话大智慧

我们平常穿衣服讲求"量体裁衣"。日常说话，也要根据各种人的地位、身份、文化程度、语言习惯来作不同的处理，把握好分寸，留有余地。

NO.2

智者以理服人
愚人强词夺理

劝导说服别人的时候要对准要害，

动之以情，晓之以理，

摆事实，讲道理，

让人领悟你的意见的正确性，

从而接受你的意见，

按照你的意见行事。

如果以强迫的态度让人接受，

只会带来反面的效果。

动之以情，晓之以理，这是劝导说服别人的最根本的两条原则。

以理服人就是摆事实，讲道理，让人从你讲的道理中领悟到其正确性，从而接受你的意见，按照你的意见行事。

需要注意的是劝导说服要对准要害。大凡被劝者往往对某一问题想不开，系上了疙瘩，怀有成见。要说服之，非对准这个要害不可。否则，喋喋不休，磨破嘴皮，也是隔靴搔痒，不能解决问题。

再就是劝导说理要具体实在，既不能讲空话、套话、大话，也不能像作报告那样"宽正面，大纵深"，需要的是实在的论证说理。

智者的故事

解放初期的一天，上海市市长陈毅到一家纺织厂里参观，他笑着说："老板，我冒昧来访，欢迎不？"

这位老板正为一件事发愁，便发起牢骚来："陈市长，今天工会又来要我废除'抄身制'。不当家不知柴米贵。工人下班有抄身婆搜身，还经常丢纱呢，如果取消抄身制度，纱厂不被偷光才怪呢！"

陈毅品了口茶，不紧不慢地说："要说办工厂、买机器，我要拜你为师。因我只当过工人，没有经营过工厂嘛！要说管理工人，教育工人，你要向我学习哩！我参加了革命，就一直宣传群众，组织群众，在这方面我可以给你当参谋，还带'长'呢！你倒是要我参谋，还是不要？"

经理连声说："要，要，请您快说。"

"我在法国当过工人。那个工厂大得很，老板也比你厉害得多。厂子四周筑起高墙，拉上电网，还雇了一大帮带枪的警察，对每个下班的工人，从头搜到脚，那过细的劲头，身上硬是连一根钉也藏不住。但结果呢？原料、零件还是大量丢失，为什么呢？老板把工人只当成会说话的工具，劳动很重，工资很少，工人实在无法养家糊口，工厂赚了钱对工人毫无好处，他们为什么不拿呢？现在不同！工人翻身当了主人，他们懂得生产经营搞得好，新中国才能富强起来，工人才能改善待遇。你们虽是私营企业，但也是新民主主义经济的一个组成部分，一样可以有利于国、有利于民。所以，依我之见，你应该在纺织业带头,用我的办法试试看,废除抄身制,关心工人利益,待工人如朋友,如弟兄,有困难多与他们商量着办。我相信眼前的困难会克服的。"

经理听了连连点头,说:"想想是有些道理。"第二天,他就主动找工会研究,决定废除抄身制。

陈毅市长的一番话,使资本家奉若神明的"抄身制"取消了,足见劝说有术,言之有理,这正是以理攻心的威力。

愚人的故事

有个人喝了酒路过一家大门口,便对着人家大门呕吐起来,守门人大声呵斥说:"你为什么对着我家大门呕吐?"

他斜了斜眼睛说:"是你的门不该对着我的口。"

守门人不觉失笑:"我家大门早就是向着这个方向,又不是今天刚建好对着你的口的。"

他指了指自己的嘴巴说:"我的这张嘴巴也有一把年纪了。"

这个醉汉显然是强词夺理。

强词夺理的四种表现形式

对话过程中,有些人明明理屈词穷,却为了维护自己的利益恣意歪曲事实,无理强辩,这就是强词夺理。

有一个寓言故事生动地反映了强词夺理的主题:

有一天,在山上奔跑的饿狼抓到了一只兔子,正准备吃掉它。

兔子抗议道:"你为什么这样强暴?你们这些狼老欺负我们兔子,我们可从来没有欺负过你们啊!这太不公道了!"

狼说:"这有什么!我无非找点吃的嘛,难道你们什么东西也不吃?"

兔子回答说:"我们只是吃点儿青草,可从来没吃过一只狼呀!"

狼大叫起来:"嗬!难道青草就该是你们吃的吗?你还谈什么公道?你们吃了那么多青草,可青草什么时候吃过一只兔子呀?我要吃掉你们,正是为了给青草报仇。这不算公道,还有什么公道!"

这样一来,狼为了主持"公道",就理直气壮地把兔子吃掉了。

狼吃兔子的理由,是因为兔子吃了青草。按照狼的逻辑,兔子吃草不公道。同样,狼吃兔子也不公道。兔子不能吃草,同样,狼也不能吃兔子。狼之所以强词夺理,无理强辩,是因为其体力上强于兔子而有恃无恐。强词夺理主要表现为:

1. 虚假理由式诡辩

违反充足理由原则要求的逻辑错误是理由不充足,即理由本身是虚假的。比如,和平主义者提出了"反对一切战争"的口号。他们的理由是:"一切战争都是非正义的。"这个理由本身是不真实的,因为只要有战争,就有正义战争和非正义战争之分。一切推动社会历史前进的战争,例如农民革命战争、民族解放战争就是正义的战争。所以和平主义者依据的理由是虚假的、错误的。从逻辑上讲,这种错误叫做"虚假理由"的逻辑错误。

诡辩者用来确证某个思想为真的理由就是虚假的。

古代有个叫卫华的人,病得很重。他向人打听说:"我很快就要死了,不知道一个人死后到那边的世界好不好?"

有个人答道:"非常好。"

卫华感到奇怪,便问:"你怎么知道呢?"

那个人回答说:"假如人死以后那个世界不好,那么这些死者就会返回来。现在没看到一个死者返回来,由此可见那边的世界肯定很好。"

这个人论证人死后状况很好的理由是:"如果人死后状况不好,那么死者就会全部返回。"这个理由显然是虚假的。

2. 预期理由式诡辩

诡辩者用来证明自己论题的真实性的论据,是尚未得到证明的命题。比如,曾有人试图证明"火星上是有人的",而提出的论据是"用望远镜观察火星,可以发现上面有不少有规则的条状阴影,而这就是火星人开凿的运河",因此得出结论说:"火星上是有人的。"这个证明就犯了预期理由的错误。因为,他所提出的论据"火星上的有规则的条状阴影是火星人开凿的运河",这个判断本身是否真实还未确定。

又如,《十五贯》中的无锡知县过于执在尤葫芦被杀案发以后,得知熊友兰与苏戌娟当晚一路同行,而熊身上正好带着15贯钱这一情况。在提审苏戌娟时,刚打个照面他就断定此案是"通奸谋杀案",其理由是:"看她艳如桃李,岂能无人勾引?年正青春,怎会冷若冰霜?她与奸夫情投意合,自然要生比翼双飞之意。父母阻拦,因之杀其父而盗其财,此乃人之常情。这案就是不问,也已明白十之八九了。"过于执证明这是"通奸谋杀案"的论据都是想当然的产物,其真实性都是尚未得到证明的。

3. 循环论证式诡辩

即在同一证明过程中,论题与论据不能互为论据。如,有人试图以从海岸上看远处的行船总是先见桅杆后见船身这一现象来证明地球是圆的。但是若问"为什么从海岸上看远处的行船总是先见桅杆后见船身呢?"答曰:"地球是圆的。"由于这个论据的真实性还是依赖于该论题真实性的被证明,因此这样的证明等于是绕了一个圈子,什么也没有证明。

诡辩者常用论题来证明用以证明该论题的论据本身,以此来迷惑对方。比如:

甲:"凡是女人心肠都软。"

乙:"不一定,没听说'女人似蛇蝎'吗?"

甲:"那绝不是女人!"

乙:"为什么?"

甲:"因为女人心肠都软。"

论据是用来证明论题的,而论据本身的真实性又需论题来证明,这种诡辩是"首尾一贯"的,翻来覆去地说,结果是什么也没有证明。

4. 推不出来式诡辩

这种诡辩者的理由和推断之间没有必然联系,即推论不符合逻辑。比如,有人说:"如果一个人是运动员,那么他就要经常锻炼身体,我不是运动员,所以,我不必经常锻炼身体。"这个人的结论显然是不正确的。尽管这个推论的理由都是真的(即"运动员要经常锻炼身体"和"我不是运动员"都是事实),但由于它违反推理的规则,它的推理形式是错误的,即推断不是从理由中逻辑地推出来的,因而这个推论不符合充足理由原则的逻辑要求,结论也是错误的。用这种错误的推理形式来进行证明,就是一种"推不出"的逻辑错误。

欧洲的佛·斯图恩为安装假牙付了伪钞,在法庭辩护时,佛·斯图恩辩解道:"牙科医生给我安装的牙也不是真的。"

不能因为牙科医生安装的牙不是真的就推出可以付伪钞的结论。

不难看出,这一推理违反了三段论的推理规则,犯了"中项不周延"的逻辑错误。这样,即使两个前提都是真的,但由于前提与结论之间无必然联系,结论并不一定真。论据虽真,但却证明不了论题的真,这是一种证明中的"推不出"的逻辑错误。

第二种情况是,论据和论题不相干,即证明中的论据虽然也可能是真实的,但却与所要证明的论题毫无关系。用这样的论据当然判明不了论题的真实性。例如,有位年轻人在谈论自己学习不好的原因时说:"我想,自己脑袋小,知识装不进,学习不好的原因就在这倒霉的长相上。"这位年轻人把自己学习不好的原因归之于长相不好(脑袋小),显然是不科学的。其思维过程中就包含了这样一个逻辑证明:用"我的长相不好"作为论据来证明"我的学习不好"这一论题。而我们知道,学习好不好同长相好不好(脑袋大小)是毫不相干的。因此,这位年轻人的证明也就包含了"推不出"的逻辑错误。

第三种常见的"推不出"的逻辑错误是"以人为据",即在论证过程中,为了论证一个判断是否真实,不是以事实和已经证明的科学原理为依据,而是以与这一判断(论题)有关的(或提出的,或支持者或反对者)人的权威、地位、品德作为论据来判断真假。通常所说的"因人纳言"或"因人废言"就是犯了这种错误。所谓"嘴上无毛,办事不牢",用"办事者年纪轻"为论据来证明"年轻人办不好事",也属这类错误。

第四种常见的"推不出"的逻辑错误是"以相对为绝对",这种错误是在寻找论据的时候,把在一定条件下的真实判断当做无条件的真实判断,也就是把在一定时间、地点、条件下正确的东西,当做在一切时间、地点、条件下都是正确的东西,并以此作为论据来进行证明。

🌀 以理服人

中国人认为据理力争是理所当然的事,但同时也比较重视以理服人,因此,对于别人的主张也都持宽容态度。自古便有"君子和而不同"之说,认为意见不一致,时常辩论乃君子之风,若觉得对方有理便接受之。这种风气由来已久,"画蛇添足"的故事,可以为证。

战国时,楚王命昭阳将军率千乘大军进攻魏国,并乘胜势伐齐。齐王甚为惊恐,便派陈轸到昭阳处当说客,劝楚罢兵。

陈轸到楚营,一见昭阳就搬出了这个故事:"昔日有两人比赛画蛇速度快慢,约定先成者饮酒。一人先成，持酒觥于手，曰：我添其足。此时，另一个亦成，乃夺其觥而饮。曰：蛇本无足。君添之，是无饮也。先成功者终不得饮。"说完陈轸将话题一转："你身为楚将军，奉命伐魏，攻城略地，大功告成。然而，你现在又欲伐齐，乃画蛇添足。齐国乃大国，难以攻克，即便攻克，于君也无补。因为你的位子仅次于令尹，做到最好也只是当令尹，现楚国已有令尹了，人心向背，非君可以企及。相反，君如多事，恐见妒于人，见疑于王，何时招来祸害，尚未可知。现在何不见好即收，班师凯旋，这样万事大吉。"昭阳听完，口服心服，便撤兵回国。由此可见，中国人虽"打"，但讲"理"，绝不意气用事，同时也善于听取他人意见。

善于保住别人的面子

世界上任何一位真正伟大的人，都善于保全失败者的面子，绝不费时间去捞取个人的胜利。

1922年，经过几个世纪的敌对之后，土耳其人下决心把希腊人逐出土耳其领土并最终获胜。当希腊的迪利科皮斯和迪欧尼斯两位将领前往土耳其总部投降时，士兵们对他们大声辱骂，而总指挥凯末尔却丝毫没显现出胜利的骄傲。他以军人对待军人的口气说："请坐，两位先生，你们一定走累了。战争中有许多偶然情况，有时，最优秀的军人也会打败仗。"

同样，批评一个人时，无情地剥掉了别人的面子伤害了他的自尊心，那样就容易抹杀你与别人之间原本很深的感情，你将得不偿失。

懂得从正面称赞入手

当听到别人对我们某些长处表示赞赏之后，再听到他的批评，心里会感觉好受些，也容易接受批评。

美国前总统柯立芝有一次批评女秘书，他是这样说的："你今天穿的这件衣服很漂亮，真是一位迷人的小姐。不过，希望你以后能对标点符号稍加注意，那么，你打的文件会跟你的衣服一样漂亮。"

懂得间接地提醒别人的错误

查尔斯·史考勃有一天中午经过他的钢铁厂，看见几个职工在"严禁吸烟"的大招牌下吸烟。史考勃没有简单地斥责他们"难道你们都是文盲吗？"因为那样只会招致工人对他的憎恨，而是使用了充满人情味的方式。他走向前，友好地递给他们几根雪茄，然后说："诸位如果能到外边抽烟，那我真是感激不尽了。"吸烟人都不好意思，知道自己违犯了规则,自觉地掐灭烟头,同时对史考勃产生了好感和尊敬之情。这样的人,谁不乐于和他共事呢?

我有理,我也让着你

一个生产系列美容品的工厂的张厂长接待了一位前来投诉的不速之客李先生。

李先生怒气冲冲地对张厂长说:"你们的美容霜,干脆叫毁容霜算了! 我18岁的女儿用了你们厂的'美达青春霜'后,面容受到了很大的破坏,现在连门都不敢出,我要你们负责! 我要你们赔偿我们的损失!"

张厂长听完,稍加思索,心里明白了几分,但他仍诚恳地道歉:"是吗? 竟然发生这样的事,实在对不起您,对不起您府上的千金。现在当务之急是马上送李小姐去医院,其他的事我们回头再说。"

李先生本来是想骂一顿出出窝囊气,万万没想到厂长不但认错,而且真的挺负责。想到这里,李先生既高兴,又感激。于是,厂长亲自陪同他们父女去医院皮肤科检查。

检查的结果是,李小姐有一种遗传性的皮肤过敏症,并非由于护肤霜有毒所致。医生开了处方,说过两三天会痊愈的,不会有任何后遗症。

这时,父女的心才放下来。只听厂长又说:"虽然我们的护肤霜并没有任何有毒成分,但小姐的不幸,我们是有责任的。因为虽然我们产品的说明书上写着'有皮肤过敏症的人不适合用本产品',但小姐来购买的时候,售货员肯定忘记问是否皮肤过敏,也没向顾客叮嘱一句注意事项,致使小姐误用这种产品。"

小姐听到此话,拿过美容霜仔细看一下,果然,包装盒上有明确说明哪几种人不能用,只怪自己没详细问清或看清就买来用了,心中不禁有些懊丧。

厂长见此情景便安慰她:"小姐,请放心,我们曾请皮肤科专家认真研究过关于患有过敏症的顾客的护肤品问题,并且还开发了好几种新产品,效果都很好,等过两天您痊愈之后,我派人给您送两瓶试用一下,保证不再会出现过敏反应,也算我们对今天这件误会的补偿。先生、小姐,你们看如何?"

结果自然向好的事态发展了。

这件事本身,厂方没有任何责任,而完全是由于顾客粗心所致。但是,厂长并不这么看,顾客粗心固然是事实,但如果我们在销售过程中再细心一点,不就可以避免这样的事情发生吗？另外，一开始厂长心里已明白几分，可能是小姐皮肤过敏所致，但是这要有确凿的科学证明，顾客才能消除误会。为了对顾客负责，为了弄清症结所在，当听到李先生投诉时，便当机立断，陪李家父女去医院检查，取得有力的证据。最后，"有理更让人"。厂长向李家父女解释清楚误会后，不但没有丝毫责怪李家父女的意思，还向李家父女继续赔不是，赢得了他们的好感。

当听完顾客的投诉后，如果责任确在自己，应毫不犹豫地向顾客表示歉意，并提出补救办法。但是，虽说顾客就是"上帝"，但"上帝"往往也会搞错。如果是由于顾客的责任而发生的误会，又该如何处置呢？

首先，仍是耐心听取顾客投诉，弄清责任不在自己，而是顾客弄错产生误会，要婉转解释，但绝对不要正面批评顾客。

当顾客郑重其事向我们投诉时，即使是他产生了某种误会，我们也不能这样对他说："不，先生，那是您误会了，绝不会有这种事。"或者："先生，您有没有搞错啊！我们公司怎么能让这样的产品出厂？"这样的话，会加深误会与不满，扩大顾客的愤怒情绪，甚至引发顾客的对抗心理。所以说，作为推销厂家，对因误会而投诉的顾客采取"有理更让人"的推销术是很具有普遍意义的。

理来自何处呢？让理的尺度是什么呢？理来自于知道自己对事情的判断是正确的，来自于听取对方的倾诉是认真的。打个比方，你是一个商人，接到顾客的投诉时，该怎么办呢？首先必须站在顾客的立场上，冷静且耐心地倾听，一直等对方把要说的话说完。有一个训练有素的推销员戴维曾经说过："处理顾客投诉，推销员要用80%的时间来听话，用20%的时间说话。"

其实，任何一个顾客来投诉，无论开始脾气有多大，只要我们耐心地听，鼓励他把心里的不满发泄出来，那么，他的脾气就会越来越小，像个被扎了一个洞的皮球那样，慢慢地"放气"了。只有恢复了理智，才能正确地着手处理面前的问题。而且因情绪激动而失礼的顾客冷静下来以后，必然有些后悔，这比我们迎头批评他们要有效得多。

摆事实，讲道理

广东某市人民法院调研科调研员周强在1999年依法执行一宗借款纠纷案时，遭到被执行人黄某的威胁："你知道死字怎样写不？"周强严正回击："我们干的这一行，就不怕死。你如果敢乱来，必将受到法律的严惩！"掷地有声的话语震慑了黄某。见黄某嚣张气焰已被压下，周强又晓之以理，喻之以法，终于使黄某自愿以房产抵偿贷款。

某医院护士值班室里，一个女护士忙着收拾打扮，准备下班。一位农村来的病人因病情发作，疼得直冒冷汗，来找护士请求打止痛针。这个女护士见快要下班又来了病人，十分恼火，拉长了脸说："你这么急干啥？告诉你，你离上火葬场还有一截子路呢！我可马上要下班了，等下个班再打！"

那位病人听了气得直哆嗦，不禁哭丧着脸说："我们打老远的地方来这儿看病，多不容易，想不到你这姑娘态度这样差，真叫人寒心哪！你这是在我的伤口上撒了一把盐啊！"

这个护士听了这话不但不收敛，反而声色俱厉地尖声骂道："你真是瞎了眼了，谁请你来的？我们医院又不缺你这个痨病鬼，你嫌我态度差，你滚出去找好的！你滚呀！你怎么不滚出去？"

病人们都围了过来，这时一位在门口看了多时的检察院的干部走到护士面前，温和地说："护士同志，你们的话我都听明白了，你快要下班了，这是事实；你要在下班前准备一下，这也情有可原。但是，你毕竟是护士，是救死扶伤的护士，更何况还没有下班！假如你处在病人的位置，设身处地地想一想，你应该觉得，你这样对待病人的态度是很不应该的，也是医护人员的职业道德和工作纪律所不允许的！"

一席话，说得女护士脸红一阵白一阵。一会儿她眼珠一转，又张开嘴开始回击："我看你是狗拿耗子——多管闲事！你是检察院的，又能咋的？有啥了不起的？我一不偷二不抢，你还能把我咋的？你有能耐，马上把我逮捕，送到看守所去呀！"尽管理亏，但她仍强词夺理，还向检察院干部"挑战"。

检察院干部一边思索，一边义正词严地回答："你说得不错，检察院干部是没有什么了不起的，也是普通公民，和你一样都必须遵纪守法，恪守职业道德，这样，谁也不能把谁怎么样。但如果我是护士，我绝不会像你刚才那样盛气凌人，对病人如此冷漠无情、不负责任。请你千万别忘了，我们的国家是共产党领导的社会主义国家，我们的医院是人民群众自己的医院，医生和护士应当是全心全意为人民服务的白求恩和南丁格尔。你作为护士，只有尽心尽职救死扶伤的义务，而绝不拥有对病人不负责任、耍态度、耍特权的权利！如果你觉得在这儿憋气、难熬，辞职不干的大门始终是敞开着的，但你既在这里工作，又在工作时间内，却恶语伤人、不尽职守，这不仅令人失望，而且是令人愤慨了。护士同志,请你扪心自问,你这样做,岂不伤天害理、问心有愧吗?"

在场的群众,包括这个女护士都被检察院干部这番有理有力、不卑不亢的话镇住了,全场鸦雀无声。检察院干部又进一步说:"护士同志,你可能知道,你们医院是市级文明医院,大金牌就挂在门前,万一由于你的过错出了医疗事故或其他的事件,那么不但你们医院这块烫金牌子要摘去,而且还必须依照事故的轻重和责任的大小,对你进行行政处分、经济处分,直到依法追究你的刑事责任,这绝不是危言耸听,这在我们这里也是有先例的!"

女护士一声不吭,用充满内疚的眼光看了检察院干部一眼,低下了头,为那位病人打了针。

对于蛮横无理的女护士,检察院干部摆事实、讲道理,以理服人,雄辩有力,终于使女护士心服口服。

事实胜于雄辩

法国哲学家亚兰说过这样的话:"不管在任何场合,抽象的文体都是不讨好的,文章里面如果能以一些较具体的石头、金属、桌椅、动物和男女等实际的东西来作比喻,是最恰当不过的。"

以实际的石头、金属、动物等东西来作为说明,比较容易让人产生活生生的鲜明印象。美国的可口可乐瓶子就有一段有趣的插曲。那是在1920年左右,一个名叫丁·罗特的年轻人,看到自己女朋友的圆裙时得到了灵感,创造了一种瓶子,罗特对于自己所设计的瓶子非常有信心,他画了瓶子的素描到可口可乐公司毛遂自荐。在可口可乐公司里,他向对方说:"我所设计的这个瓶子,外观非常漂亮,握住的地方也很稳,绝对不会滑落下来。"但是可口可乐公司的负责人,却以一种不屑的眼光看他。数天之后,罗特拿着做好的实际瓶子和一个杯子,又来到可口可乐公司。出来传话的职员依然以不屑一顾的神情望着他,但罗特不慌不忙地问众人:"各位,你们知道这个瓶子和杯子的容量哪一个大吗?"

大家不约而同地答道:"当然是瓶子的容量多些。"

等他们说完,罗特就将杯里的水倒入瓶子里,结果杯里的水却无法全部装入瓶里,水从瓶口溢了出来。由此可以显示罗特所设计的瓶子的优点,它满足了一般厂商希望容量越少越好的要求。于是针对罗特所设计的瓶子,可口可乐公司立刻召开了董事会,讨论是否要用这种罗特瓶子来装可口可乐。结果没过多久就订了合同,罗特所设计的瓶子一直被沿用至今。

罗特能够在力排众议的情况下，赚取一笔可观的设计费，完全是以事实来影响对方的感觉所取得的结果。

"事实胜于雄辩"。对那些错误的观点、荒谬的学说，要揭露和驳斥它们，就要以真的、实的东西做武器。详细陈述必要的事实，用事实说话，虚的、假的东西就会不攻自破。

有事例才有说服力

一篇新闻报道要求一定要立意新、内容新。在我国每年都有许许多多的好作品出世，受到大家的青睐；每年都会有一批款式新颖的服装投放市场，大家争相购买；每年也有一大批新食品摆上商店的货架，让人们赞不绝口。向下属说话、开会、作演讲也一样，不能照着人家的老路走。人们常说，吃人家嚼过的馍不香。例如，在中外每年都会有一大批好作品问世，在古代也有不少脍炙人口的佳作名句，留在人们的记忆中，但是如果你生搬硬套，那就一定要失败。第一你脱离了时代，第二没有创意，不新鲜。所以，在公司作演讲也要避免老套。对于成功演说家的经验可以吸取，但不可重复人家用过的东西，因为每一位演说家演讲的内容、对象、场合是不相同的。而你针对的是你的下属。

成功的演讲稿，不仅立意新，而且围绕主题旁征博引，引用大量有说服力的生动实例，全面充分论述自己的观点，并达到使人接受这个观点的目的。

一位心理学教授在给青年学生们进行爱国主义教育时，引用了贝多芬、肖邦、屈原、文天祥等人的故事，又通过对中国地理和历史文化的分析，使同学们感到祖国的伟大和可爱。由于材料充足、说理充分，因而说服力很强。

在谈爱国之心时，他先从国外说起，"在肖邦看来，祖国的泥土比金子还要宝贵。而肖邦这颗爱国的心脏，还胜过纯金。从祖国的一捧泥土，到肖邦的这颗心脏，这里包含着一个爱国音乐家对祖国的热爱！"对于贝多芬，他说："他以他那爱国主义的美好心灵和那一系列不朽的乐章，在亿万人民的心目中，耸立起一座丰碑。"谈到爱国诗人屈原，"如此众多的国家都缅怀纪念屈原，就因为屈原有一颗炽热的爱国之心"。同时，他还举了文天祥和现实生活中一个个活生生的例子。

这位教授以"旁征博引"法，使他的演讲吸引了千百万的听众。他在一次报告上说，谁不同意我的意见，你可以走，但全场没有一个人走。可见，他的演讲多么有说服力。

俗话说，理实则心服。就是说引用的事例都是具体可感的，都是历史或现实中发生或存在的，并非虚假臆造，也不是空洞说教。就是说能使人们通过对事实的思考，或以史为鉴，或以人为鉴，从中得到感受。具体的事例不是结论性的东西，不是抽象的理论、定义，而是人们具体行为的记载，所以使人易于接受，使听者无可辩驳，甘愿接受。

周恩来的攻心术

西安事变发生后，周恩来率中共代表团到达西安。当时东北军内杀蒋的呼声很高，中国共产党提出不杀蒋、和平解决西安事变的主张，很多人不理解，有的人还扬言要闹事。一天，周恩来被邀请前往军官学校赴会。周恩来只身一人来到该校，军官们全副武装，横眉竖目，怒气冲冲。周恩来从容地登上礼堂讲台，台下有人大声问："蒋介石丧权辱国，罪大恶极，为什么不杀？"

周恩来没有立即回答，他只是接过话茬说："这个问题提得好！"

青年军官们把心中要说的话全倒出来："不杀他，捉他干什么？""不杀蒋介石后患无穷！""不杀不足以平民愤！"……

直到大家把话几乎说尽时，周恩来才大声地说："要杀，这有什么困难，一句话就行了！"

出乎意料的回答，一下子把全场的人都镇住了。周恩来没有继续讲杀不杀的问题，而是话锋一转，讲开了西安事变以后国内外的政治军事形势。讲完了形势之后，很自然地回到了原来的题目，他说：

"诸位，在这种形势下，是杀好呢，还是不杀好呢？杀了一个蒋介石，还会出来一个何介石，李介石。这个何介石呀，他一上台，就会公开与日本人勾结在一起，来进攻西安，内战就会继续，中国就会灭亡。如果不杀呢，现在蒋介石在我们手里，我们可以逼他抗日。前一段时间何应钦不是派飞机轰炸西安吗？我们逼蒋介石写了个条子，这几天不是安宁了吗？看来蒋介石多少还有点用处，所以还是不杀的好！"

有个军官问："你们共产党一向是主张反蒋抗日的，为什么现在变了？"

"你的意思是说，我们和蒋介石打了10年仗，势不两立，为什么不趁机报仇，处置了他，是吗？"周总理温和地反问。

"对，就是这意思。"

"好，我来回答你的问题。"周恩来用深沉的语调说，"我们红军中有位将军，叫徐海东。他全家 36 口人哪,除了他,35 口人全叫蒋介石杀害了。很惨啊! 他的这个仇够深的了吧? 可是,这次他还是主张不杀蒋介石。为什么呢? 因为他是共产党员,对共产党员来说,民族和国家的利益高于一切。"

这时全场的人都感动了,随之爆发了一阵热烈的掌声!

周恩来这里使用了攻心战法,他以杀蒋与不杀蒋的得失,以共产党博大无私的胸怀,彻底摧毁了对方的心理防线,取得了认识上的一致,达到了目的。

说话大智慧

在日常生活和工作中,说服别人是我们经常要做的事。在说服别人时,如果不能直接说服,不妨换种方式委婉说服。例如,可以讲相关的故事,可以借助第三者的力量,可以用激将法,等等。

NO.3

智者避开争论
愚人喜欢抬杠

你的意见不一定都对，

别人的意见不一定都错。

做人不能只喜欢说出自己的意见，

不喜欢听取别人的意见，

心目中只有自己的人，

自以为比别人高明的人，

以为事事占了上风，

让别人俯首的人，

往往是最愚蠢的。

　　生活中，有些人习惯性地专和别人作对，无论别人说什么，他都要反驳。他自己本来一点成见没有，不过当你说"是"时，他一定要说"否"，到你说"否"时，他又说"是"。这是最可怕的习惯，犯的人很多，而且每每不自知。

　　为什么会这样呢？因为他不喜欢听取别人的意见，心目中只有自己，而且他自以为比别人高明，事事要占上风。

　　即使你的见识真比别人高明，这种态度也是要不得的。你本来是很好的一个人，但不幸你有一点爱和人抬杠的脾气，唯一改善的方法是养成尊重别人的习惯。你要明白，在日常谈论的十有八九没有绝对是非标准的问题当中，你的意见不一定是对的，而别人的意见也不一定是错的。把双方的总和再行分配，你至多有一半是对的。那么你为什么每次都要反驳别人，要和他争辩呢？

智者的故事

　　巴特尔与一位政府稽查员因为一项1万元的账单引发的问题争辩了一个小时之久。巴特尔声称这笔1万元的款项确实是一笔死账，永远收不回来，当然不应该纳税。"死账？胡说！"稽查员反对说，"那也必须纳税。"

　　看着稽查员冷淡、傲慢而且固执的神态，巴特尔意识到争辩得越久越激烈，可能会使这位稽查员越顽固，他决定避免争论，改变话题，给他一些赞赏。

　　于是，巴特尔真诚地对这个稽查员说："我想这件事情与你必须作出的决定相比，应该算是一件很小的事情。我也曾经研究过税收的问题，但我只是从书本中得到的知识，而你是从你的工作经验中得到的。我有时愿意从事像你这样的工作，这种工作可以教会我很多书本上学不到的东西。"

　　听完巴特尔的话，那个稽查员从椅子上挺起身来，讲了很多关于他的工作的话，以及他所发现的巧妙舞弊的方法。他的声调渐渐地变为友善，片刻之后他又讲起他的孩子来。当他走的时候，他告诉巴特尔要再考虑那个问题，在几天之内，给他答复。3天之后，他到巴特尔的办公室里告诉他，他已经决定按照所填报的税目办理。

愚人的故事

甲、乙两人在午间相遇,当时没有第三者。

甲:"吃饭了吗?"

乙:"你问谁呀?"

甲:"我问你呗,还有谁。"

乙:"我怎么回答你呢?"

甲:"吃了就吃了,没吃就没吃,这还不简单吗?"

乙:"问题是早饭、午饭还是晚饭呢?是今天的,明天的,还是后天的呢?"

和别人不作没有意义的争论

罗斯福总统对于他的反对者总是会和颜悦色地说:"亲爱的朋友,妙哉妙哉,你到这里来和我争执这个问题,真是一个妙人!但在这一点上,我们两个的见解自然不同,让我们来讲些别的话题吧!"于是他会施出一种诱惑的手段,使对方放弃自己的意见,而去接受他的观点。

这确是一个好方法,无论那些成功的人采用什么方式去驾驭别人,我们可以注意到的是,他们的第一步是"避免争论",他们的策略是以"迎合别人的意志"及"免除反对意见"来感动人的。

当你碰到了任何一种反对意见时,你应当先自己打算:"关于这一点,我能不能在无关大局的范围中让步呢?"为使人家顺从你的意见,可尽量表示"小的让步",有时,为了避免这种反对,甚至还可以将你的主见暂时收回一下。如果你碰到了对于你的主要意见十分反对的人,那么最聪明的方法还是把这问题延缓下去,不必立求解决,这一方面使对方得到重新考虑的机会,另一方面使你自己也有重新决策的机会。

如果冲突无法避免的时候,就应设法让反对的人说他要说的话,同时,你即使不能赞成他们的意见,也得向他们表示你能够完全了解他们的态度与地位。

从争论中所获得的胜利,没有什么益处,而且又破坏了双方的情谊。争论不仅使个人的精神、时间、身体都蒙受了莫大的损失,而最大、最可怕的影响,是会因争辩而发生不合作的现象。社会减少了合作能力,进步自然也有了限制。许多国际间的纠纷导致的战争的爆发,不少也是由琐屑事情的争辩所造成的。

喜欢争论的人,表示他自尊自大。避免跟人争论最聪明的方法,就是同意对方的主张,不必管他的意见是如何可笑,如何愚笨,如何浅薄,你用礼貌对答他,你无条件地赞成他的意见,佩服他的见识和聪明。然后你立刻避开他,在不必要的时候,你不要跟他交往。你要获得胜利,唯一的方法是避免争论。你抱着不抵抗主义,让那个向你进攻的人,自动停止他的策略,让自己保持精力,不耗费于无益的争论中。不但避免普通的争论是可能的,就是避免有目的进攻的争论挑战,也同样有可能。你的心目中只须记住:用爱心解仇,仇可立即解除;以恨止怨,怨必更深。

对于牛会生蛋吗这个问题你不妨这样回答:哦,有这样的事吗?只是我的见识太浅,并不曾见过有关报道。如你发觉他的来意是挑衅,那么,你应该和婉地回答:是的,牛会生蛋,我不怀疑,我不怀疑,不过我却不曾见过生蛋的牛。真理不是从争论中获得的,你听了一件认为不是真理的理论,你尽可让命运去支配他的错误,他的幼稚,让自然去揭发他。

以争论阐明真理,那是错误的,而且这错误属于你了。美国林肯总统曾劝诫他的下属说:你们的工作,难道不够繁忙吗?为什么还有多余的时间去跟人们争论呢?况且相互争论,总是得不偿失。

卡耐基说:"你绝对赢不了任何争论。你之所以赢不了,是因为你若输了,你固然是输了,而你若赢了,你还是输了。为什么?假设你胜了对方,把他的议论驳得千疮百孔,并证明他神志不清。然后怎样呢?你觉得好过瘾,可是他又怎么样呢?你已让他觉得不如你了,你还伤了他的自尊,他会痛恨你的胜利。"

怎样才能避免那些非原则性的争论呢?记住这句话:"当两个伙伴意见总相同的时候,其中之一就不需要了。"如果你没有想到的地方,由别人提出来,你就应衷心感谢。不同的意见是你避免重大错误的最好机会。

◎ 有些事情越辩越糊涂

有一次,张先生带着女儿一起去一好友家做客。朋友沏好茶,把茶碗放在他们面前的茶几上,随手把暖瓶往地上一搁,就匆匆进了里屋,好像是在找什么东西。

父女俩呆坐在客厅里。

忽然,叭的一声,地板上的暖瓶倒了。父女俩吓了一大跳,但令人惊奇的是他俩的的确确没碰它。而主人把它放在那儿时,虽然有点摇晃,可是也没有马上就倒。

朋友立刻从里屋出来,手里攥着一盒方糖,他看清情况后连声说:

"没关系!没关系!"

张先生似乎马上要作出辩解,然而他控制住了,反而说:

"太对不起了,"他说,"我把它碰倒了。"

"没关系。"朋友并没把这事放在心上。

从朋友家出来,女儿问:"爸,是你碰的吗?"

"……我离得最近。"张先生说。

"可你没碰!我看见你那时一动也没动。"

张先生笑了:"那你说怎么办?"

"暖瓶是自己倒的!地板不平。叔叔放下时就晃,晃来晃去就倒了。爸,你为啥说是你……"

"这,叔叔看见了吗?"

"可以告诉他呀。"女儿不依不饶。

"那样不好,孩子。"张先生说,"还是说我碰的好。这样,既不会伤害叔叔的面子,我也不会因难于证明自己而苦恼了。毕竟一只热水瓶值不了几元钱,不必要那样认真。"

有些时候,生活中的是是非非没有必要分得那么清楚,有些事情越辩越糊涂,还不如不辩的好!

◎ 误解是产生争辩的根源

生活中,有时人们说的话被对方误解。这一方面是由于表达不够清楚,另一方面也可能是对方没有听清楚,或是在传播中有其他因素的干扰,以及对方对同一词语理解不一等原因造成的。产生误解,就容易发生争辩的情况。

话被误解,轻则会使双方不愉快,气氛不和谐;重则会为双方的交往笼罩上阴影。所以,应尽力避免这种误解。

避免自己的话被对方误解,要注意下面几点:

1．不要讲那些模棱两可的话

模棱两可的话容易使人误解。比如，请朋友小聚，一些重要成员还没有到场，如果你说上一句："怎么人还没来呢？"那么，已经到的其他人就可能会认为你忽略了他们，而对你产生反感。

所以，在表达意思时，一定要把话说得具体、明确些，切不可用那种模棱两可、话中有话的句子，以免引起对方的误解。

2．不该省略的词语不要随意省略

从语法上讲，在一些特殊的场合，有些词语甚至主语是可以省略的，但这必须是在谈判双方都明了的情况下，或者是一种约定俗成的做法。否则，随意省略词语，或随意省略主语，都容易造成对方的误解。

有这么一件事：

一位顾客到商店买帽子，售货员给了他一顶帽子。他试过以后说："大，大。"售货员又让他试一顶小点的帽子。他拿着帽子看了看说："大，大。"售货员接着又让他试一顶更小的帽子，他还是说大。售货员很奇怪，以为他是存心捣乱，生气地说："这已经是最小号的帽子了，分明是小，你怎么还说大呢？"

这个顾客结结巴巴地说："不是帽子大，是头……头大！"

3．注意同音词的使用

同音词就是音相同而意义不同的词。

说话时同音词用得不当，就容易产生误解。

比如商业谈判，双方在讨论确立下一谈判时间时，如果你说："下个月中再商量吧！"听的人对此就可能有两种理解，一是下个月中旬；一是下个月终，"中"和"终"是同音不同义的两个字。

如果你说："下个月中旬再商量吧！"或说："下个月底再商量吧！"这样就不会造成误解了。

4．说话注意适中适时的停顿

在书面语言中，可以借助标点符号把句子断开，以便使内容更加具体和准确。

在口语中，则常借助停顿，使句子有节奏，话语明白，减少误解。

但是有些人说起话来却没有间断，不注意停顿，像打机关枪似的，这样别人就容易产生误会。

比如:"中国队大败日本队获得冠军。"这句话有两种意思,一是"中国队大败,日本队获得冠军";一是"中国队大败日本队,获得冠军"。两个意思刚好相反,你如果不加适当的停顿,必然造成误解。

所以,有时候说话一定要注意语句的停顿,使对方轻松、明白地听懂你的话。

5.要谨慎地使用方言

方言又称为"地方话"。汉语中,不同方言的词语,用汉字写差别不是很大,但是,在汉语语音上,方言的差异却很大,运用得不好,极易造成误解。

明代刘伯温曾写过一个有关方言分歧造成危害的寓言。

东瓯那个地方的人,"火"和"虎"口语差不多。当地人住的几乎都是茅草房子,经常发生火灾。有次,一个到晋做生意的东瓯商人,听说晋有个姓冯的人,能够治"虎",商人把"虎"听成了"火"。他马上把这个消息报告了东瓯君。东瓯君立刻封商人为使臣,携重金请姓冯的人来治火。姓冯的人来的第二天,街上就起了火。他还真以为虎来了,于是卷起袖子,准备打虎。出去后,没有看见虎,火却烧近了王宫。东瓯人急得把姓冯的人往火里推,结果,姓冯的人糊里糊涂地被火烧死了。

这个寓言反映出方言的语音分歧给人们造成的危害。

一切的争辩都应该避免

在会议室里,你可以因为不满意一个方案而反复与人争辩,甚至争得面红耳赤,拍桌顿足,因为你把你的意见陈述了以后,还有别的同事可以考虑你的意见。这是关系大众的权益,值得你用全部精力去争取。

可是在私人谈话中,你就千万不可如此了。譬如你昨天和一个朋友争辩了一个下午,你说写一首现代诗应该要押韵,读出来才有音乐的节奏,而你的朋友则反对这个理论。他说和谐的节拍就是诗中的韵律,刻板地押韵,则会损害诗的本质。你们争辩了半天,除了彼此的闷闷不快,还有什么更好的结果呢?争辩是浪费时间。你们各自去写自己喜欢写的诗好了,诗并无一定的形式,各人有各人的见解。

其实许多事情没有几件是值得我们拿友谊的代价去争辩取胜的。如果你偏偏这样做,等于你的精力和时间都不值一钱,更不要说感情损害方面了。

除了彼此都能虚心地、不存半点成见地在某一个问题上专诚讨论之外,一切的争辩都应该避免,即使这是一个学理的争辩。你可以为学术问题而争辩,足以表示你治学的精神。譬如哲学,有些理论争了2000余年,至今还没有定论,心理学的争辩也至少有几百年,现在仍然不分高下,甚至自然科学,"生物发生说"的论争,至今无人敢肯定地说哪一派正确。你有什么比这些更大的题目,更高深的学问和更长的时间作口头上的争辩呢? 你可以著书立说发挥你的主张,但不可在谈话中争辩。

才智是可敬佩的,但不是"好胜"。修养高深的人,绝不肯与人计较一事之短长。

你好和人争辩,是否以为你用议论压倒了对方,就会给你很大的利益呢?

你定会明白:首先,你必不能压倒对方。其次,即使对方表面屈服了,心里也必悻悻然。你一点好处都得不到,而害处却多了。好争辩,第一,使你损害了别人的自尊心,别人因而对你产生反感;第二,使你容易犯专去挑剔别人错漏的恶习;第三,使你积久变成骄傲;第四,你将因此失掉一切朋友。

你也试着从体育精神做起吧,输了,不必引以为耻,然后,竭力去学习重视别人的意见。好胜是大多数人的弱点,没有人肯自认失败,所以一切的争辩都是不必的,谈话的艺术就是警醒你怎样脱离愚蠢的旋涡,更清醒地应对一切。

如果你能常常尊重别人的意见,你的意见也必被人尊重,如此,你所主张的,就会得到别人的拥护,不必把精力花在无益的争辩上。

你可以实现你的主张,你可以左右别人的计划,但不是用争辩的方法来获取。

如果你想借某一问题增加你的学识,你就应该虚心求教,切不可借助"争辩"。

对付争辩的方法

有时候,争辩是无可避免的。在争辩的时候,大家几乎忘记了理智,单纯受着感情的支配。在每个人心灵中,都会产生下列的感情冲动:

* 你是笨蛋,你以为你聪明;
* 你根本是无知;
* 你的知识太浅,经验不足;
* 你经常受骗上当,从不肯认错;
* 你是固执的家伙;
* 你只知无理取闹,或是强词夺理。

　　但老实说,争辩的时候,双方只是在闹意气,绝对没有理智,任凭意气用事,任凭气愤和感情冲动,甚至可能牺牲多年的友谊。

　　要记住,争辩时的心灵表现,实在已经超越了常态,而这种心情的表现,却是有害处而没有一点益处。许多聪明的人,知道争辩无益,于是用各种聪明的方法,来解决和对方的争辩。他用一种开玩笑的方式,使争辩变成胡闹,使大家都一笑了之。

　　开玩笑的方式,是对付争辩的聪明方法,"你说的话,都是真理,只有一点,我觉得……""我明白你完全正确,可是还有一层……""你的意见和我完全相同,不过有一点小地方……""我承认你完全是对的,可是要说服大众,却……""你所发表的意见,我完全同意,只是如能在小节上再加以考虑……"因为争辩就是争胜,你要让对方感到高兴,不失面子。

　　争辩下去的主要原因就是步步紧逼,使对方恼羞成怒,那么争辩的场合,一定会剧烈到不堪收拾。有许多时候,我们为了正义,为了利益,不惜进行激烈舌战,而且必须坚持到底,使对方对于你的意见完全屈服。对于这样的舌战只适用于科学家们在科学技术方面的争论及国与国之间的争论。在这种情境下,是要争到底的,但不适用于人际交往。

　　在不可避免的争辩中,也有种种辩论的方法,因为他的目的是在寻求真理。这种辩论的方法,可以分下列几种:

　　*暴露全部错误,把对方的理由、弱点,都完全揭露出来;

　　*暴露对方理由重心的错误,提出对方理由的重心,加以无情地驳斥;

　　*对比式的说明,使对方的错误和自己正确的意见,互相对比。

　　辩论欲求胜利,应该使自己的知识范围扩大得很广泛,你的知识愈广,见闻愈多,那么材料也愈丰富,自然辩驳起来也愈顺利。因为事理的真相,需要由各方面的证据来证实,你的知识领域狭小,那么你一定难于应付,而容易流于意气之争。在辩论的时候,你应当注意自己的态度,许多人常常因为辩论意见而把平心静气的讨论变成了怒目相向。因为大家的意见相左,常使好朋友变成仇敌。因此,头脑放得冷静,态度沉着,心平气和,是你应该把握的秘诀。成功的人,常在暗中否决他人的意见,而绝不与人涨红了面孔来大声争辩。

　　美国前总统威尔逊常被赫斯将军弄得跟他的意志打圈子,赫斯说:我有改变他的意志的秘诀,那就是把新的意志在不知不觉中注入对方的脑海中,让他在不知不觉中感兴趣,这方法是值得你效法的。你跟别人辩论,能够使别人的意志为你所克服,那么你的辩论,便可以胜利而告终了。不过,这克服,你得在不知不觉中进行,使对方虽然在跟你辩论,但已在无形中屈服于你的理论之中。理论的把握是尊贵的,但是你切勿以胜利的态度向人夸耀。

⌖ 恋人之间的斗嘴游戏

恋人之间的斗嘴,不是争辩,不是吵嘴,不是口角。天真无邪的斗嘴是"爱的作料"。

玩过碰碰车的人都知道,那乐趣全在于东碰西撞、你攻我守。这种游戏的新鲜与刺激绝非四平八稳地行车能比的。在许多青年恋人中,尤其是有较高文化素养的情侣们中间,有一种十分独特、有趣的语言游戏,很像这种碰碰车游戏,那就是"斗嘴"。台湾女作家玄小佛在她的短篇小说《落梦》中,就描写了戴成豪和谷湄两位恋人间的一段"斗嘴"——

"我真不懂,你怎么不能变得温柔点。"

"我也真不懂,你怎么不能变得温和点。"

"好了……你缺乏柔,我缺乏和,综合的说,我们的空气一直缺少了柔和这玩意儿。"

"需要制造吗?"

"你看呢?"

"随便。"

"以后你能温柔点就多温柔点。"

"你能温和也请温和些。"

"认识四年,我们吵了四年。"

"罪魁是戴成豪。"

"谷湄也有份。"

"起码你比较该死,比较混蛋。"

不难看出,这对恋人彼此依赖、深深相爱,但是两人都具有独立不羁的性格,谁都想改变对方,而谁又都改变不了自己。然而从两人针锋相对的话语里,我们分明感觉到他们彼此的宽容、彼此的相知。我们会很真切地感觉到浓浓的爱意从他们的内心流溢而出。这段对话十分典型地反映出恋人间"斗嘴"的特点：

一是目的的模糊性。恋人间斗嘴一般并非要解决什么实质性问题、作出什么重要决定，而仅仅是借助语言外壳的碰撞来激发心灵的碰撞，从而达到两颗心的相知与相通。因而，恋人们常常为一句无关紧要的话、一件微不足道的事"斗"得不可开交，局外人很难领会到其中的奥妙与乐趣。

二是形式的尖锐泼辣。恋人间的斗嘴从形式上看和吵嘴很相似。你有来言我有去语；你奚落我，我挖苦你，毫不相让，"锱铢必较"。但与吵嘴不同的是："斗嘴"时双方都是以轻松、欢快的态度说出那些尖刻的言辞，有了这层感情的保护膜，"斗嘴"就成了一种只有刺激性、愉悦性却无危险性的"软摩擦"，成了表现亲密与娇嗔的最好方式。不难想象，当谷湄说出"起码你比较该死，比较混蛋"时，脸上是带着亲切而顽皮的笑容的。如果换一种冷若冰霜的态度，那么这句话就不再是斗嘴，而变成辱骂了。

正因为斗嘴具有形式上尖锐而实质上柔和的特点，它就比直抒胸臆式的甜言蜜语有了更大的展示情人间真实感情与丰富个性的广阔空间。所以许多沐浴爱河的青年男女都喜欢进行这种语言游戏，在这种轻松浪漫的游戏中，加深彼此的了解，增进相互的感情，同时也调剂爱情生活，使恋爱季节更加多姿多彩。

《红楼梦》第十九回写宝玉到黛玉房里，见她睡在那里，就去推她。黛玉说："你且别处去闹会子再来。"宝玉推她道："我往哪里去呢？见了别人怪腻的。"黛玉听了，嗤的一声笑道："你既要在这里，那边去老老实实地坐着，咱们说话儿。"宝玉道："我也歪着。"黛玉道："你就歪着。"宝玉道："没有枕头，咱们在一个枕头上。"黛玉道："放屁！外头不是枕头？拿一个来枕着。"宝玉看了一眼，回来笑道："那个我不要，也不知是哪个脏婆子的。"黛玉听了，睁开眼，起身笑道："真真你是我命中的'天魔星'！请枕这一个。"她把自己的枕头让给宝玉，自己又拿一个枕着。

这一段"斗嘴"，就为"抢"一个枕头，事很小，语言也都是很普通的日常口语，而且黛玉骂得毫不客气。要在一般关系的男女之间，这一句话就会伤了和气。但在恋人之间，打是亲、骂是爱，斗嘴只是示爱的一种活泼而随意的方式。所以宝玉和黛玉都没有因斗嘴而斗气，相反却越斗越亲密。

斗嘴不仅仅是一种语言游戏，有时它还是消除恋人间摩擦的一种别致而有效的方式。比如你和女朋友外出旅游，很不顺利，不是走错路线，就是耽误了食宿，这时候女友就会撅起小嘴抱怨:"哎呀,怎么跟你在一起就老是碰到倒霉的事呢?"面对指责,你可不能跟她动气:"嫌我不好,你另找别人!"这样谁都不好看,还会伤了感情。你不妨跟她斗斗嘴:

"对啦,我们就是夫妻命嘛!"

"什么叫夫妻命?夫妻就该倒霉吗?"

"夫妻就是要共患难呀!想想看,要不是有你在身边,我一个人哪里应付得了这些?"

相信她听到这些话,气自然会消的。

既然斗嘴是一种有趣的语言游戏,那么它和别的游戏一样,也有一定的"规则",需要恋人们特别注意。

1. 要把握好感情的深浅

谈话有一个总的原则:"浅交不可深言。"这话同样适用于恋爱中。如果双方还处在相互试探、感情朦胧的阶段,要想以斗嘴来加深了解,可以选择一些不涉及双方感情或个人色彩的一般话题,如争一争是住在大城市好还是隐居山林好,斗一斗是左撇子聪明还是"右撇子"聪明,等等。这样双方可以不受拘束,"安全系数"也大。如果已是情深意笃,彼此对对方的性格特点都比较了解,斗嘴就可以嬉笑怒骂百无禁忌。

2. 最好不要刺伤对方的自尊

恋人间斗嘴,最爱用谐谑的话语来揶揄对方,往往免不了夸张与丑化。但是这种夸张与丑化,也要照顾到对方的自尊,最好不要涉及对方很在乎的生理缺陷或他(她)很敬重的父母,也不要挖苦对方自以为神圣的人和事,否则就有可能自讨没趣,弄得不欢而散。请看下例:

"你说,你最崇拜谁?"

"我最崇拜我爸爸,他是个真正的男子汉。什么伟人、英雄,他们都离我太远。"

"那你认为你爸爸就是你心中的上帝?"

"那当然,你不服气?"

"你这个上帝只不过是个修鞋的,有什么了不起?"

"好啊,你看不起我爸,我,我今天算把你看透了……"

这样的斗嘴就得不偿失了。

3.要留心对方的心境

斗嘴是唇枪舌剑的交锋，需要有一个宽松的环境、充分的心灵空间，才能享受它的快乐，因此斗嘴时要特别注意恋人当时的心境。大家都有这样的体验，心情愉快时，可以随便耍嘴皮、开玩笑。可你的恋人正在为结婚缺钱而愁眉不展时，你却来一句："你怎么啦？满脸旧社会，像谁欠你二百吊钱。"你准会受到抱怨："人家心烦得要死，你还有心逗乐，我找你这个穷光蛋真倒霉透了。"这样，斗嘴的味道就会变得苦涩了。

有效缓解冲突

清末陈树屏有急智和快才。他在江夏任知县的时候，清朝名臣张之洞在湖北做督抚。张之洞与抚军谭继询关系不太和。

一天，陈树屏在黄鹤楼宴请张、谭二人。宾客里有人谈到江面宽窄问题，谭继询说是五里三分，张之洞却故意说是七里三分，双方争执不下，谁也不肯丢自己的面子。

陈树屏知道他们是借题发挥，对两个人这样闹很不满，但是又怕扫了众人的兴，于是灵机一动，从容不迫地拱拱手，言辞谦逊地说："江面涨潮就宽到七里三分，落潮时便是五里三分。张督抚是指涨潮而言，抚军大人是指落潮而言，两位大人都没有说错，这有何可争论的呢？"

张、谭二人本来是信口胡说，由于争辩又下不了台，听了陈树屏有趣的圆场，自然无话可说。

众人一齐拍掌大笑，争论不了了之。

人情练达皆文章，人与人的关系是很敏感的，你不能保证你想的都对，说的都对，而且听话人的接受能力也不同，不分青红皂白、不讲究方式方法的直言快语，往往带来不良后果，轻则使人下不了台，重则造成隔阂。这时候如果你能"旁观者清"，在别人争辩的时候，保持冷静，察言观色，巧妙地给他们打圆场，则会有效地缓解冲突。

说话大智慧

喜欢争论只是一种争小胜的行为，喜欢争论的人，是属于那种婆婆妈妈、斤斤计较地把自己位置摆得很低的人。这种人是思想上的琐碎者，行动上的无能者。始终以友善的姿态待人，保持温和的声调，这既是你受过良好教育的表现，也使争论永无法发生。

NO.4
智者刚柔相济
愚人咄咄逼人

领导别人时，

要做到刚中有柔，柔中带刚；

硬中有软，软中带硬。

软的硬的一齐来，

做到双管齐下，

重点是硬，软是铺垫。

既打又抚，两者相辅相成，

共同生威，逼人就范。

作为一个雄辩家,在论辩中,有时要刚——刚气激越,热血沸腾,有时也要柔——柔情似水,和颜悦色,但是在许多场合又往往需要柔中有刚、刚中有柔、刚柔相济。有时,表面上语气和态度都比较和缓,而实质上所表达的内容则有强硬的成分;有时表面上态度刚烈,但其中又包含有委婉的说理。使用刚柔相济的方法,可以取得出人意料的论辩效果。

智者的故事

公元前656年,以齐国为首的八国集团攻打楚国,楚成王派大夫屈完迎敌。屈完来到齐营,见过齐桓公后问道:"齐楚两国相距遥远,不知大王带着部队到我国的国土上来有何事?"

齐桓公语塞,管仲代为回答说:"你们楚国为什么这段时间不按时向周王进贡,而且,周昭王南征时死在汉水,听说也与你们楚国有关系。现在,我们前来就是要讨个说法。"

屈完说:"没有朝贡,这是因为周王室已经衰弱,天下诸侯都这样,不只是我们楚国。至于昭王南征死在汉水,责任在汉水,你们去向汉水讨说法吧。"

桓公见屈完的口气强硬,感到楚国已有准备,便让军队驻扎在陉地,并邀请屈完参观齐军的威势。在车上,齐桓公对屈完说:"我们此行不是为了攻打楚国,而是想同你们修好。"屈完也十分客气地答道:"托您的福,若宽容我君,这正是我们的愿望。"桓公又指着诸侯的军队说:"寡人有这样的军队,用这样强大的军队去打仗,谁能抵挡?"屈完见桓公在炫耀武力,说道:"君之所以能成为诸侯的盟主,是因为能以德服诸侯。您若用德义来安抚诸侯,谁敢不服?如果您用武力来威胁我们,我们楚国人就会把方城山当做城垣,把汉水当做护城河,这么高的城垣,这样深的护城河,您的兵虽多也派不上用场。"

屈完这番不卑不亢、刚柔相济的回答,使齐桓公感到不能用强力使楚国屈服。第二天送走屈完后,八国集团便撤退了。

在这场交锋中,屈完刚柔并用,有理有节,终于使诸侯军队自动退去。

愚人的故事

一天，沙皇下令召见乌兰克革命诗人谢甫琴科。到了召见的时候，官殿上的文武百官都向沙皇弯腰鞠躬，只有谢甫琴科一个人凛然站立一旁，冷眼打量着沙皇。

沙皇大怒，问道："你是什么人？"

诗人回答："我是谢甫琴科。"

"我是皇帝，你怎么不鞠躬？举国上下，谁敢见我不低头？"沙皇话语中露出咄咄逼人的气势。

谢甫琴科沉着地说："不是我要见你，而是你要见我。如果我也像周围这些人一样立在你面前深弯腰，请问，你怎么能看得见我呢？"

沙皇一时间被问得无话可说，只得赔着笑脸和谢甫琴科攀谈起来。

论辩中的刚柔相济术

1999 年国际大专辩论会在辩论"成功的作品应不应该拍续集"这一辩题时，耶鲁大学队为正方，台湾大学队为反方。请看双方两段辩词：

正自由人：对方刚才说了《异形》第四集，可是她忘了《异形》第二集也是《异形》第一集的续集呀！那可是举世闻名的续集呀！（掌声）

反自由人：就是因为你方的鼓励才有了《异形》第四集这么大的烂片出现哪！（掌声）

正自由人：这能说是烂片出现吗？按对方逻辑来说，难道莎士比亚在写了《亨利四世》这个历史剧以后就被剥夺了权利，终身不能写亨利五世、六世的续集了？（掌声）

反自由人：对方辩友的逻辑有一点点不太对，亨利四世、五世当然不是续集，就如同康熙、雍正、乾隆当然不是续集一样的道理，（掌声）再请对方辩友如实地回答大家呀！（掌声）

台湾大学队面对耶鲁大学队咄咄逼人的提问，不是斩钉截铁地说"对方辩友犯了一个极大的逻辑错误"，而说"有一点点不太对"，后面又紧跟着用了"当然"、"呀"等一类软化论辩火力的词，显得慢条斯理，不温不火，看似风平浪静，但底下潜藏着一股足以将乘风破浪的船只掀翻的巨大暗流，后面一句"康熙、雍正、乾隆当然不是续集……"

轻描淡写的话语，极为有力地揭示了对方将亨利五世、六世看成是亨利四世续集的常识性错误，凌厉的攻势，将对方置于无力招架、一筹莫展的境地，从而极大地削弱了对方的斗志。这一以柔克刚的儒雅的君子风范得到了听众和评委的高度赞扬。

在辩论中，刚柔相生相克，刚能克柔，柔也能克刚，和风细雨有时比电闪雷鸣更奏效。

面对蛮横无理之徒，就像上面故事中的沙皇，如果谢甫琴科的态度过分柔弱，就会使沙皇觉得他软弱可欺而越发肆无忌惮。于是他话语中以刚为主，如钢似铁，一身正气，震住对方；同时兼而有柔，晓之以理，使对方端正认识。

明孝宗时，孔镛被任命为田州知府，到任才三天，州内的军队全部被调到他处，而峒族人突然进犯州城。众人提议关起城门来守城，孔镛说："这是个孤立的城池，内部又空虚，守城能支持几天呢？只有因势利导，用朝廷的恩威去晓谕他们，或许他们会解围而去。"于是孔镛独自一人来到峒族人居住的地方。孔镛坐在屋子中央，峒族首领问孔镛是谁，孔镛说："我是孔太守。"孔镛又对大家说："我本知你们是良民，但由于饥寒所迫，才聚集在这里苟且求得免于一死。前任官员不体谅你们，动不动就用军队来镇压，想把你们剿尽杀绝。我现在奉朝廷的命令来做你们的父母官，我把你们看成是晚辈，怎么忍心杀害你们呢？你们如果真能听从我的话，我将宽恕你们的罪过。你们可以送我回州府，我把粮食、布匹发给你们，你们以后就不要再出来抢掠了。而如果不听从我的话，你们可以杀掉我，但是接着就会有官兵向你们兴师问罪，一切后果就由你们承担了。"

在场的峒族人都被孔太守的胆量惊呆了，说："要是回去以后您真的像刚才说的那样体恤我们，那么在您任太守期间，我们绝不再骚扰进犯州城。"孔镛说："我一语已定，你们何必多疑？"众人再次拜谢。

孔镛住了一晚，第二天孔镛回到州城，送给峒族人许多粮食、布匹，峒族人道谢而归。后来峒族人就不再做扰民的事了。

孔镛和峒族人交涉，他的语言中有柔，表现了父母官对百姓的关怀；又有刚，表达出若与州府对抗，官兵兴师问罪，可能导致的不堪设想的后果。正是这样柔中有刚，刚柔相济，消除了对方的对抗情绪，缓和了当时尖锐的矛盾，使得大家和睦相处，安居乐业，充分体现了孔太守语言的雄辩力量。

总之，使用刚柔相济术要避免走入两个极端，既不要过分温和，使对方觉得你软弱可欺；又不要咄咄逼人，使对方觉得你是在乘势要挟。

软硬兼施

不少有经验的老领导、老同志，他们经常用"软硬兼施"的方法开导小青年走正道，即使小伙子犯了很严重的错误，老同志也不大发雷霆、撕破脸皮地刺激他们，而是和颜悦色、苦口婆心地讲今比古，看准火候陈说利害，直至使小伙子冒出冷汗。这种恨中有爱、冷中有情的做法，渐渐地就会使两个人的思想达到归一。

古代许多辩士也善于运用"软硬兼施"，出奇制胜之例在论辩中不胜枚举。

公元前225年，秦王派使臣到安陵国，说要用500里的土地换安陵国50里的土地。安陵君不同意，派使臣唐雎前去秦国交涉。骄蛮的秦王没有把唐雎和安陵国放在眼里。当唐雎用"软招"陈述祖先留下的土地，即使用一千里地的土地交换也不干时，秦王没有被安陵君的孝道和唐雎的忠义所感动，仍采取自己奉行的强硬路线，以暴虐杀生相威胁。

秦王威吓唐雎说："天子一发怒，会使上百人丧命，流血遍及千里之广的地方。难道你想实地看一看吗？"秦王心想：就凭这两句话，你应该知道进退了。唐雎没有被震惊。他平静地说："平民百姓发怒，也不可以小瞧的。""那算什么，不过跺跺脚，撞撞头而已。"秦王摇着头说。

"那不过是小人发怒而已。如果真正勇猛的人发了怒，你别看倒下的只有一两个人，却可以让全国的人都披麻戴孝。不信，就试试吧！"边说着，唐雎"霍"地站起，拔出宝剑，紧逼秦王。

这一招大出秦王意外。秦王无可奈何，只得放弃骗取安陵的念头。

在这场斗争中，唐雎没有被秦王的威势吓倒，他奋起反抗，勇敢地捍卫国家的尊严。作为一个使者，唐雎是出色完成了任务的。作为一个辩士，唐雎的软硬兼施的辩功搭配得多么合理，用得又是多么巧妙。

软硬兼施，要求在论辩过程中软的、硬的手段一齐施展，双管齐下，以取得论辩的胜利。施用此术的重点是硬，软是铺垫。既打又抚，两者相辅相成，共同生威，逼人就范。

以柔克刚

庄王有一次吃烤肉，发现肉的外边缠绕着头发，于是大怒，唤来烤肉的厨子。厨子知道，烤肉上边有头发是对大王的大不敬，如果是厨子失职，就可能被处死。

厨子到大王面前，连忙认罪。他说道："臣该死，臣的罪有三条：其一，我切肉的刀锋利得如宝剑一样,肉被切断,可是没有切断肉外边的头发;其二,我用铁锥串起来烤,反复翻动,却没有发现头发;其三,肉被火烤得赤红,最后被烤熟,可是缠在肉外边的头发却不焦。我想,之所以如此,是不是有人嫉妒我呢?"

大王听了这番话后,猛然醒悟,派人调查,果然是有人陷害厨子,于是庄王杀了那个人。

大王是一个拥有生杀大权的专制君主,而厨子则是一个任其宰割的奴隶,稍有不慎,自己就会被杀掉。在这种极其严峻的形势下,厨子巧妙地采用了以柔克刚的方法。

运用以柔克刚的技巧,要注意以下两点:

一是,柔化反击锋芒,使之外柔内刚。说话时不能感情用事,要处变不惊,受辱不怒,沉着应对。

二是,在软缠硬磨中,寻找突破口,以柔克刚并不是只靠一次交锋便可取胜的,而往往要在磨和缠中寻找突破口,这就需要时间,需要一定的过程。

以柔克刚的技巧还在于"绵里藏针",适合于对方处于强大的地位,自己处于被动弱小地位的局势。在这种情况下,就必须避免正面冲突,作暂时的退却和忍让,寻找出对方的薄弱环节并加以利用。

针锋相对

针锋相对,刚言震慑,就是在论辩中针对对方的利害关系,以非凡的气度和声势,震动、威逼和慑服对方。

论辩中,有的对手因理屈而心虚,说话吞吞吐吐、含含糊糊或躲躲闪闪。所以我们几乎不需要再不厌其烦地论说什么道理,只要直接亮出观点,就可以切中要害,使对方无力招架。

针锋相对,毫不留情地驳斥对方的歪理邪说,可以显示自我风采。

在电影《风雨下钟山》中有这样一个镜头——

"天意如此!"人民解放军占领南京的消息传到当时在北平参加国共两党谈判的国民党高级将领张治中的耳朵,张治中发出了如此的叹息。

"不,这是民意如此!"中国共产党代表团团长周恩来针锋相对,马上予以了驳斥。一字之改,道出了国民党政府失败的实质是不得民心,肯定了中国共产党的胜利是人民的胜利。

针锋相对,刚言震慑,再狡猾的对手也不得不先从心理上输上几分。

绵里藏针

对无理行为进行反击,有时绵里藏针反而更见力量,在不露声色之间,锋芒尽显。

1. 欢迎词·迎战书

欢迎词,当然会消除一些敌意,从而取得自己的"话语权";迎战书,就是显示自己的力量。以欢迎词的形式送上迎战书,欢迎词为绵,迎战书为针,是为绵里藏针,也是防止论敌偷袭的方法。

春秋时期,秦国准备袭击郑国,秦军走到卫国的时候,消息却被郑国的商人弦高知道了。弦高打算劝秦国主将改变主意,于是给秦军送去四张牛皮和十二头牛,还对秦军的主将说:"我国国君听说您将率军经过敝国,特地派我来犒劳您的随从。"其弦外之音是:你们想偷袭郑国,但郑国已经有了防备。由于秦强郑弱,所以郑国派出使者犒劳秦军,以尽礼节。如果秦国不识相,那就只好拼个鱼死网破了。秦军的主将当然明白这个明摆着的意思,于是放弃了对郑国的攻打计划。

2. 既庄重,又风趣

庄重显力量,风趣显风度。在论辩中做到既庄重又风趣,可以让对方无力招架,自叹弗如。庄重为绵,风趣为针,是为绵里藏针。

有一次,一个美国记者同周恩来总理谈话时,看到桌上有一支美国派克钢笔,就带着几分讥讽的口气问:"请问总理阁下,你们堂堂中国人,为何还要用我们美国的钢笔呢?"听出了他的言外之意,周总理庄重而又风趣地答道:"提起这支钢笔,话就长了,这是一位朝鲜朋友的抗美的战利品嘛,作为礼物赠送给我的。我无功不受禄,就拒收。朋友说,留下做个纪念吧。我觉得有意义,就收下了贵国这支钢笔。"那个记者听后,露出一脸窘相,怔得半天没有说出话来。

3. 语言太极式

回击了一个巴掌,觉得痛,却不见手掌的痕迹,也没有听见巴掌的声音,这厉害的一巴掌可谓语言太极式。不见手掌的痕迹是绵,厉害的力道是针,是为绵里藏针。

偶然看见美国总统林肯在擦自己的靴子,另一个国家的一位外交官以讽刺的口吻问道:"总统先生,你经常擦自己的靴子吗?"林肯马上以温和的口气说:"是。你经常擦谁的靴子呢?"林肯话中有话,非常有力,反过来使那个外交官很是狼狈。

绵里藏针,话里藏话,总体上有两个基本功。一是能够听出对方的弦外之音,恶毒之意,否则便会成为笑柄,白白赔了笑脸。二是要委婉含蓄地表达自己,话说得很艺术，又让听话之人心领神会，明白你话中的锋芒所在。

使用绵里藏针的方法，首先是注意巧用敬辞或者委婉语，适当使用反问句；关键在于我们的针要硬，又要扎得准，真正击中对方的要害，使其有所顾忌，知难而退。

一语惊人

许多人在说话时，常以可能性为根据，运用逻辑推理的方法，把对方的某一观点、某一行为可能产生的后果加以适当的夸张，故意把问题说得令人感到可怕，使人震惊哗然，借以引起对方的注意和思考，修改自己的言行，这样便能顺利地达到自己的目的。

运用这种方法，开始的语言要求一语惊人，令人欲罢不能，继而寻根究底地追问下去，从而，使自己的言辞犀利而达到目的。

战国时，有个叫无盐的女子求见齐王。齐王见她异常丑陋，故意问："我宫的嫔妃已齐备了，你想到我宫中，请问你有什么特殊的本事吗？"无盐直率地回答说："没有，只是会点隐语之术。"随后，她举目咧齿，手挥四下，拍着膝盖，高声喊道："危险了！危险了！"反复说了四遍。齐王及左右大臣皆被吓得冷汗直冒。

齐宣王赶紧追问隐语之术，无盐解释说："举目是替大王观察烽火的变化，咧齿是替大王惩罚不听劝谏的人，挥手是为大王赶走阿谀进谗之徒，拍膝是要拆除专供大王游乐的渐台。"

"那么，你的四句'危险'呢？"

"大王统治齐国，西有强秦之患，南有强楚之仇，大王又爱奉承之徒，这是第一个危险。您大兴土木，高筑渐台，聚集大量金玉珠宝，搞得百姓穷困，怨声载道，这是第二个危险。贤明者躲藏在山林，奸邪的人立于朝廷，想规劝您的人见不到您，这是第三个危险。您每日宴饮游乐，外不修诸侯之礼，内不关心国家治理，这是第四个危险……"齐王听罢，不由得不寒而栗，长叹一声："无盐的批评太深刻了，我确实处于危险的境地。"

于是齐王纳无盐为王后，齐国从此大治。

无盐劝说齐宣王，先用四句"危险"引起齐宣王的注意和警惕，也就是先用警语一语惊人；然后再逐条分析，阐述"危险"的事实根据。

制造可怕的问题，重要的在于一个"危"字。要在"危"字上大做文章，然后才有耸听的可能，令人惊诧、欢呼。

一语惊人的目的是故意说出惊人之语，以便引起对方的警觉和注意，但是惊人之语并不是信口胡诌，必须有一定的事实依据，否则后果不堪设想。

一就是一，二就是二

1969年9月某日，美国总统顾问基辛格，就越南战争问题与苏联驻美国大使多勃雷宁举行会谈。正当基辛格发言时，尼克松总统给基辛格打来电话，谈了几分钟之后，基辛格对多勃雷宁说："总统刚才在电话里对我说，关于越南问题的火车刚刚开出车站，现在正在轨道上行驶。"老练的多勃雷宁试图缓和一下气氛，机智地接过话头说："我希望是架飞机而不是火车，因为飞机中途还能改变航向。"基辛格立即回答说："总统是非常注意选择词汇的，我相信他说一不二，他说的是火车。"

基辛格的这句话非常有力量！在带有原则性的问题上，一就是一，二就是二，即使对方是在开玩笑，也应该当仁不让。

20世纪50年代是麦卡锡主义在美国横行的日子，这股恶浪浊流把爱因斯坦惊醒了。他决定挺身而出，担当起一个人权斗士应有的责任。

爱因斯坦参与的最有名的案件是菲劳恩拉斯事件。菲劳恩拉斯是纽约布鲁克林詹姆斯·麦迪逊中学的英语教员。参议院国内安全委员会认为他是"恐怖分子"，要他到委员会去作证。菲劳恩拉斯根据宪法的人权条例第五条，拒绝前往作证。此举惹恼了国会。麦迪逊中学在国会的压力下，解雇了菲劳恩拉斯。菲劳恩拉斯向爱因斯坦诉说了案情，爱因斯坦经过沉思后，给他回了一封信，并授意这封信可以公开发表。

爱因斯坦在信中说："我国知识分子今天所面临的现状非常严峻。反动的政治人物们利用外来的危险为借口，已经向公众灌输了对知识探索的怀疑。在初步成功的基础上，他们现在又要着手镇压教学的自由，并要剥夺那些不愿俯首帖耳的人的工作职位。对这种丑恶行径，知识分子的少数派应如何应对呢？我认为只能采取甘地式的不合作主义革命行动。凡被召至国会作证的人应当拒绝作证。他应当做好坐牢和经济破产的准备，也就是为了我国的文化福利而牺牲自己的个人福利。"

爱因斯坦这封信发表后，在社会上引起了轩然大波。有报纸评论说："如果人们都听从爱因斯坦博士的劝告，宁可坐牢而不愿出庭作证，我们的代议制政体岂不要瘫痪吗？"

爱因斯坦面对这一质疑坚决回击,他在《纽约时报》撰文说:"原则上讲,保卫宪法权利是人人一样的。但知识分子的地位有点特殊,因为他们所受的特殊训练,使他们对公众舆论的形成会产生特殊强烈的影响。这也就是为什么那些想误导我们接受威权政府的人特别注意知识分子并要胁迫他们的原因。在这种情况下,知识分子就特别要尽他们的重要责任。对任何违反宪法权利的图谋,我认为,拒绝合作就是我们的责任。"

看到这篇文章,原来叫嚣得狂热的反对者们也只得偃旗息鼓了。

爱因斯坦的回信体现了他崇尚理性,关心人,尊重人,反对独裁专断的民主精神,体现了他言行一致,表里如一的坦荡胸怀,以及为追求真理和为人类谋福利的目标始终如一的人生态度。

如果你决心自始至终地捍卫原则,你就会发现,在日常生活中,常常有一些与原则相违背的事情摆在面前,倘若意志不坚,或碍于情面,就很容易放弃原则。因而,保持清醒的头脑是必要的,在任何情况下都不随波逐流,不轻易改变自己的原则,虽然较为困难,但绝非不能做到。

善意威胁增强说服力

很多人都知道用威胁的方法可以增强说服力,而且还不时地加以运用。这是用善意的威胁使对方产生恐惧感,从而达到说服的目的。但这种方法要运用得当,而且在说话时要掌握好分寸,千万不要因为说了威胁性的语言而把事情弄得更糟。在这一点上,要争取做到收放自如。

有力度的说服往往会取得速战速决的效果。

一个单位到外地搞了一次集体活动。当大家风尘仆仆地赶到事先预定的旅馆时,却被告知当晚因工作失误,原来订好的套房(有单独浴室)中竟没有热水。为了此事,领队约见了旅馆经理。

领队:对不起,这么晚还把您从家里请来。但大家满身是汗,不洗洗澡怎么行呢?何况我们预定时说好供应热水的呀!这事只有请您来解决了。

经理:这事我也没有办法。锅炉工回家去了,他忘了放水,我已叫他们开了集体浴室,你们可以去洗。

领队：是的，我们大家可以到集体浴室去洗澡，不过话要讲清，套房一人50元一晚是有单独浴室的。现在到集体浴室洗澡，那就等于降低到通铺水平，我们只能照通铺标准，一人降到15元付费了。

经理：那不行，那不行的！

领队：那只有供应套房、浴室、热水。

经理：我没有办法。

领队：您有办法！

经理：你说有什么办法？

领队：您有两个办法：一是把失职的锅炉工找回来；二是您可以给每个房间拎两桶热水。当然我会配合您劝大家耐心等待。

这次交涉的结果是经理派人找回了锅炉工，40分钟后每间套房的浴室都有了热水。

威胁能够增强说服力，但是，在具体运用时要注意以下几点：第一，态度要友善；第二，讲清后果，说明道理；第三，威胁程度不能过分，否则会弄巧成拙。

◎ 制造威慑气势

能否成功征服他人，很大程度上取决于心理上的威慑力量。如果对方心理上不占优势，势必惊慌失措，理屈词穷。因此，良好的应变能力，除了言辞得当，思路井然，攻守有术外，必须掌握心理战这把利器。须知，"心理战"具有强大的威慑力量，它能使对方紧张，容易露出破绽，为你寻找制胜的机会。

有一位女县长到地方上调查一起案件，驱车返回时，突然被众多闹事的群众拦住了。在一些人的鼓动下，不明真相的群众要求知道调查结果，有的甚至摆出要打架的姿态。

在这种群情激奋的情况下，靠一般的讲理是无济于事的。于是这位县长对闹事的少数人来了个下马威，面对嘈杂纷乱的人群用十分威严的口气说："我是奉命来执行任务的，不是来发动群众闹事的！村有村规，国有国法。法律不允许把调查的情况公开。你们的要求是无理的。你们辱骂国家公务人员，拦截车辆，严重妨碍了公务，这个责任你们当中有谁能承担？"

接着女县长义正词严地介绍了《民法》、《刑法》相关内容，有效地控制了原本混乱的局面。

如果对方的口才和你差不多，要想取胜就看心理战所造成的气势。气势在说话时至关重要，如果对方的实力超过你许多，只要心理上与人站在同等的地位，你就可以发挥无比的威力，扳倒强敌。假如你担心在心理上被对方压倒，不妨细察对方的表情、服装，从中找出对方的缺点，从而壮壮自己的胆子。

造成心理气势还有许多办法，如一开口声音洪亮，就不会怯场；在服装方面，穿着体面，也会信心大增。如果遇到不愉快的事，千万要调整心态，使自己心情愉快。这样，对手有可能被你的气势压倒，在心理上先丢了分。

人的行为与心境是交互影响的过程。如果你脚步轻快，心情必然是轻松的。不管和什么人交谈，只要你保持眼睛的高度跟对方平等的地步，精神压力就会减轻不少。两个心理学家，身高相差很大，走起路来，就像大人和小孩一样。个头小的在个头大的面前，总有一种泰山压顶的感觉。原因是由于双方眼睛的高度不同，个头小的心理上处于劣势之故。如果你遇到可能使你敬畏的对手，说话的时候切记要一直注视对方的眼睛，这样，心理紧张感就会缓和。那些怯场的人也坦白地承认："怯场主要是紧张心理造成的。"

每个人都有强和弱两个方面。要让"强硬的自己"和"懦弱的自己"在心中对话。强硬而乐观成性的人，常常对过去的失败不肯有所回忆；懦弱而悲观成性的人，常常对过去的成功不肯有所评价。人的本性，至为复杂，要让乐观、强硬面占上风，让悲观、懦弱面处于下风。为了消除强弱不均衡现象，应该使"强硬的自己"打败"懦弱的自己"。千万不要在心里想："这一次，我很可能会失败。"要反其言而行之，你一定要说："不，这一次马到成功。"有了这种心理上的优势，必然会斗志高昂、信心倍增。

◉ 以气势压倒对方

"文革"时期的一天，一位很有威望的老领导正在大学会议厅主席台上讲话。几个造反派头头提着高帽子要揪斗老领导。德高望重的老领导，这位一分钟前还用自己的亲身经历，以特有的幽默、坦率的言辞，和颜悦色地开导着年轻人的长者，此刻突然怒目圆睁，威风凛凛，拍案而起，挺立台心厉声喝道："看你们谁给我戴！看你们哪个敢给我戴！"

老领导在危急时刻，接连两声呵斥，匐然有力，一字千钧，吓得几个造反派头头呆若木鸡，愣在那里，不知所措。

说话以气夺人，首先自己必须具有大无畏的胆略，有蔑视一切对手的勇气。如果一见强敌便心惊胆战，腋下出汗，就只能是灰溜溜地败下阵来。

以气夺人要以气制敌，最根本的是要手中有真理，理直才能气壮；如果手中无真理而气壮如牛，那也不过是色厉内荏的纸老虎，不堪一击。

20 世纪 80 年代中期，我国的国有大中型企业进行改制，某实力雄厚的电子仪器企业，对本企业人员进行整顿，把违反企业纪律的员工小杨开除了。小杨不服，拿着寒光闪闪的利斧，杀气腾腾地来找领导算账。他质问："凭什么开除我？"领导说："凭你 7 个月不上班！"小杨恶狠狠地说："你开除了我，我的斧子不是吃素的！"说着举起斧子晃了晃。领导毫无惧色，面带威严，斩钉截铁地说："你要干什么？告诉你，你的斧头我见过，你想用它吓倒我那你就错了。要是怕，我就不当这个企业领导！"小杨被镇住了，"当"的一声，斧子砸在桌子上，他转身灰溜溜地走了。

这个员工因为手中无真理，看上去气势汹汹，实质上心虚胆战；领导因为真理在握，一身正气，于是理直气壮，制服了庸才鼠辈之徒。

柔和的谈吐

古往今来，"和气待人"，"和颜悦色"被视为一种美德。《礼记·仪礼·少礼》说："言语之美，穆穆皇皇。""穆穆"，指"敬之和"；"皇皇"，指"正之美"。《汉书·刘向传》说："和气致祥，乖气致异"。

柔和的谈吐可以弘扬男性的文雅大度和女性的阴柔之美。尤其是在抒发情感时，因为柔和的谈吐使用的是和声细气的音素，所以它具有一种迷人的魅力。

柔和的谈吐有多种表达形式：

1. 谦让式说法

当遭到有人火气十足，无端向你撒气时，如果你持谦让态度，柔言相答，结果会"灭火消气"，换来微笑。一家瓷器店里，营业员老王正在接待一位十分挑剔的女顾客，给她拿了好几套瓷器，挑了半个钟头还没选中。因顾客太多，他先照应别的顾客去了。这位女顾客以为冷落了她，便把脸一沉，大声指责说："你这是什么服务态度，你眼睛没看见我先来吗？为什么扔下我不管？"她把钞票往柜台上一扔，命令道："快给我选，我还有急事！"这话真够刺耳难听的。如果遇上愣头青，和她"较真儿"，非有一场"热闹"不可。然而，老王并没和她"一般见识"。他安排好其他顾客，和颜悦色地对她说："请你原谅，我们店生意忙，对你服务不周到，让你久等了，我服务态度不好，欢迎你多提宝贵意见。"老王这几句真诚而谦让的话一出口，那位女顾客的脸一下子红了，转而难为情地说："我说得不好听，也请你原谅。"

你看，老王以"和气"对"火气"，表面上"似水柔情"，实际上"力胜千钧"，产生了积极效果。"有理不在声高"。话，并非说得有棱有角、咄咄逼人才有分量。像这种谦让式说法，由于充满了对人的尊重、宽容和理解，这本身就产生了一种感化力，从而引起对方的心理变化。苏联教育家苏霍姆林斯基说："有时宽容引起的道德震动比惩罚更强烈。"这说明，以宽容为特点的谦让式说法有强大的征服力。

2. 委婉式说法

当遇上有人无理取闹时，你不必过分冲动，更不要破口大骂，理智的态度和委婉的谈吐，能帮你转危为安，战胜对手。有这样一个例子：一位戴花帽的姑娘在街头碰上几个轻浮青年，其中一位竟伸手摘下了她的帽子。面对挑衅，姑娘又恼怒又紧张，但她马上冷静下来，彬彬有礼地说："我的帽子挺漂亮，是吗？""当然，它和你这个人一样，真美。"男青年挑逗说。姑娘委婉地说："你一定是想仔细看看，好给你的女朋友也买一顶吧？我想你绝不是那种随意戏弄别人的人。"

她话里有话，温和中深藏开导，委婉中包含锋芒。青年有几分尴尬，不由自主地还了花帽，溜掉了。一场可能发生的危机就这样被制止了。

从中我们不但看到了姑娘的机智，而且对她的善辩能力留下印象。从始至终姑娘没说一句强硬的话，而是用含有"潜台词"的柔言软语，巧于应对，成功地激发了对方的自尊自爱心理。她用冷静举止、柔言软语塑造了一个见多识广、不容侵犯的强者的形象，使对方不敢轻举妄动。

从这里我们可以领略到，委婉柔言所具有"柔中寓刚"的独特威力。

3. 恳求式说法

当你被对方捉弄了，切莫鲁莽行事。恳求的态度和劝导的语言，将会使你如愿以偿。曾有一位从内地到广州出差的老先生，在小货摊上被卖货的女青年掏了腰包。钱包不翼而飞，货摊只有他们俩，明知此事与姑娘有关，但当他说出此事时，姑娘翻了脸，叫他"到公安局去告！"老先生冷静一思索，没和她来硬的。他压低声音，恳求地说："姑娘，我一下子买了你五六十元的东西，你怎么能这样对待我呢？我知道，你们做生意的，信誉要紧啊！"这话不能不使姑娘深思。他进一步恳求道："我从内地来，钱包里的钱是一朋友托我买东西的，丢了我怎么交代？叫我到哪里去找钱呢？你就替我仔细找找吧，或许忙乱出错混到衣服堆里去了。我知道，你们个体户是最能体谅人的！"

姑娘终于被说动了，她就坡下驴，在衣服堆里找出了钱包，不好意思地交给了他。

恳求，通常是处于弱者地位的人使用的语言方式。然而，此时此刻，它不是低三下四地哀求，而是一种智斗，是一种心理战。老先生针对姑娘并非作案老手，紧紧抓住"信誉"这个要害，以恳求的方式，启发、诱导、暗示、加压，努力唤起她尚未泯灭的良心和同情心。从而，使她的正义感、信誉感和同情心占了上风，战胜了贪财的邪念，交出了钱包。

4. 商讨式说法

当你需要别人的帮助时，切莫用发布命令式的语气，这样也许会使你变得难堪。如果这时你心平气和地说话，会使你达到目的。

比如，妻子从单位回来，对正在看书的丈夫说："今天我想加班做件衣服，你能不能去接孩子，再做做饭？"这种尊重的商讨口吻，对方乐意接受。丈夫说："行，我这就去。"这样说，不但达到了目的，而且使彼此关系和谐融洽。

如果使用命令强硬的口吻会怎样呢？我们看这个家庭：妻子："喂，我今天要做活儿，你去接孩子，回来做饭！"丈夫一听就火了："你没见我正忙着吗？"妻子火了："忙，就你忙，难道这个家都我包了？"一来二去两个人吵了起来，各自装了一肚子气。

这样的例子在生活中不胜枚举。从人们的接受心理看，盛气凌人、颐指气使、命令口吻，最易引起反感，而对平等商讨、诚恳请求，有一种天然的妥协性。因此，协商口吻比起命令口吻来，更容易改变一个人的观点。在同事、家庭成员之间，应尽量采取这种方式。

用哭声打动人心

据动物园的饲养员介绍，凶残的鳄鱼在吞噬猎物时，总要流下一串串"伤心"的眼泪。现实生活中,有的人为了升官发财,竟然也用哭来达到目的。翻开历史,会哭的男人、女人不少,哭得妙的人哭出了天下,次一点的也哭出个财运亨通。

三国时期,蜀主刘备是精于哭道的高手。说得夸张些,刘备能当上蜀国皇帝,与他爱哭会哭,是分不开的。李宗吾在《厚黑学》中称刘备的特长"全在脸皮厚,依曹操,依吕布,依刘表,依孙权,依袁绍,东窜西走,寄人篱下,恬不知耻,而且生平善哭。做《三国演义》的人,更把他写得惟妙惟肖,遇到不能解决的事情,对人痛哭一场,立即转败为胜。"俗话也有"刘备的江山是哭出来的"的说法。哭的确是办事时的"秘密武器"。

亚伯拉罕·林肯出身于一个鞋匠家庭,而当时的美国社会非常看重门第。林肯竞选总统前夕,在参议院演说时,遭到了一个参议员的羞辱。那位参议员说:"林肯先生,在你开始演讲之前,我希望你记住你是一个鞋匠的儿子。"林肯看看他,没有表现出愤怒的样子,而是深沉地说:"我非常感谢你使我想起我的父亲,他已经过世了,我一定会永远记住你的忠告,我知道我做总统无法像我父亲做鞋匠做得那么好。"听了林肯这一席话,参议院陷入一阵沉默里,林肯又转头对那个傲慢的参议员说:"就我所知,我的父亲以前也为你的家人做过鞋子,如果你的鞋子不合脚,我可以帮你改正它。虽然我不是伟大的鞋匠,但我从小就跟随父亲学到了做鞋子的技术。"然后,他又对所有的参议员说:"对参议院的任何人都一样,如果你们穿的那双鞋是我父亲做的,而它们需要修理或改善,我一定尽可能帮忙。但是有一件事是可以肯定的,我无法像他那么伟大,他的手艺是无人能比的。"说到这里,林肯流下了眼泪,所有的嘲笑都化成了真诚的掌声。后来,林肯如愿以偿地当上了美国总统。

作为一个出身卑微的人,林肯没有任何贵族社会的硬件。他唯一可以依靠的只是自己出类拔萃的能够扭转不利局面的才华,这是一个总统必备的素质。正是关键时刻的一次心灵燃烧使他赢得了别人包括那位傲慢的参议员的尊重,抵达了生命的辉煌。林肯在关键时刻的眼泪,让人们看到了他的铁汉柔情,这使他赢得了最后的成功。

男儿有泪不轻弹,只是未到伤心时。对于一位情感丰富的男子汉来说,哭未必就是罪过。只要巧于用哭,善于用哭,用"哭"办成了事情,就是值得高兴的事。

鲍尔温交通公司总裁福克兰,在年轻的时候因巧妙处理了一项公司的业务而青云直上。他当时是一个机车工厂的普通职员,由于他的建议,公司买下了一块地皮,准备建造一座办公大楼。在这块土地上的 100 户居民,都得因此而迁移地方。但是居民中有一位爱尔兰的老妇人,却首先站出来与机车工厂作对。在她的带领下,许多人都拒绝搬走,而且这些人抱成一团,决心与机车工厂一拼到底。福克兰对工厂领导说:"如果我们建议通过法律途径来解决问题,会费时费钱。我们更不能采用其他强硬的办法,以硬对硬,驱逐他们,这样我们将会增加更多仇人,即使建成大楼,我们也将不得安宁。这件事还是交给我来处理吧!"

这一天,他来到了老妇人家门前,坐在石阶上独自流起了眼泪。这种行为自然引起了老妇人的注意。良久,她开口发问:"年轻人,有什么伤心事吗?说出来,我一定能帮助你。"福克兰趁机走上前去,他擦擦眼泪,没有直接回答她的问题,却说:"您在这时无事可做,真是天大的浪费呀!我知道您有很强的领导能力,实在是应该抓紧时间干成一番大事业的。听说这里要建造新大楼,您是不是准备发挥超人才能,做一件连法官、总统都难以做成的事:劝您的邻居们,让他们找一个快乐的地方永久居住下去。这样,大家一定会记得您的好处的呀!"

从第二天开始,这个强硬顽固的爱尔兰老妇人便成了全费城最忙碌的妇人了。她到处寻觅房屋,指挥她的邻人搬走,并把一切办得妥妥当当。办公大楼很快便开始破土动工了。而工厂在住房搬迁过程中,不仅速度大大加快,而且所付的代价竟只有预算的一半。

福克兰装出一副可怜的样子,用哭声打动了老妇人的心,使她心甘情愿地为福克兰办成一件大事。

哭的方法千奇百怪,哭的效果奇妙无穷。眼泪是流给别人看的,不要不好意思,要以哭为荣,要哭出感情,要哭出特色,要哭出风度,要让人们为你的哭而倾倒。办事时,成功和眼泪是不可分离的,抓住人性的弱点,就能为自己打开成功之门。

说话大智慧

论辩是唇枪舌剑的交锋,高明的论辩者拥有良好的心理素质,能泰山崩于前而面不改色。他的辩词刚中有柔,柔中带刚;硬中有软,软中带硬。刚柔相济,赢面最大;软硬兼施,笑到最后。

NO.5

智者点到即止
愚人锋芒毕露

做人不能有什么说什么，

想说什么就说什么。

说直话，往往影响人际关系。

所以，有些话一定要学会含蓄地说。

点到为止的语言，

更容易被别人接受，

更能表达出对别人的尊敬。

只有做到有效交流，

才能达到沟通思想的目的。

说话直来直去,想什么说什么,固然是一种好习惯,可有时难免遇到不便直说、不忍直说、不能直说的情景。在这种情形下,如果说了直话,可能会影响到人际关系,给自己添麻烦,伤害到别人。为避免不愉快的事情发生,在某些场合说话还是要讲究一点技巧,比如故意说些与本意相似或相关的事物,暗示、含蓄地表达原来直说的话。

点到为止的语言,更容易被别人接受,更能表达对别人的尊敬,达到有效交流、沟通思想的目的。

智者的故事

莉莲·卡特是美国总统吉米·卡特的母亲。一天,莉莲·卡特正在家里料理家务。突然,她听见门铃响了,进来的是一位记者。尽管莉莲·卡特对记者的频繁来访感到十分厌烦,但出于礼貌,她还是说:"见到您十分高兴。"

记者说:"您的儿子到全国各地演讲,并告诉人们,如果他曾经对他们撒谎,就不要选他。您能不能诚实地告诉我,您的儿子是不是从来没有撒过谎?因为世界上再没有人比您更了解您的儿子了。"

莉莲·卡特说:"说过,但那都是善意的。"

记者问:"什么是善意的谎言?你能不能给我下一个定义呢?万一不好下定义,举个例子也可以。"

卡特母亲说:"比如说,您刚进来的时候,我说'见到您十分高兴'。"

记者听了,连忙告辞。

愚人的故事

在一个大型机场售票厅里,许多游客正在排队购票。

忽然,一位西装笔挺的绅士粗暴地指责售票员工作效率太低,浪费了他宝贵的时间,并自以为是地对售票员说:"你们知道我是谁吗?"

面对绅士锋芒毕露略带威胁式的话语,售票员没有和他争吵,而是微笑着对别的旅客说:"你们有谁能帮这位先生回忆一下,他已经不记得自己是谁了!"

旅客们顿时哄堂大笑起来,绅士则窘得满脸通红。

《第六枚戒指》

美国《读者文摘》1988年第一期中的《第六枚戒指》讲了一个含蓄的故事。

那是在美国经济大萧条时期,有位17岁的姑娘好不容易找到一份在高级珠宝店当售货员的工作。在圣诞节的前一天,店里来了一位三十岁左右的贫民顾客。他衣着破烂不堪,一脸的悲哀、愤怒。他用一种不可企及的目光盯着那些高级首饰。此时姑娘要去接电话,一不小心,把一个碟子碰翻,六枚精美绝伦的钻石戒指落在地上,她慌忙捡起其中的五枚,但第六枚怎么也找不着。

这时,她看到了那个三十岁左右的男子正向门口走去,顿时,她醒悟到了戒指在哪里。当男子的手将要触及门柄时,姑娘柔声叫道:"对不起,先生!"

那男子转过身来,两人相视无言,足足有一分钟。

"什么事?"他问,脸上的肌肉在抽搐。

"什么事?"他再次问道。

"先生,我是头回工作,现在找个事做很难,是不是?"姑娘神色黯然地说。

男子长久地审视着她,终于,一丝柔和的微笑浮现在他脸上。

"是的,的确如此,"他回答说,"但是我能肯定,你在这里会干得不错。"

停了一下,他向前一步,把手伸给她:"我可以为您祝福吗?"

姑娘立刻也伸出手,两只手紧紧地握在一起,她用低低的但十分柔和的声音说:"也祝您好运!"

他转过身,慢慢走向门口。

姑娘目送着他的身影消失在门外,转身走向柜台,把手中握着的第六枚戒指放回原处。

这是一起盗窃案。人们对此通常的处理方式不外乎想方设法抓住盗窃者。但是姑娘却没有这样简单处理,而是用一席话彬彬有礼地达到了预想的目的。这种巧用暗示的含蓄方式是值得细细品味的。

要知道,这事是发生在美国经济大萧条时期,很多人找不到工作,姑娘的这份工作尤为珍贵。如果被盗走了一枚戒指,其后果不堪设想。就是抓住了盗窃者夺回戒指,张扬出去,被老板知道个中原委,姑娘也会因工作疏忽而被解雇。何况那是一个落魄者,善良的姑娘也不想因此雪上加霜,伤害这个走投无路的可怜人。

"对不起，先生！"姑娘首先用礼貌称呼语，语气适中，不慌不忙地唤住了这位男子。这样既传递了信息，又创造了一个相互尊重、和谐融洽的气氛。如果当时口不择言，或者语气过重的话，可能造成那男子三步并作两步，消失在门外，也许会惊动别的同事，那都不是姑娘所希望的。而且这样的礼貌称呼不仅创造了气氛，无疑还有两层言外之意：一是他有偷盗戒指的嫌疑；二是你放心，我绝不会用粗暴的方式对待你的。

当那个男子接连问了两个"什么事"时，聪明的姑娘从他的表情以及问话的方式腔调中肯定了自己的判断，也洞察到他微妙的内心世界。她感到眼前这个男子不是那种惯偷，而是好人被穷困所迫的一念之差，很可能会接受自己的处理方式。姑娘决定继续采取含而不露的暗示法：动之以情，晓之以理，来达到目的。

"这是我头回工作"，暗示我也和你一样，千辛万苦找不到工作，现在是头一回工作，咱们"同是天涯沦落人"，应该同病相怜才对，借以引起感情上的共鸣。"现在找个事儿做很难"，意在为前一句话作陪衬，言外之意是如果你把这枚戒指拿走，那我就要失去这份差事，再找工作就很困难了，就像你现在一样。这两句话把自己和那男子感情上的距离拉得很近。末了还用"是不是"这样的是非疑问句，借以引起男子进一步的思考，加强语意力度，扩大暗示效果。

男子传达出愿意归还戒指的信息时，姑娘不失时机地握住他的手，说上一句"也祝您好运"，表达自己由衷的谢意和美好的祝愿，抚慰失意人感情上的失落和内疚。

姑娘巧展口才，终于实现了自己的愿望。

由此可见，把善良的愿望用含蓄的语言技巧表达出来，可以收到出乎意料的效果。

◎ 含蓄是一种艺术

古人云："言有尽而意无穷，余意尽在不言中。"在说话中，把重要的、该说的部分故意隐藏起来，或说得不显露，却让人家明白自己的意思的手法，便是含蓄的手法。

含蓄，是一种修辞手法。它是指在讲话时不直陈本意，而是用委婉之词加以烘托或暗示，让人思而得之。而且越揣摩，含义越深越远，因而也就越有吸引力和感染力。说话委婉含蓄，是一种艺术。之所以说含蓄是说话的艺术，是因为它体现了说话者驾驭语言的技巧，而且也表现了对听众想象力和理解力的信任。

生活中有许多事情是"只需意会，不必言传"的。如果说话者不相信听众丰富的想象力,把所有的意思和盘托出,这种词意浅陋、平淡无味的话语不但不会使人快乐,而且会使话语失去魅力。列宁在研究费尔巴哈《宗教本质演讲录》时,摘录了这样一段话:"顺便说说,俏皮的写作手法还在于:它预计到读者也有智慧,它不把一切都说出来,而让读者自己去说出那样一切关系、条件和界限——只有在这些关系、条件和界限都具备时说出来的那句话才是真实的和有意义的。"

可见,含蓄主要具有如下三方面的作用:

第一,人们有时在表露某种心事、提出某种要求时,常有种羞怯、为难心理,而含蓄暗示的表达则能解决这个问题。

第二,每个人都有自尊心。对对方自尊心的维护或伤害,常常是影响人际关系好坏的直接原因;而有些表达,如拒绝对方的要求,表达不同于对方的意见,批评对方等,又极容易伤害对方的自尊。这时,含蓄的方式常能达到既能完成表达任务,又能维护对方自尊的目的。

第三,有时在某种情境中,例如碍于第三者在场,有些话就不便说,这时就可用含蓄的方式。

在什么情况下说话要含蓄呢?

有些话不便直说时,要用含蓄的方式

传说汉武帝晚年时很希望自己长生不老,一天,他对侍臣说:"相书上说,一个人鼻子下面的'人中'越长,命就越长;'人中'长一寸,能活百岁。不知是真是假?"

侍臣东方朔听了这话后,知道皇上又在做长生不老梦了,皇上见东方朔似有讥讽之意,面有不悦之色,喝道:"你怎么敢笑话我?"

东方朔脱下帽子,恭恭敬敬地回答:"我怎么敢笑话皇上呢?我是在笑彭祖的脸太难看了。"

汉武帝问:"你为什么笑彭祖呢?"

东方朔说:"据说彭祖活了800岁,如果真像皇上刚才说的,'人中'就有八寸长,那么,他的脸不是有丈把长吗?"

汉武帝听了,也哈哈大笑。

这种委婉含蓄的批评,汉武帝却愉快地接受了。

人们谈起《水浒传》里的鲁智深,便会立即想起他那心直口快的"直炮筒"形象来。其实,即使是最直率的鲁智深,有时也离不开委婉,说话也有含蓄的时候。电视剧《鲁

智深》写鲁智深三拳打死镇关西后,为了逃避官家的追捕,只得削发为僧。剧中有这样一段台词:

法师:尽形寿,不近色,汝今能否?

智深:能。

法师:尽形寿,不沾酒,汝今能否?

智深:能。

法师:尽形寿,不杀生,汝今能否?

智深:(犹豫了)

法师:(高声催问)尽形寿,不杀生,汝今能否?

智深:知道了。

要鲁智深不近女人不饮酒,他能做到;要他不惩杀世间的恶人,实在难办。但此时若答"不能",则法师必不许其剃发为僧,他就无处藏身了,因此来一个灵活应付,回答"知道了"。法师面前过得关,又不违背自己的本意,真是两全其美。

有些话不必直说时,要用含蓄的方式

从前,有个酒店老板,脾气非常暴躁。一天,有个客人来喝酒,才喝了一口,嘴里便叫:"好酸!好酸!"老板听后大怒,不由分说,把客人绑起来,吊在屋梁上。这时来了另一位顾客,问老板为什么吊人,老板回答:"我店的酒明明香醇甜美,这家伙硬说是酸的,你说该不该吊人?"来客说:"可不可以让我尝尝?"老板殷勤地给他端了一杯酒,客人呷了一口,酸得皱眉眯眼,对老板说:"你放下这个人,把我吊起来吧?"这位客人委婉含蓄的说法,既收到强烈的讽刺效果,又显得非常艺术。

有人曾问美国总统林肯:"你当总统的滋味如何?"林肯回答道:"你听说过一个故事吗?有个人全身被涂上焦油并裹上羽毛,用火车运到城外。"这个人想追问到底,又接着问:"这滋味究竟如何?"林肯说:"要不是为了这事的荣誉,我宁可走路。"真是说得含蓄、得体。一句话既不失当总统的荣誉,又使人体会到当一位大国总统的艰辛。

为了增强交际的效果,要用含蓄的方式

美国有一位传奇式的篮球教练,叫佩迈尔。他带领的迪尔大学篮球队曾获得过39次国内比赛的冠军,使球迷们为之倾倒。可是有一年,他的球队在蝉联29次冠军后,遭到一次空前的惨败。比赛一结束,记者们蜂拥而至,把他围个水泄不通,问他这位败军之主此时此刻有何感想。他微笑着,不无幽默地说:"好极了,现在我们可以轻装上阵,

全力以赴地去争夺冠军,背上再也没有冠军的包袱了。"

曾两度竞选总统均败在艾森豪威尔手下的史蒂文森,从未失去幽默。在他第一次荣获提名竞选总统时,他承认的确受宠若惊,并打趣说:"我想得意洋洋不会伤害任何人,也就是说,只要不吸入这空气的话。"在他竞选第一次败给艾森豪威尔的那天早晨,他以充满幽默力量的口吻,在门口欢迎记者进来:"进来吧,来给烤面包的验验尸。"几年后的一天,史蒂文森应邀在一次餐会演讲。他在路上因为阅兵行列的经过而耽搁,到达会场时已迟到了。他表示歉意,并解释说:"军队英雄老是挡我的路。"史蒂文森使用巧妙含蓄的语言,用一句句轻松、微妙的俏皮话,说得很委婉,改变了他在人们心目中的形象,使听众感到他并不是一个失败者,而是赢者,使他在人们心中不可消失,值得纪念。

这便是说话委婉含蓄的美妙之处。

换个说法会更好

我们经常需要向别人表达一些不太好说的意思,比如请求、谈判、批评等。这些话之所以不容易说出口,是因为人类具有自尊心,谁都不愿意遭到拒绝、指责和冷遇。一般人内心深处都有自高自大的想法,都认为自己应该是最好的,一旦现实与心愿不符合,不可一世的自尊就会受到挫伤,从而转变成伤悲、仇恨、鄙视、嫉妒等恶劣的情绪,并且早晚会表现出来。

因此,有些话说不好,就会得罪人,给自己找麻烦。

好在语言具有多样化的特点,一样的意思可以用多样的话说出来,而斤斤计较的人听到用不同的说法讲出的同样意思,也会有不同的反应。这种情况使智慧的说话方式大有用武之地,也向我们证明:人类作为高等动物所独有的自尊心,是多么愚蠢的一种心理,因为智者利用这种幼稚的心理可以把人玩弄于股掌之上。

比如,你要批评一个人所写的文章,如果直言不讳,显然会令他难堪。但是,你可以换个说法,找出他文章中的一些可取之处,先满足他的自尊心,待他兴高采烈,视你为知音的时候,再把批评化建议提出来,这样他会心悦诚服地接受你的意见,还对你很钦佩。你可以这样说:"我一看开头就想看下去,我发现你一贯擅长把开头写得引人注目,勾起人的好奇心。要是结尾不是这样写,而是换一种思路,可能就更能与开头相呼应了,你说呢?"

既然没有触及到自尊心,那么他当然会冷静虚心地考虑你的意见。

说什么固然重要,但怎么说更为关键,人的情绪常常蒙蔽了人的眼睛,使他看不透语言背后的语言,而只能最浅薄地从对方的用语上来理解。

因此表面上完全可以说他爱听的话,而把真正意图隐藏在这些话里,也就是"话里有话",让他心甘情愿地跟着你的思路走。

一位顾客进了一家地毯商店,看上了一款地毯。

顾客问道:"这种地毯多少钱?"

店老板立即热情地接待了他,回答道:"每平方米24元8角。"

顾客听完这句话,什么都没都说就走了。显然,他觉得价格有点高。

店老板的一位朋友在旁观察,他说:"你的推销方式太陈旧了,应该换一种方式。"于是他试着以营业员的口吻说:"先生,这地毯不贵。让您的卧室铺上地毯,每天1角钱就够了。"

老板大为不解,这位朋友忙解释道:"假设卧室地毯需要10平方米的话,要248元;地毯寿命为5年,计1800多天,每天不就是1角多钱吗?一支香烟钱都不到。"

老板一拍大腿,恍然大悟地说:"高!你这一招一定灵。"

果然,换一种表达方式,商店的生意就好多了。

委婉曲折的三大表现形式

许多场合,说话双方的言词并非永远都是剑拔弩张,锋芒毕露,直截了当,有时又需委婉含蓄,旁敲侧击,可谓直道好跑马,曲径可通幽,各有妙处。有时候,用动听入耳的言词,温和委婉含蓄的语气,平易近人的态度,曲折隐晦的暗语,更能使对方理解自己,信任自己,从而达到说服的目的,产生出奇制胜的效果。

委婉曲折可以用来劝谏

委婉曲折地劝谏可以避免因直接叙述给对方造成伤害而形成对抗,能让对方在细细品味我们的语言之中接受我们的观点,取得共同的认识。

比如,为尊者讳,便是造成委婉的一个重要原因。古人对于君父尊长的所作所为不敢直说,而要采取拐弯抹角,委婉曲折的方式来表达。

公元前613年,楚庄王熊旅继位,当时的朝政由斗克和公子燮把持,庄王只是一个傀儡。他即位起初的三年时间里,日夜饮酒作乐,并下了一道命令:有来劝谏者处死。眼看朝廷政事混乱不堪,国势日益衰微,大臣成公贾冒死请求庄王接见。庄王一见成公贾便大声责问道:"你难道不知我禁止劝谏的命令吗？" 成公贾故作惊惶地答道:"大王之令我岂会不知？我是来出谜语为大王助兴的。"庄王一听,改怒为喜地说:"你说说看吧。"成公贾说:"南山上有一只大鸟,三年里站在大树上不飞不动也不叫,不知道这是什么鸟。"庄王沉思了一会儿说:"三年不飞,一飞冲天;三年不鸣,一鸣惊人。这是只不同凡俗的鸟。你的意思我懂了,你下去吧！"从此以后,庄王一改往日颓废的作风,亲理朝政,提拔贤能,除奸杜佞,国势蒸蒸日上。

在古代,臣子看到君王有过失,进谏时都讲究说话的含蓄。如果大臣有损"龙颜",是要杀头的。成公贾运用委婉的论辩方式,令楚庄王愉快地接受了他的劝谏。我们看下面一个例子:

有一次,秦王和中期发生了争论,结果中期赢了,而秦王却输了。中期若无其事、大摇大摆地走出了皇宫。秦王大怒,暴跳如雷,决心要把中期杀掉,以解心头大恨。这时,在秦王身边有个和中期要好的人对秦王说:

"中期这个人实在是个暴徒,一点也不懂规矩。幸好他遇到大王这样贤明的君主才能活命。如果遇到桀纣那样的暴君,早就没命了！"

秦王一听,也就不好再加罪于中期了。

在秦王盛怒的情况下,要为中期辩护,如果直言劝说秦王不要杀中期,这样只能是火上浇油,适得其反。这时,中期的朋友采用了委婉曲折式,简单的几句话却有着丰富的含义。既有对中期的指责,又有对若杀中期则是暴君的暗示,还有不杀中期则是贤君的称赞,秦王的火气一下子就平息了下来,也就不好再对中期下手了。

汉武帝的乳母在宫外犯了罪,武帝想依法处置她。乳母就向东方朔求助。东方朔说:"你如果想获得解救,就在将被抓走的时候,不断回头注视武帝,千万不可说什么,这样或许还有一线希望。"

乳母经过武帝面前,果然一步三回头。东方朔在武帝旁边站立着对乳母说:"你也太笨了,皇帝现在已经长大了,哪里还会要你的乳汁养活呢？"

武帝听了,面露凄然之色,最终赦免了乳母的罪过。

东方朔为乳母辩护使用的也是委婉曲折术。他间接地、含蓄地表达了不要忘记乳母的养育之恩,这远比直接规劝武帝不要治乳母的罪要好得多。

委婉曲折可用于嘲讽

由于含义的复杂性,对方真正完全领会语句的本义时,就已经失去了反击的机会;并且因为表达的间接性,对方又不好发作。这就如同一把软刀子,对方只好默默地独自承受着伤痛。

在公园里,栏杆外盛开的月季沉甸甸地垂下来。一个小伙子紧挨着姑娘讨好她说:"你是世界上最美丽的姑娘。你看,那鲜花在你面前都羞得抬不起头来了,而只有我,才配做烘托你的绿叶。"

姑娘用手指着旁边的仙人掌说:"不!你看,那仙人掌为什么还直挺挺地站在我的面前?"

"怎么能用呆头呆脑的仙人掌来和你相提并论呢?它皮厚,身上净是刺,令人讨厌!"

姑娘莞尔一笑:"是啊,它为什么还不知道害羞呢?"

姑娘表面是说仙人掌,实际上表达了对对方不知羞耻的厌恶之感。

委婉曲折还可用于避讳的需要

当某些事情我们不愿意直接说出来的时候,可以采用这种方式。

女儿借了父亲的车子出去和小伙子幽会,结果却出了一点小小的车祸。后来小伙子问:"你父亲对此说了些什么?"

"你要我把坏字眼省掉吗?"

"是的。"

"好。那他就什么话也没有说。"

这个姑娘不愿直说父亲净说坏话,而改说"什么话也没说",反而给人一种宽大为怀的感觉。

当然,使用委婉曲折式应该恰当,特别是不能借此随便含沙射影、冷嘲热讽、挖苦别人。如:

正是上下班时间,乘公共汽车的人多。甲好不容易挤上了车,长吁了一口气,不小心碰到了前面的乙。

乙不客气地说:"拱什么,谁不知道今年是猪年。"

甲一听火了,也不相让,回敬道:"狗年都过去了,你叫什么!"

像这样含沙射影地互相攻击对方是"猪"、"狗",是缺乏道德修养不文明的表现。

含蓄地表达爱情

巴甫洛夫是俄罗斯杰出的心理学家。他 32 岁才结婚。如同他杰出的研究成果一样,他的求婚也别具一格。

1880 年最后一天,巴甫洛夫还在他的心理实验室没回来。许多朋友在他家等他。天下着雪,彼得堡市议会大厦的钟敲了 11 下。一个同学不耐烦地说:"巴甫洛夫真是个怪人。他毕业了,又得过金牌,照理可以挂牌做医生,那样既赚钱又省力。可他为什么要进心理实验室当实验员呢?他应该知道,人生在世,时日不多,应该享享福、寻寻快活才是呀。"

巴甫洛夫的同学里面,有一个教育系的女学生叫赛拉非玛。她听了那个同学的话,站起来说:"你不了解他。不错,人的生命总是短促的,但正因为如此,巴甫洛夫才努力工作。他经常说,在世界上,我们只活一次,所以更应该珍惜光阴,过真实而又有价值的生活。"

夜深了,同学们渐渐散去,赛拉非玛干脆到实验室门口去等巴甫洛夫。

钟声响了 12 下,已经是 1881 年元旦了,巴甫洛夫才从实验室出来。他看到赛拉非玛,很受感动,挽着她的手走在雪地上。突然,巴甫洛夫按着赛拉非玛的脉搏,高兴地说:"你有一颗健康的心脏,所以脉搏跳得很快。"

赛拉非玛奇怪了:"你这是什么意思?"

巴甫洛夫回答:"要是心脏不好,就不能做科学家的妻子了。因为一个科学家,把所有的时间和精力都放在科研工作上,收入又少,又没空兼顾家务。所以做科学家的妻子,一定要有健康的身体,才能够吃苦耐劳、不怕麻烦地独自料理琐碎的家务。"

赛拉非玛当即会意,说:"你说得很好,我一定做个好妻子。"

就这样,他求婚成功了。在这一年,他们结婚了。

生活需要爱情,爱情是令人迷恋的交响乐,那么恋人之间该如何表达爱情呢?当然,它主要是靠语言来完善感情交流的。爱情的表达本无定式,直率与含蓄,各有价值,"完善感情交流"的语言有含蓄和狂热之分,恋人之间最好是含蓄地表达爱情。就像巴甫洛夫那样。

有些青年人喜欢用狂热的语言、露骨的方式高温化地向恋人表达自己的爱情。缺乏一种含蓄之美,可能会引起对方的反感,弄得事与愿违。有这样一位姑娘,她长得相当标致,在选择对象时总是以"刘德华"为标准,可是青春几何,一晃姑娘已是 30 岁的"大龄人"了。这一年,姑娘终于和一位风度翩翩的小伙子相识了。姑娘很高兴,唯恐失去自己的"意中人",便急匆匆地表达出自己对对方的爱慕之情:"我们结婚吧!我爱你"。结局可以想象得出,小伙子认为姑娘一定有什么不可告人的隐私,才会这么急切地要立即结婚,便小心翼翼地和她分手了。如果含蓄地表达,"插柳不让春知道",可能就不会是如此的结局了。

含蓄地表达爱情,首先可使话语具有弹性,不至于对方一拒绝就没有挽回局面的余地。另外,这也符合恋爱时的那种羞怯心理,易于掌握。

含蓄地表达爱情,可归纳为如下方法:

1．暗示法

陈毅和张茜是一对情爱甚笃的革命情侣,早在 20 世纪 30 年代的戎马生涯中,陈毅对张茜就产生了一种超常的感情,为了暗示自己深切的爱慕之情,使这种感情能顺利发展下去,结出沉甸甸的爱情之果,陈毅苦心"经营"了一首诗《赞春兰》,送给了张茜(当时张茜的名字叫"春兰")。诗中这样写道:"小箭含胎初出岗,似是欲绽蕊露黄。娇艳高雅世难觅,万紫千红妒幽香。"张茜从这首诗中领悟了陈毅的深情,从此,两个人确定了恋爱关系,这首《赞春兰》也就成了他们之间"定情"之物。

2．以物传情法

以物传情法,就是在运用语言表达爱情的同时,借用物品传达情意,也起到了含蓄地表达爱情的目的。

几十年来久映不衰的美国著名影片《魂断蓝桥》,其女主人公玛拉将自己心爱的象牙雕"吉祥符"送给男主人公罗依,请看他们几句简单的对话:

玛拉(从车窗伸出手,手中拿着"吉祥符"):"这个给你!"

罗依:"这是你的'吉祥符'啊!"

玛拉:"也许会给你带来运气,会的。"

罗依:"我已经什么都有了,你比我更需要它。"

玛拉:"你拿着吧,我现在不再依赖它了!"

罗依(接过"吉祥符")："你真是太好啦！"

玛拉(对司机)："到奥林匹克剧院。"(对罗依柔情地)"再见！"

罗依(依恋地)："再见！"

玛拉和罗依是一见钟情的，这些对话虽然没有直言爱情，但从赠送"吉祥符"的对话中，双方都已含蓄地表示了爱慕之情。在玛拉死后，这个不起眼的吉祥符，多年来一直在罗依的身边保存着，而且保存了一辈子，成为他们两人纯真爱情的象征。

3.表示关心法

许多人都从自己的角度来表达爱情，如果采用从对方的角度表示关心，从而流露爱情，可以收到更好的效果。

鲁迅先生的《两地书》中，收录了他写给夫人许广平的许许多多信件，记载了这位文学巨匠表达爱情的特殊方式。如信中常这样写道："应该善自保养，使我放心。""你如经过琉璃厂，不要忘掉了买你写日记用的红格纸，因为已经所余无几了。你也许不会忘记，不过我提醒一下，较放心。"这些关怀备至、体贴入微的话语，比起那种空洞无物的抒情、赞美话语来，要有感情得多了。

在日常生活中，如恋人生日，为他(她)举办生日晚会；在两地工作的，向恋人寄生日卡片、打电话、发短信、发 E-mail，祝贺其生日。种种向对方表示关心的方式，都可以在一定程度上含蓄地表示爱情。

4.表达感受法

在表达爱情的时候，采取不直接表达爱的要求，而是表达爱的感受，同样可以起到表达爱的作用。

例如说："我喜欢和你在一起"，就可以说，"我和你在一起的时候，总觉得时间过得那么快，真是光阴似箭；和你分别后，又觉得时间过得那么慢，像是度日如年"。

又如说："我十分想念你"，就不如说，"真不知怎么搞的，每当我做完工作，一静下来，你就在我的脑际浮现，我就想起我们在一起的那些日子"。

含蓄表达爱情的方法各种各样，不能生搬硬套，而要根据具体人、具体情况来灵活运用。例如你的恋人是一位文化素养不高的人，你就不能采用写深奥难懂的诗，赠给对方的方式。如果这样，非但不能达到表示爱情的目的，甚至有可能会引起不必要的误会。

在谈判中尽量使用婉语

谈判中，往往会遇到对于对手的意见或建议无法直接驳回的场面。这时你不妨用一些委婉的语言来回答对方。这样，易于被对方接受。

传说在明代，有个地方新开了一家理发店，门前贴出一副对联：

磨砺以须，问天下头颅几许？

及锋而试，看老夫手段如何？

这副对联论文句妙则妙矣，但读起来令人害怕——磨刀霍霍，杀气腾腾，令人毛骨悚然。这家理发店因而门庭冷落。

另有一家理发店，贴出了一副对联：

相逢尽是弹冠客，

此去应无搔首人。

"弹冠"取自"弹冠相庆"，含准备做官之意，此处又正合理发人进门脱帽弹冠的习惯。"搔首"，愁也。"无搔首"即心情舒畅，这里又指头发理得干净，人感舒适。吉祥之意与理发之艺巧妙结合，语意委婉含蓄。这家理发店自然生意兴隆。

委婉可以发人深省，可以做到柔中有刚，刚柔共济，容易使对方入情入理。

谈判中，有些事情直述其意可能会伤害双方感情，这时，便应该采用婉转的说法。

1972年美国总统尼克松访华，周总理在欢迎宴会上祝酒时说："由于大家都知道的原因，中美两国隔断了二十多年。"这句话就十分婉转，既暗示造成这种状况的原因在于美国，但又没有正面指责美国，因而没有伤害美方的感情。

这是谈判中灵活变通、婉言表达的范例。谈判中，不要去评判对方的行为和动机。这是因为，世界上的情况很复杂，你的评判不一定正确，而判断失误最容易造成对方更大的不满。此外，即使你的评判是对的，但由于直言而失去了回旋的余地，有时反而很被动。

试看下面几个例子：

——父亲走到孩子房间，说："这地方看起来像个猪窝！"

——太太对丈夫说："你把我的话当耳边风！你不会学学把碟子放进水池之前，先把剩菜倒掉吗？"

—— 一位母亲向孩子吼道："你放的音乐太响了，邻居都被吵昏了头！"

—— 一位谈判者对对方说："你对这些资料的分析，特别是费用计算的方式全都错了！"

上述几例的说话者，都扮演了评判的角色。这种说话方式，由于不顾及对方的自尊心，即使内容正确，也会不知不觉影响说服力。

要消除这种问题也不复杂，就是把话中的"你"改成"我"，这样，把对方的评判改为表达个人的情感、反应和需要就委婉多了，对方就容易接受了。

就上面几例而言，经改变后可以成为下面的说法：

* 每次看到这个房间没有收拾干净，我就替你难受。

* 如果把碟子的剩菜先倒干净再洗，我可以省一半时间。

* 声音太大，我难以习惯。

* 我的资料和你有所不同，我是这样计算的……

谈判中，应尽量使用委婉语言。

如称对手是"敌方"，就不如说为"对方"；说对方在"耍阴谋"或"耍心眼儿"，就不如说对方"不够明智"。

营业员与顾客谈交易，最好把"胖"（特别是对女顾客）说成"富态"或"丰满"，把"瘦"说成"苗条"或"清秀"。如此等等。

谈判中，尽量避免说"我要证实你的错误"这样的话。这句话等于说："我比你聪明，我要使你明白。"这种话等于是一种心理的挑战，会引起对方的反感，使人在你还没有开始说话时，就先有一种敌对的心理。

假如你要证实一件事情，使别人明白他的看法是错的，你就要巧妙地去做，使人心里接受。

谈判中，如果别人说了一句话，你认为有错，即使他真的错了，你也应这样说比较妥当："好了，现在你看我有另一种看法，但我的不见得对，让我们看看事实如何。"

或者说："我也许不对，让我们看看事实如何。"

你自己要确定一个信念，即使自己的看法绝对正确，也要慢点说出自己的意见，尤其要避免用含有肯定意思的字眼。

例如将 "当然的"、"无疑的" 改为："我想……"、"我认为……"、"可能如此……""目前也许……"等。

含蓄的六种表达方法

关于含蓄的表达，大致有如下几种方法：

第一，仔细研究事物之间的内在联系，利用同义词语来表达自己的思想，达到含蓄效果；

第二，用外延边界不清或在内涵上极其笼统概括的语言来表达自己的思想，达到含蓄效果；

第三，有许多修辞方式，如比喻、借代、双关、暗示等可以达到含蓄效果；

第四，有些事情，不必直接点明，只需指出一个较大的范围或方向，让听者根据提示去深入思考，寻求答案，可达到含蓄效果；

第五，通过侧面回答对方的一些问题，可以达到含蓄效果；

第六，使用含蓄的方法要注意，含蓄不等于晦涩难懂。它的表现技巧首先是建立在让人听懂的基础上，同时要注意使用范围。如果说话晦涩难懂，便无含蓄可言；如果使用含蓄的话不分场合，便会引起不良后果。

说话大智慧

在日常生活中，有些话说出来会很尴尬，还可能会遭到对方的拒绝。在这种情形下，不妨用含蓄的语言，把意思委婉地表达出来。这样不但会显得幽默，而且容易达到目的。

NO.6

智者中肯批评
愚人严厉指责

每个人既需要热情的赞美，

也需要中肯的批评。

批评是为了帮助别人，

而不是为了显示威风，

更不是为了把人打死。

批评别人的时候，

态度要诚恳，

语气要委婉，

要站在对方的立场上，

以关怀的态度来对待他，

这样别人才容易接受你的批评。

我们在沟通中,既需要热情的赞美,也需要中肯的批评,批评是为了帮助对方认识错误,改正错误,积极把工作做好,而不是要制服别人或把别人一棍子打死,更不是为了拿别人出气或显示自己的威风。所以批评时态度要诚恳,语气要委婉,要站在对方的立场上,以关怀、爱护、诚心诚意的态度来待他,而不要摆出一副严肃或阴沉的面孔,郑重其事地用指责或强硬的口气说话,因为这样会造成紧张的气氛,使对方产生逆反心理。

批评之所以被人拒绝,有两种原因:其一是批评者不了解当事人的处境和造成错误的原因,使当事人感到委屈;其二是批评者采用了权威性的立场,暗示当事人行为的"笨拙"或"愚昧"性质,引起了当事人的反感。基于诚恳的批评,应能避免这两种错误,讲究批评方法和批评艺术。

智者的故事

1928年,朱可夫担任苏联骑兵第三十九团团长。有一天,朱可夫在一队哨兵前听取值日官的报告,然后决定检查一下值勤的哨兵。在检查过程中,他发现一个人的皮鞋擦得不亮。朱可夫于是问值日官,让他回答这个哨兵的皮鞋怎么样,值日官没有应声,而是责令这个哨兵解释皮鞋为什么没擦。朱可夫立即打断值日官的话,对他说:"我问的是你,而不是他。我感兴趣的不是你的反应,而是你的意见。"值日官一时无话可说。

朱可夫见此和缓地说:"在这件事情上,重要的不是鞋没有擦,而是你没有注意这个问题。"说到这儿,朱可夫命令副官拿来一张小凳和擦鞋用具,他让这哨兵把一只脚踏在凳子上,亲自动手为这个哨兵擦了这只鞋。全体官兵见此情景,都惭愧地低下了头。从此以后,士兵们再也不敢忽略擦鞋问题了。

愚人的故事

小黄到公司上班的第一天,晚上加完班,老板提出,为了犒劳大家,请大家去唱卡拉OK,小黄和部门同事兴高采烈地接受了邀请。进了包房,小黄很自然地在离自己最近的一个沙发坐下。老板进来后,发现沙发已经被坐满了,就顺势坐在小黄身边的一个椅子上。

过了半个小时，老板离开了。小黄万万没想到，老板一走，其乐融融的气氛大变，室温仿佛骤然下降了十几度。一个男同事语气激动地指责小黄："你这人怎么这么没眼色？老板坐在你旁边，都不知道让个座？真是太不懂事了！"

长到23岁，小黄从没被人这么大声训斥过，尤其是还当着全体同事及KTV服务生的面。她的脸一下子红到了脖子根，委屈的眼泪也忍不住在眼眶里打转转，心中不禁无限懊恼："啊，自己怎么就缺根筋呢？老板以后会怎么看自己？"

这位男同事的初衷可能是想教小黄在职场上如何做人，但说话方式不太恰当，不仅让小黄尴尬，也破坏了当时的气氛。其实，如果之前他主动给老板让座，别人看在眼里，自然能心领神会，效果不是更好？

切莫轻易指责别人

1863年7月1日，美国南北战争中的葛底斯堡战役拉开帷幕，到了7月4日晚上，南方的李将军大败。林肯高兴极了，他意识到只要打败李将军的军队，战争很快就可以结束了。于是，他满怀希望地下了一道命令给前线的米地将军，要他立刻出击。但是，米地违背林肯的命令，他用尽了各种借口，拒绝攻打李将军。最后，李将军和军队越过波多络河，顺利南逃。

林肯勃然大怒，极端失望之余，他坐下来给米地写了一封信，信中表达了他内心的极度不满。林肯有一段话是这么写的：

"亲爱的将军，我不相信你对李将军逃走一事会深感不幸。他就在我们伸手可及之处，而且，只要他被俘虏，加上我们最近获得的胜利，战争即可结束。现在，战争势必延续下去，上星期一你不能顺利抓住李将军，如今他逃到波多络河之南，你又如何能保证成功呢？期盼你会成功是不明智的，而我也并不期盼你现在会做得更好。良机一去不复返，我实在深感遗憾。"

信写完了，但林肯没有急于寄出去，他望着窗外，心里思绪万千，"慢着，也许我不该这么性急。坐在安静的白宫里发号施令很容易，如果我身在葛底斯堡，像米地一样每天看见许多人流血，听到许多伤兵哀号，也许就不会急着要攻打敌人了，如果我的个性像米地一样畏缩，大概也会做同样的决定吧！无论如何，现在木已成舟，把这封信寄出，除了让我一时觉得痛快以外，没有别的用处。米地会为自己辩解，会反过来攻击我，这只会使大家都不痛快，甚至损及他的前途，或逼他离开军队而已。"

于是，林肯把信搁到一边，惨痛的经验告诉他：尖锐的批评和攻击，所得的效果都等于零。相反，努力去理解对方的用意，结局会好一些。

记住，别人也许全错了，但他本人并不一定意识到这一点。不要去责备他，那样做太愚蠢了。应该试着去了解别人，这样的人才是聪明的人。别人之所以那么想，一定有他的原因。找出那个隐藏着的原因，那你就拥有了解释他行为或者个性的钥匙。试试看，真诚地使自己置身于别人的处境里。如果你总能对自己说："我要是处在他的情况下，会有什么感觉？会有什么反应？"那你就能节约不少时间，免去许多苦恼。因为"若对原因感兴趣，我们就不大会讨厌结果"。

在我国的文学史上，有一个"苏东坡错改王安石菊花诗"的故事。有一次，苏东坡去拜访王安石，未遇王安石，却见其书桌砚台底下压着一首未写完的诗："西风昨夜过园林，吹落黄花满地金。"苏东坡看罢心想："只有秋天才刮金风，金风起处，群芳尽落，但菊花有傲霜之骨，怎么花瓣飘落呢？王公真是'江郎才尽'，铸成大错啊！"于是，他一时忖挥笔续诗："秋花不比春花落，说与诗人仔细吟。"便拂袖而去。时隔不久，一日苏东坡与好友陈季常到后花园赏菊饮酒。这天正是刮了几天大风之后，园中十几株菊花枝上一朵花也没有了，只见满地铺金，落英缤纷。苏东坡一时瞠目结舌，感慨万分。他对友人说，这事给他的教训太深了，今后凡事要谦虚谨慎，千万不可自恃聪明，随便讥笑别人。回城后，他主动向王安石"负荆请罪"，承认错误。由于他勇于承认自己的过错，王安石也对他消除了隔膜。

苏东坡自恃聪明、随便讥笑别人，造成了错误，这是应该引以为鉴的。

讲说话的方式并不是提倡大家一团和气，不能开展任何形式的批评，而是讲不能不注意方式方法，随心所欲地指责人。当我们自己有了错误时，一般来说我们会对自己承认；如果别人以温和的方法来处理，采取适当的方式向我们指出，我们亦会对他们认错，甚至觉得爽直坦白是光荣的；但别人若硬将不能吃的食物往我们口中塞，随意地对我们过分地指责，我们也是绝不会接纳的。我们自己是这样，难道别人就不如此？

纠正他人错误的方法

常言道:"人非圣贤,孰能无过?"人都免不了会犯这样那样的错误,且人们犯了错误都很难及时醒悟,甚至不愿承认。这样,就有必要有人对他人的错误及时给予纠正,而纠正他人的错误又是一种得罪人的事。

并不是每个人都能始终很乐意倾听他人的批评,接受他人的批评。有的人做错了事,不但不会坦然地承认,而且还会找出种种理由为自己的错误辩护。从人的心理来看,即使是极小的疏忽或错误,也不可能每个人都能在一经指正之后就坦率地、不作解释地承认。但是,现实生活中,无论父子、兄弟、上下级、同事,还是知己、朋友,绝对不批评别人是不可能的,也是行不通的。

那么,在纠正他人的错误时应该采取什么样的易于为对方所接受的说话方式呢?以下方法可供参考:

第一,对人要具有极大的同情心,这样我们就不仅不会对人吹毛求疵,反而会对其产生错误的原因加以谅解。而且,我们要时刻想着自己与对方是站在一边的,而不是和他敌对的。

第二,说话要温和委婉,不可用刺激的或使人听了不舒服的字眼。如果所说的话令人无法忍受,那么即使对方嘴上承认,心里也是不会服气的。

第三,纠正他人错误的言语越少越好,最好一两句就能使对方明白,然后转至其他话题,不可罗唆不绝,使对方陷于窘境,甚至产生反感。

第四,别人做错了事情,我们对其不妥之处固然须加以指出,但对其可取之处更须加以极大地赞扬。这能使对方保持心理平衡,心悦诚服。

第五,改变他人的意见时,最好能设法将自己的意见不知不觉地移植给他,使他觉得是他自己改正了,而不是由于受了我们的批评。

第六,对于别人出现的不可挽回的过失,我们应该站在朋友的立场上,给予恳切正确的指正,使他知过而改,而不能对之施以严厉的责问。

第七,纠正别人过错时,切忌采用命令的口吻,最好采用请教式的语气。

第八,旁敲侧击,隐晦地指出别人的错误,以保留对方的自尊心,使他自觉地改正过失。

当然,纠正错误的方法还有多种,但都不外乎是要讲究策略,只要我们做到了这一点，就不会违背我们自己的初衷。

良药苦口利于病，忠言逆耳利于行

秦汉之际，刘邦率兵攻破函谷关，进入咸阳，灭了秦朝。他进入秦朝皇宫，见宫室富丽堂皇，美女珍宝不计其数，于是流连忘返，想留在宫中，享受一下做皇帝的快乐。

将军樊哙见此情景便气冲冲地责问："沛公，你是想得天下，还是想当富翁？此室中所有，皆秦所以亡天下也，沛公赶快回灞上，千万别留在宫中。"刘邦听了，大为反感，不予理睬。

不一会儿，张良劝刘邦说："只因秦王贪暴，不得人心，你才取得今天的胜利，我们既然为天下除去暴君，理应以俭朴为本，现在刚进咸阳，若又像秦王一样享乐，岂不等于助纣为虐？况且，'良药苦口利于病，忠言逆耳利于行'，希望您能听从樊哙的劝说。"他们终于说服刘邦还军灞上，揭开了楚汉战争的序幕。

张良与樊哙同为批评刘邦，但张良成功了，樊哙失败了，原因在于张良恰到好处地抓住了刘邦的心理，强调刘邦所关心的成败问题，再加上语气委婉动听，虽是批评意见，刘邦听起来顺耳，因此就欣然接受。樊哙就比较鲁莽，反语暗含讥讽，令刘邦心生反感，因而对他的话置之不理。

良药苦口利于病，忠言逆耳利于行。但是，为什么良药就一定是苦的，忠言就一定是逆耳的呢？现代医学十分发达，许多良药如蜜糖、如水果，早已不苦口。语言科学发展至今，批评的忠言也可做到"顺耳"、人人爱听。

批评的5个前提

1．注意场合

批评时应考虑时间、场合和机会。假设一位管理者带着部下到顾客那里去拜访，当管理者发现部下在言谈举止上存在问题时，就不能当着顾客的面提出批评。这时候，最重要的还是要用高明的谈话技巧，把部下的缺点掩饰过去。当没有旁人的时候，在车上或回程的路上对部下提出批评，是绝妙的时机。

2．对事不对人

有人批评人时总是说："从你做的这件事就能看出你这个人怎样。"这是批评之大忌。批评时,只能针对事情,而不能针对个人的人格、品性,拿事来说人。

比如可以这样说:"根据往常的经验我知道,你不至于犯这种错误,是否有什么原因使你这次没有作好充分准备?"这种气氛有助于使对方认识到你不是在攻击他的人品,不是批评他这个人,而是批评他的某项工作或某件事情。你把批评指向他具体的工作,就无损于他的整个形象。这种批评建立在友好的气氛中,使对方感到无拘无束,欣然接受。用这种方法,在指出他人错误的同时实际上夸奖了他,使他得以重新树立自我形象。

3. 先赞扬,后忠告

批评的最终目的不是要把对方压垮,不是整人,而是为了帮助他成长;不是去伤害他的感情,而是帮他把工作做得更好。

有的成功人士之所以善于运用批评,就是因为他们能采取先扬后抑的方式。比如:"小张,你的调查报告写得不错,你肯定下了不少工夫。同时,还有一个重要的问题你要注意涉及……";"小李,自从你调到这个单位来之后,你表现不错,对你取得的成绩,我非常赞赏。就是有一点我觉得你可以做得更好,我也相信你一定愿意改正的……"如果对方需要得到忠告批评,要从赞扬其优点开始。这种方式就好像外科医生手术前用麻醉药一样,病人虽然有不舒服的感觉,但麻醉药却能消除痛苦。

从赞扬开始,以忠告结束批评,问题也解决了,感情也没受到伤害,真是奇妙的方法。

4. 缩小批评的范围

人们犯错时,受不了的是大家对他群起而攻之,因为这伤害了他的自尊,他也许会承认错误,但无法接受这种批评方式,这将使他对领导、对同事充满敌意,一旦有机会,将以牙还牙。

如果我们希望自己的批评取得效果,就绝不能使别人反对自己。我们的目标是取得一些好的效果,或者使对方回到正确的轨道上来,而不是去贬低他的人格。即使你的动机是高尚的,是真心诚意的,也要记住,对方的感觉也在起作用。当其他人在场时,哪怕是最温和的方式也可能引起被批评者的怨恨,不论是否辩解,他已感到他在同事或朋友面前丢了面子。对于一些过失,只要他认识到错了,就没有必要当着众人的面要求他作出公开检讨,而只要在你的办公室里面对面跟他谈,就足以使他反省了。任何具有上进心的人都不愿犯错误,从他个人角度来说也是如此,何况我们的目的只是为了让他改进工作,而不是贬低他的人格。

5. 不要新账旧账一起算

话说三遍淡如水。要想对一个已知的过错引起注意,一次提醒就足够了,批评两次完全没有必要,而三次就成了纠缠。如果你被引发提起过去不愉快的事,或改头换面地重谈过去的错误——揭人疮疤,会令人不舒服。除非他又重犯类似的错误,否则,无缘无故地挑刺儿,他就会认为你对他抱有成见,或者别有用心。要记住批评的目的:使这方面的工作得以改进,顺利地完成任务。一旦这种错误得到纠正和解决,就忘掉它。一次批评,一次提高。当对方接受批评、取得了一定的进步时,他就已经在新的起跑线上了。

批评不是存款,时间越久,利息越多。总是翻阅别人的老账,唠叨个没完,于做事没有丝毫的帮助。批评别人时,宜"就事论事",不要新账旧账一起算。在交谈结束时,说几句"我相信你会从中吸取经验教训的"诸如此类勉励的话,就会让人觉得这不是有意打击,而是变失败为成功之母,不失为一次有益的经验。这样想过之后,他会鼓起精神,更加踏实地投入工作。

◎ 批评的十三种方式

行动失误,办了错事的人,常有保卫其自我尊严的倾向,如果有人再以权威者的姿态出现,指责他的想法不够高明,行动不够周密,他的尊严将更感受威胁。这时防卫倾向会更强,充耳不闻乃是极自然的反应。有鉴于此,我们在劝说别人的时候,就得多加注意,不要轻易让"你错了"说出口,尤其是不要强迫人家当面承认错误,而是采取一些温和委婉的方式,巧妙地暗示他错在哪儿。

批评有如下13种方式:

1. 安慰式

年轻的莫泊桑向著名作家布耶和福楼拜请教诗歌创作技巧。两位大师一边听莫泊桑朗读诗作,一边喝香槟酒。布耶听完说:"你这首诗,句子虽然疙里疙瘩,像块牛蹄筋,不过我曾经读过更坏的诗。这首诗就像这杯香槟酒,勉强还能吞下。"这个批评虽严厉,但留有余地,给了对方一些安慰。

2. 劝告式

东汉名臣杨震，才高学绝，时人誉为"关西孔子"。他为官清正廉洁，不受私请，曾官至司徒、太尉。

杨震调任东莱太守时，途经昌邑县境。此前为杨震所举荐的昌邑县令王密，一直想报答杨震的举荐之恩。这天夜里，他特地前往驿站拜谒谢恩。为略表酬谢之意，王密暗携黄金10斤，单独造访。杨震对此颇感不快："我知道你的为人，你却为何不了解我的秉性？"王密说："您放心，这么晚了，没有人知道这件事。"杨震回答说："天知，地知，你知，我知。你怎么会说没有人知道呢？"听了这番话，王密顿感羞愧难当，只好歉疚地收礼告辞而去。

3. 模糊式

艾尔费雷德因为有诗才而闻名。一天，他给一些朋友朗诵自己的一首诗，颇受大家赞赏。但是事后一个叫查尔斯的朋友说："艾尔费雷德的诗我非常感兴趣——不过这首诗是从一本书中窃来的。"

这话传到艾尔费雷德的耳朵里，他非常生气，要求查尔斯赔礼道歉。查尔斯说："我承认这一次是说错了。本来我以为你的诗是从那本书里窃来的，但我又查了一下，发现那首诗仍在那里。"

4. 暗示式

苏东坡幼年时，天资聪颖，由于读书特别多，书上的字也没有不认识的，再加上文章写得好，因而受到人们的尊敬和赞扬。在一片称赞声中，苏东坡有点飘飘然了。于是有一天，他在自己书房门前书上一联：读尽人间书，识遍天下字。对联贴出后，有的人捧场，更多的人则是不以为然，认为他太不谦虚，口出狂言，因而使他的形象降低了。

有一位长者专程来到苏家，向苏东坡"求教"，请苏东坡认一认他拿来的书。书上写的全是周朝史籀创制的字体。苏东坡一个也不认识，羞得面红耳赤，只好向长者道歉。长者也没有说什么，便含笑而去。苏东坡这才感到自己门前的对联名不副实，马上将对联各填一字，上联是：读尽人间书好，下联是：识遍天下字难。这件事教育了苏东坡，最后终于使他成了有名的大文豪。

5. 请教式

王祈写了一首《竹诗》，他将最得意的"叶攒千口剑，茎耸万条枪"两句抄给苏东坡看，希望得到苏东坡的称赞。苏东坡看了后说："我想请教一下：你这竹子是何品种？干吗十条竹竿才长一片叶子呀?"苏东坡没有直接批评诗句的不真实,而换了请教的口吻,让王祈自己感到了自己的失误。

6. 比喻式

有一位化学老师当堂批阅学生的化学实验报告,见一位女同学所写的实验方案很糟糕,便把学生叫到身边,调侃地说:"你看你画的这个烧杯,像个手雷似的!你还用酒精加热呢,要是爆炸了,不是要了我的老命吗?"女学生听了,不好意思地笑了笑。之后,她严格地遵循画图程序,并用上了各种画图工具,而不再信手乱画了。这位老师没有直接批评该学生的画图态度,而是用比喻进行提示,诙谐风趣,自然容易被学生所接受。

7. 善意式

这是用平常随和的语气去批评,其中的语气亲切热情而不粗暴冷淡,平易近人而不居高临下。陶行知先生有一次对偷了寺庙里和尚木鱼的学生曾说过这样一段话:"有的同学喜欢用敲木鱼来作为乐曲的节奏,动机是好的,但现在寺庙里缺掉了一只木鱼,而木鱼又是和尚的'吃饭家私',我们总不能只顾自己欣赏音乐,却断了人家的生路吧。我相信拿人家木鱼的同学是一时糊涂。希望他在没人的时候,仍旧把木鱼归还到原来的地方去。菩萨会保佑他,我们也不责怪他。"

陶先生的一番话,从"生路"的实处入手,避开了抽象的大道理的训斥,有希望、有鼓励,包含了许多真与善的内容,人情味是深厚的。

8. 启发式

批评是针对对方的错误而言,错误的改正还是"内因"起决定作用,而批评者的"外因"只有一定的辅助作用,对方从根本上改正错误还要靠自己的"良知"。所以,高明的批评者,总是逐渐地"敲醒"对方,启发他的自我批评。

有一个中学生上外语课时看卡通书,老师没有马上批评他。下课后,老师把他找到教研室,亲切地对他说:"你是咱班的语文科代表,现在我问你一个成语,专心致志是什么意思?"那个同学回答说:"这个成语的意思是无论做什么事情,都要聚精会神,一心不可二用。"老师赞扬说:"你回答得很好,但能不能举个具体例子说明一下?"那个同学听到这句话时,脸"唰"的一下红起来,低下头吞吞吐吐地说:"就拿刚才上外语课来说吧,我没有注意听讲,在下面看卡通书,这就没有做到'专心致志'。老师,我错了,请你原谅我吧!"

在这个故事中,教师未批评学生一句话,而是通过让学生解释成语的方式启发学生自己认识到自己的错误,可见启发式批评多么有实效。

9. 幽默式

这种批评的特点是以不太刺激的方式点到被批评者的要害之处,含而不露,以缓解被批评者的紧张情绪,启发被批评者的思考,增进相互间的感情交流,使批评不但达到教育对方的目的,同时也能营造一个轻松愉快的气氛。薄一波是山西人,他生性幽默,满口俏皮话,说话像唱歌一样带有韵味,抑扬顿挫,高低婉转。一次,他在各省工业书记会上,批评某些人搞工业建设,只图眼前不顾将来,在台上将大腿一拍说:"你们不能近视眼,只图一时痛快,光考虑眼前这几个建设,不考虑长远的整体计划……还是要考虑如何讨媳妇儿建设好这一整个家……"哄堂大笑中,书记们都得到了深刻的启示。

10. 建议式

唐朝末年,李克用奉命带兵讨伐叛逆者。正当李克用整装待发之时,朱全忠与杨彦洪共同谋变,倒戈攻击李克用。李克用气得发狂,发誓集中兵力,讨伐朱全忠,以解心头之恨。可是,他的夫人刘氏却不同意,她说:"你此次带兵伐叛是为国讨贼,并不是为了你个人的怨仇。现在,朱全忠叛变要谋害你,你当然很气愤,我也十分生气,觉得他该伐该杀。可是,如果你真的带兵去攻伐他,你的任务就完不成了,而且也改变了事情的性质,变国家大事为个人怨仇小事。我认为,朱全忠叛变的事,你应该上诉朝廷。由朝廷兴兵讨伐他,岂不是更好?"李克用听了夫人这番话,怒火顿消,便听从了夫人的意见,不再出兵攻打朱全忠了。

刘氏对这件事的处理是有分寸的,对丈夫的委婉批评也是有理有节的。倘若李克用不听刘氏的建议,或者刘氏不贤惠,怂恿李克用发兵讨伐朱全忠,其结果如何,谁胜谁负、谁是谁非也就难说了。

11. 迂回式

作家班奇利在一篇文章里谦虚地谈到他花了15年时间才发现自己没有写作的才能。结果一位读者来信对他说:"你现在改行还来得及。"班奇利回信说:"亲爱的,来不及了。我已无法放弃写作了,因为我太有名了。"这封信后来被刊登在报纸上,人们为之笑了很长时间。事实上班奇利的作品闻名遐迩,但他没有直接指责那位读者,他以令人愉悦的、迂回的方式回答了问题,既保护了读者的自尊心,也保护了自己的名誉。

12. 间接式

这是用借彼喻此的方法声东击西，让被批评者有一个思考余地。其特点是含蓄蕴藉，不伤被批评者的自尊心。冯玉祥向来提倡廉洁简朴。他在开封时，不准部下穿绸缎衣服，一见到有穿绸缎的，他便要想办法批评一下。有一次，冯玉祥看见有个士兵穿着一双缎鞋，连忙上前深深地作了一个揖，随着一个 90° 的鞠躬，而且还左一个大揖，右一个鞠躬，把那个士兵弄得莫名其妙，呆若木鸡。最后，冯玉祥告诉他说："我并不是给你行礼，只因为你的鞋子太漂亮了，我不敢不低头下拜哩！"那个士兵吓得魂飞魄散，连忙脱下新鞋，赤着脚跑回去了。

13. 三明治式

美国著名企业家玛丽·凯在《谈人的管理》一书中写道："不要只批评而要赞美，这是我严格遵守的一个原则。不管你要批评的是什么，都必须找出对方的长处来赞美，批评前和批评后都要这么做。这就是我所谓的'三明治策略'——夹在大赞美中的小批评。"

接受批评最主要的心理障碍是担心批评会伤害自己的面子，损害自己的利益。为此，批评者应该在批评前帮助他打消这个顾虑。打消顾虑的方法就是将批评夹在赞美当中，也就是在肯定成绩的基础上再进行适当的批评。

◎ 批评的四大内容

苏联电影《列宁在 1918》中有这样一个情节：苏联社会主义文学的奠基人高尔基，由于他对反动的资产阶级知识分子的本质认识不足，怀着过于慈善的心肠来找到列宁理论，说不能镇压知识分子。列宁巧妙地借一位工人的话说，如果不镇压那些顽固坚持反动立场、替沙皇作帮凶的知识分子，苏维埃政权就一天也不能维持下去。列宁的劝说既有说服力，态度又诚恳，高尔基心悦诚服了。他临别时还对列宁说："列宁同志，您真行，批评了人，还让人高高兴兴地走。"

怎样才能像列宁那样做到批评使人口服心服？批评时该说些什么？又该怎么说呢？这就涉及批评的内容。

以下几方面是批评的内容：

1. 批评要有针对性

批评之前认清批评是针对哪一种行为的，不要把话说得太笼统，避免使对方无端受到冤枉或产生猜疑。如某大学的一名班干部批评一位同学，可有两种说法：

①你怎么一点也不关心集体。

②你已经有两个月没做值日生了。

我们可以比较一下，这两个都是批评句子。

①句说得太笼统，而且把对方说得一无是处，全盘否定人。说话笼统，也就不够确切了。对方可举例反驳："我怎么一点也不关心集体，上次秋游活动我不也参加了吗？那天班级拔河比赛，我不也在啦啦队里吗？"这样一来，就会引起新的矛盾。

②句就比较好，没有用"一点也"这样绝对的话，就事论事，向对方指出一件确有其事，又是不应该发生的行为。受批评的人不认为是受了不公平的攻击，就容易心平气和地接受意见。

2. 衡量改正的可能性

如果在公共汽车上有人踩了你一脚，如果你的未满10岁的女儿把饭碗打破了，这些事应不应该批评？这些事都不能动辄批评。别人踩了你，是因为公共汽车太拥挤；女儿打破碗是因为不小心，对这些都应采取宽容、安慰的办法。

认清了要批评的那件事，在批评之前还必须衡量一下对方是否有能力、有条件改正，从而达到你所要求的程度。

美国著名职业篮球明星巴特利，他的个人篮球技术是非常出众的，但他对别人的失误就缺乏耐心，见同伴失了一个球，就怒气冲冲地冲着对方说："每次都是你，害得我们输了球"。凡与巴特利同队一起打球的人，都觉得他"老是在批评别人，像一位完人一样看不惯别人"。最后，巴特利众叛亲离，凄凉地隐退了。巴特利这种批评是不明智的，倒是他应该自问："我是不是也有责任？何况人家已尽了力，怎么能拿别人当出气筒呢？"这样一问，就会知道自己批评不妥，以后遇到这种情况，批评的话就不会冲口而出了。

3. 指出"错"时，也指明"对"

大多数的批评者是把重点放在指出对方"错"的地方，但却不能清楚指明"对"的应怎么做。必须仔细想过后，才能明白你究竟要对方怎样做，该怎么把话说出来。有的人批评人家说："你非这样不可吗？"这是一句废话，因为没有实际内容，只是纯粹表示个人不满意。又如一位丈夫埋怨妻子说："家里一团糟，又有客人要来，你怎么只管坐在那儿化妆？"这种话也不会起作用，它只说了一半。到底期望妻子怎样做，一句也没有提。应该这样说："客人要来了，你帮我去买点青菜和水果，然后将客厅里的报纸收拾一下，好吗？"

说明要求人应做的事，其实是指出对方改正的方向，让对方从另一个角度来接受批评的内容。一位车间主任批评一位青年工人说："你最近比较散漫。"青年工人听了手足无措，并不清楚。车间主任该说清楚是指上班迟到，还是没有参加技能培训等。

另外，为提高批评的效率，应该"不说我们不满意的，只说我们赞成的"，这样可以起到积极的作用。例如：一位刚刚搬到新宿舍区的青年人向居民委员会的主任提意见，抱怨这儿摩托车保管站的服务态度太差劲。这位主任及时地把意见转告了保管站的保管员。几天以后，这位青年人又送摩托车到保管站，保管员笑脸迎接，主动把他的摩托车安放好，还问他还有什么要求，使这位青年大为感动。事后他才知道，当时他问主任提完意见后，主任并没有批评指责保管员，而是对他说："新来的青年人对你的服务特别满意，还要感谢你。"

"真正懂得批评的人着重的是'正'，而不是'误'。"这是英国18世纪著名评论家约瑟·亚迪森的名言。

4."你懂得我的意思吗？"

批评人的话语，一定要让受批评者听懂，否则只是对牛弹琴。常常听到夫妻之间的埋怨："我们俩总合不到一块儿。"这句最普通的埋怨话，可能被对方误认为是要"离婚"。

如果要求证对方是否听懂你的意思，最简便的方式就是问一问："你懂我的意思吗？"然后听听对方口中说出来的是否是你的本意。可惜大多数人忽略了这一点。问一问对方是否同意你的看法，也是批评别人时可以采取的沟通方式之一。能开口问，起码排除了对方沉默、生闷气的可能，如能坦然地提出异议，解决问题就有希望了。因为能明白对方还有哪些问题未想通，或自己有什么讲得不准确的，可以作更深一层次的探讨。

◎ 用一用声东击西法

很多人在批评别人的错误时，不经意触动了他们的"自尊"，从而火上又浇油。倘若能借助不同的表达方式,声东击西,结果就会是另一个样子了。

齐景公好打猎,喜欢养老鹰来捉兔子。一次,烛邹不慎让一只老鹰飞走了,景公下令把烛邹推出斩首。晏子知道了,去拜见景公,说:"烛邹有三大罪状,哪能这么轻易杀他?请让我一条一条地数落出来再杀他,可以吗?"

齐景公说:"可以。"

晏子指着烛邹的鼻子说:"烛邹!你为大王养鸟,却让鸟逃走了,这是第一条罪状;你使得大王为了鸟的缘故又要杀人,这是第二条罪状;把你杀了,天下诸侯都会怪大王重鸟轻士,这是第三条罪状。"

齐景公听后,对晏子说:"别说了,我知道你的意思了。"

晏子本意是想救烛邹,但却没有替他说情,反而数落其罪状,似乎是给烛邹罪上加罪,然而,事实上却是这三条罪状反而救了烛邹的命。原来,晏子用的是"声东击西"法,表面上是在给烛邹加罪,实则是为其开脱,并批评齐景公重鸟轻士。这样,既避免了说情之嫌,又救了烛邹;既指出了齐景公的错误,又不丢齐景公的面子,可谓"一箭双雕"。

使用声东击西批评法时,"声东"就是制造声势,同时也带有伪装的色彩,其目的是为了后面更好地说服。而声势越大,伪装得越像,就为自己提供了越好的批评环境。"击西"是批评的真实目的,这一步最好在前面"声东"中就能表达进去,即把它融进去而又不被对方发现。因此这是较难的一步,实际操作时,要认真对待。

说话大智慧

批评不是滔滔不绝地讲个不停,否则当事人没有时间和机会来考虑你话中的意见,没有心思对你的批评主题产生印象,甚至会产生逆反心理,由开始的认同变成为自己辩护,而且这也是不尊重当事人的表现。批评人,话不在多,而在精妙。言语精妙,能一语中的,使听者在短时间内获得更多的信息;一语道破,使对方为之震动,翻然醒悟。

NO.7
智者谦虚礼让
愚人不懂装懂

知之为知之，不知为不知，是知也。
我们之所以不愿意说"不知道"，
是因为怕别人因此会小看自己，
使自己没有面子。
其实，坦率地说不知道，
反而更容易让别人敬佩你，
从而赢得别人的尊重。

古希腊著名哲学家苏格拉底讲过:"就我来说,我所知道的一切,就是我什么也不知道。"苏格拉底以最通俗的语言表达了进一步开阔视野的强烈愿望。

我国先哲孔子也曾经说过:"知之为知之,不知为不知,是知也。"他的话告诉我们这样的哲理:在现实生活中,许多人不愿意说出"不知道"这三个字,认为那样做会让别人小看自己,使自己没有面子,结果却适得其反。

其实,对自己不知道的事情,坦率地说不知道,反而更容易赢得别人的尊重。

智者的故事

著名作家田汉于1952年成立了南国社,演出了《南归》、《苏州夜话》等剧目,受到各界人士的热烈欢迎。著名教育家、晓庄学校校长陶行知得知后,写信邀请南国社为晓庄师生及附近农民演出。当南国社在田汉率领下到达时,师生和农友举行了盛大欢迎会。陶行知首先致欢迎词说:"今天我是以'田汉'的身份欢迎田汉。晓庄是个农民的学校,农民是晓庄师生的好朋友,我们的教育是为种田汉而办的教育,所以我是以一个'种田汉'代表的资格在这儿欢迎田汉。"田汉略思片刻,也作了一番有趣的答词:"陶先生说,他是以'田汉'的资格欢迎田汉,实不敢当;其实我是一个假'田汉',陶先生是个真'田汉'。我这个假田汉能够受到陶先生这个真'田汉'的欢迎,实在感到荣幸!我们一定要向真'田汉'学习!"这一番来言去语,都在"田汉"二字上做文章,双方表达了互敬互学的诚挚心意,谦逊之情溢于言表。

愚人的故事

有一个人想拜见县官求个差事。为了投其所好,他事先找到县官手下的人,打听县官的爱好。

他向县官的随从问道:"不知县令大人平时都有什么爱好?"

"县令无事的时候喜欢读书。我经常看到他手捧《公羊传》读得津津有味,爱不释手。"随从告诉他说。

这个人把县令的爱好记在心里,胸有成竹地去见县官。县官问他:"你平时都读些什么书?"

"别的书我都不爱看,一心专攻《公羊传》。"他连忙讨好地回答说。

县官接着问他:"那么我问你,是谁杀了陈佗呢?"这个人其实根本就没读过《公羊传》,不知陈佗是书中人物。

他琢磨了半天,以为县官问的是本县发生的一起人命案,于是吞吞吐吐回答:"我平生确实不曾杀过人,对于陈佗被杀之事更是一无所知。"

县官一听,知道这家伙并没读过《公羊传》,才回答得如此荒唐可笑。县官便故意戏弄他说:"既然陈佗不是你杀的,那你说说,陈佗到底是谁杀的呢?"

这人见县官还在往下追问,更加惶恐不安起来,吓得狼狈不堪地跑出去了,连鞋子也来不及穿。别人见他这副模样,问他怎么回事。

"我刚才见到县官,他向我追问一桩杀人案,我再也不敢来了。等这桩案子搞清楚后,我再来吧。"他边跑边大声说。

一个人应该用诚实、谦虚的态度说话待人。不懂装懂、自欺欺人既会妨碍自己的求知进步,又会贻笑大方。

❂ 你知道多少,就说多少

地域不同、文化背景各异的情况下,语言沟通困难时,偶尔说一说"我不明白"、"我不太清楚"、"我没有理解您的意思"、"请再说一遍"之类的语言,会使对方觉得你富有人情味,真诚可亲,从而愿意与你合作。相反,趾高气扬、高谈阔论、锋芒毕露、咄咄逼人,很容易挫伤别人的自尊心,引起人家的反感,以致筑起防范的城墙,从而导致自己的被动。

谦逊比精明逞强更能获得人们的帮助,细声小语有时反比伶牙俐齿更易取得成功。大丈夫隐藏在自己的舌头后面。

有一次,一位外国人去旁听美国加州大学一位著名教授的演讲。演讲过程中教授提出他做的老鼠实验的结果。此时,有一位学生突然举手发问,提出了他的看法,并问这位教授假如用另一种方法来做,实验结果将会如何。所有的听众全都看着这位教授,等着看他如何回答这个问题。结果,这位教授却不慌不忙,直截了当地说:"我没做过这个实验,我不知道。"

当教授说完"我不知道"时,台下响起了经久不息的掌声。

心理学家邦雅曼·埃维特曾指出,平时动不动就说"我知道"的,不善于同他人交往,也不受人喜欢;而敢于说"我不知道"的人,显示的则是一种富有想象力和创造性的精神。埃维特还说,如果我们承认对某个问题需要思索或老实地承认自己的无知,那么我们自己的生活方式就会大大地改善。

这就是他竭力提倡的态度,人们可以从中得到益处。

人们不喜欢摆出一副不懂装懂的姿态,殊不知这样反倒给人一种有效的表现自我的方式,因为坦率本身就会给人一种强烈的印象,会让人觉得你很诚实而对你产生依赖感。

与人交谈时,什么都可以谈,但是,在浩渺无边到处都可以航行的谈话题材的大海洋里面,也有一些小小的礁石,要留心地避免它。对于你所不知道的事情,冒充内行,是一种自欺欺人的不老实行为。你知道多少,就说多少,没有人要求你做一个百科全书,即使是一个最有学问的人,也不可能无所不知。所以,坦白承认你对于某些事情的无知、不知道,这绝不是一种耻辱,相反地,这使别人认为你的谈话有值得参考的价值,没有吹牛,没有浮夸,没有虚伪。

忌好为人师

在生活中常遇到一类好为人师的人。他们总喜欢指出人家这做得不合适了,那做得欠火候了,似乎他什么都在行,对什么都可以说出个道理来。这种自负,恰好是自卑心理的曲折表现。他们所以摆出一副"万事通"的面孔来,就是唯恐被人看不起。他们炫耀自己的目的就是要提高自己的地位,可是这样做的结果更使他们捉襟见肘,遭人厌恶。道理很简单,你不相信别人有办好事情的能力,别人也不会把你的能力放在眼里。

伟国大学毕业时被分配去教书。有一次一位学生拿着一道题问一个老教师,正在老教师思考时,伟国为了表现自己年轻聪明、反应快,拿过题目就说:"这还不简单,怎么这样的题都做不出来呢?"结果当他做下去时,才发现自己也做不出来,搞得十分狼狈。

这件事使伟国深刻认识到,谦虚才能学得更多,人外有人,天外有天,我们懂得的一切都没有什么了不起,更不要好为人师。

一个人有本事是件值得佩服的事,如果再加以谦虚的美德,那就更值得敬佩了。

生活中有许多人总以为自己很聪明,博学多才,经验丰富,可以成为别人的老师,而且若不能把自己的经验告诉别人或教诲别人,就觉得浑身不自在,心中颇难受。因为不对人指指点点，自我的"博学"、"经验"又怎么显现于人们面前呢？又怎么赢得其他人的赞美和敬佩呢？

知识无穷无尽，一个人所知再多也不可能穷尽。某一方面你可以为人师，在另一方面你可能只能是做学生。因此，"好为人师者"首先不能"好"，要既能当老师，也能当学生。同时，即使你在一方面能够"为人师"，也要看别人愿不愿意学。别人要是"厌学"，根本不愿受到你的教诲，那又何必聒噪不休、制造噪声呢？经验在人的肚子里是不会变质的，对能接受的人可以施教，对不能接受的人就可以不说。收敛自己的性情，保持沉稳的风度，自然而然会受到人们的崇敬。

大胆地说"我不知道"

在一个著名烹调师的妻子举行的一次晚宴上，布朗先生在和女主人以及另一位男宾交谈时，发现女主人的神情不那么自然。

忽然，女主人指着桌子上一个黑色金属用具——看上去像一种电动烤肉铁架——说道："这种特别的工具是用来做'热吃干酪'的，你们知道'热吃干酪'是怎么回事吗？"

布朗先生刚想说知道，那位男宾叫了起来："是吗，完全不知道。什么是'热吃干酪'？是牛排的一种新吃法吗？"

听到这些话，女主人露出了微笑。她向客人作了详细介绍，而且渐渐地变得喜笑颜开了。

听完这些，布朗先生才恍然大悟，原来"热吃干酪"并不像自己所想的是一种什么奶酪三明治，而是干酪火锅的一种吃法。这一课使布朗先生受益匪浅：不但弄清了一件原以为知道的事情的本来面目，更重要的是，布朗先生看到了自己身上的一个主要缺点，那就是以为自己什么都知道。

抱着一种学习的心态与人交往，不但显示了你的谦逊，而且也确实能学到不少东西。大部分人都有一种"好为人师"的心理需求，他们会欢迎你这位"学生"的。

自以为是会遭到失败

说话和事业的关系，是成功与失败的关系。如果你出言不逊，狂妄自大，那么，你将不会获得别人的同情、别人的合作、别人的帮助、别人的支持和别人的赞赏。

在《三国演义》中有一个"马谡失街亭"的故事,讲述的是蜀国军师诸葛亮手下有一员大将名叫马谡,他从小就熟读兵书,平时讲起兵法来也总是头头是道。一天,诸葛亮派他去镇守街亭,临行前,诸葛亮对他千叮咛万嘱咐要谨慎防守。他却很不以为然,他十分自负地说:"某自幼熟读兵书,深知兵法,岂一街亭不能守?"结果,骄傲自负的他,在防守布阵时一意孤行,拒绝副将王平的正确意见,被敌军围困而导致街亭失守。由于马谡的狂妄不但使手下兵将损失惨重,而且破坏了诸葛亮进军中原的统一大计。为了整肃军纪,诸葛亮只能挥泪斩马谡。

骄兵必败,这是亘古不变的教训。为什么会必败呢?道理很简单,傲慢也是无知的一种表现。当一个人自高自大时,他就会认为这个世界没有自己不知道的事情,即使真的有他不知道的东西,他也会认为那些他所不知道的东西只是些无关紧要的事情罢了。

我们学来的知识会给我们带来金钱和荣誉,而我们所不知道的东西也会使我们失去得到的金钱、荣誉甚至生命。骄傲自负的人总是把自己摆到不适当的位置上,错误地低估别人、高估自己,自以为是,听不进别人的批评和忠告。同时,自以为是的傲态,也会让其身边的人产生反感,甚至会遭人耻笑。这样,谁还会真心地为你出谋划策共同进退呢?由此可见,妄自尊大是人们在事业和生活上的劲敌,是失败的祸根。老舍先生说得好:"骄傲自满是我们的一座可怕的陷阱;而且,这个陷阱是我们自己亲手挖掘的。"

一个人要想在事业上取得成绩,那么,无论在什么时候,千万不要以为自己已经知道了一切。不管某一阶段人们把你评价得有多么高,你都要努力使自己保持清醒的头脑,在内心深处时刻提醒和说服自己:我现在掌握的知识还很有限,仍是个有待提高的人。

🌀 在事情未成功之前不要自吹自擂

初秋的一天,10岁的汉斯和他的叔叔一起去钓鱼,这可还是第一次。汉斯模仿别人钓鱼的样子,甩出钓鱼线,眼巴巴地等候鱼儿前来咬食。好一阵子什么动静没有,汉斯不免有些失望。

"再试试看。"叔叔鼓励他道。

"这回好啦,"汉斯窃喜,"总算来了一条鱼!"他赶紧猛地一拉渔竿,不料扯出的却是一团水草……他一次又一次地挥动发酸的手臂,把钓线抛扔出去,但提出水面时却总是空空如也。汉斯望着叔叔,脸上露出恳求的神色。

"再试一遍,"叔叔若无其事地说,"钓鱼人得有耐心才行。"

突然间,好像有什么东西在拽汉斯的钓线,他急忙往上一拉渔竿,立刻看到一条逗人爱的小黄鱼在灿烂的阳光下活蹦乱跳。"叔叔!"他掉转头,欣喜若狂地喊道:"我钓到了一条!"

"还没有呢。"叔叔慢条斯理地说。他的话音未落,只见那条惊恐万状的小黄鱼鳞光一闪,箭一般地射向了河心。钓线上的鱼钩不见了。汉斯功亏一篑,眼看快到手的捕获物又失去了。

他感到分外伤心,满脸沮丧地坐在草滩上。叔叔重新替他缚上鱼钩,安上诱饵,又把渔竿塞到他手里,叫他再碰一碰运气。

"记住,小家伙,"叔叔微笑着,意味深长地说,"在鱼儿尚未被拉上岸之前,千万别吹嘘你钓到了鱼。我曾不止一次看见大人们在很多场合下都像你这样,结果很尴尬。事情未办成之前就自吹自擂一点用也没有,即使办成了,也没必要自夸。"

"面子是别人给的,脸是自己丢的"

社会上的人形形色色,林林总总,其表现也是千奇百怪,各种各样的。可能人们最不喜欢的人中,有相当部分是好在别人面前夸耀自己的人。

当我们有一件值得称赞的事情被人发觉之后,人们自然予以称颂;但若我们自我夸耀地叙述出来,只能得到别人的反感和轻视。

在我们一生中是否说过如下的话呢?

"幸好他听从我的指点,否则他不会有今日的成就";

"这帮家伙都是蠢东西,不知他们整天忙的什么,我毫不费力就把它研究出来了";

"你瞧,我这事做得多漂亮!你能够和我比吗?"

……

这一句句夸耀的话,都犹如一粒粒恶的种子,从我们的口中出去,种在别人的心里,滋长出厌恶的幼芽。

爱自我夸耀的人,是找不到真正的朋友的。因为他自视清高,鄙视一切,不大理会别人的意见。这种人只会吹牛,朋友们避之唯恐不及。这种人常自以为最有本领,觉得干什么都没有人比得上他,瞧不起别人,结果使自己成为孤立者。

常言道,"面子是别人给的,脸是自己丢的",这话足以发人深省。一个人若真正具有某种本领或才智,是会得到别人的公正赞许的,这赞美的话只有出自别人之口,才具有真正的价值。凡是有修养的人,都不随便评价自己,更不会夸耀自己。他们很明白,个人的事业行为,旁人看得是清清楚楚的,好坏别人自有公道,不必自吹自擂,与其过分夸耀自己,不如表示谦逊。

世界上本没有多少值得自我夸耀的事,如果有成绩自己不吹,别人还会来称赞;如果自己说过头了,别人就瞧不起你了。

藏好你的优越感

法国哲学家罗西法古说:"如果你要得到仇人,就表现得比你的朋友优越;如果你要得到朋友,就要让你的朋友表现得比你优越。"当我们让朋友表现得比我们优越时,他们就会有一种得到肯定的感觉,但是当我们表现得比他还优越时,他们就会产生一种自卑感,甚至对我们产生敌视情绪。

何先生是一位很得人缘的骨干,按说搞人事调配工作很难不得罪人,可他却是个例外。在他刚到人事局时,几乎在同事中连一个朋友都没有。因为他正春风得意,对自己的机遇和才能十分满意,所以每天都使劲吹嘘自己在工作中的成绩,每天有多少人找他帮忙,哪个几乎记不清名字的人昨天又硬是给他送了礼,等等,但同事们听了之后不仅不赞赏,而且还极不高兴。后来还是由当了多年领导的老父亲点拨,他才意识到自己的毛病到底出在哪里,从此以后便很少谈自己而多听同事说话,因为他们也有很多事情要吹嘘,把他们自己的成就说出来,远比听别人吹嘘更令他们兴奋。后来,每当他与同事闲聊,总是先请对方滔滔不绝地表现他们的优越感,只有在对方停下来问他的时候,才轻描淡写地说一下自己的情况。过了一段时间,有几位同事成了他的朋友,大家在一起过得十分开心。

我们必须适当地抑制自己的优越感,收敛锐气,学会谦虚,只有这样,我们才会永远受到别人的欢迎。卡耐基曾有过一番妙论:"你有什么可以值得炫耀的吗?你知道是什么原因使你没有成为白痴的吗?其实不是什么了不起的东西,只不过是你甲状腺中的碘而已,价值并不高,才五分钱。如果别人割开你颈部的甲状腺,取出一点点的碘,你就变成一个白痴了。在药房中五分钱就可以买到这些碘,这就是使你没有住在疯人院的东西——价值五分钱的东西,有什么好谈的呢!"

◎ 别随意夸耀自己

有一位在工厂从事统计工作的女性,调到某机关的第一天,就与陌生的同事大谈自己的过去,说自己如何如何行,并无意间冒出一句"像我这类人在工厂都属上上人"。结果,同事都说:你是上上人,还调到我们这里干什么?

自我表扬,非但不能获得别人对自己的好感,而且是不正确看待自己、自高自大的表现。这种人常常不作自我批评,对别人的优点视而不见,而只是高高地昂起头,好像谁也不如自己。这样的做法是为大多数人所不屑和讨厌的。

自我表扬的结果就是,只向别人证明了你其实没有什么可炫耀的,同时给人一种感觉:"这个人所说的话一点也不可信,别听他瞎吹。"

有一个小伙子,头脑灵活、思路敏捷,看起来确实有点儿聪明。一次他去一家大宾馆应聘。

主持面试的客户部经理,在同小伙子谈完一般情况后,便问道:"我们经常接待外宾,是需要外语的,你学过哪门儿外语,水平如何?"

"我学过英语,在学校总是名列前茅,有时我提出的问题,英语老师都支支吾吾地答不上来!"他不无自豪地说。

经理笑了一下又问:"做一个合格的招待员,还要有多方面的知识和能力,你……"经理的话还没说完,他便抢着说:"我想这不成问题,我在学校各门学习成绩都不错,我的接受能力和反应能力都很快,做招待员工作绝不会比别人差。"

"那么说,就你的学识来说,当一名招待员是绰绰有余了?"

"我想,是这样。"

"好吧,就谈到这里,你回去听消息吧。"

他沾沾自喜地回去等消息,可等到的消息却是不录用。

小伙子本来想自夸一番,以便获得经理的信赖,没想到结果是抬高自己,反而没给人留下好印象,失去了别人的信任。

◎ 谦虚用语

1. 征求批评法

"我的优点是有一些,但我的本意是想听听你的意见的。"

"我是做了一些工作,但我还想知道在哪些方面还有不足。"

"我做得很不够,与×××相比差得远呢。"

2. 自轻成绩法

"不要那么讲,我也是灵机一动,产生了一些想法,然后又用实验验证了一下而已。"

"我不知道世人怎样看待我。不过我只觉得我好像一个孩子在海边玩耍时,偶尔拣到几只光亮的贝壳。但是,对真正的大海,我还没有发现呢。"

3. 相对肯定法

有人问丹麦物理学家玻尔:"你创建了世界第一流的物理学派,有什么秘诀吗?"玻尔幽默含蓄地说:"也许是我不怕在学生面前暴露自己的愚蠢。"

有人称赞鲁迅是天才。鲁迅说:"哪有什么天才,我是把别人喝咖啡的时间用在工作上了。"

4. 转移对象法

"不要歌颂我,当年我还是一个红小鬼,有好多老前辈值得我们歌颂呢。不过,你讲得很有感情。"

5. 妙设喻体法

"下面以热烈的掌声欢迎王教授谈治学经验。"王教授走上讲台后说:"我不是谈'治学',而是谈自学。"

"谈不上报告,只是把最近的情况通报一下而已。"

说话大智慧

在兔子还未倒地之前,千万别吹嘘你打死了兔子。许多人在许多场合都喜欢这样说,最后难免干出蠢事。事情未成功前就自吹自擂,一点用也没有,纵然办成了也无须自夸,你需要的是谦逊而不是吹嘘。

NO.8
智者真诚坦率
愚人言过其实

与人交谈,贵在推心置腹。

智者总是用最真挚的情感,

用自己的心去弹拨他人的心,

用自己的灵魂去感染他人的灵魂。

只要你捧出一颗恳切至诚之心,

一颗火热滚烫之心,

怎能不使人感动?

又怎能不动人心弦呢?

与人交谈，贵在推心置腹。有诗云："功成理定何神速，速在推心置人腹。"坦然缘于真诚，说话贵在坦诚。只要你捧出一颗恳切至诚之心、一颗火热滚烫之心，怎能不使人感动？怎能不动人心弦？

说话不是敲击铜铃，而是敲击人们的"心铃"。"心铃"是最精密的乐器。因此，智者总是用真挚的情感、竭诚的态度击响人们的"心铃"，刺激之、振奋之、感化之、慰藉之、激励之。对真善美，热情讴歌；对假丑恶，无情鞭挞。让喜怒哀乐，溢于言表；使黑白贬褒，泾渭分明。用自己的心去弹拨他人之心，用自己的灵魂去感染他人之灵魂，使听者闻其言，知其声，见其心。

智者的故事

美国道格拉斯飞机制造公司为了把一批喷气客机卖给东方航空公司，创始人唐纳·道格拉斯本人专程去拜访东方航空公司的总裁艾迪·利贝克。利贝克告诉他，道格拉斯公司生产的新型DC—3飞机和波音707飞机是两个竞争对手，但均有一个共同的毛病，那就是喷气发动机的噪音太大，并表示愿意给道格拉斯公司一个机会，如能在减小噪音方面胜过波音公司，就可以获得签订合同的机会。

当时这件事对道格拉斯公司来说，是一桩重要的买卖！但是，道格拉斯回去与他的工程师商量后，认真地答复说："老实说，我想我们没有办法去实现你的这一要求。"利贝克说："我想也是这样的，我这样做的目的，只是想知道你们是否诚实。"由于道格拉斯的诚实打动了利贝克，赢得了他的信任，他终于听到了一直期待的好消息："你将获得16 500万美元的合同。现在，去看看你如何将那些发动机的噪音控制到最小的程度。"

愚人的故事

有一个爱说老实话的人，什么事情都照实说，所以，不管他到哪儿，总是被人赶走。这样，他变得一贫如洗，简直无处栖身。最后，他来到一座修道院，指望着能被收容进去。修道院长见过他问明了原因以后，自觉"热爱真理，并且尊重那些说实话的人"。于是，把他留在修道院里安顿下来。

　　修道院里有几头已经不顶用的牲口,修道院长想把它们卖掉,可是他不敢派手下的什么人到集市去,怕他们把卖牲口的钱私藏腰包。于是,他就叫这个诚实人把两头驴和一头骡子牵到集市上去卖。诚实人在买主面前只讲实话,说:"尾巴断了的这头驴很懒,喜欢躺在稀泥里。有一次,长工们想把它从泥里拉起来,一用劲,拉断了尾巴;这头秃驴特别倔,一步路也不想走,他们就抽它,因为抽得太多,毛都秃了;这头骡子呢,是又老又瘸。""如果干得了活儿,修道院长干吗要把它们卖掉啊?"结果买主们听了这些话都走了。这些话在集市上一传开,谁也不来买这些牲口了。于是,诚实人到晚上又把它们赶回了修道院。听完诚实人讲述完集市上发生的事,修道院长发着火对他说:"朋友,那些把你赶走的人是对的。不应该留你这样的人!我虽然喜欢实话,可是,我却不喜欢那些跟我的腰包作对的实话!所以,老兄,你走吧!你爱上哪儿就上哪儿去吧!"

　　就这样,诚实人又从修道院里被赶走了。

🌀 只有真诚才能换来真诚

　　真诚,顾名思义就是真实诚恳。我们与人相处,追求成功,良好的目标和准则应该是为了自己、他人和社会,三者均是获益者。交际的实质是给予和索取。如果属于精神上的给予,没有真诚,别人就不可能得到你的给予;如果是物质上的给予,缺乏诚意,对方只能视作恩赐,可能因出于无奈,不得不接受。社会上不乏虚伪之人。他们把社交的技巧看成是蒙骗对方并谋取私利的一种手段。历史上那些打算给正直的君王戴高帽子的奸臣,正是由于伪装成一副正人君子、心口如一的样子,其见不得人的勾当才能得逞。但是,虚伪、伪装的东西是绝对经不起时间检验的,迟早会被人所识破。所以,一个人若在说话方面染上了这种毛病,也就注定了他失败的命运。

　　可以这样说,人的本性是真诚的,虚假是社会对人性的扭曲。由于经济与社会地位的高低不同,有些人以追求名利为目的,当达到这一目的的方式在社交中表现出来时,就造成了虚假。它对被蒙骗的一方会造成较大的损害。一个把自我实现目标放在金钱与权势上的人,虚假几乎是其痼疾。一个把财与势作为社交本钱的人,是绝不会获得别人的真诚的,也绝不可能获得最终的成功。只有真诚待人,才能获得相应的回报。

只有真诚的人，才能得到别人的信任

谚语说："真诚贵于珠宝，信实乃人民之珍。"说话真诚的人，能得到别人的信任。北宋词人晏殊素以说话真诚著称。14 岁时参加殿试，真宗出了一道题让他做。晏殊看过试题后说："我 10 天以前做过这个题目，草稿还在，请陛下另外出个题目吧。"真宗见晏殊这样真诚，感到他可信，便赐他"同进士出身"。晏殊在史馆任职期间，每逢假日，京城的大小官员常到外面吃喝玩乐。晏殊因为家贫，没有钱出去，只好在家里和兄弟们读书写文章。有一天，真宗点名要晏殊担任辅佐太子的东宫官，许多大臣不解。真宗对此解释说："近来群臣经常游玩饮宴，只有晏殊和他的兄弟们闭门读书，如此自重谨慎，正是东宫合适的人选。"晏殊向真宗谢恩后说："我也是个喜欢游玩饮宴的人，只是家里穷而已，如果我有钱，也早就参与宴游了。"真宗听了，越发赞叹他的真诚，对他更加信任。由此可见，真诚，不论对说话者还是听话者来说，都非常重要。若不真诚待人，等于欺人、愚人，若轻信他人不实之词，可能会耽误大事，造成不良后果。

用真诚来推销

杰克是一个平凡的业务员，干了十几年的推销工作后，突然对长期以来的强颜欢笑、编造假话、吹嘘商品等招揽顾客的做法感到十分厌恶。他觉得这是生活上的一种压力，为了摆脱这种压力，他决定要对人无所欺。因此，他下定决心今后要向顾客"讲真话"，即使被解雇也在所不惜。

有了这个念头之后，杰克觉得心情轻松多了。

有一天，有一个顾客光顾，顾客对杰克说："我想买一种可自由折叠、调节高度的桌子。"

于是，杰克搬来了桌子，如实地向顾客介绍道："老实说，这种桌子不怎么好，我们常常接受退货。"

"啊！是吗？可是到处都看得见这种桌子，我看它挺实用的。"

"也许是。不过据我看，这种桌子不见得能升降自如。没错，款式新，但结构有毛病，如果我向您隐瞒它的缺点，就等于是在欺骗您。"

"结构有毛病？"客人追问了一句。

"是的。它的结构过于复杂，过于精巧，结果反倒不够简便。"

说着，杰克走近桌子，用脚去蹬脚板。本来，这要像踩离合器踏板，得轻轻地踩，他却狠狠地一脚踏上去，桌面突然往上撑起，差点儿撞到了那位顾客的下巴。

"对不起，我不是故意的。"

被吓了一跳的客人反而笑了起来，脸上露出喜悦的神色。

"很好。不过，我还得仔细看看。"

"没关系，买东西不精心挑选是会吃亏的。您看这桌子用的木料，它的品质并非上乘，贴面胶合很差，坦白说，我劝您还是别买这种桌子，您到其他家具店看看，那边的东西要好得多了。"

"好极了！"

客人听完解说十分开心，出乎意料地表示他想要买下这张桌子，而且要马上取货。

顾客一走，杰克受到了主管的严厉训斥，并被告知他被"炒鱿鱼"了。

正当杰克办理辞退手续准备回家时，突然来了一群人，走进这家商店，争着喊着要看多用桌，一下就买走几十张桌子，说他们是刚才那位买桌子的客人介绍来的。

就这样，店里成交了一笔很大的买卖。

这件事惊动了经理。结果，杰克不仅没有被辞退，还被提升为主管。

杰克并没有滔滔不绝地吹嘘产品，但是却获得了成功，从某种意义上来说，他的成功在于他能为顾客着想，关怀顾客的利益，从而赢得了顾客的信赖。

寥寥数语，打动人心

说话，是一个传递信息的过程。因此，提高自己的说话自信心，增强自己的说话魅力，不仅在于说话者本人能否准确、流畅地表达自己的思想，而且还在于你所表达的思想、信息能否为听众所接受并产生共鸣。也就是说，要把话说好，关键在于说的话能否拨动听者的心弦。

生活中，有的人长篇大论或慷慨激昂，可就是打不起听者的精神；而有的人虽寥寥数语，却掷地有声、产生魔力。何故？因为后者了解人们的自尊心，能设身处地地站到对方的立场上，以对方的眼光来观察问题。因此，他们的谈话充满真诚，很能打动人心。

1952 年，美国前总统尼克松曾在政治上出现严重的危机，当年他是年轻的参议员，艾森豪威尔将他作为竞选伙伴。当他为竞选奔忙时，《纽约时报》却抛出抨击他在竞选中秘密受贿的文章。新闻飞遍全国,顿时舆论哗然,压力越来越大。使他化险为夷的奇迹,是他做了一次震撼美国的演说。

尼克松被迫在电台发表半小时讲话。全国电台将各种镜头、话筒都对准了尼克松。当尼克松在电视屏幕上出现时,整个美国都安静下来了。他采取了一个罕见的行动,把自己的财务史全部公开,从自己的家产,一直谈到他的欠债。这样,尼克松首先得到了听众的同情。紧接着,他详细说明自己的经济收入情况,连如何花掉每一分钱都告诉听众。他还告诉大家,"这次竞选提名之后,确实收到一件礼物,这就是得克萨斯州有人送给我孩子的一只小狗。"当他讲完时,到处都响彻欢呼声。有100万人打电话、电报或寄出信件,从邮局汇来的小额捐款达6万美元,全国听、看这次演讲的竟达6000万人。演讲使事实得以澄清,还得到了大批的同情者。

情深,则可以惊心动魄。尼克松的演说,就是以真诚和朴实赢得了大众之心。

拳王阿里年轻时由于不善言辞以致影响了他的知名度。有一次,阿里参赛时膝盖受伤,观众大失所望,对他的印象更加不佳了。当时他没有拖延时间,立即要求停止比赛。阿里说:"膝盖的伤还不至于到不能比赛的程度,但为了不影响观众看比赛的兴致,我请求停赛。"在这之前,阿里并不是一个很得人缘的人,却由于他对这件事的诚恳解释,使大家对他有了极佳的印象。他为了顾全大局而请求停赛的确是替观众着想,由此深深地感动了大家。

以上几个例子足以说明只要说话者情真意切,话语充满真诚,就一定能打动听者的心。

把劝说建立在真诚的基础上

我们都有这样的体验,某人关心了我们,我们就会对他产生感激之情。尤其是当领导对我们问寒问暖,了解工作,询问生活上有什么困难和需要时,我们心里就会感到暖洋洋的,觉得他是一个好领导,不自觉地产生听从他指挥的愿望。

战国时,魏国名将吴起爱兵如子,用嘴为士兵吸脓血,所以,他能使部下万众一心,常胜不败。你对我好,我也对你好,这是生活的常理。

关心别人,就满足了人们需要关心的欲望,自然会引起人们的感恩之情,反之,不关心别人,就等于剥夺了别人的这一需要,把别人置于孤独之中,当然别人也不会产生对你的好感。

改变人的态度也需要关心,关心体贴被说服者,用真诚的爱去温暖他的心,换取他的信任。

在攻心中,有许多成功的事例,证明了关心体贴法的巨大威力。

某厂有个青年工人,生长在干部家庭,又是独生子,从小受到溺爱,养成了好吃懒做的坏习气。进工厂后,怕苦怕累,组织纪律性差。为了达到离开工厂的目的,他长期装病不上班,后来干脆睡在单位宿舍里不起来,还故意每天晚上尿床。

这时,同宿舍的车间团支部书记不是讨厌他、疏远他,而是关心他、亲近他,连续三个月,天天为他晒尿湿的被褥,终于感化了他。他痛哭流涕地检讨了自己的错误,从此以后,工作积极起来,努力钻研技术,成为车间的技术能手。这种情真意切,真诚地关心、爱护对方的做法,对改变其态度是大有作用的。

除了用实际行动关心对方之外,在思想交锋上,也要善于表现出对被劝导者的关心和体贴。这种关心和体贴表现于你的充分了解。从穿着打扮、佩戴的装饰品或家庭摆设,直到他的工作以及所取得的成就,曾经有过的过失,你了解得越多越好,表现得越明确,他就越感到有自尊,就越会觉得你在关心他,否则怎么会知道他那么多事情呢?

这样,就会使自己成为令对方愉快的人,就可能有效地改变他的态度。当然,表示了解只能是适当的,超过了一定的限度,就可能引起相反的效果。

所谓体贴,还表现在你通过摆事实、讲道理,说明其中的利害关系,使被劝导者感到你的劝告并不抱有任何个人目的,没有丝毫不良企图,而是真心实意地帮助他,为他着想,为他的切身利益着想。

有些人常常抱怨,自己讲的全是肺腑之言,只差把心掏出来,对方还是听不进去。原因大概在于你讲道理时没有设身处地为对方着想,没有使对方真切地感到你完全是出于善意和关心,因而也就不能打动对方的心。把劝说建立在真心实意帮助人、为他着想的基础上,你就能攻克对方的心。

◎ 做人与做生意

日本著名的推销员原一平说过:"做人做生意都一样,第一要诀是诚实。诚实就像树木的根,如果没有根,那么树木也就没有生命了。"原一平自身的成功也证明了这一点。

原一平年轻时曾在一家机器公司当推销员。有一次他在半个月内就和30位顾客做成了生意。不久,他却发现他现在所卖的这种机器比别家公司所生产的同样性能的机器价钱要贵。他想:如果客户知道了一定以为我在欺骗他们,会对我的信用产生怀疑。

为了妥善解决问题,原一平便带着合约书和订单,逐户拜访客户,如实向客户说明情况,并请客户重新考虑选择。这种诚实的做法使每个客户都深受感动。结果,30人中没有一个解除合约,反而成了更加忠实的消费者。

做生意的规律是,只要你的一个产品有问题,你的全部产品就都会受到怀疑。说话也是如此,只要你十句话中有一句是谎言,你的全部话语就都会受到质疑。

诚实的语言也是论辩的技巧

很多人都想用一种机智的语言让对方相信你的话。

但在现实中,这种方式并不是不可取,只是做起来太难了。

生活在现代社会,你一定要相信,比你聪明的人虽然不是很多,但至少有很多人和你一样聪明。

那么你凭什么要让那些和你一样聪明的人相信你的话呢?

俗话说,会说的不如会听的。要想让对方相信你的话也不是件容易的事。

有一位大学生,毕业之后到了一家大公司。这家公司是经营玉石的公司,规模相当大。本来这位大学生是应聘公司职员的,可是公司却把他分到了公司下面的店里站柜台,让他向客人推销玉石。

虽然当一名售货员并不是这位大学生的理想,但是他想既然分到了这里就应该安心地干下去。

干了仅仅一个月的时间,这位大学生卖的玉石竟然是全店售货员中卖出最多的。

那么这位大学生采用的是什么样的销售方式呢?他采用的就是诚实的方式。

当一位客人到来的时候,一般的店员都是向客人说自己经营的玉石是多么好,价钱多么合理。

这位大学生并不是这样,他先是向对方说出这种玉的价格,接着对客人说:"这种玉是一种顶级玉石,如果不是有些微瑕,那么它的价格就不是现在的这种价格了。"

然后他就向客人指出那玉石的微瑕,再向客人讲解一些鉴定玉石的技巧。结果,客人总是高高兴兴地买下他推荐的玉石。

由此可见,诚实的语言也是论辩的技巧,有时,这种方式比巧舌如簧更加有力。

当然,通过机智加诚实的申辩不但能令身处逆境者转危为安,有时还会取得意想不到的良好效果。

古时候,魏文侯得到了一只天鹅,就派了一名叫毋择的人给齐侯送去。毋择小心翼翼地捧着天鹅前行,谁知一不留神,天鹅直冲云霄飞走了。毋择吓坏了,冥思苦想后,毅然来到齐侯的宫殿,双膝跪地,恭恭敬敬地呈上一只空空的鸟笼,并对齐侯禀道:"大王,我的国君派我给您送天鹅来了。"

"请问,天鹅在哪里?"齐侯见是只空鸟笼,非常生气地问。周围的大臣也都露出愤怒和鄙夷的神情。

但见毋择不慌不忙地回答:"一路上我非常小心地看守着天鹅,当我发现天鹅干渴得厉害的时候,于心不忍,就将它放出来喝水,谁知就这一会儿的工夫,它就飞上天,再也没有回来,当时我难过到了极点。我原想,世上的天鹅那么多,不如就买一只相似的送给大王吧,但一想,这样岂不是欺骗大王吗?我又责怪自己,连送一只天鹅都送不到,不如自杀算了,但这样一来,传出去岂不会让别人认为国君把鸟兽看得比人还重要吗?我又想,没有天鹅有何颜面见大王呢?干脆逃跑好了,但这样岂不因为我而影响两国的友好往来吗?最后,没有办法,我只好呈上一只空鸟笼给大王,请大王发落。"

听完毋择的话,齐侯被感动了,非但丝毫没有怪罪毋择,反而对他说:"你这几句话远远胜过了一只天鹅,我封给你百里之地好吗?"毋择谢恩不已。

从这个故事里我们可以看出,毋择凭着他的智慧及诚实的回答,不但没有因丢失天鹅而被斩首,反而得到了齐侯的看重和奖赏。他的话之所以有如此强烈的雄辩力量,是因为他使用了诚实的论辩方式,即:如果换了一只天鹅,就是欺骗大王;我不能欺骗大王,所以我不能换一只天鹅。

当然,诚实的语言并不总能得到让你满意的结果,例如:

有个老师好心地提醒一名学生的家长说:"你应该回家好好地给你的孩子洗洗澡了,因为他的身上带有一股难闻的臭味,同学们都不愿同他坐在一起。"

那位家长蛮横地对老师说:"你真是多管闲事,我的儿子又不是朵玫瑰,我送到学校是为了让他学习,不是送他来让您闻的!"

这位老师采用的就是诚实的方式，却不被学生的家长所接受。但是这位老师不慌不忙，她笑着对那位家长说："是呵，他确实不是用来让我闻的。但是他身旁的同学因为无法忍受他的气味儿上课都用手捂着鼻子，以至于没有空闲的手用来写字和举手回答问题，学校的规定是这样的，如果一个学生扰乱了课堂，让别的学生无法上课，那么可以让这位学生回家去，你看你的孩子是不是这种情形呢？"

那位家长听了之后默默不语，他答应回去之后就为孩子洗澡。

实话实说能让你找到好工作

在一家大公司的人事部办公室里，一个年轻人正在应聘销售员工作。

经理约翰先生看着眼前这位身材瘦弱、脸色苍白的年轻人，忍不住摇了摇头。

约翰先生在了解了一些基本情况后，又问道：

"干过推销吗？"

"没有！"他回答道。

"那么，现在请回答几个有关销售的问题。"约翰先生开始提问，"推销员的目的是什么？"

"让消费者了解产品，从而心甘情愿地掏腰包。"他不假思索地答道。

约翰先生点点头，接着问：

"你打算对推销对象怎样开始谈话？"

"'今天天气真好'或者'你的气色真不错'。"

"你有什么办法把打字机推销给农场主？"约翰先生不动声色。

他稍稍思索一番，不紧不慢地回答："对不起，先生，我没办法把这种产品推销给农场主，因为他们根本就不需要。"

约翰先生高兴地从椅子上站起来，拍拍他的肩膀，兴奋地说："年轻人，你通过了，我想你会出类拔萃！"

对于测试的最后一个问题，以前的应聘者总是胡乱编造一些办法，但实际上绝对行不通，因为谁愿意买自己根本不需要的东西呢？

他认识到了这一点，据实回答，所以被录取了。

一家公司招聘职员，面试时主考官问了这样一道算术题："10减1的答案是多少？"

一些应试者神神秘秘地说："你想让它等于几，它就等于几。"

还有的人说："10 减 1 等于 9，就是消费；10 减 1 等于 12，那是经营；10 减 1 等于 15，那是贸易；10 减 1 等于 20，那是金融；10 减 1 等于 100，那就是贿赂。"

在这些应试者中，只有一个人欲言又止地说等于 9。主考官问他为什么，这位应试者说："我怕照实说，会显得自己很愚蠢，智商低。"然后，他又小声地补充了一句："对获得一份好工作来说，诚实可能是这个世界上最没用的武器。"

这个诚实的人最后被录用了。

说话大智慧

人是有感情的动物，在做事情时，常由感性支配理性。因此，我们有必要在与别人交谈时表露出我们的真诚，以达到相互信任的效果。

NO.9

智者注意礼貌用语
愚人缺乏礼貌语言

语言是思想的衣裳，
优雅的谈吐可以讨人喜欢，
表现出高雅。
说话有礼貌，多说一声谢谢，
都体现出对别人的尊重。
只有尊重别人的人，
才会获得他人的尊重。

有位名叫亚诺·本奈的小说家曾说："日常生活中大部分的摩擦冲突都起因于恼人的声音、语调以及不良的谈吐习惯。"此话说得颇有道理。何故？只要我们细察生活于自己身边的人就会发现，谈吐的缺陷往往可能导致个人事业的不幸或损及所服务机构的荣誉与利益，可能导致父子不和、夫妻离异乃至人际关系的紧张恶化。一个人的谈吐如何，往往决定企业是否愿意聘请他工作、与之交往，或是否愿意投他信任一票与之发生商业关系。

平常说话有许多口头"敬语"，我们可以用来表示对人尊重之意。"请问"有如下说法：借问、动问、敢问、请教、借光、指教、见教、讨教、赐教等；"打扰"有如下委婉的词汇：劳驾、劳神、费心、烦劳、麻烦、辛苦、难为、费神、偏劳等。如果我们在语言交际中记得使用这些词汇，相互间定可形成亲切友好的气氛，减少许多可以避免的摩擦和口角。

智者的故事

有一次一位作家走在街上，一位乞丐向他讨钱，然而他掏遍了所有的口袋，竟没找到一分钱，于是他无可奈何地对乞丐说："兄弟，对不起，实在是没有钱了。"

正当他感到无奈的时候，那位乞丐却说："先生，您叫我'兄弟'，您让我和您站在了一条线上，这比给我金钱还叫我荣幸一万倍呢。"

愚人的故事

有位商店老板，在接待应聘者小汤时，本来是准备聘请小汤的。在面试临近结尾的时候，老板表示对事情的发展感到满意，并将于今后几天内与小汤会面。然而小汤说："难道现在你不能告诉我，我是否能得到这份工作吗？因为过几天我要外出旅游去了。"老板说："噢，你不是告诉我，一得到通知就马上开始工作吗？"小汤说："你最好别指望我能坐下来等你几天的电话。"老板说："好吧，那我只能说，如果我们需要你，就会与你联系的。"然而，这位老板始终没有给小汤打电话。这是小汤缺乏礼貌语言的必然结果。

优雅的谈吐讨人喜欢

哈佛大学前任校长伊立特说过:"在造就一个有教养的人的教育中,有一种训练是必不可少的,那就是,优美而文雅的谈吐。"

善于说话的人,不但能使不相识的人见了他们产生良好的印象,而且能广结人缘,到处受欢迎。

许多人说话的本领不很高明,是因为他们不曾把谈话当做一门艺术,不曾在这门艺术上下过工夫。他们不肯多读书,不肯多思考。他们说话,宁肯随便用粗俗的语句,而不肯"三思"而后言,将自己的意思用文雅、优美的语言表达出来。

有许多年轻人,终日只说些没有任何意义的闲闻琐事。面对一个陌生人,他们这种说话方式肯定会招致别人的反感。

相传,有家父子冬天在镇上卖便壶(俗称"夜壶"。旧时男人夜间或病中卧床小便的用具)。父亲在南街卖,儿子在北街卖。不多久,儿子的地摊前有了看货的人,其中一个看了一会儿,说道:"这便壶大了些。"那儿子马上接过话茬:"大了好哇!装的尿多。"人们听了,觉得很不顺耳,便扭头离去。在南街的父亲也遇到了顾客说便壶大的情况。当听到一个老人自言自语说"这便壶大了些"后,马上笑着轻声地接了一句:"大是大了些,可您想想,冬天夜长啊!"好几个顾客听罢,都会意地点了点头,继而掏钱买走了便壶。

父子两人在一个镇上做同一种生意,结果迥异,原因就在会不会说话上。我们不能说儿子的话说得不对,确实,便壶大装的尿多,他是实话实说。但不可否认,他的话说得欠水平,粗俗的语言难以入耳,听了令人很不舒服。本来,买便壶不俗不丑,但毕竟还有些私密的因素在内。人们可以拿着脸盆、扁担等大大方方地在街上走,但若拎着个便壶走在街上,就多少有些不自在了。此时,儿子直通通的大实话怎能不使买者感到几分别扭?而那个父亲则算得上是一个高明的推销商。他先赞同顾客的话("大是大了些"),以认同的态度拉近顾客的距离,然后,又以委婉的话语说"冬天夜长啊",这句看似离题的话说得实在是好。它无丝毫强卖之嫌,却又富于启示性。其潜台词是:冬天天冷夜长,夜解次数多且又怕冷不愿意下床是自然的,大便壶正好派上用场。这设身处地的善意提醒,顾客不难明白。卖者说得在理,顾客买下来也就是很自然的了。

儿子一句话砸了生意,父亲一句话盘活了生意,这不正说明了"善讲"的重要性吗?

说话讲究措辞文雅,态度自然,同时还需使你的言辞富于同情,处处显示你的善意。唯有充满温暖的同情的话语,才能够引起他人的注意。假使你的话是冷淡而寡情的,那是引不起他人注意的。

选择各种题目,努力去做优美而精纯的谈论。常常用清楚、流利、文雅的言辞表达自己的意思,这是一种良好的训练。多结交有学问的人,常与他们交谈,耳濡目染,自然你也就会说话了。多读书,也是提高语言艺术的一种好办法。多读书不但能开拓心胸,增加知识,而且,能熟悉许多词汇和语句,提高表达能力。

得体地使用礼貌语言和谦词

语言是思想的衣裳,它可以表现出一个人的高雅或粗俗。如果你要接通情感的热流,使社交畅通无阻,就应得体地运用礼貌谦词。

很早以前,有位士兵骑马赶路,至黄昏时还找不到客栈,倏地见前面来了位老农便高喊:"喂,老头儿,离客栈还有多远?"老人回答:"五里!"士兵策马飞奔十多里,仍不见人烟。"五里、五里"他猛地醒悟过来,"五里"不是"无礼"的谐音吗?于是他掉转马头赶回来亲热地叫了一声:"老大爷"。话没说完,老农说:"你已经错过路头,如不嫌弃,可到我家一住。"

交际谈话中如能用礼貌语言,就会让人感到"良言一句三冬暖",使人与人之间的感情很快地融洽起来。例如:您好,谢谢,请,对不起,别客气,再见,请多关照,等等。

在我国,同人打招呼常习惯问:"你吃饭了吗?你到哪里去?"似乎太单调,也有点不雅致,在这方面,我们应丰富自己的礼貌语言。如见面时称道"早安"、"午安"、"晚安"、"你夫人(先生)好吗"、"请代问全家好"等。语言务必要温和亲切,音量适中。若粗声高嗓,或奶声奶气,别人就难有好感。运用礼貌语,还要注意仪表神态的美,当你向别人询问时,态度尤其要谦恭。挺胸腆肚,直呼其名,或用鄙称,必遭人冷眼,吃"闭门羹"。

在交往中得体地使用礼貌语言和谦词,可以给对方留下良好的印象。

你和人相见,互道"你好",这再容易不过。可别小瞧这声问候,它传递了丰富的信息,表示尊重、亲切和友情,显示你懂礼貌、有教养、有风度。

美国人说话爱说"请",说话、写信、打电报都用,如请坐、请讲、请转告。传闻美国人打电报时,宁可多付电报费,也绝不省掉"请",因此,美国电话总局每年从请字上就可多收入一千万美元。美国人情愿花钱买"请"字，我们与人相处，说个"请"字，既不费力，又不花钱，何乐不为？

英国人说话少不了"对不起"这句话，凡是请人帮助之事，他们总开口说声对不起：对不起，我要下车了；对不起，请给我一杯水；对不起，占用了您的时间。英国警察对违守司机就地处理时，先要说声"对不起，先生，您的车速超过规定"。两车相撞，大家先彼此说对不起。在这样的气氛下，双方自尊心同时获得满足，争吵自然不会发生。

成功人士说话非常注意用礼貌语言，如：你好、请、谢谢、对不起、打搅了、欢迎光临、请指教、久仰大名、失陪了、请多包涵、望赐教、请发表高见、承蒙关照、谢谢、拜托您了，等等。礼貌用语，令人心花怒放，满面春风。

◎ 因为少说了一句话

有一位服务于某大型电脑公司，担任系统工程师的职员。他在公司已工作六年，技术优秀并很关照晚辈，上级对他也另眼相待。但他却在一次与客户的交涉中，犯了意想不到的大错误。

某客户买这家公司的电脑，因而召集员工听该电脑公司的人讲解。这位系统工程师极认真而详细地解说电脑的操作和内容。在说明会的休息时间里，他前往洗手间，要洗手时才发现没有洗手用的香皂。他看见隔壁放着一块，但正好有一位老人在用，这位工程师由于赶时间，并未向老人打声招呼就径自伸手将香皂取过来用，然后在隔壁随便抓把卫生纸擦手，就匆匆走出去。

那位老人对这位工程师的所作所为，觉得很生气，认为不招呼一声就随便用别人位子上的东西，是很不礼貌的行为。而这位老人正是这家客户的董事长。

"这么不懂礼貌的人，是哪家公司的人呢？"

这位董事长一询问，知道就是电脑公司派来说明的工程师，结果使得原来要成交的电脑被退了回去。这么一来，电脑公司也开始调查原因。电脑公司总经理特地到这家公司谢罪，但还是无法挽回工程师所造成的恶果，工程师也因此而引咎辞职。

这位本来很有前途的优秀工程师，若能在洗手时多说一句："对不起，让我先用一下。"整个情形都将为之改观。由此可见，短短的一句话，也是不容忽视的。

倘若经常觉得"这种小事不说也无妨，对方一定会知道的"或认为"芝麻小事，不说也罢"，这就错了。

自己这样想，对方是不是也这么想呢？所以，虽然是芝麻小事，仍是要经由嘴里讲出，对方才能明白、谅解。

虽然电脑公司的人前去对生气的董事长道歉，但并没有缓和彼此间的气氛，反而加深其间的裂痕，这样的例子并不少见。

前去道歉的人，心里总是难过，头也是垂下的。道歉之前，总想先解释事情，结果往往忘了说几句对不起的话，反而更引起对方的不满。

所以去道歉的人，看到对方马上要先说："真对不起，我错了。"然后再说明事情也不迟。在说明时，也不要忘记强调歉意，并说："真的很抱歉"，"你所说的很有道理"或说："我了解你的意思。"听对方说话时，在必要时候，还要点头附和，这样对方的火气才会降下来，并通过这次会谈使彼此意见更加沟通。在与人交涉方面很能干的人，在公司容易受上级看重，并受客户欢迎。

在适当时候说适当的话，会使不利的状况转为有利。在交涉中若有意见，一定要诚恳说出来，如此一来，相互的依赖感才会加深一层。

说好"谢谢"

一天中午，大家正聚在办公室里闲聊，突然闯进一个男孩。他很年轻，眼里流露出胆怯和不安。

男孩拿出一张字条，结结巴巴地说："我、我是电脑公司的，你们单位欠了我们钱，总共有 1000 元。"说完，男孩不知所措地站在那儿，像犯了错误似的。

有人不耐烦地说："没钱！下回再来！"男孩嘴唇微微地嚅动着，但什么也没说，转身离去。或许这是男孩第一次出门要账，他不知道向谁要，其实这时会计就坐在云的旁边。

第二天快下班的时候男孩又急匆匆地来了，当时办公室里只有几个人，会计看了一眼男孩，说："来迟了，没账！"男孩眼里满是焦急："那我什么时候来才有钱？""那说不准。"会计抛下一句话就离开了办公室。

又过了几天，正赶上下雪。男孩来到了办公室满怀期待地望着办公室里的几个人，却没有人理他，每个人都在做自己的事。主任抬起头见他还站在那儿，便说："没见我们正忙吗？到外边去，等我们有空儿再进来。"男孩尴尬地低下头，匆匆地走出去了。

那天下午,云上班时看到男孩仍站在走廊上,这回男孩没进办公室,他一直默默地站在外面。一两个小时过去了,大家在办公室里谈笑风生,男孩仍然站在外面。

这时云再也耐不住了,走到男孩身边轻声说:"那个穿红衣、披肩发的就是会计,她有钱!"男孩走进办公室,这一次,他终于拿到了钱!

下班后,云走出办公室,发现男孩竟然还站在那里,他看到云便走过来诚恳地说了声"谢谢",然后便匆匆离去。

云怔住了,她被这个男孩感动得差点落泪,也为身边那些冷漠麻木的人感到羞愧。

学会感谢会让我们在社交场合变得彬彬有礼,给人留下很好的印象。

在人际交往中,有许多人在接受别人的好意后,不喜欢说"谢谢"两个字。为什么呢? 主要有两个原因:一是认为没必要说"谢谢";二是确实不会说"谢谢"。这两种情况,前者是主观认识上的问题,后者是技术能力上的问题,但都会对人际交往造成不良后果,必须予以改变。

首先要了解一下"谢谢"的性质与功能。"谢谢",就是在对方对自己做出一些善意言行之后,自己的言辞上所做的一种情感回报。"谢谢"有下列几种功能:

1.表达自我情感

人们在接受别人的善意言行之后,都会产生一种感激之情,情动于衷,发乎言辞。一句"谢谢",常常就是这种情感的自然流露。

2.强化对方的好感

人际关系学认为:人际交往是一个互动过程。一方的善意行为必然引起另一方的"酬谢",例如感谢。而这种"酬谢"又将进一步使对方产生好感,并发出新的善意行为。这样,就使双方的人际关系进一步达到融洽。

3.调节双方距离

任何一次或一种人际交往都是在交际双方所结成的心理距离中进行的,适当的心理距离是成功的人际交往的一个必要条件。而感谢语言是调节双方距离的微调剂。

感谢起着调近双方距离的作用,但有的时候,感谢也有着拉大双方距离的特殊功能。有时在某些亲密的人际关系中,例如恋人、亲人、密友之间,我们会使用一些社交场合中标准的彬彬有礼的感谢语,来显示自己对对方的冷淡态度,拉大与对方的心理距离。

在人际交往中,要运用好"感谢"这种交际手段来完成特定的交际任务,就应该注意以下几点：

第一，"谢谢"在很多情况下就是一种对对方心理需求的满足。就不同的人来说，其心理需求是不同的。有的人希望你对他的言行本身表示感谢，有的人希望你对他的言行的行动或效果进行感谢，有的人则希望你对他个人进行感谢。

因此，感谢者应首先满足这种心理需求。尤其是小伙子对大姑娘表示感谢，更要对"感谢动机"这一点采取慎重的态度。

诸如："谢谢你，想不到你一直在想着我"之类的话很容易造成误解，还不如只对对方行为本身进行感谢。因此，感谢一定要针对对方的心理需求而发。

第二，感谢还要针对对方的不同身份特点采取相应的方式。老年人自信自己的经验对青年有一定的作用，青年人在表示感谢时就应感谢对方言行的结果："谢谢，您的这番话使我明白了许多道理……"这会使老年人感到满足。

女性常以心地善良、体贴别人作为自己独特的魅力，因此男人感谢她们时，说"你真好"就比"谢谢你"更好一些；说"幸亏你帮我想到了这点"就比"你想到这点可真不容易呀"要好。

第三，感谢一定要注重场合。你与对方单独在一起时，对他（她）表示感谢，会有好效果；但在众人之中挑出某一个人来表示感谢，那么就有可能冷落别人，也会使被感谢人难堪。

第四，"感谢"也要注意双方的关系。例如双方是一般熟人或同事关系，可以用直接感谢，如"感谢您"或"非常感谢"等；但双方是至亲与好友时，少用"谢谢您"或"非常感谢"之类的话。可用称赞语或陈述语来表达谢意。儿子对妈妈就可说："妈妈，您真好，是天底下最好的妈妈。"

说好"对不起"

有两户人家紧邻而居，东家的人和乐相融，生活幸福美满；西家的人经常争吵，天天鸡犬不宁。这种情形引起了一位社会学专家的兴趣。

社会学专家问东家的人说："你们一家人为什么从不像西家人那样经常争吵，而能够和睦相处呢？"

"因为我们一家人都认为自己是做错事的坏人，所以能够互相忍让相安无事；而他们一家人都认为自己是好人,因此争论不休大打出手。"东家的人如此回答。

社会学家又问:"这是怎么回事呢?"

东家人回答说:"譬如有一个茶杯被打破了。在他们家自以为自己是好人的情况下打破杯子的人不肯认错,还理直气壮地大骂:'是谁把茶杯乱摆在这里的?'摆杯子的人也不甘示弱地反驳:'是我摆的,你为何不小心把它打破了?'彼此间不肯认错,不肯退让,僵持不下当然会吵架了。可是我们家,如果谁不小心打破茶杯,就会抱歉地说:'对不起,是我疏忽打破了杯子。'而放茶杯的人听到也会回答:'这不全怪你,是我不应该将茶杯放在那儿。'像这样坦白承认自己的过失,互相礼让,怎么会吵架呢?"

社会学专家点了点头。

东家人真是智人智语。不是吗?与人交往时常抱以"对不起,我错了"的心态,把自己的姿态放低,学会谦卑,以坦诚来修炼自己的心性,扩大自己的度量就能化解许多误会。

"对不起!"这三个字看来简单,可是它的效用,不是别的字所能比拟。这三个字,它能使强顽者低头,也能使怒气消减。可是有多少人知道它的效用,而充分利用它呢?多少仇怨,多少嫌隙,不是纯由某一方不会使用这三个字而起吗?

凡物不平则鸣,世间原无不可解决的事。你在公共汽车上误踩了别人的脚,说声"对不起",被踩者自然不计较什么了。人的心理原是这样,对于许多事情皆可原谅。若因为你的过失,使别人吃亏,而你还不承认自己的不是,好像他的吃亏是咎由自取似的,这就不能使他原谅你了。客气和谦虚是获得友谊的唯一方法,事事要占上风,到处惹是生非,则其受人齿冷,就不奇怪了。在公共汽车上踩了别人一脚,自己不承认错误,却还埋怨旁人,以此处世,如何能使别人心服。

消除恶感,避免伤害对方的感情,最聪明的方法是自己谦逊一点。自己有过失的时候立刻道歉,别人会给你同情。

反之,不承认过错,就难怪对方生气,许多小口角变成打架,或因一两句话就酿成命案的,皆由此而起。倘若我们大家都常常不忘这三个字的巧妙,我们的生活将会增加多少愉快和祥和呢!

"对不起,害你等了许多时候。""对不起,你可以替我把茶杯递过来吗?"在日常的谈话中,这三个字的用途真是太多了。因为它能表示客气和礼貌,能使别人对你更为宽容了解。

"对不起"三字，意思无非是让别人占上风，既然他占上风了，他还有什么更大的要求呢？息事宁人，莫善于此。要使家庭不失和，朋友不交恶，这三字真是百效的灵药。古人教人要"夫妻相敬如宾"，对人要"恭敬谦和"，也无非叫你多说几声"对不起"罢了。

下次你要经过别人座位时，请先说声"对不起"，那么让路的人一定不会把眉梢皱起。如果你招待你的顾客时多说两声"对不起"，那交易也十有八九会成功的。

说客气话是必需的，但不要过分客套

假若你到一个朋友家里，你的朋友对你异常客气，你每说一句话，他只有"嗯、嗯"而答，每当和你说话时，总是满口客套，唯恐你不高兴，唯恐开罪于你。如此一来，你一定觉得如芒刺在背，坐立不安。

这种情形你大概经历过不少，同时你就得想想，你如此对待过你的客人吗？

虽然是客气，但这客气显然是给人痛苦的。开始会面时的几句客气话倒不成问题，若继续说个不停就太不妥当了。谈话的目的在于沟通双方的情感，增加双方的兴趣。而客气话，则恰恰是横阻在双方中间的墙，如果不把这堵墙搬走，人们只能隔着墙，作极简单的敷衍酬答而已。

朋友初次会面，略谈客套后，第二第三次的见面就应竭力少用。那些"阁下"、"府上"等名词，如果一直用下去而不在相当时间以后废去，则真挚的友谊无法建立。

客气话是表示你的恭敬或感激，不是用来敷衍朋友的，所以要适可而止，多用就流于迂腐，流于浮华，流于虚伪。有人替你做一点小小的事情，譬如说倒一杯茶吧，你说"谢谢"，也就够了。要是在特殊的情形下，那么最多说"对不起，这事情要麻烦你"也就很够了。但是有些人却要说"呵，谢谢你，真对不起，我不该拿这些小事情麻烦你，真使我觉得难过，实在太感激了……"一大串，你在旁边看着也会觉得不舒服的，。

说客气话的时候要充满真诚。像背熟了的成语似的流水般泻出来的客气话，最易使人讨厌。说时态度更要温雅，不可现出急促紧张的状态。还有，说时要保持体态的均衡，过度的打躬作揖，摇头摆身作态来帮助你说客气话的表情，并不是一个"雅观"的动作。

把平时对朋友太客气的话说得略为坦率一点，你一定可以享受到友谊之乐。对平时你从来不会表示客气的人们说话稍微客气一点，如你的孩子，商店的伙计，出租车司机等,你一定会收到意外的好处。

过分的客气话,在一个朋友家中,这是窘迫主人的最好的利器,而当你是主人的时候,那又是最好的最高明的逐客方法。这方法的奏效,更胜于把他大骂一顿,如果你怕朋友到家里干扰你,拼命跟他说客气话好了,临走勿忘请他有空再来,而你知道他绝不会再来的。

前面说明太多的客气话使人不愉快。现在,来讨论说客气话应该注意哪些事情:

缺乏真诚的刻板的客气话,必不能引起听者的好感。"久仰大名,如雷贯耳。""贵号生意一定发达兴隆。""小弟才疏学浅,一切请阁下多多指教。"……这些缺乏感情的,完全是公式化的恭维语,若从谈话的艺术观点看来,是非加以改正不可的。

要言之有物,这是说一切话必备的条件。与其泛说"久仰大名,如雷贯耳",不如说"您上次主持的冬季救灾义演晚会成绩之佳,真是出人意料"等话,直接提及他的著名工作。

文明礼貌三句话

一个人的形象是一封无字的介绍信。人们通过你的语言、行为、仪表,就能判断出你是一个什么样的人。

如果有人问你:"你会说话吗?"你一定会说:"说话谁不会,张口就来!"

其实不然,说话的学问大着呢。一个人所说的话总是和他的人品和修养联系在一起的,优美的语言首先建立在尊敬他人的基础上。

如果你想成为一个高尚的、受欢迎的人,请学会说"文明礼貌三句话"。

1. 见面要说:"早上好!""您好!"

美好的一天是从一句亲切热情的问候——打招呼开始的。"早上好!"这亲切的问候传递着你对长辈的尊敬和爱,营造了温馨的家庭气氛。到学校,见到老师、同学,面带微笑地说一声"老师,您好!""××同学,你好!"在公共汽车上,对司机,乘务员说:"早上好!"在公司里见到同事说:"早上好!"在这简单自然的问候中,不知不觉地塑造着你自己在别人心目中的良好形象,培植着你与别人之间的友谊。

2. 道歉要说:"对不起!""请原谅!"

人活在世上,没有不出错的。出了错,应该懂得道歉。向人道歉,就是承认自己的言谈举止或某些做法不妥,并把愧疚的心情传达给对方,请求对方原谅。

打扰了对方,给对方带来了不方便,或做错了事,如果你及时说一声"对不起!""请原谅!"就会修补已经受到损坏的形象。

事先约好的会面你不能去了,要提前告诉对方:"对不起,我有事来不了。"

别人求你办事,你因故要拒绝,要说:"抱歉,这事我帮不了你的忙。"

3. 致谢要说:"谢谢您!""给您添麻烦了!"

每当别人给了你一点方便和照顾,即使这种照顾和帮助是对方分内的事,你也应该说:"谢谢您!""给您添麻烦了!"

说"谢谢"的时候,要诚心诚意,双眼充满感激之情地注视着对方的眼睛,真诚、自然、郑重地说。

如果你请求别人帮忙,最好说:"能请您帮我个忙吗?"如果对方表现出面有难色,你要说:"如果您觉得困难的话,就不麻烦您了!"

说话大智慧

求人办事、处世交友在说话时一定要礼貌先行。说话有礼貌,就是对别人的尊重,而只有尊重别人的人,才会获得别人的尊重。

NO.10

智者委婉拒绝
愚人生硬说不

求人是一件很难的事情，
拒绝也是叫人头痛万分的事情。
简单生硬地说"不"，不叫拒绝。
只有在拒绝对方的不适当要求时，
没有伤害对方的自尊，
给他留有面子，
才是高明的拒绝艺术。

拒绝别人是件不容易的事。有一位教授说："求人办事固然是一件难事,而当别人求你办事,你又不得不拒绝的时候,也是叫人头痛万分的。因为每一个人都希望得到别人的重视,同时我们也不希望给别人带来不愉快,所以也就很难说出拒绝别人的话。"

简单生硬地说"不",不叫拒绝,拒绝是要讲究技巧的:既要拒绝对方的不适当的要求,又不能伤害对方的自尊,同时又不能损害彼此的正常关系,因此说,拒绝别人并不是容易的事。

怎样才能既拒绝别人又不得罪他、不恶化相互关系呢? 这需要一定的技巧。

智者的故事

1972年,基辛格随同尼克松访问莫斯科,途中在维也纳就美苏首脑会谈问题举行了一次记者招待会。这时,《纽约时报》记者提出一个所谓"程序问题",问道:"到时,您是打算点点滴滴地宣布呢,还是来个倾盆大雨,成批地发表协定呢?"

从不放过任何有利机会讥讽《纽约时报》的基辛格,一板一眼地说:"我明白了,这位记者先生要我们在倾盆大雨和点点滴滴之间任选一种。这很困难,无论怎样,都是很糟糕的。这样吧,我们打算点点滴滴地发表成批声明。"

愚人的故事

春秋战国时期,宣宦子有个老朋友叫仁辰。仁辰有个小女儿,长得玲珑可爱,仁辰十分喜欢她。在她刚满两周岁时,宣宦子上门要为自己的儿子求亲。

仁辰:"你儿子多大?"

宣宦子答:"4岁。"

仁辰听罢沉下脸说:"你想我的小女儿嫁给一个老头子吗?"

宣宦子听后摸不着头脑,便问:"这从何说起呢?"

仁辰说:"你儿子4岁,我女儿两岁,你儿子足足比我女儿大一倍的年纪。倘若我的女儿20岁出嫁,你儿子就是40岁,要是有什么事耽误到25岁嫁,那你儿子就是50岁的人了,这不是叫我家女儿去陪一个老头子吗?"

在生活中学会拒绝

在生活中,处处需要说"不"。比如,双休日你正在家休息,推销员不期而至,说什么"给您送礼来了",软磨硬缠推不出门;电话铃忽然响了,是某家电器公司的推销人员,向你介绍一种最新产品,是如何的物美价廉;你本来经济就有点紧张,却有朋友告诉你"××要结婚了,我们是否祝贺一下","××刚生了个小孩,我们去看看吗";当你正在办公室聚精会神地工作,来了一位工作刚告一段落的同事对你说:"休息一下,别那么累。"刚送走这位先生,又来一位聊天的同事,如果你对他们都热情地奉陪到底,这半天就泡汤了,什么事都做不成了。对付"聊天客",你可以说:"真抱歉,今天是我近来最忙的一天,再累都不敢休息。"稍微知趣者,会立即退出办公室。所以说,在生活中善于说"不",是摆脱一切干扰的艺术。

"不"字是一个情绪强烈的负面词,当我们对上司、对朋友使用它时,一定要面带微笑,语气亲切。即使是对素不相识的营销人员,也要讲究点方式方法。

在生活中,对来自亲戚朋友的请求更要学会一些拒绝的技巧。假如我们担心老朋友埋怨我们不近人情,怕人们说我们不愿帮助人,怕伤害别人的自尊心或怕给人带来不愉快和麻烦,便轻易答应别人一些事情,结果反而使自己陷于无穷的烦恼和纠缠中不能自拔,这样不只浪费了自己的时间,还浪费了自己的精力,伤害了自己与朋友的感情。

首先为说"不"字而表示歉意

当你要拒绝朋友的求助时,首先态度要温和,尽管说"不"是自己的权利,仍需先说"非常抱歉"或者说"实在对不起",然后再详细陈述自己不能"帮忙"的各种理由。这样,朋友在感情上就能接受,从而避免一些负面影响。

让朋友在感情上体会到,你拒绝的是这件"事",而不是"人"。使朋友感觉这件"事情"虽然被拒绝了,而他和你还是要好的朋友。你可以如此说:"这件事我非常乐意干,只是不巧,我现在手头正做一个急件,下次您再有这样的美差,我一定干。"你还可以这样说:"这几天我实在脱不开身,您是否请老张来帮忙,他在这方面业务比我精通,您若是不便于找他,我可以代您向他求助。"

委婉地拒绝朋友

不要生硬地拒绝朋友的求助,应该让朋友意识到你是为了他的"利益"而拒绝的。

你可以这样说："我非常同情您,也非常想帮助您,但对这件事我并不在行,一旦干坏了,既耽误了工作,又浪费了财物,影响也不好。您不如找一个更稳妥的人办。"或者说:"您的事限定的时间太短了,我若轻易接下来,在这么短的时间内,肯定干不好。您可以先找别人,实在不行了咱俩再商量。"这位朋友即使转了一圈回来再求你,你已有言在先,这时你就可以提出一些诸如推迟完成日期之类的条件。如果这位朋友认为不行,他自己就会另请高明了。

如果朋友请求帮助的事的确思考不周,你可以耐心地实事求是地给朋友分析这件事办与不办的利弊。让朋友自己得出"暂时不办此事"的结论。

在工作中学会拒绝

工作中每个人都有自己的任务,虽然帮助同事是种好的品质,但若妨碍了自己的工作则应该学会拒绝。

当然,拒绝他人不是件容易的事,需要一些技巧。例如,拒绝接受不善体谅他人而又十分苛刻的上司的要求,通常都被视为不可能的事。但是,有些老练的时间管理者却深谙回绝方法,经常将来自上司的原已过多的工作,按轻重缓急编排办事优先次序表,当上司提出额外的工作要求时,即展示该优先次序表,让上司决定最新的工作要求在该优先次序表中的恰当位置。这种做法有三个好处:第一,让上司做主裁决,表示对上司的尊重;第二,行事优先次序表既已排满,任何额外的工作要求都可能令原有的一部分工作无法按原定计划完成,因此除非新的工作要求具有高度重要性,否则上司将不得不撤销它或找他人代理,就算新的工作要求具有高度重要性,上司也不得不撤销或延缓一部分原已指派的工作,以使新的工作要求能被办理;第三,部属若采取这种拒绝方式,可避免上司误会他在推卸责任。因此,这是一种极为有效的拒绝方式。

◎ 不要不好意思说"不"

很多人在想要拒绝对方的时候,会产生一种"不好意思"的心理。这种心理阻碍了人们把拒绝的话说出口。由于这种矛盾的心情,态度上就不那么热心,说话吞吞吐吐,欲言又止欲藏又露。在这种心理的制约下,最终往往是依照对方的意图行事。即使拒绝了对方,其态度也容易使对方产生误解,认为你成心拿架子,不够朋友。因此,要想使自己在工作和社会交往中,不致惹出许多麻烦,首先要克服这种"不好意思"的心理障碍。

国外研究拒绝艺术的专家强调,要建立这样一种意识:"你有权利说'不',你不必因为对人拒绝了一件事而感到不好意思。"这样,你在拒绝时就会心情坦然、举止大方、态度明朗,避免被误解和猜疑。即使对方开始会对你的拒绝产生一点失望和遗憾,但由于你的态度表情向对方表明你是坦诚的,使对方受到感染,容易弱化对方心中的不快。如果你自己都觉得拒绝不应该,心里发虚,那么你的态度表情就会迟疑不决,对方也会觉得你拒绝的理由是不可信的。

在服装店,你在挑选一件衬衣,样式和做工都令人满意,但在价钱上你却觉得不够理想,但看到售货员的热情服务,使你不好意思不买它。售货员就是利用你的这种心理,越是看到你在犹豫,就服务得越热情越周到,帮你量好尺寸、试大小,甚至动手包装好,放进你的购物袋里,造成既成事实。

初次交女朋友,你也许会感到左右为难,因为她的长相实在让人爱不起来,但是,由于是你的上司介绍的,或者是上司的女儿,使你在拒绝上产生了犹豫,虽然每次会面都使你感到不舒服、不愉快,恨不得马上逃得远远的,但你一想到姑娘的身份,上司的威严,你就不得不仔细斟酌。姑娘却对你一见倾心,脉脉温情,你的上司也觉得好事可成。随着时间的推移,你一再丧失拒绝的机会,勉强从事,这样的婚姻是不会幸福的。

不知生活中有多少人因为不好意思说出那个"不"字,而买了不称心的衬衫,娶了自己不喜欢的姑娘,答应了自己办不到的事情,耽误了自己不应该耽误的约会。

◎ 拒绝,但不使人难堪

在你日常的工作和生活中,很可能也会遇到下列的情形:一个素行不良的熟人来缠住你,非要向你借钱不可,但你知道,如果借给他便是肉包子打狗一去不回头;你的顶头上司在增减人员上向你提出一些建议,但是这些建议又不符合公司现实情况。

诸如此类的事你必定要加以拒绝,可是拒绝之后,就要伤和气,引人恶感,被人误会,甚至积怨。

要避免这种情形发生,唯一的方法便是要运用些聪颖的智慧。请看下面的例子:

在德国某电子公司的一次会议上,公司经理拿出一个他设计的商标征求大家意见。

经理说:"这个商标的主题是旭日。这个旭日很像日本的国徽,日本人民见了一定乐于购买我们的产品。"

营业部主任和广告部主任都极力恭维经理的构想,但年轻的销售部主任说:"我不同意这个商标。"经理听了感到很吃惊,其他的人都瞪大眼睛盯住他。

年轻的销售部主任没有同经理争论那个带红圈圈的设计是否雅观,而是说:"我恐怕它太好了。"

经理感到纳闷,脸上却带着笑说:"你的话叫我难理解,解释来听听。"

"这个设计与日本国徽很相似,日本人喜欢,然而,我们另一个重要市场中国,它的人民也会想到这是日本国徽,他们就不会引起好感,就不会买我们的产品,这不是同本公司要扩展对华贸易营业计划相抵触吗?这显然是顾此失彼了。"

"天哪!你的话高明极了!"经理叫了起来。

向有权威的人士表示反对或拒绝,你一定要有充分的理由,还要注意技巧。年轻主任用一句"我恐怕它太好了"先抚平了经理的不快,使他不失体面。后来他用更充分的理由,提出反对经理的意见,经理也就不会感到下不了台。

🌀 拒绝用语

拒绝是难免的,遭到拒绝又是不愉快的。诚恳的态度,得体的用语可以把这种不快减少到最低限度,并得到对方的谅解和认可。

1. 诱导法

甲向乙打听机密,乙神秘地问:"你能保密吗?"甲说:"能。"乙接着说:"你能,我也能。"

2. 推托法

"前几天经理刚宣布过,不准任何顾客进仓库,我怎能带你去呢?"

"这个问题涉及好几个人,我个人决定不了。我把你的要求带上去,让人事部讨论一下,过几天答复你,好吗?"

"这件事我做不了主,我把你的要求向领导反映一下,好吗?"

3. 委婉法

"这个设想不错,只是目前条件不成熟。"

"这倒是个好办法,但我的上司恐怕接受不了。"

"主意不错,可惜我那天正好出差在外。"

4. 隐晦法

"小伙子,我真难以想象公司少了你会怎样,不过我想从下星期一开始试试看。"

"贵公司地理环境不太好,我看××公司可能更适合举办这次活动。"

5. 虚实法

问:"中国能拿几块金牌?"答:"到时候就知道了。"

问:"××认为贵公司不可能按时交货。"答:"他们有充分的言论自由,他想怎么说,就怎么说吧。"

拒绝的七大妙招

怎样才能既拒绝别人又不得罪他,不恶化相互关系呢?这里列举 7 种既恰到好处,又不失礼节的拒绝妙招。

第一招:幽默诙谐式

著名导演希区柯克在执导一部影片时,有位女明星老是向他提出摄影角度问题,她左一次右一次地告诉希区柯克,一定要从她最好的一侧来拍摄。"很抱歉,我做不到!"希区柯克回答:"我们拍不到你最好的一侧,因为你把它放在椅子上了。"他的话,引得在场的人都笑弯了腰。

招式妙诀:通常,幽默的语言可以调节气氛,并且能让对方在笑过之后得到深刻的启示,如果以幽默的方式来拒绝,气氛会马上松弛下来,彼此都感觉不到有压力。

第二招:热情友好式

一位青年作家想同某大学的一位教授交朋友,以期今后在文艺创作和理论研究方面携手共进。作家热情地说:"今晚 6 点,我想请你在海天楼餐厅共进晚餐,我们好好聚一聚,你愿意吗?"事情真凑巧,这位教授正在忙于准备下星期学术报告会的讲稿,实在抽不出时间。于是,他亲切地笑了笑,又带着歉意说:"对你的邀请,我感到非常荣幸,可是我正忙于准备讲稿,实在无法脱身,十分抱歉!"他的拒绝是有礼貌而且愉快的,但又是那么干脆。

招式妙诀:如果你想对别人的意见表示不同意,请注意把你对"意见"的态度和对人的态度区分开来,对意见要坚决拒绝,对人则要热情友好。

第三招：相互矛盾式

春秋时，鲁国相国公仪休喜欢吃鱼，因此全国各地很多人送鱼给他，但他都一一婉言谢绝了。他的学生劝他说："先生，你这么喜欢吃鱼，可别人把鱼送上门来，为何又不要了呢？"公仪休回答说："正因为我爱吃鱼，才不能随便收下别人所送的鱼。如果我经常收受别人送的鱼，就会背上徇私受贿之罪，说不定哪一天会免去我相国的职务，到那时，我这个喜欢吃鱼的人就不能常常有鱼吃了。现在我廉洁奉公，不接受别人的贿赂，鲁君就不会随随便便免掉我相国的职务，只要不免掉我的职务，就能常常有鱼吃了。"听了先生这番话，学生若有所悟地点了点头。

招式妙诀：当别人向你提出使你感到为难的要求时，你不妨先承认他的要求可以理解，你同时也希望满足他的要求，但接着说出不容置疑的客观原因，从而拒绝他的要求。

第四招：相反建议式

有这样一则对话：

小李："小张，王经理让我把这些资料整理好，但我怕做不好，你能帮我完成吗？"

小张："我很愿意帮你的忙，不凑巧得很，我自己的那份工作还没干完。其实以你的能力和素质是完全可以做好那件事的。你不妨先干着，也许我能帮你干点别的什么。"

小李："那好吧！谢谢你啊！"

招式妙诀：小张的这一番话说得非常妙，如此既有拒绝，又有相反的建议，建议他先干着，对方还有什么话好说呢？相反，如果小张本能地回答："你的事我可不在行。"这是很不好的拒绝方法，很容易伤了同事之间的和气。

第五招：岔开话题式

林肯曾经有一次巧妙的拒绝：一个秃头的来访者对林肯纠缠不休，浪费了他不少时间。为了摆脱他的再次打扰和纠缠，林肯想出一个妙方。在那人第二次来访时，他故意打断对方的话，匆忙拿出一瓶生发药水送给对方："人们都说这种药水可以使脑袋长出头发来。现在你把它拿走吧，过几个月再来看我，告诉我效果如何。"那人有点尴尬，但看林肯诚心诚意的样子，只得拿起药水走了。林肯的这一招确实高明，不仅一下子把对方打发走了，还使对方不好意思在短期内再来打扰他。

招式妙诀：当别人向你提出某种要求时，他们往往通过迂回婉转的方式，绕个大弯子再说出原意，如果你在他谈到一半时就知道了他的意图，并清楚自己不能满足他的愿望时,你不妨把话题岔开,说些别的。让他知道这样做只会使你为难,他就会知难而退了。

第六招:反弹式

在《帕尔斯警长》这部电视剧中,帕尔斯警长的妻子出于对帕尔斯的前程和人身安全考虑,企图说服帕尔斯中止调查一位大人物虐杀自己妻子的案子。最后她说:"帕尔斯,请听我这个做妻子的一次吧。"他却回答说:"是的,这话很有道理,尤其是我的妻子这样劝我,我更应该慎重考虑。可是你不要忘记了这个坏蛋亲手杀死了他的妻子!"

招式妙诀:别人以什么样的理由向你提出要求,你就用什么样的理由进行拒绝,让对方无话可说。

第七招:寻找出路式

例1:甲:您就帮我把这件事办了吧!

乙:这件事我实在没有时间帮你去办了,你不妨去找××试试。

例2:甲:这份资料,我能借用几天吗?

乙:对不起,这份资料我这几天还要用,不过图书馆里还有一份没有借出去,你赶快去还可以借到。

招式妙诀:当对方确有为难之事求助于你,你又无法承担或不想插手时,你可以用为对方另找其他出路的方法,来弱化可能产生的不愉快。对方有了其他"出路",就会对你的拒绝不在意了。

🌀 说"不"的禁忌

忌拖延说"不"的时机

有些人觉得不便说"不",便随便找些不值一驳的理由来暂时搪塞对方,以求得一时的解脱。这个方法并不好,因为对方仍可以找理由跟你纠缠下去,直到你答应为止。比如你不想答应帮他做事,推说:

"今天没有时间。"

他就会说:

"没有关系,你明天再帮我做好了,事情就拜托你了。"

又如你不想要对方想转让给你的一件衣服,你推说:

"钱不够。"

那么对方会说：

"钱以后再说。"就把你轻易应付过去了。

或者你不愿意跟对方跳舞，推说：

"我跳不好。"

那么他一定会说：

"没关系，我慢慢带着你跳。"

忌与对方套近乎

给人以"敬而远之"的态度，比较容易把"不"说出来并说得较好，或者说，对方试图与你套近乎，你要保持头脑清醒，以免做了感情俘虏，给对方可乘之机。一般来说，见一次面就能记住别人名字的人，常容易与人接近，故此，在交谈中不断称呼别人名字，并冠之以"兄"、"先生"等词语，这易产生亲近感，那么，反过来你想说"不"时，便应杜绝这种亲密的表示，即对方的名字一概不提，这样加大与对方的心理距离，容易说"不"。还有，谈话时尽量距离对方远些，使其不容易行使拍、拉等触动性的亲密动作。据心理学家研究，"触动"是很容易产生共同感受的，所以想说"不"时应注意避免。另外，最好也不要触摸对方递出来的东西。东西也和人一样，一经"触摸"也会产生"亲密感"，想要拒绝就不容易了。

因为这些都是小小的谎言，一经反驳，你定有所慌乱，"不"的意志便很难贯彻了。所以对付这种情况，你倒不如直截了当地用较单纯的理由明确地告诉对方：

"你托办的这件事办不到，请原谅。"

"这件衣服的颜色我不喜欢，很抱歉。"

"我已经另约了舞伴，不能跟你跳，对不起。"

这样虽说显得生硬些，但理由单纯明快，不给对方可乘之机，倒可以免除后患。

忌优柔寡断

拒绝别人时，要坦诚明朗，不要优柔寡断。当然，这并不是主张在任何情况下，对任何人都直来直去地说出这个"不"字。对于那些自尊心较强、反应敏感或是"脸皮薄"的人来说，只婉转地表述拒绝的理由，而不说出拒绝的话会更好一些。因为对方会从你的话音中体察到你拒绝的意图，作出相应的反应来。这种拒而不言绝、诿而不言推的方式,可以避免使对方感到下不来台、丢面子,避免破坏交往的好气氛。比如,当朋友在你正要出门时来访,你在表示欢迎的同时可以说一句:"你来得真巧,稍晚一会儿定会扑空!"这等于暗示对方,你马上要出门办事。如果对方是知趣的人,便会简短地说明来意后很快告辞,或者另约时间再访。这比由你发出明确的"逐客令"要好得多。需要注意的是,你的暗示必须含义清楚,使对方易于觉察。

说"不"能为你赢得尊重

在人际交往时,大家怎样对你,都取决于你自己。想要别人对你尊重,那就得学习一些说"不"的表达方式,比如:

1.斩钉截铁地表示你的态度

即使在可能会有些无奈的场所,也需要态度明确地对某些服务员、售货员、陌生人说话,对蛮横无理的人要以牙还牙。你必须在一段时间内克服自己的胆怯和习惯,坚持一下,你就会发现,事情本该如此!你只要从中获得一次成功,就一定会鼓起你的勇气。注意,这时你该大声点!当然"君子动口不动手",你只不过为了维护自己的利益,跟他们没仇。

2.不再说那些引诱别人来欺负你的话

"我是无所谓的"、"你们决定好了"、"我没有这个本事",等等,这类"谦恭"的推托之辞就像为其他人利用你的弱点开绿灯。当卖菜人让你看秤时,如果你告诉他你对这事一窍不通,那你就等于告诉他"多扣点秤",这种事情随时随地都可以发生——如果你不介意的话!

3.敢于说"不"

干脆地表明自己的否定态度,会使人立刻对你刮目相看。事实上,与那种遮遮掩掩、隐瞒自己真实感受和想法的态度相比,人们更尊重那种毫不含糊的回绝。同时,你也会从这种爽快的回答中,感到自信又回到了自己心中。欲言又止、支支吾吾的态度,只会给人造成"误解"。

4.对盛气凌人者毫不退让

当碰到随意插嘴、强词夺理、爱吹毛求疵、令人厌烦、多管闲事的人使你难堪时,要勇敢地指明他们的行为之不合理处,并严肃地对他们说:"你刚刚打断了我的话"、"你的歪理是根本行不通的"、"以你的逻辑推敲,地球就不是圆的了",等等。这种策略非常有效。它告诉别人,你对不合情理的行为感到厌恶。你表现得越平静,对那些试探你的人越是直言不讳,你处于软弱可欺地位上的时间就越少。

5. 告诉人们,你有人身自由

不要去听从那些并非命令的命令,休息之余你自己想做什么就做什么,出差办事也大可不必抱住别人的大件行李,而让他悠然自得地在前头漫步。违背自己意愿的事不要去做。自己想做的事,只要不违法违纪,尽管去做,不要怕别人的冷嘲热讽。

生活把你改造成为一个"软弱可欺"的弱者,但是经过你的努力,你一定能够变为强者。

谈判中的拒绝术

在谈判过程中,当你不同意对方观点的时候,一般不应直接用"不"这个具有强烈的对抗色彩的字眼,更不能威胁或辱骂对方,应尽量把否定性的陈述以肯定的形式表示出来。

例如,当对方在某件事情上情绪不好,措辞激烈的时候,你应该怎么办呢? 一个老练的谈判者在这时会说一句对方完全料想不到的话:"我完全理解你的感情。"这句话巧妙之处在于,婉转地表达了一个信息:不赞成这么做,但使对方听了心悦诚服,并产生好感。

喜剧大师卓别林曾经说过:"学会说'不'吧,那样你的生活将会好得多。"

作为谈判者,尤其要学会拒绝,才能赢得真正的交流、理解和尊敬。

尽量说"我"、"我们"

拒绝的技巧有很多,但目的只有一个,就是既要说出"不"字,又使人觉得可以理解,尽可能减少对方因被拒绝而引起的不快。

对于谈判,马基雅维利有一句名言:"以我所见,一个老谋深算的人应该对任何人都不说威胁之词或辱骂之言。因为两者都不能削弱敌手的力量。威胁会使他们更加谨慎,辱骂则会使他们更加恨你,并使他们更加耿耿于怀地设法伤害你。"

因此,谈判出现僵局,需要表明自己的立场时,也不要指责对方。你可以说:"在目前的情况下,我们最多只能做到这一步了。"

如果这时你可以就某点作出妥协，你可以这样说："我认为，如果我们能妥善解决那个问题，那么，这个问题就不会有多大的麻烦。"既维护了自己的立场，又暗示变通的可能。在这里用的词都是"我"、"我们"，而少用"你"、"你们"。

寻找一些托词

谈判中，遇到你必须拒绝的事情，而你又不愿伤害对方的感情，这时你可以寻找一些托词。

例如："对不起，我实在决定不了，我必须与其他人商量一下。""待我向领导汇报后再答复你吧。"

"让我们暂且把这个问题放一放，先讨论其他问题吧。"

这种办法，虽然可以摆脱窘境，既不伤害对方的感情，又使对方知道你有难处；但是，这种办法总有点不干脆。

因为，这样虽能一时敷衍过去，但对方还可能再来纠缠你。总有一天，当他发觉这就是你的拒绝，明白你以前所有的话都是托词，于是他就会对你产生很坏的印象。所以，有时不如干脆一点、坦白一点，毫不含糊地讲"不"。

比如有一个训练有素的推销员，打从开门的那一瞬间起，就会使出各种说服的技巧来。这些说服的技巧，大致都是由几句话连贯起来，想把听者的心理导向对自己有利的方向。

所以，你只要在这个诱导效果尚未发挥出来之前，分析其文句的连贯，把每一句话逐句否定下去就可以了。

有一天，一位推销员推开老王家的门，说："能不能给我十分钟的时间，我是来作民意调查的。"

对方是十分认真的，所以，老王如果有时间，陪陪他是可以的。不巧，夫人不在家，而且，他正在写期限已到的稿子。

老王正感到为难时，对方很快发现了门边的羽毛球拍。

于是他开口说："你好像对羽毛球……"

老王不得不打断他的话："不，那是我内人偶尔……"

"哦，夫人会打，那真好……"

"不好，她老不在家……"

"那么请借用五分钟……"

"呀,已经超过了吧?"

这样一来一去,那位推销员只好知难而退了。

就推销者而言,他想要和对方挂起一条心的输送带。如果在"你好像对羽毛球……"之后答一句"嗯,马马虎虎",那么,"心带"就算已被挂住。然后,接下去的是"是不是从小就喜欢?是否参加过什么比赛"之类的问话,一直引导到他要推销的产品上。

为避免这样的结果,在对方的输送带尚未挂上之前,就将其割断,那对方就无计可施了。

使用一些敬语

在谈判中使用一些敬语,也可以表达你拒绝的愿望,传递你拒绝的信息。

有位长年从事房地产交易的人说,生意能否谈成,可以从客户看过房屋后打来的电话里得知一个大概。

大部分客户在看过房屋之后,会留下一句"我会用电话和你联系",然后回去。不多久,他们就打来电话了。从电话的语气中,可以明了客户的心意。

若是想买房的客户,语气一定很亲切,然而一开始就想拒绝的客户,则多半会使用敬语,说得彬彬有礼。根据多年的经验,这位房地产经营老手一下子就会判断出事情有没有希望。

据说在法院的离婚判决席上出现的夫妻,很多都会连连发出敬语,好像彼此都很陌生似的。这也是想用敬语来设置彼此间的心理距离,互相在拒绝着对方的表现。

所以,当你想拒绝对方时,可以连连发出敬语,使对方产生"可能被拒绝"的预感,形成对于"不"的心理准备。

讲究策略

谈判中拒绝对方,一定要讲究策略。婉转地拒绝,对方会心服口服;如果生硬地拒绝,对方会产生不满,甚至怨恨、仇视你。所以,一定要记住,拒绝对方,尽量不要伤害对方的自尊心。要让对方明白,你的拒绝是出于不得已,并且感到很抱歉,很遗憾。尽量使你的拒绝温柔而缓和。

美国的消费者团体为了避免被迫买下不愿意买的东西,发行了《如何与推销员打交道》之类的手册。里面介绍了如何拒绝来访的推销员的各种办法。

据说,其中以"是的,但是……"法最为有效。

比如,对方说:"你闻闻看,很香吧?"你可以说:"是的,但是……"

先承认对方的说法,然后以"但是"的托词敷衍过去。

倘若开始就断然说一句"不",推销员一定不会甘心,千方百计要和你纠缠。可是,"是的,但是……"的话,则是"和布帘掰腕子",没有什么搞头了。对方再精明,也无可奈何,只好放弃说服你的企图。

谈判也是如此,说"是"总比断然说"不"能给对方以安心感。也就是说,这时的"是",发挥了把两个人的心联结起来的"心桥"功能。一旦两人之间架上了心桥,即使再听到"不"也不容易引起反感。

所以,你想拒绝对方时,应先用"唔,不错"的话来肯定对方。或说:"是的,您说得一点也不错。不过,请您耐心听听我的理由好吗?……"这样婉转地叙述反对意见,对方较容易接受。

对谈判对方的要求,给予笼统的答复,这也是拒绝对方的方法之一。

有一位广告公司的负责人曾介绍经验说,对那些携带自己的画来应征的年轻人,如果他不满意他们的画,他就会用如下笼统的语言打发他们走:

"唔——我不太看得懂你的画,请画一些我能看得懂的画再来吧……"

"我今天很累,也许是昨夜工作得太迟的关系……"

这种拒绝是很笼统的。

"我不太看得懂你的画",那么"我能看得懂的画"又是什么? 对方不清楚他的意图,怎么画?

这样,对方失去了进攻的目标,只好悻悻退下。

这种方法,可以不让人感觉到拒绝,却巧妙地达到了拒绝的效果。

你该怎么办?

有时在购买东西时,往往要受到卖者的纠缠。许多人不知如何拒绝。

一位太太是这样拒绝卖者的:"不知道这种颜色合不合我先生的意。"还有一位少妇是这样拒绝的:"要是我母亲,我选我喜欢的就行了,但这是送给婆婆的呀,送她这个不知道会不会满意?"

显然,这些拒绝本身都是非常笼统的。用这种笼统的方法拒绝对方,当然要比直接说出对对方货物的不满要好得多。

总之,谈判中,会说"不"字和不会说"不"字,效果是大相径庭的。

你在说"不"字时,必须记住下面几点:

＊拒绝的态度要诚恳。

＊拒绝的内容要明确。

＊尽可能提出建议来代替拒绝。

＊讲明处境，说明拒绝是毫无办法的。

＊从对方的角度谈判拒绝的利害关系。

＊措辞要委婉含蓄。

掌握好这些方法，你就是一个高明的谈判者了。

说话大智慧

　　拒绝的语言是有讲究的。不善拒绝的人，一次拒绝就可能得罪多年的深交；善于周旋的人，尽管可能每天都在拒绝，仍然能广结人缘，极少招来非议和埋怨。所以说，如果掌握了拒绝的语言技巧，无论你是委婉还是直接，是找理由推脱还是以情理服人，都能做到不卑不亢，游刃有余。

NO.11

智者嘲笑自己
愚人嘲笑别人

自己嘲讽自己，

往往是一个人心境太平的表现。

做人要适时适度地"自嘲"

会收到妙趣横生，意味深长的效果。

一味抬高自己，羞辱别人的人，

其实是在降低自己的人格。

生活中常遇到如下情况:你好心帮助人办事,反被人埋怨办糟了;你去接电话,电话里的无名氏无端羞辱你一顿;别人的自行车撞到你,对方却破口大骂;你担心一女士被犯罪分子侮辱而暗中护送,反被女士厉声斥骂……鉴于人们对误会的不同看法,误会对不同的人,具有程度不同的尊严的损伤。但误会又是不可避免的,从某一角度上说,人的一生是在误会中走过来的。产生误会有种种原因,消除误会也有种种办法。消除的办法运用得当,就能起到好的作用。误会让人置于尴尬之中,有人对此能给予谅解;有人为此反觉得乐不可支,有人却耿耿于怀,这都得靠每个人自己去妥善处理。

自嘲,顾名思义就是自己嘲讽自己,它也是一个人心境太平的表现。适时适度地"自嘲"会收到妙趣横生、意味深长的效果。

智者的故事

在许多人的心目中,张学良将军是一位著名的爱国将领。在中华民族面临生死危难的关头,是他和杨虎城将军发动了"西安事变",促成了全国抗日民族统一战线的确立。然而,这位"世纪老人",除具有强烈的爱国心、杰出的军事才能和卓越的领导才能之外,还有着极"帅"的口才。下面是台湾一位记者对张学良将军的采访,从中可以体会到将军口才的过人之处。

记者:有人说你是花花公子,你是怎样看的?

张:我从不是个花花公子,不过现在你们也许可以说我是花花老人。你们看,我现在花最多时间的地方就是床,有时候早上11点才起床,吃过午饭又去睡,一觉睡到了3点,你们说我浪漫不浪漫。

记者:西安事变后,你几乎不再与政治有关,你的命运和蒋介石分不开了,你是怎么看的?

张:对于蒋介石,在他过世的时候,我私下写了副挽联:"关切之殷,情同骨肉;政见之争,宛如仇敌。"对于他,胡汉民说过一句话:"以前在孙文面前乱说话说惯了,如今可说出问题来了。"你们懂意思吧,孙先生对玩笑一向是不以为意,蒋先生可不同,他是个军人。

记者:你是否考虑过回大陆看看这事?

张:(哈哈一笑)我现在是秋后蚂蚱,跳不了几天了。如果说还有什么事想做,大概就只有回家看看了,看看大陆的情形,看看亲戚朋友和家乡,可是左腿很疼,没法子去,得等好一点再说了。

经历了半个多世纪风雨的张学良将军在年届90岁高龄的时候。还一直在"保护的自由"中生活。由于张学良将军是一位历史人物、历史的见证者,因而常常有记者对他进行采访。谈话的内容无所不有,既涉及张学良的私人生活,又涉及历史、现实和政治斗争许多十分敏感的问题。由于张学良将军的历史地位,以及当时的现实,张学良的一言一行、一举一动都会产生重大的影响。张将军也深知这点,因而对敏感问题,常常机智应对,自嘲调侃避开敏感话题,巧言对之,妙趣横生。这充分体现了他良好的风度和学识。

愚人的故事

蒲松龄身着布衣应邀去一个有钱人家赴宴。席上,一个穿绸挂缎的矮胖子阴阳怪气地说:"久闻蒲先生文才出众,怎么老不见先生金榜题名呢?"

蒲松龄微微一笑说:"对功名我已心灰意冷,最近我弃笔从商了。"

另一个绫缎裹身的瘦高个故意装出吃惊的样子说:"经商可是挺赚钱的。可蒲先生为何衣着平平,是不是亏了本?"

蒲松龄叹口气说:"大人说得不错,我最近跑了趟登州,碰上从南洋进来的一批象牙,大都是用绫缎包裹,但也有用粗布包的,我原认为,绫缎包的总会名贵些吧,就多要了些,只要了少许粗布包的。谁知带回来一看,咳!绫缎包的竟是狗骨头,粗布包的倒是象牙。"

权贵们听后满脸窘相,个个默默无言。

羞辱别人是降低自己的人格

从人格的角度出发,任何人都无权伤害别人的面子。但是,有些人,当他们站在弱者面前时,却认为自己拥有这种权利,毫无顾虑地对他人指责批评,甚至呵斥羞辱。这种人能得到什么呢?除了一时之快和人际关系的恶化、自取其辱外,什么也得不到。

在一所高等职业学校里,一位学生因非法停车而堵住了学院的一个入口。这时他的导师冲进教室,当着那么多同学的面,以非常凶悍的口吻问道:"是谁的车堵住了车道?"

当车主回答后,那位导师吼道:"你马上给我开走,否则我就把它绑上铁链拖走。"

这位学生是错了,车子不应该停在那儿。但从那天起,不只这位学生对那位导师看不惯,全班的学生都与他过不去,在他讲课的时候,他们故意大声聊天、说笑,根本无视他的存在。他的工作变得越来越不愉快,过不久只好申请调走了。

这位导师原本可以用友善的方式解决这个问题,比如建议说:"如果把它开走,那别的车就可以进出了。"这位学生一定会很乐意听从他的建议。但是,他也许在潜意识中认为他有权无视别人的感受,结果他采用最愚蠢的方式:讽刺和威胁。这样,既伤害了别人,也伤害了自己。

我们在生活中都是顾及自己脸面的人。那么,我们也要顾及他人的脸面,要尽可能地减少对他人的伤害,保住他人的面子。

羞辱别人只能自找没趣。

有的人把自己的面子看得贵如金,却把别人的面子看得贱如纸。他们为了自显高明,不惜将别人的尊严践踏在脚下。其结果,也不过自取其辱罢了。

俄罗斯有一位著名的丑角演员杜罗夫。在一次演出的幕间休息的时候,一个很傲慢的观众走到他的身边,讥讽地问道:"丑角先生,观众对你非常欢迎吧?"

"还好。"

"要想在马戏班中受到欢迎,丑角是不是就必须得长有一张愚蠢而又丑怪的脸蛋呢?"

"确实如此,"杜罗夫回答说,"如果我能生一张像先生您那样的脸蛋的话,我准能拿到双薪。"

这位傲慢观众的脸蛋,同杜罗夫能否拿双薪,本无丝毫内在的联系,在这里杜罗夫却巧妙地把它们牵扯在一起,从而产生了幽默,对这位傲慢的观众进行了讽刺。

唐玄宗的宠臣杨国忠,嫉恨李白之才,总是想奚落他一番。传说某一日,杨国忠想出一个办法,约李白去对三步句。

李白一进门,杨国忠便道:"两猿截木山中,观猴儿如何对锯?""锯"谐"句","猴儿"暗指李白。李白听了,微微一笑,说:"请宰相起步,三步内对不上,算我输。"杨国忠想赶快走完三步,但刚跨出一步,李白便指着杨国忠的脚喊道:"匹马陷身泥里,看畜生怎样出蹄！""蹄"谐"题"，与上联对得很工整。杨国忠本想占便宜，却反被李白羞辱了一顿，刚抬脚就被讥为"畜生出蹄"，弄得十分尴尬。

在人际交往中，只要维持住双方的面子，则一切争端都有回旋余地；一旦撕破面皮，就极可能转入火星四溅、双方都无力控制的局面。所以，设法保住别人的面子，是智者说话的方式。

你想笑别人怎样，先笑你自己

幽默一直被人们称为只有智者才能驾驭的语言艺术，而自嘲又被称为幽默的最高境界。由此可见，能自嘲的人必须是智者中的智者、高手中的高手。自嘲是缺乏自信者不敢使用的技术，因为它要你自己骂自己，也就是要拿自身的失误、不足甚至生理缺陷来"开涮"，对丑处、羞处不予遮掩、躲避，反而把它放大、夸张、剖析，然后巧妙地引申发挥、自圆其说、博得一笑。没有豁达、乐观、超脱、调侃的心态和胸怀，是无法做到的。可想而知，自以为是、斤斤计较、尖酸刻薄的人难以说好自嘲的话。自嘲谁也不伤害，最为安全。你可用它来活跃谈话气氛，消除紧张；在尴尬中自找台阶，保住面子；在公共场合获得人情味；在特别情形下含沙射影，刺一刺无理取闹的小人。

自嘲是不可多得的灵丹妙药，别的招不灵时，不妨拿自己来开涮，至少自己骂自己是安全的，除非你指桑骂槐，一般不会讨人嫌，智者的金科玉律便是：不论你想笑别人怎样，先笑你自己。

自己胳肢自己笑

在人前蒙羞、处境尴尬时，用自嘲来对付窘境，不仅容易找到台阶，而且多会产生幽默的效果。所以自我解嘲，自己把自己胳肢几下，自己先笑起来，是很高明的一种脱身手段。

有个石学士，一次骑驴不慎摔在地上，一般人一定会不知所措，可这位石学士不慌不忙地站起来说："亏我是石学士，要是瓦的，还不摔成碎片？"一句妙语，说得在场的人哈哈大笑，自然这石学士也在笑声中免去了难堪。以此类推，一位胖子摔倒了，可是他说："如果不是这一身肉托着，还不把骨头摔折了？"换成瘦子，可以说"要不是重量轻，这一摔就成了肉饼了！"一位矮个学者的妻子嘲笑丈夫身材太矮，这位学者笑眯眯地说："我看还是矮点好，我如果不是一米五七，现在能够著作等身吗？如果不是我身短力小,我们的战斗你能场场取得胜利吗?如果不是我矮,你能优越地说我太短吗?"说毕,全场叫绝。

由此可见,自嘲时要对着自己的某个缺点猛烈开火才容易妙趣横生,但就这份气度和勇气,别人也不会让你孤独自笑,而多少会陪你笑上几声的。

公众人物更需要笑自己

身在高位者或明星大腕们,与人打交道让人感到有架子。可能是因为他们过于紧张、有压力,也可能是这些人还没有摸着与普通人相处的窍门。通常而言,开开自己的玩笑,可以缓解压力,还能让一般人觉得有人情味,和普通老百姓一样,从而让人心里舒坦。

此类例子多得很,一些相声演员、笑星或节目主持人常以此赢得观众的好评。

我国著名电视制作人、著名电视节目主持人杨澜,曾经应邀主持一个晚会的演出。晚会进行到中途时,杨澜不小心在下台阶时摔倒了。出现这种情况确实令人尴尬,但杨澜非常沉着地爬了起来,凭着她特有的主持人的口才和智慧,对台下的观众说:"真是人有失足,马有失蹄呀。我刚才的狮子滚绣球节目滚得还不熟练吧?看来这次演出的台阶不是那么好下啊!但台上的节目会很精彩的,不信,大家瞧他们。"

杨澜这段自我解嘲式的即兴演讲非常成功,不但为自己摆脱了尴尬,更显示出了她非凡的口才。以至于她话音刚落,现场就立刻爆发出热烈的掌声。

力求个性化、形象性并学会适当的自嘲,可以使自己说话变得有趣起来。幽默力量能认同幽默的事物。因此智者会笑自己,也鼓励别人和他一起笑。你也能做到!

嘲笑自己也能让他人脸红

凡幽默之人往往不会处处与人为难,时时跟他人过不去,更不会无事生非。他总是遇事退避三舍,即使受到不公平的待遇或遭到令常人难以忍受的冤屈,也不会怨恨得咬牙切齿,愤怒得破口大骂。但是,他也不是窝囊废,他会以他独有的宽容的方式作出反应,也许带一点嘲讽,当然更少不了自嘲。这样,他便成了更高层次上的胜利者。

希腊哲学家苏格拉底的妻子是个泼妇,常对他发脾气,而苏格拉底总是对旁人自嘲道:"讨这样的老婆好处很多,可以锻炼我的耐力,加深我的修养。"一次,老婆又发起脾气来,大吵大闹,很长时间还不肯罢休,苏格拉底只好退避三舍。他刚走出家门,那位怒气难平的夫人突然从楼上倒下一大盆水,把他浇得像只落汤鸡。这时,苏格拉底打了个寒战,不慌不忙地说:"我早就知道,响雷过后必有大雨,果然不出我所料。"

显然,苏格拉底有些无可奈何,但他带有自嘲意味的讥讽,使他从窘境中超脱出来,显示了极深的生活修养。

能够"含沙射影"地让对方感到脸红,既解不快,又可起训诫作用,何乐不为?

自嘲能产生七大积极效果

适时适度地自嘲,不失为一种良好修养,一种充满魅力的交际技巧。自嘲,能制造宽松和谐的交谈气氛,能使自己活得轻松洒脱,使人感到你的可爱和人情味,有时还能更有效地维护面子,建立起新的心理平衡。

自嘲能产生以下七大积极效果:

1. 摆脱窘境

在交谈中,当对方有意无意地触犯了你,把你置于尴尬境地时,借助自嘲摆脱窘境,是一种恰当的选择。

20世纪50年代初,美国总统杜鲁门会见十分傲慢的麦克阿瑟将军。会见中,麦克阿瑟拿出烟斗,装上烟丝,把烟斗叼在嘴里,取下火柴。当他准备划燃火柴后,停下来对杜鲁门说:"抽烟,你不会介意吧?"

显然,这不是真心征求意见,在他已经做好抽烟准备的情况下,如果对方说他介意,那就会显得粗鲁和霸道。这种缺少礼貌的傲慢言行使杜鲁门有些难堪。然而,他看了麦克阿瑟一眼,自嘲道:"抽吧,将军,别人喷到我脸上的烟雾,要比喷在任何一个美国人脸上的烟雾都多。"

由此可见,当令人难堪的事实已经发生,运用自嘲,能使你的自尊心通过自我排解的方式受到保护,并且,还能体现出你的大度胸怀。

2. 解决难题

广东一家蔬菜公司的副科长到郊区调运鲜菜,卖方想趁机捞一把,索价很高,双方僵持不下。眼看城里市场蔬菜供应严重不足,快要脱销,心急如火的科长却摆出一副泰然自若的样子,充分使用公关艺术中的幽默法来自嘲:"其实,你们把我看高了。我不过是个小科长,还是副的,我手里能有多大的决定权?再说,夏天这么热,我花大价钱买一堆烂菜帮子回去,能担当得起亏损的责任吗?"卖主们听了他的这番话,望望酷暑的太阳,知道蔬菜多积压一天将腐烂不少,不禁大为泄气,动摇了索要高价的决心。

并且,卖主对科长的"苦衷"与"难处"还产生某种同情心,开始妥协。最后终于降低了菜价,达成了协议,该科长则顺利完成了蔬菜调运任务。

3. 宽慰自己

人们在有些时候因某些事不尽如人意而烦恼和苦闷,运用自嘲,既可宽慰自己,又能让人刮目相看,一举两得。1958 年,马寅初的《新人口论》问世不久,便遭到陈伯达之流的点名批判。有人愤愤不平地对马老说:"你的逆耳忠言,竟遭人泼冷水。"马老风趣地回答说:"我最不怕冷水的,近 50 年来,我洗惯了冷水澡,天天洗,一日洗两次,冬夏不分。因此,冷水对我来说非但无害,反而有益健康。"

4. 融洽气氛

钢琴家波奇是一位幽默家。有一天他到美国密歇根州福林特城演奏,开场前发现上座率很低,不到五成。他虽然很失望,但并没有因此影响自己的情绪。为使场内观众不感到空寂,他便走向舞台的脚灯,笑着对观众说:"福林特这个城市的人们一定很有钱,因为我看到你们每个人都买了两三个座位的票。"立刻,空荡的剧场被笑声充满了,为他的演奏做了情绪铺垫。

5. 消除尴尬

置身于难堪境地时,如果过分掩饰自己的失态,反而会弄巧成拙,使自己越发尴尬。而以漫不经心,自我解嘲的口吻说几句取悦于人的话,却可以活跃气氛、消除尴尬。

作家杰斯塔尔是个大胖子,他却不以胖为耻。他对朋友自嘲说:"我是个比别人亲切三倍的男人,每当我在车上让座给女人时,我的一个座位中可以坐下三个人。"轻松愉快的自嘲,正是杰斯塔尔信心十足的有力表现。

6. 增添情趣

美国文学家欧文年轻时常向人们吹嘘自己是位好猎手,沾沾自喜地谈论自己高明的枪法。一天,他同朋友去打猎,朋友指着河里一只野鸭请他开枪。欧文瞄了一下后扣动扳机,但没有打中,野鸭飞走了。朋友感到难为情,他却毫不介意,对朋友说:"真怪!我还是第一次看到死鸭子能飞。"这是一句自嘲的话。正是这句话,欧文才给自己解脱了窘境。多么巧妙,多么有趣。

7. 增加人情味

笑自己的长相,或笑自己做得不很漂亮的事情,会使我们变得较有人情味,并给人一种和蔼可亲的感觉。一次,陈毅到亲戚家过中秋节,进门发现一本好书,便专心读起来,边读边用毛笔批点。主人几次催他去吃饭,见他不去,就把糍粑和糖端来。他边读边吃,竟把糍粑伸到砚台里蘸上墨汁直往嘴里送。亲戚们见了,捧腹大笑。他却说:"吃点墨水没关系,我正觉得自己肚子里墨水太少哩!"人们尊敬陈毅,或许和他的这种豁达、幽默的禀性有关系吧!

用自嘲委婉拒绝

别人有事求你,你想拒绝,但明言拒绝,会让人难堪,而运用自嘲,委婉拒绝,既表达了自己的拒绝意图,又使对方乐于接受。

法国总统戴高乐 1964 年 4 月辞职,尼克松亲自写了一封短笺再次邀请他访问华盛顿。戴高乐当时不能应邀,于当天亲自复信写道:"亲爱的总统先生:您惠赐的邀请书及您个人热情洋溢的手札使我深为感动。这不仅由于您担任美国总统的崇高职位,而是由于这些书信是从您——理查德·尼克松那里来的。我很有理由地对您怀有最大最诚挚的敬意、信任和友谊……"戴高乐在无比亲切的语言中流露出不能赴美的遗憾和接到邀请的激动,在委婉的拒绝中表示对对方的赞扬和希望,表现出真诚的愿望。

相传,大戏剧家萧伯纳派人送给首相丘吉尔两张戏票和一封短笺,上面写道:"来看我的戏吧,如果你有朋友喜欢也请带上一两个。"丘吉尔由于工作太忙不能接受这个邀请,于是找人传话说:"首场演出我没有空去,但我第二天有空,如果你的戏还演第二场的话。"

从交际的角度看,既拒绝了别人的邀请,又没有失去礼仪,这就是技巧。而那种简单的所谓直爽式回避或否定——不,不行,不知道,做不到……留给人的是一种冷冰冰、硬邦邦的感觉,有损于和谐的人际关系。

用自嘲揭露自己的短处

人称"补白大师"的郑逸梅先生在《龙门阵》杂志上,发表了一篇《自暴其丑》的文章,尽情"嘲讽"了自己的种种"缺陷"、"缺点",不愧是"笑谈自己"的集大成。年届耄耋的郑老先生写道:

我今年 93 岁,两鬓早斑,顶发全白,所谓"皓首匹夫"这个名目,是无可否认的。加之齿牙脱落,没有镶装,深恐镶装了不舒服,未免多此一举,索性任其自然,好在我的食欲并不旺盛,能吃的吃一些,不能吃的也就算了,这岂不是成了"无耻(齿)之徒"吗?老伴周寿梅,逝世已越十多年,鳏居惯了,反觉得不闻勃然交谪之声,一室寂静,悠然自得。但《书经》有那么一句话:"独夫,纣",指无道之君而言。我是无妇之夫,单独生活,那"独夫"之加,也不得不接受。我患有冠心病,时发时愈,所谓"坏良心",我是自打自招的。且老年人,骨头中减少了钙的成分,当然体重较轻一些,那又属于"轻骨头"了。我每晨早餐,进粥一碗,佐餐的是玫瑰腐乳,所谓"生活腐化",我是实行的了。又老年人的进食,每以蔬菜为宜,可是我适得其反,午饭喜啖红烧肉,古人说"食肉者鄙",我又是一个"鄙夫"。我执教鞭一辈子,中学、大学、女学教过数十所,但一方面教书,一方面参加社会的文艺活动,兼为各刊物写稿,一些朋友,和我开玩笑,说我"不务正业"。我除写作外,什么都是低能,家中机械化的新颖用具,我都不解如何施用,必须儿媳为我启闭,因自号"拙鸠"。"拙鸠"也就是"笨伯"的别称。性情带些迂执,大有"迂夫子"之概,复自取一号"大迂居士"。"老而不死是为贼",我年届耄耋,当然是十足道地的老子,"贼"的名目又是推卸不掉的。又提倡新文化的,对于民初崇尚辞藻,写那哀感顽艳的小说,经常在字里行间出现"卅六鸳鸯同命鸟,一双蝴蝶可怜虫"的成句,为"鸳鸯蝴蝶派",甚至"左倾"偏激的,扩大范畴,即使不写这类小说,凡民国初至"五四"运动,在旧报上有所撰述的,一股脑儿斥为"鸳鸯蝴蝶派",更称之为"文丐"、"文妖"、"文娼",竭泼妇骂街之能事。那么我在这时已东涂西抹,也就未幸免带进这个圈子,"丐"、"妖"、"娼"多少有些份儿了。……

《自暴其丑》的作者,在文中将自己固有的以及他人强加的所有缺点、缺陷,一股脑儿倒来,使人们从中得到幽默与会心的笑。

凡是能操纵最高级的语言艺术——幽默的人已经是"智力过剩者",那么能用最高境界的幽默——自嘲作为武器者,便堪称人情操纵场上的"无冕之王",怎能不令人肃然起敬?

说话大智慧

遭遇尴尬时如能恰当地运用自嘲,可以把尴尬变为笑声,在笑声中化解矛盾、避免冲突升级,显示为人处世的大度胸怀和高尚风格,展示非凡的智慧和人格魅力。

NO.12

智者说话注意场合
愚人说话不分地点

说话要注意场合，

严肃场合不能开玩笑

公关场合要不忘"客套"。

只有明白说什么和怎么说，

顾及场合和环境，

照顾到别人的心情，

才能把人与人之间沟通的大门打开。

场合对说话的影响，与场合对交际者的心态和情绪的折射作用分不开。场合不同，氛围不同，人们的心情心绪也不同。他们对一些问题的感受和理解的程度也不大一样。同样一句话，在此场合会被认为合理，有见解，在彼场合则会引起别人的厌恶和反感。因此，在不同的场合就要说符合场景气氛的话，说话要特别注意分寸，否则，不看场合说不合情景的话就必然要碰壁。

智者的故事

1993年底，香港宝莲禅寺天坛大佛举行开光大典。新华社香港分社社长周南、港督彭定康均应邀做主礼嘉宾。仪式结束后，彭答记者问指责我港澳办关于香港问题的声明"并不是一份有特别吸引力的圣诞礼物"。记者以此请周南发表意见，周南以"佛教的日子"为由不予评论，因为在宗教圣地，参加宗教仪式，双方展开外交争论是不合时宜的。无奈记者追问再三，周南顺口答道："谁搞'三违背'定会苦海无边，罪过罪过！谁搞'三符合'，自是功德无量，善哉！善哉！"末了一句"阿弥陀佛"，引得在场者阵阵掌声和笑声。

愚人的故事

有一年上海电视台举办了一个江、浙、沪越剧演唱大奖赛。经过激烈的争夺，一位越剧新秀一举夺魁。他在致答谢词的时候说："今天，我捞到了第一名。"一个"捞"字出口，全场哗然。

这个演员如此说话，也许是为了显得随便一些，甚至是半开玩笑，但在这种公开的场合如此说话，只会给人以粗俗浅陋之感，致使他的"新秀"形象顿时在观众的心目中暗淡了许多，变得不新不秀了。

说话要注意场合

鲁迅先生有一篇散文《立论》，非常生动地揭示了说话应注意场合的特点：

一户人家生了一个男孩子，全家高兴得很。满月的时候，抱出来给客人看——大概自然是想讨点好兆头。一个人说："这孩子将来要发财的。"他于是得到一番感谢。一个人说:"这孩子将来要做官的。"他于是收回几句恭维。一个人说:"这孩子将来是要死的。"他于是得到一顿大家合力的痛打。

这篇故事性散文里,孩子满月是喜事,主人这时愿意听赞美之词,尽管是信口之言;而说孩子将来必死确是有据之言,却使主人反感。因为在轻松的场合言语也要轻松,在热烈的场合言语也要热烈,在清冷的场合言语也要清冷,在喜庆的场合言语也要喜庆,在悲哀的场合语言也要悲哀。所以说话要看场合,到什么时候唱什么歌。

一位早年毕业于某高等院校中文系、勤勤恳恳工作了几十年的老教师退休了,为此,学校为他和另一位曾多次荣获过"先进"的退休老同志一并举行了一个欢送会。领导对他们的工作和为人进行了热情洋溢而又非常得体的肯定和赞扬,相比之下,对那位曾多次荣获过"先进"的老同志的美誉则尤多。当轮到两位受欢迎的退休老同志致答谢辞的时候,他们对大家的欢送做了深情的感谢。一时间,会场里充满了一种令人动情的温馨气氛。作为答谢,话本该说到这里为止;然而,那位老教师却并未就此打住,而由人们对另一位"先进"的赞扬中引起了感触,并做了颇为欠当的联想和发挥:"说到先进,很遗憾,我从来也没有得过一次……"

话犹未尽,坐在他对面的、平日与他相处得不很融洽的一位青年教师突然抢了话头:"不,那是我们不好,不是你不配当先进,是怪我们没有提你的名。"话语带着不肯饶人而又让人难堪的"刺",冷不防,老教师的眼角眉梢被"刺"出了一股感伤的表情,一时间会场中出现了令人难堪的尴尬气氛。

领导见势不对,马上接过话茬,想把气氛缓和一下。照理说,这时,他应避开"先进"这个敏感的话题,转而谈论其他。然而,他却反反复复劝慰那位退休老教师,叫他对"先进"的问题不要在意,说没有评过先进,并不等于不够先进,先进不仅在名义,更要看事实。如此等等,一席话,等于是把本应避而不谈的话题做了重复和引申,使本已尴尬的局面显得更为尴尬。

这是一个发生在我们身边的真实故事,我们不妨把它叫做一个"不会说话的故事"。从这个故事中,我们能引出几点发人深思的教训来:

一是那位退休老教师的教训:不该作无谓的比照。比照,是谈话中常用的一种手法。用得好,可以使谈话产生某种积极的效果。这里,"积极的效果"是应该特别注意的。在退休欢送会这样的场合,人家所说的都是一些富有情感而又不失真意的十分得体的人情话和好话。对于这种充满人情味的好话,听话者要善于倾听,善于应答,大可不必拿别人的长处来衡量自己的短处，从而引起不快。

二是那位青年教师的教训：不要在别人失意之火燃烧时加油。一位勤勤恳恳工作了一辈子的老前辈即将退休时，虽然可能因为老先生平时在某些方面不善为人处世而与自己伤了和气，然而在欢送会这种场合，我们却不能乘别人一时失言，抓住不放，图一时之痛快而说出那些不合人情的刻薄话，在这种场合，无论如何，还是要在"欢"字上多考虑一些，"欢送欢送"，"欢"而"送"之，要尽可能多留一点美好给别人。

三是那位领导人的教训：应注意避开敏感话题。领导者的能力固然表现在原则性上，在会场一时出现了某种始料不及的尴尬局面时，他没有直接去批评那位言之有失的青年教师，而是竭力肯定那位教师的贡献，具有这种应急应变的意识并立即着手应变，这些都是无可厚非的。然而，从具体的应变能力和说话方式的一面看，却又显得很不够。照理说，在这种场合，他应竭力避开"先进"这个敏感的话题，"顾左右而言他"，巧妙地把话题岔开，使欢送会的气氛由暂时的不欢而重新转向欢快，并顺势掀起新的高潮，而不是如他所做的那样，在敏感的话题上唠叨不止。能否机敏地避开某些不宜多说的话题，对领导者的能力也是一种很好的检验。

三个方面的教训，合为一点，就是：说话要注意场合。不看场合，随心所欲，信口开河，想到什么说什么，这是愚者的表现。人，总是在一定的时间、一定的地点、一定的条件下生活，在不同的场合，面对着不同的人，不同的事，从不同的目的出发，就应该说不同的话，用不同的方式说话，这样才能收到理想的效果。

◉ 严肃场合不能开玩笑

美国总统里根在一次国会开会前，为了试试麦克风是否好使，张口便说："先生们请注意，5分钟之后，我将对苏联进行轰炸。"一语既出众皆哗然。里根在错误的场合、错误的时间里，开了一个错误的玩笑。为此，苏联政府提出了强烈抗议。这个例子说明在严肃场合不能开玩笑。

还是美国总统，卡特有一次也因为在严肃场合说了不该说的话而使自己陷入窘境。那时卡特出访盐湖城，参加摩门教信徒颁发"本年度家庭男人"的仪式活动。他的参谋为他写了一份讲稿，特别注明"幽默"，于是助手给了他三四个笑话。他在发表讲话时全用上了。卡特和他的助手们当然没有意识到，摩门教徒一贯教育他们的孩子不要轻率地看待世事,自然在这样的场合也就不能乱说幽默的话。当时,教堂里有两千多人,卡特讲笑话时,这么多人只是瞪着他,呆若木鸡。

喜庆场合妙语解围

《演讲与口才》杂志曾登载了这样一篇演讲词:

各位来宾,各位亲友,今天,我们大家来参加许立群、冯莉同志的婚礼,可以说是人人心情激动,个个笑逐颜开。(笑)我们觉得许立群同志能找到冯莉同志这样的妻子是我们天山深处大兵的骄傲,(鼓掌)冯莉同志能得到许立群同志这样的丈夫可以说是……边疆遇知己,慧眼识英才。(大笑,鼓掌)他们是郎才女貌,相般相配,今天的婚礼真是珠联璧合。(大笑)在此,请许立群、冯莉同志接受我最真挚、最衷心、最良好的祝愿:祝你们新婚快乐、生活幸福!祝你们琴瑟永调,白头偕老!祝你们为边疆建设再立新功!(热烈鼓掌)

这位司仪是一位会说话的人。他清楚地知道,在喜庆场合说的话不是传递信息,也不是说服听众,而是在喜庆的场面里再加笑料,在欢乐的气氛中喜上添喜,讲者喜气洋洋,听者笑声不断。他的目的达到了。

在喜庆的婚礼、宴会之类的欢乐场合,有时会突然出现一点意外事故使在座的人感到扫兴。这时,如果说一句得体的话便可妙语解围。在一次婚礼上,正当大家高高兴兴地向新郎、新娘祝福时,一位客人忽然打碎了一只精致的茶杯。一时间,掉杯子的客人尴尬,新郎、新娘难堪,众人兴头也受挫,气氛顿时有些变凉。这时,一位思维敏捷的人灵机一动,马上喊道:"这是吉兆啊,'岁岁平安'嘛!"这句话立即引得大家群起响应,哄堂大笑,婚礼气氛又热烈起来。

危机场合一语自救

游说家苏秦靠着三寸不烂之舌周游列国,游说诸侯,合纵抗秦,深受燕王器重。有一次,苏秦奉命出使齐国。有人乘机在燕王面前诋毁苏秦,说:"苏秦是个左右摇摆,叛卖国家,反复无常的人,现在,他快要作乱了。"果然,燕王听信了谗言,等到苏秦完成外交使命返回燕国后,燕王便将他免职了。

苏秦知道有人在燕王面前说了自己的坏话,于是要求会见燕王,对燕王说:"假如现在有这么三个人:一个孝顺像曾参,一个廉洁像伯夷,一个忠信像居生,并且,能够找到这么三个人来侍奉您,您以为怎么样?"燕王说:"足够了。"苏秦说:"像曾参一样孝顺,坚守礼仪,连离开他的父母在外面住宿一夜也不肯,您又怎么能够让他步行千里,而替弱小燕国处在危困中的君主效劳呢?像伯夷一样廉洁,坚守信义,不愿做孤竹君的继承人,也不肯做武王的臣子而饿死在首阳山上,廉洁到这种地步,您又怎么能指望他到齐国去干一番有所进取的事业呢?像居生一样坚守信义,和女子约好在桥下相会,由于女子不来,哪怕洪水来了也不肯离开,终于抱着柱子让水淹死,守信到这种程度,您又怎么能让他去用假话说退齐国的强兵呢?我正是因为没有像他们那样死板,所以才得罪了大王。"燕王听后,终于明白了其中的道理,马上给苏秦官复原职,重新予以重用。

苏秦用他的口才保护了自己。

◎ 社交场合说好第一句话

在我们的日常生活中,最令人关心的,莫过于"如何与别人交往"这件事;而在人际交往中,最令人花费心思的,又莫过于"如何与人交谈"这件事。

社会交往是人生活动中的主要内容,与人初次见面的第一句话是留给对方的第一印象,这句话说好说坏,关系重大。说好第一句话的关键是:亲热、贴心、消除陌生感。说好第一句话,常见的有以下三种方式:

1. 攀认式

赤壁之战中,鲁肃见诸葛亮的第一句话是:"我,子瑜友也。"子瑜,就是诸葛亮的哥哥诸葛瑾。他是鲁肃的同事挚友。短短的一句话就定下了鲁肃跟诸葛亮之间的交情。其实,任何两个人,只要彼此留意,就不难发现双方有着这样或那样的"亲"、"友"关系。例如:

"你是复旦大学毕业生,我曾在复旦进修过两年。说起来,我们还是校友呢!"

"您是体育界老前辈了,我爱人可是个体育迷,您我真是'近亲'啊。"

"您来自苏州,我出生在无锡,两地近在咫尺。今天得遇同乡,令人欣慰!"

2. 敬慕式

对初次见面者表示敬重、仰慕,这是热情有礼的表现。用这种方式必须注意:要掌

握分寸,恰到好处,不能乱吹捧,不说"久闻大名,如雷贯耳"一类的过头话。表示敬慕的内容应因时因地而异。例如:

"您的大作我读过多遍,得益匪浅。想不到今天竟能在这里一睹作者风采!"

"今天是教师节,在这光辉的节日里,我能见到您这位颇有名望的教师,不胜荣幸。"

"桂林山水甲天下,我很高兴能在这里见到您——尊敬的山水画家!"

3. 问候式

"您好"是向对方问候致意的常用语。如能因对象、时间的不同而使用不同的问候语,效果则更好。

对德高望重的长者,宜说"您老人家好",以示敬意;对年龄跟自己相仿者,称"老×(姓),您好",显示亲切;对方是医生、教师,说"李医师,您好"、"王老师,您好",有尊重意味。节日期间,说"节日好"、"新年好",给人以祝贺节日之感;早晨说:"您早"、"早上好"则比"您好"更得体。

说好第一句话,仅仅是良好的开始。要谈得有味,谈得投机,谈得融融乐乐,有两点还要引起注意:

双方必须确立共同感兴趣的话题。有人以为,素昧平生,初次见面,何来共同感兴趣的话题? 其实不然。生活在同一时代、同一国土,只要善于寻找,何愁没有共同语言? 一位小学教师和一名泥水匠,两者似乎是话不投机的。但是,如果这个泥水匠是一位小学生的家长,那么,两者就如何教育孩子各抒己见,交流看法,如果这个小学教师正在盖房或修房,那么,两者可就如何购买建筑材料,选择修造方案沟通信息,切磋探讨。

只要双方留意、试探,就不难发现彼此有对某一问题的相同观点,某一方面共同的兴趣爱好,某一类大家关心的事情。有些人在初识者面前感到拘谨难堪,只是没有发掘共同感兴趣的话题而已。

注意了解对方的现状。要使对方对你产生好感,留下不可磨灭的深刻印象,还必须通过察言观色,了解对方近期最关心的问题,掌握其心理。

例如,知道对方的子女今年高考落榜,因而举家不欢,你就应劝慰、开导对方,说说"榜上无名,脚下有路"的道理,举些自学成才的实例。如果对方子女决定明年再考,而你又有自学、高考的经验,则可现身说法,谈谈高考复习需注意的地方,还可表示能提供一些较有价值的参考书。在这种场合,切忌大谈榜上有名的光荣。即使你的子女考入名牌大学,也不宜宣扬,不能津津乐道,喜形于色,以免对方感到脸上无光。

公关场合不忘"客套"与"敦促"

作为一名公关人员,说话是最主要的交往手段。会不会"说话",是公关人员合格与否的一项重要指标。

从公关心理学角度分析,"客套"与"敦促"都是能打动对方心理的妙方,关键看运用的人是否能够运用得好。人人都有自尊心,适当赞美对方可赢得好感。人人都有责任心,适当敦促对方可得到承诺,所以,交替使用这两种方法会带来预期效果。

海南一家公司与一个工厂签订购物合同,定于一个月内交货。可两星期后,该工厂见物价暴涨,就想撕毁合同,将货物高价转卖。于是,海南这家公司的营销人员马上前往谈判,力争对方履行合同。

该工厂早就准备舌战一场,然而,海南代表的一席话,使他们改变了想法。

海南这家公司的代表说:"这次和贵厂打交道,我们都感到你们做生意确实非常精明,特别是领导经营有术,更令人钦佩,值得我们学习。这次我公司向贵工厂订购的货物,是同另一家大公司合作经营的。若我们不能按期交货给那公司,就可能闹出麻烦,也许到时要请贵工厂出面解释一番。我们的困难,想必你们是可以理解的。另外,我们是老主顾了,此次虽出了些矛盾,但将来还要打交道。若贵工厂无意间让我公司蒙受损失,不仅中断了我们的生意交往,也会使想同贵厂做生意的新客户退而三思。再说,目前贵厂客户众多,业务兴旺,倘若他们知道贵厂单方面撕毁这项合同,就会觉得你们不守信用,不可信赖,难以合作。极可能减少或中断业务,那样,贵工厂就得不偿失了……"

这个实例中,海南方面的公司代表交替运用"客套"与"敦促",自然而不庸俗,巧妙而不诡辩,深得公关艺术之真谛,使对方为之惊动,愿意合作。这就启发我们:许多传统的经验和方法经过变脸和革新,与公关理论知识相结合,就会产生新奇的效果。

不同场合下的不同用语

紧眨眼,慢张口。不同场合有不同的说话尺度。沉痛、悲哀、忧戚、肃穆性的语言,只能出现在奔丧、吊唁、追悼会等场合;庄重、严肃性的语言,只能出现在会议等场合;愉悦、欢快、祝贺、颂扬性的语言,只能出现在剪彩、乔迁、结婚、庆功等场合;轻松、随和、自由性的语言,只能出现在私人交谈等场合;宽慰、祝愿、企望、仰慕性的语言,只能出现在探病、拜望、问安等场合。

应邀参加某种娱乐时:

"如果还有空额,我希望有加入的荣幸机会。"

好友重逢时:

"××先生,很高兴又见面了。"

如何表示歉意:

拨错电话时:"对不起,打错了。"

疾走时撞了他人:"对不起,我不是有意的。"

如何接受赞美:

对方说:"你早上所提的建议真好。"

"你今天早上看起来特别靓丽清爽。"

回答:"谢谢,你真客气。"

何时说请:

对你的另一半说:"周日我要请老板吃饭,请帮我一起接待他。"

对出租司机说:"请送我到国际机场。"

对饭店出纳员说:"请给我 301 房的账单。"

对秘书说:"请把这份材料传真给建筑材料公司张经理,另一份给××市的红光贸易公司。"

对餐厅的服务员说:"请给我菜单。"

对公司副经理说:"请注意代表们对我们的计划第二段所提的批评,相当重要哟。"

表示对朋友的关心:

"马丽,你的病好些了吗?"

"安东,我听说你们公司已经打入美国市场了,好好干吧。"

"霍克,早上的会议多亏你提了个好建议,真是不胜感激。"

礼貌逐客时:

"我的天,都快 11 点了,我必须赶着去开会了。"

"很抱歉,我还有另一个会议,几分钟前就开始了。"

"真对不起，我现在必须赶到飞机场。"

"这次见面获益匪浅，希望再次见到你。"

"谢谢您的光临，一旦有结果，我会马上告诉您。"

"真抱歉必须结束这次面谈，因为上班要迟到了。但我希望能有机会完成这次面谈，现在我必须马上赶到办公室去。"

想求得他人帮助时：

"我刚才发言的声音是不是有些不自然？"

"我的手握起来是不是湿湿的？"

"早上汇报时，我是不是说了不少废话，是不是应该更简练些？"

"明天我要去定做一套西服，您能不能跟我一起去，当场给我参谋点意见？"

需要下属加班时：

"××，我实在很不愿意让你留下来加班完成这项工作，不过你是我唯一能够信任的人，所以请你务必帮忙。但我保证，对于今晚所造成的不便，我日后一定会有所补偿。"

或者："请完成这份工作。这样要求你实在很抱歉，非常谢谢你的帮忙。"

✦✧说话大智慧✧✦

由于受特定因素的制约，有些话只能在某些特定场合说，换一个场合就不行。同样一句话，在这里说和在那里说也有不同的效果。因此，说什么，怎么说，一定要顾及场合、环境，才有利于沟通。

NO.13

智者真诚地赞美别人
愚人肉麻地奉承别人

爱听赞美是人的天性，

乐于赞扬和夸奖他人的人，

人际关系也会大大改善。

赞美与奉承是有区别的，

赞美是真诚热忱的，

奉承是巴结讨好的。

赞美是发自心灵的，

奉承是从牙缝中挤出来的。

每一个人都希望受到周围人的称赞,希望自己的真正价值被认可,尤其是希望得到朋友的认可。虽然处在极小的天地里,但是仍然认为自己是小天地里的重要人物。对于肉麻的奉承、巴结会感到恶心,然而却渴望对方发自内心的赞扬。鉴于此,我们不妨遵守"黄金原则":"希望朋友对我们如何,我们就对他们如何。"——发自内心地称赞他。

林肯曾经说过:"人人都喜欢受人称赞。"威廉·詹姆士也说过:"人本质中最殷切的需求:渴望被肯定。"爱听赞美的话是人类的天性,人人都喜欢正面刺激,而不喜欢负面刺激。如果在人际交往中人人都乐于赞扬他人,善于夸奖他人的长处,那么,人际间的愉快度将会大大增加。

智者的故事

有一位心理医生在银行排队取款时,看到前面有一位老先生满面愁苦。这位心理医生暗想,我要让他开朗起来。于是他一边排队一边寻找老先生的优点,终于他看到,老先生虽驼背哈腰,却长着一头漂亮的头发,于是当这位老先生办完事情走到心理医生面前时,心理医生衷心地赞道:"先生,您的头发真漂亮!"老先生一向以一头漂亮的头发而自豪,听到心理医生的赞美非常高兴,顿时面容开朗起来,挺了挺腰,道谢后哼着歌走开了。一句简单的赞美给别人带来了好处。这是多么值得高兴的事情。

愚人的故事

有一个国王,他统治着一个很大的国家,人民都很拥戴他。

一天,国王和他的大臣来到海边散步。这位臣子不停地奉承国王:"您是天底下最伟大的国王,您拥有着无上的智慧和崇高的荣誉;您还拥有最广阔的土地和无数敬爱着您的子民;您是上天派来的神,无所不能……"这个大臣说得天花乱坠,一点没有停下来的意思。

国王听他说了老半天,然后转头面向大海说:"海啊,我是你的统治者,我现在命令你停止波浪的前进,不许再打湿我的鞋子。"

但是海没有听从国王的命令,波浪依旧一层层地涌来,国王的鞋子和长袍都被打湿了。

国王转身斥责这位大臣:"你看到了没有,大海并没有听从我的命令,波浪还是打湿了我的鞋子。可见,国王也是一般的人,而不是像你说的那样!"

大臣再也没开口说话。

离奉承者远些

就像铁屑被磁铁吸引,唯唯诺诺者、阿谀奉承者,都以上司为靠山。如果将磁场关闭,这类喜欢奉承的人就会像一堆没有生命的木偶一样散落在地,显得愚蠢可笑,完全散了架子。对于这样的人和事,正人君子是不屑一顾的。古人对此有这样的说法:与地位高的人交往不阿谀奉承,可谓悟到了交友的关键。那些花言巧语、察言观色的人则被认为是不讲仁义的小人。公孙弘将学习的目的歪曲为阿谀谄媚,郭霸品尝魏元忠的小便,宋之问为张易之等人端尿壶,赵履温甘为安乐公主拉车的牛马,丁渭在宴会上为寇准擦胡须上的汤渍。这些人载于史册,遗耻千古。

怎样识别奉承的人?主要有三种途径:动作、语言、神色——也就是他们办事的方式,说话使用的言辞,浑身上下显露出来的神情。唯唯诺诺的小人走路的架势和姿势都要学领导的样子,说话时的用词和口气也开始与领导相似,甚至连腔调也会和领导一样。

奉承拍马在程度上有轻重之别,并不都像敬佩和崇拜那样单纯。许多人是在不自觉的情况下充当了对上司唯命是从的角色,而有些人则是非常自觉的。这其中有一些比较普遍的原因,如保住工作饭碗:背靠大树好乘凉,有人当靠山总比较保险;掩盖真实意图:暗中打算跳槽,不让别人察觉;缓和紧张气氛:何苦兴风作浪,待人和气为好;着眼个人前途:赢得上司好感,有利于个人发展。

不管是有意奉承还是无意奉承,都要离奉承者远些,以免受到不必要的干扰。

赞美与奉承的两个区别

赞美是一种说话的艺术,正确运用这种艺术,会使被赞美者心情愉快,而作为赞美者自己,也会从中感到快乐甚至幸福。

但是,在这里我们有必要弄清楚这样一个问题:真诚的赞美和奉承究竟有什么不同。因为弄清楚这个问题，是使那些不愿赞美他人者"赞口常开"的关键。

赞美与奉承有本质的区别。赞美是真诚、热忱的，是出于真实的感觉，绝不掺杂任何不良的用心；同时，赞美是对别人的优点和长处给予充分肯定，是为满足别人对于尊重和友爱的需要，给别人以精神上的激励和鼓舞。而奉承他人则是宁肯牺牲自己的尊严去恭维人，是出于某种不可告人的企图，明显的是趋炎附势、巴结讨好权威。正如卡耐基所说："奉承是从牙缝中挤出来的，而赞美是发自心灵的。"

第一个区别：是否发自内心。真诚的赞美起源于内心深处的一种"美感"，一种冲动。它反映了一个人对另一个人的认可：外表漂亮，言谈合自己的口味，行动敏捷，品格高尚……即在两个人之中，其中一个人在另一个人身上发现了符合自己理想和价值标准的可贵之处。我们认识这个人、了解这个人的时候，已经有一种无形的力量促使自己要去赞美他的一些优点。

但是奉承却不同，它不是发自内心世界的对另一个人的认可和钦佩，而是基于内心世界早已存在的一种目的，一种对眼前或日后能够收到"回报"的投资。奉承者在"赞美"他人的时候，脸上虽眉飞色舞，但却有几分不自在；他的词语是火辣辣的，但他的内心却是一片冰冷。他在赞美一个人的时候，心里想着的只是如何顺利办完与自己利益攸关的事，如何获得自我的满足。

第二个区别：真诚的赞美是实事求是、有理有据的赞，而奉承则是凭空捏造、无理无据的捧。一个真诚的人，在赞美别人的时候，非常有针对性和分寸。他们知道哪些应该讴歌，哪些应该提醒注意，哪些应该反对。在他们看来，真正的十全十美是不存在的，事物不存在完美，人更不存在十全十美。因而他们对一个人的评价，根本不会用"最最"这些字眼，也不会用"他没有缺点"这样的措辞去评价一个人。

奉承者无事生非。他们把只能用一般词语赞美的东西任意扩大。大事特夸、小事大夸、无事也要夸是这些人的特点。其中有些"佼佼者"，把一个人的优点能转变成缺点，把一个人的缺点又同样能转变成优点，因而，他们在领导、上级面前，时常"义正色严"诋毁别人，以博取欢心，而心里却打着自己的主意。他们在"赞美"一个人的时候，心里会说"这个人喜欢被人拍，我就多拍一拍他吧"，或者"他喜欢坐轿，我就抬一抬吧，总有一日要把他摔下来"，因而他们在赞美一个人的时候，会自以为聪明地向旁人挤眉弄眼，以显示自己非凡的本领。

使别人快乐和讨对方喜欢是两件不同的事。使别人快乐考虑的是别人而不是自己，讨对方喜欢则刚好相反，它处处计较个人的得失。愿你把握分寸，真心地赞美你周围值得赞美的人。

赞美是一种有特色的说话艺术，能恰如其分地赞美别人，既可以增添我们的自信心，也可以提高我们说话的胆量。

每个人都渴望被赞美

人，总是喜欢被赞美的，无论是咿呀学语的孩子，还是白发苍苍的老翁，都有一种被人肯定、被人赞美的强烈欲望。有位企业家说："人都是活在掌声中的，当部属被上司肯定、受到奖赏时，他就会更加卖力地工作。"卡耐基也曾说过："当我们想改变别人时，为什么不用赞美来代替责备呢？纵然部属只有一点点进步，我们也应该赞美他。因为，那才能激励别人不断地改进自己。"

美国历史上第一个年薪过百万的管理人员叫史考伯，他是美国钢铁公司总经理。记者曾问他："你的老板为什么愿意一年付你超过100万的薪金，你到底有什么本事？"史考伯回答："我对钢铁懂得并不多，我的最大本事是我能使员工鼓舞起来。而鼓舞员工的最好方法，就是表现真诚的赞赏和鼓励。"说穿了，史考伯就是凭他会赞美人，而年薪超过100万的。赞美是说话的艺术，它合乎人性的法则。适当得体地赞美，会使人感到开心、快乐。

赞美给人以信心

多年前，一个伦敦的孩子在一家布店当店员，早上5点钟他就要起床，打扫全店，每天工作十几个小时，简直是苦工、奴隶。两年后，男孩再也不愿忍受了，一天早晨起床后，男孩连早餐都没吃，跑了13里路，去找他在别人家里当管家的妈妈商量。他一边哭泣，一边发狂地向妈妈请求不再做那份工作了，并发誓，如果再留在那店里，他就要自杀。而后，他又给老校长写了一封言辞悲惨的信，说明他心已破碎，不愿再生。他的老校长看信后，给了他一点赞美，诚恳地对他讲，他实在是很聪明，应该适于更好的工作，并给他一个教员的位置。从此，那个赞美改变了那个孩子的未来，在英国文学史上，曾创作了76本书，留下了永久的形象。他的名字就是韦尔斯。在称赞最微小进步的同时，要称赞每一个进步，并要"诚于嘉许宽于称道"。

赞美使女孩获得成功

有一个女孩,5岁就开始登台演唱。她有着优美的歌声,她的天才从一开始就显现无疑。长大后,她的家人请了一个很有名的声乐老师来训练她,不论何时,只要这女孩一想到放弃或节奏稍微不对,老师都会很细心地指正。经过一段时间后,她嫁给了他。婚后他还是她的老师,但是她的朋友们发现她那优美自然的歌声已有了变化,声带拉紧、硬邦邦的,不再像以前那样动听。渐渐地,邀请她去演唱的机会越来越少。最后,几乎没有人邀请她了。而这时,她的丈夫——也是她的老师——去世了。

此后几年,她很少演唱,她的才能似乎枯竭了,直到有一位推销员追求她。每当她哼着小调或一个乐曲旋律时,他都会惊叹歌声的美妙。"再唱一首,亲爱的,你有全世界最美的歌喉。"他总是这样说。事实上,他并不确知她唱得好不好,但是他确实非常喜欢她的歌声,所以他一直对她大加赞扬。她的自信心恢复了,她又开始前往世界各地演唱。后来,她嫁给了这位"良好的发现者",又重新开始了成功的歌唱生涯。

✺ 赞美他人,照亮自己

在生活的世界里,有很多人和事值得我们去赞美,去讴歌,去为之心动神怡。攀华山绝壁,观泰山日出,踏天山的雪,听东海的涛,使我们忘却千山万水,踏破铁鞋,一睹无恨。即使对于那些平凡的事物,我们也要在"那么一刻"发出惊人的感叹:嫩芽爬上枝头,春天来啦! 或者白雪茫茫,不觉吟诵"只识弯弓射大雕",豪迈的情调也会由此而生。

赞美他人,是一件使人与人之间感情融洽的、于人于己有益无害的事情。真诚地、恰当地赞美他人,则好似增强人与人之间友谊的润滑剂,使自己容易被人接受。如果我们与人交往时易被人接受,易使人亲近,这无疑会给我们增添许多信心,使我们更大胆地说话,更有勇气参加社交活动。所以,从某种意义上说,能够艺术、中肯地赞美他人,也会增添我们说话的信心和魅力。

大自然是值得我们花时间去认识、去接受和赞美的。2005年感动中国的十大人物:丛飞、李春燕……在我们把他们当做凡人的同时,也需要我们去认识他们:这种人是一贯的无私和勇往直前的,他们是最值得我们去赞美和爱戴的。

然而,除了他们之外,我们是不是就没有值得赞美的人和事物了呢? 不是! 环顾你的周围,你就会发现除了某些共有的缺点之外,我们每个人都拥有一些别人所没有或不能拥有的优点：小王是把钱看重了一点，但他富有正义感；小李文化不高，但言谈比一些大学生还要有礼；小张不会跳舞，但歌唱得非常好……也许在我们的办公室中，我们的同事就有一些我们想学学不到、想模仿模仿不了的优点：他成天快活，我则是一脸苦相；她口齿伶俐，而我呆嘴笨舌。

我们生活在重负的时代里——物质上、生活环境上都决定了我们不可能有太多的享受：想长生不老，不行；想上月球旅行，也只有那么几个人可以。然而我们不要苦了自己，要创造个人的幸福；而要创造幸福，就要求我们用一种赞美的态度去欣赏我们周围的人和事物。当你认为这个人可爱时，大胆一点，说一声："你好漂亮啊！"

"赞美"这种东西，不是出自我们的口，而是出自我们的内心世界。一个对生活充满绝望，不抱理想的人，对周围人和事物的态度不可能持乐观和赞美的观点，有的只是冷酷和愤世嫉俗。

当然，我们也不要忘记一种例外。这就是那些对生活持消极态度和愤世嫉俗的人，在某种场合，也会说一些赞美的话。《老山羊和狼》的故事，相信大家都读过；为了达成一笔大交易，那些守财奴也会把你拉到歌舞厅，拍着你的肩膀夸你"真有本事"。

对于一些有经验的人，颇能分辨出真假赞美之词，因为他们具有洞悉心灵的本领。而对于那些缺乏经验的人，便不具备这种才能，这也使他们因为听了不实的赞美之词而昏昏然，铸成大错。

但是，一个靠以口头赞美别人为生的人，在这个社会是难以被大家接受的。经常性地把说赞美之词当饭吃的人，到头来学无长进，亲友疏远，夫妻反目，害了自己。因此，在赞美别人的时候，别忘了你的内心一定要真诚。

赞美既然发自内心，那么作为赞美者，自己的内心必然要受到震撼，人格得到升华，对美的体验也便强烈一些；而作为被赞美者，便知道自己的长处，并继而追求至善至美。

特别是在丑恶、争斗和不正之风盛行的环境里，对美的人、物的赞美便构成了一种支持、一种无形的力量。它使我们更易于发现真善美。

在实际生活中，赞美帮助我们赢得了朋友。我们所拥有的众多朋友，都是我们在内心深处赞美他们、接受他们而获得的，因为这些朋友都在这方面或那方面拥有我们没有的优点。我们赞美他们，他们也赞美我们，彼此之间的距离也就缩短了。我们并不要求他们与我们有相同的文化、相同的成长背景、相同的专业爱好。我们只求他们其中的一点,或诚实可靠、或处事稳健、或富于幽默感,就足以"使我惭愧、促我自新"了。

赞美别人照亮了我们的生活,也创造了我们和谐的工作环境。在很多人眼里,持"同事是敌人"观点的恐怕不少,因而对于周围的人取得的成绩,爱嫉妒、爱贬低或喜欢从侧面去找岔子。有位大学生在刚参加工作的时候也是这样:那一年评"先进工作者"没有他的名,虽然他自认为从业务素质到实干精神都不错。第一天他为此而伤脑筋睡不着觉,甚至想起了被评上的那位同事的几个不足:备课笔记是用了好几年的,在上课时与学生乱开玩笑。他真想破门而出,让大家都知道要评他该多好!可是他转而想了一下自己的不足,又认为采取另一种方式会更好:大家都是同事,共事的时间还很长,不要为这种小事而破坏了关系。第二天他便向被评上者表示祝贺。他对别人的赞美的态度使他一下子解脱了出来,而且他们的友情也从此开始了。其实,在很多同事或朋友之间,这种和谐的气氛就是通过互相赞美而产生的。

赞美可以缩短人与人之间的距离,为我们赢得友情和坚强的团体;然而赞美的最大好处还在于使被赞美者获得提高。你赞美一个人勇敢的时候,这个人会变得更加勇敢;你赞美一个人正直的时候,这个人会变得更加正直。

赞美的六个前提条件

赞美是一门艺术,合理的赞美有6个前提条件:

1. 要有根有据,不能言不由衷或言过其实

赞美要有根有据,如果言不由衷或言过其实,对方就会怀疑赞美者的真实目的。清代的左宗棠平素喜欢牛,认为牛能任重致远,他甚至把自己看做是牵牛星降世。他曾经在自己的后花园开凿水池,左右各列着一个石人,一个似牛郎,一个似织女,并且在旁边立着石牛,隐寓自负之意。

左宗棠身体肥胖,大腹便便。他曾经在茶余饭后捧着自己的肚子说:"将军不负腹,腹亦不负将军。"一天,他捧着自己的肚子问手下人:"你们知道我这腹中装的是什么东西吗?"有的说是满腹文章,有的说是满腹经纶,有的说腹中有十万甲兵,有的干脆说腹中包罗万象。左宗棠听了后连说:"否,否!"忽然有位小校出来大声说:"将军之腹,装满了马绊筋。"左宗棠听了拍案大加赞赏说:"是,是!"小校因此而受到提拔。

湖南人喊牛吃的草为"马绊筋"。小校的回答正是抓住了左宗棠的心境,与他的夙

志相符,所以受到左宗棠的赞赏。

2.要雪中送炭,不要锦上添花

最有效的赞美不是"锦上添花",而是"雪中送炭"。最需要赞美的不是那些早已扬名天下的人,而是那些自卑感很强的人,尤其是那些被压抑、自信心不足或总受批评的人。他们一旦被人真诚地赞美,就有可能使尊严复苏,自尊心、自信心倍增,精神面貌从此焕然一新。

在19世纪初期,伦敦有位年轻人想当一名作家。他好像什么事都不顺利。他几乎有4年的时间没上学。他的父亲因无法偿还债务,被迫入狱,而这位年轻人还时常遭受饥饿之苦。最后,他找到一份工作,在一个老鼠横行的货仓里贴鞋油底的标签,晚上在一间阴森寂静的房子里,和另外两个男孩一起睡。就在这个货仓里,他写稿寄出去,可是一个接一个的稿件被退回,最后有一位编辑承认并夸奖了他,由于这句夸奖,使他受到了极大的激励,眼泪流到了他的双颊。这个男孩的名字叫查尔斯·狄更斯。

假如不是那位编辑的夸奖,狄更斯很可能永远成不了作家,更不用说成为世界著名作家。这就是妙语激励的神奇效果。

3.内容要具体,不能含糊其辞

赞美要具体,不能含糊其辞。含糊其辞的赞美可能会使对方混乱、窘迫,甚至紧张。赞美越具体,说明你对他越了解,从而拉近人际关系。

克莱斯勒公司为罗斯福总统制造了一辆汽车,因为他下肢瘫痪,不能使用普通的小汽车。工程师把汽车送到了白宫,总统立刻对它表示了极大的兴趣。他说:"我觉得不可思议,你只要按按钮,车子就开起来,驾驶毫不费力,真妙。"他的朋友和同事们也在一旁欣赏汽车。总统当着大家的面夸奖:"我真感谢你们花费时间和精力研制了这辆车,这是件了不起的事。"总统接着欣赏了散热器、特制后视镜、钟、车灯等,换句话说,他注意并提到了每一个细节,他知道工人为这些细节花费了不少心思。总统坚持让他的夫人、劳工部长和他的秘书注意这些装置。这种具体化的赞美让人感觉到真心实意。

4.要恰如其分,不能掺一点水分

恰如其分就是避免空泛、含混、夸大,而要具体、确切。赞美不一定非是一件大事不可,即使是别人一个很小的优点或长处,只要能给予恰如其分的赞美,同样能收到好的效果。

一次会议上，何处长在总结工作时提到发表文章比较多的小杨，表扬道："小杨同志肯动脑子，好钻研，近来成果很多，发表了7篇文章，其他年轻同志要向他学习，搞些成果出来。"话音未落，就有一位年轻的部下插话说："水平不能以文章来定，文章的好坏不能以发表的多少来定。发表文章多并不一定说水平高，那有可能是文字垃圾多。有的人一辈子就发表一篇或几篇文章，影响却大，难道说水平低吗？"处长被问了个瞠目结舌，不得不解释一番。结果弄得每个人都扫兴而归。

这个何处长的尴尬不在于他没有根据，而是有据却无理。他的表扬经不起推敲，有水分、太夸张，所以其他人心里不痛快，把他的赞美给堵了回去。

5. 要把握时机，不要拖延

赞美别人要善于把握时机，因为赏不逾时。一旦发现别人有值得赞美的地方，马上要发掘出表扬的道理当众表扬他，不要拖拉，也不必要积累到一起再找时机表扬。事情就是这样，当其他人看到某人的成绩或优点时，嫉妒心可能萌发，为寻求心理平衡可能会攻击或者找到攻击别人的理由，所以赞美"留到以后再说"，难度可能更大。

有一次，曾国藩召集诸将议论军务，他先发言道："诸位都知道，洪秀全是从长江上游东下而占据江宁的，现湖北、江西均为我收复，江宁之上，仅存皖省，若皖省克复，江宁则早晚必成孤城。"此时，一向沉默寡言的李续宾从曾国藩的话中意识到了下一步的用兵重点，就试探着插话问道："大帅的意思是要进兵安徽？""对！"曾国藩见李续宾听出了自己话中的真意，便以赏识的口气说："续宾说得不错，看来你平日对此已有思考。为将者，踏营攻寨算路程等尚在其次，重要的是胸有全局，规划宏远，这才是大将之才。续宾在这点上，比诸位要略胜一筹。"其他将领也连连点头，认为曾国藩说得不错。

曾国藩是很善于赞扬别人的，他听完李续宾的发问后，立即抓住时机，准确及时地给予大力赞扬。这在李续宾听来无疑是增强自信心；在其他人听来，也仿佛接受了一次教导。一次准确及时的赞扬，两个好的结果。

6. 要真心诚意，不能虚伪

有的人在赞扬别人时，只想着树立自己个人的威信，收买人心，实际上并没有表现出欣赏的诚意，无论是被表扬者，还是其他人都像被猴耍一般，这样的赞美根本不起作用。所以赞美要表示出真心诚意。

北魏太武帝拓跋焘欣赏崔浩的才能，聘他为顾问，并鼓励他集思广益、敢于进谏。在一次宫廷酒宴上，太武帝对着群臣发自内心地称赞身边的崔浩说："你们看他纤瘦懦弱，手不弯弓持矛,但他胸中所怀的却远远超过甲兵之勇。朕开始时虽有征讨之意,但思虑犹豫不能决断,最后克敌制胜,都是他引导我走到今天这一步的。"话中充满诚意。

富兰克林说:"诚实是最好的政策。"聪明的领导在表扬下属时,最好的方法就是要真诚。太武帝对崔浩的赞美没有半点虚伪,坦诚之情历历可见。

赞美的四个方式

赞美是欣赏,是感谢,给人的喜悦是无可比拟的。一副冷漠的面孔和一张缺乏热情的嘴是最使人失望的。怎样赞美呢? 主要有以下 4 种方式:

1. 直接式

赞美他人最常见的方式就是直接赞美。特别是上级对下级、老师对学生、长辈对晚辈。它的特点是及时、直接。被誉为"近代物理学之父"的爱因斯坦平日酷爱音乐,喜欢弹钢琴,擅长拉小提琴。有一年,他应邀去比利时访问,比利时国王和王后都是他的朋友。王后也是一个音乐迷,会拉小提琴。他和王后在一起合奏弦乐四重奏,合作得非常成功。爱因斯坦对王后说:"您奏得太好了! 说真的,您完全可以不要王后这个职业。"听了爱因斯坦的赞美,王后为此很是兴奋了一阵。

2. 间接式

在日常生活中,如果我们想赞美一个人,不便对他当面说出或没有机会向他说出时,可以在他的朋友或同事面前,适时地赞美一番。这样收到的效果会更好。南北战争开始时,北方联军连吃败仗。后来林肯大胆启用了一位将军——格兰特。他出身平民,衣着不整,言语粗俗,行为莽撞,有人还说他是个酒鬼。林肯心里明白,所有对他的传言都是夸大之辞……后来,竟然有人要求林肯撤掉格兰特的军职,其理由是说他喝酒太多。林肯则不以为然,他赞扬格兰特说:"格兰特总是打胜仗,要是我知道他喝的是哪种酒,我一定要把那种酒送给别的将军喝。"格兰特没有辜负林肯的信任,为结束南北战争立下了赫赫战功,证明了自己的确是一位能力卓越的将军。后来,他成为了美国第十八任总统。

3. 激情式

朋友之间需要赞美,同事之间需要赞美,恋人之间更需要赞美。赞美既是获取爱情的催熟剂,又是缓和矛盾的润滑剂,还是保持感情的稳定剂。正如拿破仑所说:"从来没有哪个女人像你这样受到如此忠贞、如此火热、如此情意缠绵的爱！"对他的女神，拿破仑总是不吝啬赞美。

情人眼里出西施，在拿破仑眼中，他的妻子约瑟芬是天下最有魅力的女人。他用尽了一切华美的、无与伦比的词语去赞美她。拿破仑在行军中给约瑟芬写信说："我从没想到过任何别的女人，在我看来，她们都没有风度，不美，不机敏！你，只有你能够吸引我，你占有了我整个心灵。"他有一次甚至在约瑟芬耳边以哀求的语气说："啊！我祈求你，让我看看你的缺点；请不要那么漂亮、那么优雅、那么温柔和那么善良吧；尤其是再不要哭泣；你的泪水卷走了我的理智，点燃了我的血液。"

对于心爱的人，拿破仑无法掩饰自己的赞美之情，这种激情式赞美使约瑟芬十分受用和满足。

4. 意外式

出乎意料地赞美，会令人惊喜。丈夫工作一天后回家，见妻子已摆好了饭菜，称赞妻子几句；老师见学生把教室打扫得干干净净，夸奖一番。在学生看来是应该的，却得到老师的赞美，心情定会无比愉悦。

有时，赞美的内容出乎对方意料，也会引起对方的好感。卡耐基在《人性的弱点》中写了一个他曾经历过的故事：一天，他去邮局寄挂号信，办事员服务质量很差，很不耐烦。当卡耐基把信件递给她称重时，他说："真希望我也有你这样美丽的头发。"闻听此言，办事员惊讶地看看卡耐基，接着，脸上露出微笑，服务变得热情多了。

又如，某将军在战场上攻无不克、战无不胜，可谓英姿飒爽、出尽风头。当别人频频跷起大拇指称赞他"真是位了不起的军事家"时，他总是无动于衷，因为打胜仗对他来说是最为平常不过的事了。而当有人看着他的胡须说"将军，您的胡须可真美，简直能与美髯公相媲美"时，将军却孩子般地笑了。

赞美的五大效果

赞美的效果表现在以下 5 个方面：

1. 能缓和矛盾

人与人相处，产生矛盾在所难免，夫妻也不例外。对此，一旦有了纷争，即使认为自己一方在理，也要避免过分的数落、指责。这时候，最好的方式是使用调侃、幽默的言语,浇灭对方的怒气,达到释疑解纷的效果。有一妻子虚荣心重,当夫妻商量出席友人婚礼时,她缠着丈夫要买一顶昂贵的花帽。此时正值这对夫妻闹经济危机,丈夫自然不肯答应花这笔钱。争吵中,妻子赌气地说:"人家小方和小刘的爱人多大方,早就给自己的夫人买了这种花帽,哪像你,小气鬼!"丈夫不愿争论,只是故意夸张地说:"可是,她俩有你这样漂亮吗? 我敢说,她们若有你这样美,根本就不用买帽子打扮了,是吗?"妻子一听丈夫的赞语,不觉转怒为笑,一场争吵也随之平息了。

2. 能催人奋进

人得到赞美,其喜悦心情固然无可比拟,但更重要的是赞美所产生的力量总是巨大的。它能够激发人的积极性和创造性,增添人们克服困难的勇气,甚至使人创造出种种奇迹来。有甲乙两个猎人,各猎得两只野兔。甲的女人看见冷冷地说:"只打到了两只吗?"甲猎人心中不悦,"你以为很容易打到吗?"他心里如此埋怨着。第二天他故意空手回家,让她知道打猎是不容易的事情。乙猎人所遇则恰好相反。他的女人看见他带回了两只野兔,就欢天喜地地说:"你真棒,竟然打了两只野兔。"乙听了心中喜悦,"两只算什么!"他高兴得有点骄傲地回答他的女人。第二天,他打回了 4 只! 这是赞美的魅力。

3. 能给人力量

一个女孩迷上了小提琴,每晚在家拉个不停,家里人不堪这种"锯床腿"的干扰,每每向小女孩求饶。女孩一气之下跑到一处幽静的树林,独自奏完一曲。突然听到一位老妇的赞许声,老人继而说:"我的耳朵聋了,什么也听不见,只是感觉你拉得不错!"于是,女孩每天清晨来这里为老人拉琴。每奏完一曲,老人都连声赞叹:"谢谢,拉得真不错!"终于有一天,女孩的家人发现,女孩拉琴早已不是"锯床腿"了,便惊奇地问她是否有什么名师指点。这时,女孩才知道,树林中那位老妇是著名的器乐教授,而她的耳朵竟然从未聋过! 一个优秀的小提琴手就这样诞生了,是赞美给了她力量!

4. 能遂己愿

有一位美国的老妇人向史蒂夫·哈维推销保险。她带来了一份全年的哈维主编的杂志《希尔的黄金定律》,滔滔不绝地向他谈她读杂志的感受,赞誉他"所从事的,是今天世界上任何人都比不上的最美好的工作"。她迷人的谈话将主编迷惑了 75 分钟,直到访问的最后 5 分钟,才巧妙地介绍自己所推销的保险的长处。就这样,老妇人成交了指定购买的保险金额 5 倍的保险业务。

5. 能摆脱纠缠

有一位白领女性,相貌出众,在某家公司负责产品销售策划。一次下班后,公司经理主动邀请她:"小姐,晚上陪我吃夜宵好吗?"她不得不按时赴约。见面后,经理喜出望外,情意绵绵。两人边吃边谈,女子竭力向经理劝酒,滔滔不绝地向他介绍公司的发展计划,并不时赞美经理,称他是一位有修养、有气质、讲信用、受人尊敬的现代企业家。经理颇为得意,故作谦虚道:"你过奖了。"最后两人共舞一曲而告终。临别时经理握住女子的手,郑重地说:"你是个自尊自爱的女子! 我心里会永远记得你这完美的女孩形象。"

多谈对方的成就和得意之事

人总是喜欢被赞美的。现实生活中,无论是与朋友还是客户交谈,不妨多谈谈对方的得意之事,这样容易赢得对方的认同。如果恰到好处,他肯定会高兴,并对你产生好感。

美国著名的柯达公司创始人伊斯曼,捐赠巨款在罗彻斯特建造一座音乐堂、一座纪念馆和一座戏院。为承接这批建筑物内的座椅,许多制造商展开了激烈的竞争。但是,找伊斯曼谈生意的商人无不乘兴而来,败兴而归,一无所获。正是在这样的情况下,"优美座位公司"的经理亚当森,前来会见伊斯曼,希望能够得到这笔价值9万美元的生意。

伊斯曼的秘书在引见亚当森前,就对亚当森说:"我知道您急于想得到这批订货,但我现在可以告诉您,如果您占用了伊斯曼先生5分钟以上的时间,您就完了。他是一个很严厉的大忙人,所以您进去后要快快地讲。"亚当森微笑着点头称是。

亚当森被引进伊斯曼的办公室后,看见伊斯曼正埋头于桌上的一堆文件,于是静静地站在那里仔细地打量起这间办公室来。

过了一会儿,伊斯曼抬起头来,发现了亚当森,便问道:"先生有何见教?"

秘书把亚当森作了简单的介绍后,便退了出去。这时,亚当森没有谈生意,而是说:"伊斯曼先生,在我等您的时候,我仔细地观察了您这间办公室。我本人长期从事室内的木工装修,但从来没见过装修得这么精致的办公室。"

伊期曼回答说:"哎呀! 您提醒了我差不多忘记了的事情。这间办公室是我亲自设计的,当初刚建好的时候,我喜欢极了。但是后来一忙,一连几个星期我都没有机会仔细欣赏一下这个房间。"

亚当森走到墙边,用手在木板上一擦,说:"我想这是英国橡木,是不是? 意大利的橡木质地不是这样的。"

"是的",伊斯曼高兴得站起身来回答说,"那是从英国进口的橡木,是我的一位专门研究室内橡木的朋友专程去英国为我订的货。"

伊斯曼心情极好,便带着亚当森仔细地参观起办公室来了。

他把办公室内所有的装饰一件件向亚当森作介绍,从木质谈到比例,又从比例扯到颜色,从手艺谈到价格,然后又详细介绍了他设计的经过。

此时,亚当森微笑着聆听,饶有兴致。他看到伊斯曼谈兴正浓,便好奇地询问起他的经历。伊斯曼便向他讲述了自己苦难的青少年时代的生活,母子俩如何在贫困中挣扎的情景,自己发明柯达相机的经过,以及自己打算为社会所作的巨额的捐赠……

亚当森由衷地赞扬他的功德心。

本来秘书警告过亚当森,谈话不要超过5分钟。结果,亚当森和伊斯曼谈了一个小时又一个小时,一直谈到中午。

最后伊斯曼对亚当森说:"上次我在日本买了几张椅子,放在我家的走廊里,由于日晒,都脱了漆。昨天我上街买了油漆,打算由我自己把它们重新油好。您有兴趣看看我的油漆表演吗? 好了,到我家里和我一起吃午饭,再看看我的手艺。"

午饭以后,伊斯曼便动手,把椅子一一漆好,并深感自豪。直到亚当森告别的时候,两人都未谈及生意。

最后,亚当森不但得到了大批的订单,而且和伊斯曼结下了终生的友谊。

为什么伊斯曼把这笔大生意给了亚当森,而没给别人? 这与亚当森的口才很有关系。如果他一进办公室就谈生意,十有八九要被赶出来。亚当森成功的诀窍,就在于他了解谈判对象。他从伊斯曼的办公室入手,巧妙地赞扬了伊斯曼的成就,谈得更多的是伊斯曼的得意之事,这样,就使伊斯曼的自尊心得到了极大的满足,把他视为知己。这笔生意当然非亚当森莫属了。

✪ 不要胡乱恭维对方

凡说赞美的话，一定要切合实际，而且要言之有物。比如到别人家里做客，与其不切实际地乱捧主人一场，不如赞美主人房间布置得别出心裁、壁上的一幅上乘之作或盆栽的精巧。若要取得他人的喜欢，我们就要尽量发现他人的兴趣并加以发挥。若主人爱狗，不妨赞美他的狗；若主人爱金鱼，则不妨说说自己如何欣赏那些鱼的美丽。赞美别人最近的工作成绩、最心爱的宠物、最费心血的设计，比说上许多无谓虚浮的客气话更为明智。特别关心别人的某一种事物，必使人在欣喜之外还觉感激。

如果我们对别人没有清楚地研究过，就不可盲目地恭维对方。只有发自内心由衷敬佩别人的话，才能打动别人，引起别人的好感。比如，对一个有名望有地位的人，赞美他时，我们首先要想到，他能够成为名人，一定是在自己的工作中有特殊的贡献，而在他成名之后，恭维他的工作成绩的人一定很多，积久当然也就会生厌了，若我们仍然依葫芦画瓢地用别人所用过的话来恭维他，是不会使他高兴的。所以，我们的恭维若不能别出心裁，则无济于事。对这种人，最好拣工作以外的其他事情去赞美。譬如某歌唱家喜欢在闲暇时写写诗，那么我们与其赞美他歌声悦耳动听，不如说他诗写得好，因为对方成名的工作，无须我们再多恭维，而其诗写得好却无人加以注意，我们若特别提及，一定会博得他无限喜悦。所以，赞美一个普通的人，可以赞美他努力了许多而无人注意的工作，尤其是他足以自慰的工作或本领。但对于一个名人，我们却要欣赏他那些不大为别人所知的，而是他自己所得意的事情。

说话要谨慎，恭维他人的话尤其如此。我们若以为恭维的话不会得罪人，可以乱说，那就大错特错了。不切实际的恭维话、言不由衷的恭维话，都很容易闹出是非。正如我们不能随便见到妇人就赞美她漂亮一样——倘若这个女人明知自己实在称不上漂亮时，心里会觉得我们是在笑话她，定会生气。女人，我们可以赞美她漂亮，或说她活泼，或说她苗条，或说她健美，或赞美她有才智，或说她幽默，或恭维她处理家务井井有条、教子有方，等等。同是女人，各有所长，虽是赞美，也要加以选择。

总之，恭维他人的话，一不能乱说，二不能不分对象用同一的说法，三不能多说。

✪ "大家都这么认为"

不管女人多么聪明，和男人比较起来，抽象能力总是薄弱了些，这就是说，女人对于实际的东西总是比较容易理解。而所谓的"漂亮"、"可爱",都是抽象词语,因此非但不能打动她们的心,反而会使她们提高警觉。

为了使女人易于接受你对她的赞美,不妨改以具体的言语表现,譬如:"你乌黑的头发很有光泽"、"你的眼睛真是迷人",等等。

一般的女性不管多美,总对自己的面貌或身材,拥有或多或少的自卑感,甚至某些就男人看来根本微不足道的问题,女人也会耿耿于怀、自卑不已。

所以,男人若以抽象的言语赞美对方,反而可能让对方误以为是在讥讽她,对你再也不予信任。同样的,对方若是个美女,你不妨直接用"你长得真像刘亦菲哩"来赞美她。

人们对背后的言语是敏感的,尤其是女性,背后的话,对她们的影响力更大。女人之所以如此,大概是想知道自己并不了解的自我真实面吧! 这是因为,周围的声音是最客观的了,所以,很容易让她们信以为真。

如果你对一位初相识的女人说恭维话,相信她是不会认为自己真的那么好,这个时候你千万别太主观地对她说:"你真漂亮哟! " 而应该说:"听朋友说过你很美丽可爱,今日一见果真名不虚传。"或者:"早就听人说你们单位今年招了一位非常美丽的女孩,原来就是你啊! 而且比想象的更美丽。"

像这样客观一点地对她说,她反而更容易接受。而且,她会因此对你的印象特别深刻。

如果你仅仅是强调个人的看法,她是不会相信的。要使对方认为你说的是真实的,那必须在客观中包含着主观,如此,才不会怀疑你是在假恭维。

女人,与其把你对她的赞美之词说上一百次,还不如加上一句"大家都这么认为"更为有用,因为她们天生就有让别人也认同的愿望。

说话大智慧

你要知道,每个人都喜欢来自别人的赞美。只要赞美适时适度,不仅可以消除人与人之间的隔阂,增进彼此的情意,更重要的是能让你在交际场上大受欢迎。

要记住:不要吝惜你的赞美,要及时地把赞美送给别人。

NO.14

智者说话有声有色
愚人说话装腔作势

说话要有声有色，
巧妙运用肢体语言，
可以把无形变为有形，
把枯燥变为生动。
只有增加说话时的感染力，
才能吸引听者的注意力，
达到打动人心的目的。

自然语言是成功交往的媒介,但是也不能忽视人体语言在人际交往中的功能。特别是在情感的表达、态度、性格、意向、风度和气质的表现方面,人体语言更能显示独特的魅力。人体语言的魅力在于表情语言的魅力和肢体语言的魅力。

智者的故事

鲁迅在厦门大学担任研究院教授时,反动校长林文庆经常克扣经费,刁难师生。一天,林文庆把研究院的负责人和教授们找去开会,提出要把经费削减一半,教授们纷纷反对:研究院的经费本来就很少,连研究成果的印刷费都付不出,绝对不能再减了。

林文庆却阴阳怪气地说:"关于这件事,不能听你们的。学校的经费是有钱人拿出来的,只有有钱人,才有发言权!"

他刚说完,鲁迅立即站起来,从口袋里摸出两个银币,"啪"的一声放在桌子上,铿锵有力地说道:"我有钱,我也有发言权!"

林文庆根本料不到鲁迅会说出这句话来,弄得措手不及,狼狈不堪。接着,鲁迅力陈研究院经费不能减少、只能增加的道理,一条条一项项,有理有据,驳得林文庆哑口无言。

愚人的故事

我国古代实行科举考试,考生参加考试只有填写清楚自己的外貌特征,考官才能在考堂上查对,以避免冒名顶替。相传在明朝时,有个考生填写自己的面貌特征时,其中有一项是"微须"。

考官巡堂时看见这个考生脸部有一点胡须,便勃然大怒,责问:"你因何冒名顶替,考单上明明写着你没有胡须嘛!"

考生觉得诧异,申辩道:"我明明写着有一点胡须,怎么说没有呢?"

考官说:"'微'即'没有',范仲淹的《岳阳楼记》中有'微斯人吾谁与归',说的就是没有先天下之忧而忧、后天下之乐而乐的人,我跟谁在一起呢?"

那考生不服,反驳道:"古书上说:'孔子微服而过宋'(微服是指不暴露官员身份的装束),如果'微'只作'没有'讲,难道说孔子脱得赤条条地到宋国去吗?"

这位监考官仅仅根据《岳阳楼记》中的一处现象就轻率地得出所有的"微"字都是"没有"的意思,考生列举反例,驳得监考官哑口无言。

把握最初的十秒钟

一位演说家说,我们开始说话的10秒钟最能吸引听众。原因是:在这最初的10秒钟内,每个人都会有意无意地来表达自己的真实感觉。所以,你如果抓住了这10秒钟,整个说话的场合就会形成一种有利于你的情势。

如何把握住这最初的10秒钟呢?

1．用吸引人的故事或幽默开头

感人的故事(尤其是真人真事)或能够使观众们发出会心笑声的幽默,一下便能够抓住听众的心,即使前面发言者已使观众思绪分散,也仍然能起到把握全局情绪的作用,引起听众的兴趣,从而使自己很快被听众所接受。

2．用一些物品吸引听众

一张图纸、一个战场上带回的实物或是一张相片,因其能够直观地反映一定的主题,因而能很快地把听众吸引过来。如果讲者乐意,他还可能将自己的话题抽象成一幅画——根本不必去追究它的艺术性,或者随便写几个有趣的大字。别出心裁的举动也能一下集中听众的注意力,只要物品有助于讲者借题发挥就行。

3．不妨用提问来开头

提问,是有趣的开头法。在问题提出以后,几乎所有感兴趣的人都会去思考,并产生一种想要知道正确答案的欲望,而这能使听众的注意力迅速地得到集中——他们等着用你说出的答案去验证自己的判断。但是要注意,提出的问题不要过于简单,要能"发人深省"引起思考,或能使听者有所收益。

4．制造悬念

可以通过听众的求知欲而造成悬念,采用此种讲话开头方法时可能需要一些"内幕"消息。无疑,这也是一种很好的吸引听众的方法。

5．从听众的利益和关心焦点出发

有经验的谈话者,往往善于将自己的讲话与听众的切身利益联系起来,即使牵强一些,为了开始讲话时能吸引听众,有时不得不有策略地绕个弯子,待听众兴趣已起时再转入正题。

6. 从与听众的共鸣说起

共同的经历和遭遇、共同的研究专业和方向、共同的希望和展望等，都是能够引起听众共鸣的话题，以此种方式开场，常常更易于使自己被听众"认同"。

7. 用一句名言开场

名人名言是很好的开场白。心理学研究认为，公众具有崇拜权威（名人是人们自认的权威）的共同心理。名人的话对听众来说总是具有一种特殊的魅力，因而也最易于将听众的注意力集中起来。

8. 先赞扬听众

世人都爱听赞颂之辞。因此，具体的赞扬会使他们很注意听，同时，也会使讲话者被认作是一个和蔼可亲的人而被听众接受。

表情语言为你铺平道路

一个会说话的人，他所用的不仅仅是他的口。在日常生活中，我们经常可以发现，有些人一开口，别人就静下来听；而另一些人讲话时，听众仍各干各的，甚至打断他的话。这种情况之所以出现，当然有许多复杂的原因，但其中有一个重要原因，那就是有的人懂得使用表情，使用眼、胸、肩等身体的各个部位来配合他的口来吸引人，而有的人却不懂得。试想一想，如果一个人在说话时只是嘴在动，而身体的其他部位是绝对静止的，他会对听众有吸引力吗？

其实，从你出现到你开口说话的这段时间里，你都在说话，只是没有用口，而是用身体的其他部位。你的眼、手、脚等的一举一动都能体现出一种表情，而这种表情可使人准备听你的话，也可以使人不想听你的话，甚至使人对你产生一种厌恶感。

因此，一个会说话的人在开口之前，必须调动身体的各个部位，向听众传达他对他们的敬意与好感，暗示出他将要说的话的基调和重要性。这是一次成功交谈的必要前奏。即使是在谈话的过程中，他突然站起来，或者是座位向对方移近一些，或者突然作一个不寻常的姿态，只要自然得体，对他说话的效果也大有帮助。

许多参加演讲比赛的人都很注重采用以上的办法。他们非常注意练习登台走路的姿态，练习怎样鞠躬、怎样注视听众，以此来使听众对他们产生兴趣，把注意力都集中到他们身上来。他们的这些动作,一般都成功地为他们的语言铺平了道路。

眼神

语言表情中最重要的是眼神。黑格尔在《美学》中说:"不但是身体的形状、面容、姿态和姿势,就是行动和事迹,语言和声音以及它们在不同生活情况中的千变万化,全部要由艺术化成眼睛,人们从这眼睛里就可以认识到内在的无限的自由的心灵。"

"双目炯炯有神"是人们用来描述一个人精力旺盛、机敏干练的,从这句话可以发现"眼"与"神"之间的联系。眼睛里流露出来的光彩,人们即称之为眼神。眼神是人际交往中最能传神的非语言交往。人的眼神是通过眼睛的开闭张合,眼球的运动,瞳孔的舒缩,视线的变化以及眉毛的配合表现出来的。眼神有热情友好的、含情脉脉的、严厉苛刻的、慈祥的、和蔼的、凶恶的、胆怯的、坚定的、蔑视的等多种类型。

眼神可以向外界传达多种信息。表示爱慕时,双目传情;表示挑衅时,目不转睛;表示接纳时,目光平和。眼神还可传达命令、请求、劝诚及安慰等丰富的内容。

眼神,犹如一面聚焦镜,凝聚着一个人的神韵气质。凡是亲耳聆听过周总理演讲的人,无不为他那刚毅、睿智的眼神所吸引,从中得到激励;凡是亲耳聆听过陈毅演讲的人,无不为他那英灼、敏锐的眼神所慑服,从中受到鼓舞。

切记,我们的一双眼睛时刻都在"说话"。互相正视片刻,表示坦诚;互相瞪视,表示敌意;乜斜着眼扫一下,表示鄙夷;正视、逼视,表示命令;上下不住打量对方,表示挑衅;低眉偷觑,表示困窘;行注目礼,表示尊敬、关注;白他一眼,表示反感;双目大睁或面面相觑,表示吃惊;眼睛眨个不停,表示疑问;眯着眼看,表示高兴或者轻视。至于用眼神来表达爱情,更是不言而喻的了。青年男女在喁喁情话时,一定是互相对视,两人的眼中流露出千般情万种意,故而心理学家梅里比安说:"一个人看谁的时间越长,表示越是喜欢对方。"

眉毛

眉毛的功用是保护眼睛,但它还能传递人心理行为的信息。人的心情变化了,眉毛的形状也会跟着改变。眉毛的动作,大致有五种表现:

扬眉:当人的某种冤仇得到伸张时,人们常用"扬眉吐气"一词来形容此时的心情。当眉毛扬起时,会略向外分开,造成眉间皮肤的伸展,使短而垂直的皱纹拉平,同时整个前额的皮肤挤紧向上,造成水平方向的长条皱纹。扬眉这个动作,能扩大视野。但同时也要认识到，一个眉毛高挑的人，正是想逃离庸俗世事的人，通常会认为这是自炫高深的傲慢表现，而称为"高眉毛"。当一个人双眉上扬时，表示非常欣喜或极度惊讶，单眉上扬时，表示对别人所说的话、做的事不理解、有疑问。当我们面临某种恐惧的事件时，可以用皱眉来保护眼睛，也可以用扬眉来扩大视野，两者都对我们有利，但我们只能选择其一。一般的反应是：面临威胁时，牺牲扩大视野的好处，皱眉以保护眼睛；危机减弱时，则会牺牲对眼睛的保护，扬眉以看清周围的环境。

皱眉：皱眉的情形包括防护性和侵略性两种。防护性的皱眉只是保护眼睛免受外来的伤害。但是光皱眉还不行，还需将眼睛下面的面颊往上挤，眼睛仍睁开注意外界动静。这种上下挤压的形式，是面临外界攻击、突遇强光照射、强烈情绪反应时典型的退避反应。至于侵略性的皱眉，其基点仍是出于防御，是担心自己侵略性的情绪会激起对方的反击，与自卫有关。真正侵略性眼光应该是瞪眼直视、毫不皱眉的。最常见的皱眉，容易被人理解为厌烦、反感、不同意等情形。

耸眉：耸眉指眉毛先扬起，停留片刻，然后再下降。耸眉与眉毛闪动的区别就在那片刻的停留。耸眉还经常伴随着嘴角迅速而短暂地往下一撇，脸的其他部位没有任何动作。耸眉所牵动的嘴形是忧伤的，有时它表示的是一种不愉快的惊奇，有时它表示的是一种无可奈何的样子，此外，人们在热烈地谈话时，会做一些小动作来强调他所说的话，当他讲到重要处时，也会不断地耸眉。

斜挑：斜挑是两条眉毛中的一条向下降低，一条向上扬起，这种无声语言，较多在成年男子脸上看到。眉毛斜挑所传达的信息介于扬眉与皱眉之间，半边脸显得激越，半边脸显得恐惧。扬起的那条眉毛就像提出了一个问号，反映了眉毛斜挑者那种怀疑的心理。

闪动：眉毛闪动，是指眉毛先上扬，然后在瞬间再下降，像流星划过天际，动作敏捷。眉毛闪动的动作，是全世界人类通用的表示欢迎的信号，是一种友善的行为。两位久别重逢的老朋友相见的一刹那会出现这种动作，而且伴随着扬头和微笑。但是在握手、亲吻和拥抱等密切接触的时候很少出现。眉毛闪动除了作为欢迎的信号外，如果出现在对话里，则表示加强语气。每当说话者要强调某一个词语时，眉毛就会很自然地扬起并瞬即落下。

微笑

笑，是每个人都可无数次显露的表情。笑的种类很多：如岳飞《满江红》中"笑谈渴饮匈奴血"的"笑",是豪迈的笑,战斗的笑;如陈然《我的自白书》中"对着死亡我放声大笑"的"笑",是充满信心的笑,胜利的笑;如贺知章《回乡偶书》中"笑问客从何处来"的"笑",是礼貌的笑,文明的笑;如毛主席《卜算子·咏梅》中"她在<u>丛</u>中笑"的"笑",是谦逊的笑,高尚的笑;如鲁迅小说《孔乙己》中"只有孔乙己到店,才可以笑几声"的"笑",是揶揄的笑,活泼的笑。

在各种各样的笑容里,最动人的还是微笑。

有个叫威廉·史坦哈的人,在谈他的交际经验时说:"我是一个闷闷不乐的人,结婚18年来,我很少对我太太微笑。后来,有人鼓励我微笑,我答应试试。于是,第二天早起,当我跟太太打招呼:'早安,亲爱的。'同时对她微笑时,她怔住了,惊诧不已。我说:'从此以后我的微笑将成为寻常的事,不用惊愕。'结果这竟改变了我的生活,一改过去闷闷不乐的状态,在家中我得到了幸福温暖。现在,我对每个人都微笑,他们也对我报以微笑。我可以带着轻松愉悦的心情去同一些满腹牢骚的人交谈,一面微笑,一面恭听。原来棘手的问题,现在也变得容易解决了。这就是微笑给我带来的许多方便和更多的收入。微笑使我快乐、富有,拥有友谊和幸福。而不会微笑的人在生活中将处处感到困难和不方便。"

日本著名电影演员山口百惠给全世界观众留下深刻印象,在她息影多年后仍有大量的影迷想念她,渴望她复出。山口百惠能够得到如此高的声誉当然与她卓越的演技分不开,但是也不能否认她那天真无邪、可爱动人的微笑以及笑时流露的两颗虎牙所具有的摄人魂魄的魅力,这令多少观众醉心于她的表演。

微笑应该发自心底深处,足以温暖别人的心,使冰雪为之融化。没有诚意的微笑不但不能打动人,反而令人生厌。在才智不相上下的人群中,你拥有更多的微笑,成功便在更大程度上属于你。

用手势吸引听众的注意力

手是不会说话的,只能做手势。但是,在许多不需要说话或不便说话的场合,手势就派上用场了。的确,手势在交际中有助于吸引听众的注意力,丰富谈话的内容。

在交往中,听众的注意力是否集中在讲话者身上,对讲话者的影响很大。如果听众倾听着讲话,并且注视着讲话者,讲话者就会得到极大鼓励,就会如有神助似的讲出许多精彩的语言。如果听者的注意力没有集中到讲话者身上，对讲话者就是一个打击——本来可以讲得很好的话，也因为失掉信心而讲不出来了。但是，要吸引听众注意力，又是一件不容易的事，因为一般人很少强迫自己去用心听别人的讲话，只要一有机会，他们就会往别处看，往别处想。所以，说话者要善于利用自己的手势，以配合讲话的内容，例如坚定地把手一挥，也可以做一个非常奇特的说明动作，或可以弄出一点提醒性的响声。这样，说话者就能够把听众的注意力吸引过来。

手势不仅可以使听众集中注意力，而且还包含着许多含义。在不同的场合，不同的手势都有各自的含义。比方说，你在路上用手势与一个朋友打招呼，有的手势使人很远就感受到你的热情和欢欣；有的手势却使人感到漫不经心；有的手势使人觉得你洋洋自得；有的手势告诉别人你非常忙，正要赶着去办一件紧急的事情；有的手势又能告诉别人你有要紧的事同他谈，请他等一下……此外，在交谈中双方互相握手、互递物件和拍拍肩膀等，都能表达特定的含义。这些手势，有的成为谈话的部分，成为加强语言的力量、丰富语言的色调的重要因素；有的则代替了语言，独立地起着交流作用。

运用手势有这样几种情况：

晃动食指：食指伸出，手掌紧握，并大幅度地晃动，这是一种具有很大威胁性的手势。

振臂：五指紧握拳头并摇动手臂，向上或向前摇动，主要用来表达强烈的要求。

压掌：掌心向下，并猛烈下压，这是表示抑制或压制的手势，能给人一种强制性的感觉。

推掌：掌心向外，用力推出，主要用来表示拒绝之意。

伸掌：双手掌心向上，向胸前或向腰部的两侧伸出手掌，主要用来表示真诚。

抱掌：两手掌心朝向自己的前胸，好像是在拥抱，主要用来表示抒发得到被肯定的心情。

切掌：伸直手掌像刀一样上下斩切，主要用来表示果断的决定。

◉ 声调会表达情感

声调也可表达一定的情感，这恐怕是谁也不会否认的。在日常生活中，我们常常可以发现，声调既可以表示热情，也可以表示冷漠；既可以表示非常有耐心，也可以表示厌倦;既可以表示谦虚谨慎,也可以表示狂妄自大、不可一世……

　　既然声调可以表达不同的情感,那么我们在言谈中就应该根据场合、对象的不同而选择不同的声调。如果你的声调与说话的内容和目的相冲突,那么你的话无论多么重要,也不会产生什么效果。试想一想,如果你用演讲的声调对你刚刚认识的女朋友说"我爱你"、"我喜欢你"、"我昨天晚上梦见你"或"我的生活不能没有你"等一类的话,结果会怎样呢?

　　那么,怎样才能选择适当的声调呢?要做到这一点,首先就要求我们懂得能用什么语调表达什么感情。一般地说,高声叫喊表示着粗野、不耐烦和狂妄自大;轻言细语表示精细、富有耐心和谦虚;吞吞吐吐往往被理解为惊慌;加重语气表示强调;说话不紧不慢表示沉着和胸有成竹;抑扬顿挫是为了吸引人……

　　一个善于使用声调来表达情感的人,往往都会熟练地使用各种声调。如果他想强调某一句话,就把这句话中的每一个字用加强的语气说出来,以引起别人的重视。当他看到听众跟不上他说话的速度时,他就会不紧不慢地叙述,使说者和听者能保持同步;当他看到听众注意力不够集中的时候,他就会有意地把嗓门提高一些,使听众注意力集中到自己的讲话上来……通过这种交替使用不同声调的方法,就能使他的讲话生动形象,受到听众欢迎。

　　此外,在选择适当的声调表达情感的时候,还要注意声调与措辞的一致性。比如,我们在说"对××表示热烈欢迎"的时候,"热烈欢迎"的声调不能太低,否则就没有"热烈"的效果;在说"××因病去世"的时候,"去世"两个字的声调不能太高,否则就不能表现出悲伤的气氛。

　　总之,我们在用声调表达某种情感的时候,不仅要注意各种声调的含义,注意声调与说话内容的一致,注意声调与措辞的一致以及声调之间的协调,而且还要注意声调、内容、措辞的交叉运用。因为只有这样,我们的讲话才能取得比较好的效果。

听听自己的声音

　　当你与人谈话的时候,你是不是曾经留心过自己的声音?

　　第一,你要留意自己,说话是否太快?我们常见许多人说话很快。有的快而清楚,有的快而不清楚,听了以后也不知所云。由于说话太快致使咬字不清楚,固不足道,即使是快而清楚,也不足为法。你虽有说话很快的本领,但听者不一定有听得快的本领,说话的目的在于使人全部了解,否则就是浪费。

训练你自己,说话时声音要清楚,快慢适度。说一句,人家就听懂一句,不必再问你,你要明白,陌生的或地位比你低下的人是不大敢一再请你重说的。

第二,你说话的声音不太响吗?在火车里,在嘈杂的公共场所,或者在别人放爆竹的时候,提高说话声音是不得已的,但绝不适合于平常的时候。试想在一个柔和的黄昏,或在舒适的室内,高声谈话是如何粗俗与煞风景呵!在客厅里,过高的声音会使主人嫌恶的,若是在公共地方,更会令你的同伴感到难堪。

诚然,说话不可太快和太响,你要明白的是不可每个句子都太快太响,而是懂得怎样调节。

抑扬顿挫,这是调节你声音大小强弱的做法。在乐曲里,不是有极快、快、略快、慢、略慢、最慢等快慢符号吗?不是也有极强、强、渐弱、弱、极弱等强弱符号吗?若想你的话也如同音乐一般的动听,不可忘记在应快时要快,应高时要高,应慢时要慢,应低沉时低沉。流水般的、毫无抑扬顿挫节奏的说话方法,是最易使听者疲倦的。

抑扬顿挫是使你的说话充满感情的方法。常常留心电视上那些演技精湛的演员。他们说话的神态是你最好的参考。你必须细细揣摩,在遇到你叙述一件事情的经过,或发表较详细的意见时,说话的声音和神态是很有用的。

说话大智慧

运用形象的肢体语言可以把无形变为有形,把枯燥变为生动,能够大大吸引听众的注意力。

NO.15

智者为过错道歉
愚人为过错辩解

与人交往,难免不说错话,
不做错事,不得罪人。
做错了事,就要诚恳向人道歉,
主动承担责任,
认识自己的错误。
这样不仅能够给人好感,
更能够挽回败局,
化干戈为玉帛。

与人交往,难免说错话,做错事,也就难免得罪人,有时甚至会给别人带来精神上的巨大痛苦和经济上的巨大损失。对此,若是能及时认识到自己的错误,诚恳地向别人道歉,并主动承担责任,一般情况下,总是能得到别人原谅的。

生活中,无论是普通人还是伟人,无论是家庭生活还是工作学习,人人都希望能够得到他人真诚的道歉和艺术地道歉于人。道歉如同理解和友谊,是人生组诗中不可缺少的篇章。

智者的故事

保罗·盖蒂是西方首屈一指的石油大亨。他把大部分的时间花在油田里和他的雇员一起工作。有一次发生的偶然事件,虽然其本身不太重要,却让盖蒂认识到,和员工建立良好的关系多么重要。

这天,盖蒂在油井工地上注意到一个名叫汉克的搬运工动作懒散,他生气地骂起来:"你在干什么?振作起来,笨蛋!"骂完之后,他还咆哮一声。"好的,老板。"汉克平静地回答道。不过,他还是奇怪地看了盖蒂一眼。这让盖蒂莫名其妙。不一会儿,他了解到汉克有手伤。汉克本来可以回去接受治疗,但他因为不愿让工友和老板失望,于是留了下来。得知这个情况后,盖蒂走到汉克身旁,说:"抱歉!我刚才不应该发火。我开车送你进城去找个医生看看你的伤手。"听到老板这句话,汉克和他的伙伴久久地瞪着盖蒂,然后他们笑了。

从表面上看,这件小事没有多大意义,然而它却是有着高度价值的管理秘诀。盖蒂身为老板,未事先查明真相便乱发脾气犯下错误,使下属产生了抵触情绪,造成生产效率下降在所难免。幸好,盖蒂刚发现了过错,便立即真诚地道歉,而且提出合理的、适当的补救方法,这样,马上又重新建立了良好的关系。

愚人的故事

私塾里有一个老师瞌睡特别多,经常在课堂上让学生们看书或练字,而他自己则趴在讲台上鼾声大作。

有学生不服气,便去问老师:"先生,为什么你要在课堂上睡觉?"

老师便对他的学生们说："我是为了在梦里去见古代的圣贤们才要睡会儿。这就像孔子梦周公一样,孔子醒来把圣人讲的话告诉弟子,我也得常去向圣贤们请教请教。"

有一天,学生们见老师又在课堂上睡着了,也合上书趴在桌子上睡。老师醒来后看见学生在睡觉,很是生气,狠狠地训斥了他们一顿。学生们理直气壮地说是学老师去见古圣先贤,向他们请教问题。

老师于是问道:"那他们都对你们说了些什么?"

"我们在梦里遇见古圣先贤,就问他们,我们的先生是不是每天都来?但圣贤们却说从来没有见过您!"

老师不禁哑然。

不要为自己的过错编造任何借口,也不要把责任强加于别人的头上。既然自己都无法做到,又如何让他人心悦诚服。

🌀 错误不可怕,可怕的是不承认错误

一个人犯了错误并不可怕,怕的是不承认错误,不改正错误。

松下幸之助说:"偶尔犯了错误无可厚非,但从处理错误的态度上,我们可以看清楚一个人。"老板欣赏的是那些能够正确认识自己的错误,并及时改正错误以补救的职员。那些一犯错误就辩解开脱的员工,只会引起老板的反感。

有一个毕业于名牌大学的工程师,有学识,有经验,但犯错误后总是自我辩解。他应聘到一家工厂时,厂长对他很信赖,事事让他放手去干。结果,却发生了多次失败,每次失败都是他的错,可他都有一条或数条理由为自己辩解,说得头头是道。因为厂长不懂技术,常被他驳得无言以对,理屈词穷。厂长看到他不肯承认自己的错误,反而推脱责任,心里很恼火,只好让他卷铺盖走人。

能坦诚地面对自己的错误,再拿出足够的勇气去承认它,面对它,不仅能弥补错误所带来的不良后果,在今后的工作中更加谨慎行事,而且别人也会很痛快地原谅你的错误。

在犯了错误之后,绝对不要采取下面的行动:

1. 撒谎否认

说谎的人总说:"我没做那件事",或者"不,不,那不是我干的",或者"我不知道这

是怎么一回事"，还有"我发誓"等之类的话。还有一类人犯了错误后，习惯于说："噢，这没什么大不了的，情况会好起来的。"或者"出错了吗？哪里出错了？"或"不要着急，事情会如你所愿的。"

2. 指责别人

这种人犯错后会说："这是你的错，不是我的错。"他们也会说："我的雇员对我不忠实。""他们说得不清楚。""这是老板的错。"等等。还有些人会说："如果再给我点时间的话，我会做好的。"或者"人人都这样，我为何不可。"

3. 半途而废

这种人经常说："我早就告诉过你那样做不管用！""这件事太难了，不值得我投入这么多的精力，还是换个简单一点的吧。""瞧，我都做了些什么啊？我不想自找麻烦了。"

当我们犯了错时，如果我们对自己诚实，就要迅速而诚恳地承认。这样不但能产生惊人的效果，而且比为自己争辩好得多。如果你总是害怕向别人承认错误，那么，你不妨试试下面的办法：

＊如果你在工作上出错，应该立即向领导汇报，这样虽有可能被大骂一顿，可是在上司的心目中你将是一个诚实的人，将来会更加信任你，你所得到的将比你失去的多。

＊如果你的错必须向别人承认，与其找借口逃避，不如勇于认错，在别人还没有来得及把你的错到处宣扬之前，尽早对自己的行为负起责任。

＊如果你的错误影响到其他人的工作成绩，无论他是否发现，都要主动向他道歉、承认错误，不要自我辩护、推卸责任，否则只会令对方更加恼火。

坦诚地检讨自己

一位教授在社会科学的课堂上向学生们介绍阿米西人的生活形态与风俗习惯，并播放一部影片。那是教授特地到宾州许多阿米西人聚居的城市兰开斯特所拍摄的，内容是兰开斯特的风光以及阿米西人的风俗民情。看完了精彩的影片，同学们纷纷向教授提出不少与阿米西人有关的问题。突然，有一位女同学站起来对教授说："我觉得你不该拍这部影片，我认为你这么做，侵犯了阿米西人的人身自由。他们跟我们一样是人，难道只因为他们保持传统的生活习惯，就得被当成动物般地观赏？这样太不公平，我觉得你做错了。"

为了教学而精心制作这部影片的教授,仿佛突然被泼了一大桶冷水,当众被学生指责实在尴尬。他说:"我不认为我有什么不对,我是为了教学,才到那里拍摄影片,何况那儿原来就是观光胜地,并没有不能拍影片的限制,很多人也这么做啊。"

女学生不赞同这种说法,继续与教授争辩,气氛愈来愈僵,两人各执其词,互不相让。最后,女学生气冲冲地说:"我不听你的课了,我要走了。"

教授也说:"你走吧,我不会在乎。"

那时已近期末,眼见就要拿到学分,如果那名女同学退了这一堂课,不但得不到学分,成绩单上也会留下记录。通常只有读不下去的学生才会退修课程。接下来的一堂课没见到她,同学们都为她感到惋惜。

但是,在接下来的那堂课,她又出现了。教授走进教室时,她主动走上前向他道歉,她说:"教授,我真心地向您说声对不起。这几天我一直在检讨自己,虽然我有我的想法和信仰,但是我忽略了您对教学所付出的心力,忽略了您是尽心尽力地对教学负责任。我有不对的地方,请您原谅我。"

教授也说:"真高兴你回来了,我知道我也有错,我只顾着做自己认为该做的事,却疏忽了对别人应有的尊重与关怀。我也要感谢你,教了我宝贵的一课。"他俩握手言和,相视而笑。

勇于认错能提升你的形象

人人都会犯错误,尤其是当你工作过重,精神不佳,压力太沉重时,不小心犯错是非常普通的事情。如果我们能在犯错之后正确地面对,便不算什么大事情,甚至还会提升你的形象,对你日后的交往起到很大的帮助。

二十多年前,刘先生当电视台记者的时候,有一次要去美国采访一个电影节。当时去外国的手续很难办,不但要各种证件,而且得请公司的人事和安全单位出函,于是他托电影公司的一位朋友代办。

刘先生好不容易备妥了各项文件,送去给那位朋友。可是才回公司,就接到电话,说少了一件东西。

"我刚刚才放在一个信封里交给您的啊!"刘先生说。

"没有！我没看到！"对方斩钉截铁地回答。

刘先生立刻赶到那位朋友的办公室，当面告诉那人他确实已细细点过。

那人举起刘先生的信封，抖了抖，说："没有！"

"我以人格担保，我装了！"刘先生大声说。

"我也以人格担保，我没收到！"那个人也大声吼回来。

"你找找看，一定掉在了什么地方！"刘先生吼得更大声。

"我早找了，我没那么糊涂，你一定没给我。"那个人也吼得更响。

眼看采访在即，刘先生气呼呼地赶回公司，又去重新"求爷爷、告奶奶"地办那份文件。就在办的时候，突然接到那个朋友的电话。

"对不起！是我不对，不小心夹在别人的文件里了，我真不是人……"那位朋友说。

刘先生怔住了，忘记是怎么挂上那个电话的。

刘先生说虽然那件事是他朋友的错，可是他却十分敬佩他的朋友敢于承认错误的勇气。

勇于承认自己的错误是一种大智慧和大勇敢。俗话说："智者千虑，必有一失。"一个人再聪明，再能干，也总有失败犯错误的时候，人犯了错误往往有两种态度：一种是拒不认错，找借口辩解推脱；另一种是坦诚承认错误，勇于改正，并找到解决的途径。

每个人都有犯错误的可能，关键在于你认错的态度。只要你坦率承担责任，并尽力去想办法补救，你仍然可以立于不败之地。

有些人认为错误有失自尊，面子上过不去，便害怕承担责任，害怕惩罚。与这些想象恰恰相反，勇于承认错误，给人的印象不但不会受到损失，反而会使人尊敬你，信任你，你在别人心目中的形象反而会高大起来。

道歉的三大作用

俗话说，良言一句三冬暖，恶语伤人六月寒。即使互不相识的人，一句亲切、友好的话也会给人带来温暖。

医生看病，让病人等得久了，说一声"很抱歉，让您久等了。"

在街上，互不相识的骑车人不小心相撞，主动地说一声"对不起"，可以减少许多麻烦和纠纷。如果互相埋怨，其后果就很难预料。

同事间,偶有矛盾,一声"请原谅"、"对不起"或"很抱歉",往往会使矛盾冰消雪融。

道歉有如下作用:

1.可以化解矛盾

一位做律师的朋友,常常为给那些闹离婚的夫妇们调解而大伤脑筋。他说:"谁能给我一张能挽救那些摇摇欲坠的婚姻关系的妙方?"

另一位朋友在一旁不无幽默地答道:"这个方子只有一句话,你只消说服夫妻俩互道一次'对不起',试试看,你会明白它的效力。"

于是,这位律师真的这样试了试。也的确有效,这句话的力量似乎能把山搬走。只要是进行调解工作,这位律师朋友就经常使用它。

当一对争吵的夫妻来到事务所,他就会私下对每一方都这样说:"我知道你受了很多委屈,但是,请告诉我,你对自己的哪一举动最感抱歉呢?"无论多么勉强,他们总是会承认一些欠缺和不当之处。然后,律师朋友把他们双方召集在一起,让他们把曾经对律师说过的话重复一次。即使双方有多么大的怨恨和气恼,一个道歉的表示,常常会为解决难题打开缺口。

不论是夫妻争吵,还是与朋友、同事间的龃龉,总会在两个人的心中留下不愉快。而且相互之间要好多年的人,一旦反目又总是留恋那友好的时光。想和好,彼此又不好开口,而正是因为"不好开口",才使隔阂变得越来越深,心情也无法平静。

有人认为,承认错误是令人难堪的,也不是一件轻而易举的事。但是,如果你能正视现实,克服这种羞于认错的心理,勇敢地去做了,你就会感到无比的轻松。以后的事实证明你确实改正了,别人不但不会歧视你,而且还会赞扬你。孔子说:"人非圣贤,孰能无过,有过能改,善莫大焉。"

2.可以排除内疚

由于争吵而产生的内疚,随着时间的推移,会产生自责和失落感。这种情绪都郁积在心里,也会成为一块心病,而这块心病不会不治自愈,它必然有所发散。发散的形式或是作为一种生理上的功能紊乱表现出来,如中枢神经兴奋抑制失调引起的头痛、头晕、失眠、健忘、恶心、呕吐等;或者是作为一种变态心理表现出来,如多疑、易激动或抑郁愁思,甚至会出现过激的行为,像自伤及伤害他人等。

其解脱的办法就是用表白、倾吐、道歉的形式将其表达出来,因为说完之后,人们就会感到轻松一些。在用语言表示歉意的同时，还可以传递一个表示和解的信号。

一场争吵之后，一束花可以抚慰被尖酸刻薄的语言刺伤的心；餐桌旁边或枕头下的一个小礼物，也能转达你的歉意——不失体面，而且它的效果是永久性的。手和身体的接触也能恢复破裂的情感交流，绝不要低估这种发自内心的无声语言。

如果你的道歉是发自内心的，请求朋友的谅解之心是真诚的，那么，请务必说出你的真心话，任何敷衍和虚情假意，都会使你的朋友离你越来越远。请记住：有了过错，就应该表示道歉，愈早愈好。

3. 可以融洽关系

诚挚地道歉不仅能够和解被损害的关系，而且还可以使和解后的关系变得更为牢固。

在一次政治运动中，一位著名的教授，被莫名其妙地调离了他所热爱的岗位，遣送到一个农场从事他难以胜任的体力劳动。后来他才知道，这都是他的一位同事在运动中的一些不实之词造成的。然而，事已至此，他不得不默默地承受着这种不白之冤带来的内心痛苦。

后来的某一天，这位教授接到了一封来信。原来，他的那位同事也在另一次运动中受到了与教授同样的"待遇"。事实使他受到了良心上的谴责，很多年来于心不安，于是鼓起勇气写了这封信，希望教授能接受他的歉意，并原谅他。

信虽短，却使教授非常激动，几年来的积怨顷刻间雪化冰消。他立即回了一封信，如实地告诉这位同事自己的真实感受，他们又成了好朋友。

⟳ 你会道歉吗

在葛底斯堡战败之后，罗伯特·E·李告诉他的残兵败将，没有取得胜利完全是他的责任。温斯顿·丘吉尔对亨利·杜鲁门的第一印象十分不好，后来他告诉杜鲁门，自己曾一度严重地低估了他——这是一句用高明的恭维话表示的歉意。

道歉，它能够挽救危机，除窘迫、出困境、愈裂痕、和解受损的关系。它可以巩固友谊，推进新的人际关系的发展，使双方更加珍惜经过波折而重归于好的感情。道歉，在低头鞠躬的同时，是自己将自己在人生的台阶上又提高了一步。道歉，是利人益己的鞠躬，是真诚的悔悟，而不是妄自菲薄；是人格的完善，而不是卑躬屈膝；是性格的成熟,而不是丧失尊严。

你会道歉吗?

1. 勇于承担责任

道歉首先要有承担责任的诚心和勇气。道歉不仅不是一件丢脸的事情,反而更能体现一个人良好的人品与修养。"负荆请罪"的典故中,人们不仅佩服蔺相如的"豁达大度",更佩服廉颇"有过则改"的勇气和负荆请罪的真诚。有人道歉"犹抱琵琶半遮面",左一个"因为",右一个"假设",强调种种客观因素,或将责任推到他人身上,说"要不是他……我不会……"而很少扪心自问是否无愧。这样的道歉自然苍白无力,无法让人生出谅解之情。道歉要有"廉颇式"的诚意,有了诚意,才会有说"对不起,我错了,请原谅"的勇气。

2. 善于把握时机

很难想象几十年后的"对不起"不是一句迟到的忏悔。道歉要善于把握适当的时机,应选在对方心平气和、有喜事临门等心情较好的时候。"人逢喜事精神爽",这时,他更容易接受你的道歉,与你握手言和、重归于好。时间宜早不宜迟。道歉要善于选准适当的地点,最好是亲自上门道歉,或约对方到一个环境幽雅安静的地方,双方都能平心静气,自然也就容易推心置腹、开诚布公地谈一谈心,化干戈为玉帛。

3. 巧于借物传情

如果直接道歉不适宜,也不妨在适当时间打个电话或写封言辞诚恳的信,向对方表示歉意。也可以请一位彼此都信任的朋友、同事或领导代为转达歉意。日后,时机适宜时再登门致歉赔礼。雨不小心伤害了同学文,他感到很内疚。于是,文生日那天,雨到学校广播站为文点歌一首,并说:"文,对不起,我真的不是故意的,你能原谅上周末惹你生气的朋友吗? 今天是你的生日,我祝你生日快乐,前程似锦! "文听到广播后很感动,立刻登门致谢,两人和好胜初。

4. 贵在持之以恒

也许你的失误给了对方深深的伤害,这时,你要有诚心,更要有耐心。一次不行就两次,两次不行就三次。濒于失去耐心与信心时,你要站在对方的立场上想一想:要是你,你能轻易原谅深深伤害你的人吗?滴水尚能穿石,只要你敞开心扉真诚地对待对方,"精诚所至,金石为开",朋友间再不会有解不开的心结。

5. 不要找借口

人们在道歉时，往往不理智地倾向于为自己寻找一些造成过失的借口。实际上，这只会冲淡你的诚意，还会失掉对方表示原谅或宽容的机会。不找借口的致歉可为双方留下更为良好的自我感觉。至于道歉者对过失应承担多少责任，其关系实在是微乎其微。因为越是主动地把责任揽于自身，就越会激励别人主动承担自己应当承担的责任。

6. 不可敷衍了事

诚恳地道歉才能弥补过失。轻描淡写的道歉，会使对方感到羞辱，认为你瞧不起他或者他无足轻重。有的人仅仅学会说"对不起"，犯了什么错都随口一声。久而久之，人们会疏远你，不再相信和原谅你。

7. 不必一再道歉

有人虽属说话高手，但在道歉艺术上却欠功夫。苏姗在办公室里不小心将蓝墨水洒到乔伊斯的粉红色裙子上。她连忙赔礼，道歉不迭。乔伊斯安慰她说，不要紧。下班后，乔伊斯用药水把墨迹洗掉，并且忘了这件事。可是事隔三天，苏姗见着乔伊斯，再次向她道歉。以后，每次两人碰面，苏姗都要赔不是，弄得乔伊斯很烦。她说："你不必总记着那件小事。我早把它搁到脑后了。你要是还这样折磨自己，我就没法跟你做朋友了。"当对方谅解你以后，你心里不要再觉得老是过意不去。

8. 做件好事作为赔礼的表示

有的人出于个人尊严，不愿意当面赔礼，但又觉得不向对方道歉又过意不去。因此，不妨换一种方式，为对方暗中做件好事，以使他明白你的歉意。比如，你借朋友的一本书，不慎遗失，你不好意思解释，便可买另外一本你朋友喜欢的书送给他，或者帮他办一件他不易办到的事。这种替补式的道歉还能增进人们的情感。

道歉者至诚至恳，接受道歉者也要宽容。对道歉者，应当真挚地说一声："没什么！""我原谅你！""我接受你的歉意！"如果大家能坐到一张桌子上，边吃边谈，那定会平息一切风波，消除一切隔阂。严于责己，宽以待人，才是一种高尚的美德。

9. 道歉用语

"对不起！"

"请原谅！"

"很抱歉！"

"打扰了！"

"给您添麻烦了！"

"对不起，是我的不对！"

"我错怪你了！"

"请你转告李先生，就说我对不起他！"

"请你把这束小花转交给王小姐，我向她道歉。"

失误，不应成为原谅自己的借口

原复旦大学校长杨福家院士曾经讲过这样一个故事。

美国波士顿大学曾聘请了一位十分著名的教授为传播系主任。这个教授在一次讲课时，讲了一段十分精彩的话，而这段话是他从其他地方看到的，本来他是要交代这段话的出处的，但教授刚讲完那段话，下课铃就响了，教授便下课了。在西方的许多著名大学，要求学校的每个老师和学生不能以任何形式剽窃别人的成果，即使是老师在上课时所讲的内容，如果引用了别人的话，都必须明确指出，如果不指出，便认为是一种不诚实，是一种剽窃行为。所以，当这个教授下课后，有一个学生便向校长反映，说那个教授在上课时用了某个杂志上的话，但却没有交代出处。校长便找到这个教授核对，那个教授承认了自己的失误，便立即提出辞职。由于其他教师的挽留，最后，学校决定撤销他的主任职务。第二天，这个教授上课时，第一件事就是向学生道歉。

在许多人看来，这也许是小题大做，何况那个教授并不是存心不想说那段话的出处，实在是因为下课了他没有来得及说；再说，就是这个教授说了那段话不是自己的，也不会对他有什么影响，他为什么要故意不说呢？再退一步说，即使不说出出处，那又有什么关系呢？但是，学生反映了这个很小的问题，校长还是十分重视，即使知道了这个教授不是故意不作交代，校长还是撤了他的主任职务。而这个教授呢？他在校长找他的那一刻，便已经认识到自己的疏忽犯了大错。他在那一瞬间便觉得自己不配在这里为人师了，所以他立即提出了辞职。最后因为同事们的挽留，他虽然留了下来，但仍觉得错在自己，所以在第二天上课时，第一件事情就是向他的学生真诚地道歉。因为他明白，失误，不能成为原谅自己的原因。

在这件事情中，无论是那个学生，还是校长，抑或那个失误的教授，都表现出了一种对虚伪的厌恶，对诚实的追求。那个学生并不因为教授有名气便原谅他的不诚实，哪怕他并不是故意的；校长也并不因为这个教授有名气，便原谅他的失误；教授也不因为失误，便找种种借口原谅自己。其实，学生、校长和教授，所不能容忍的不是这件小事，而是不能容忍哪怕是半点的虚伪，无论这种虚伪来自有意还是无意。因为他们认为，如果容忍了无意的虚伪，便是对真诚的一种亵渎。

做人，无论在怎样的情况下，都应该真诚，不应当虚伪，这是每个人都明白的道理。

我们只有不断地清理自己的心灵，让自己的内心深处多一些真诚，少一些虚伪，才能成为一个真正大写的人。我们应该向那个指出教授不诚实的学生报以敬意，我们应该对那个校长给予赞扬，当然，我们更应该向那个不因为失误而宽容虚伪的教授致以崇高的敬礼。

🌀 自己批评自己

当一个人认为自己可能会被人指责时，不妨以先发制人的方式先数落自己一番。因为人心是很奇特的，当对方发觉你已承认错误时，便不好再多指责。如当你有求于对方时，一开始你就说："我这可能是无理的要求"，"我说这些话可能有点罗嗦"，或"我说的话可能过分点"。

此时，即使你说的话确实令对方感到厌烦，对方也不会因此当面指责。如果反复使用，反而更能加强效果，使对方轻易地听完你的要求，并接受你的要求。

美国心理学专家卡耐基在其《美好的人生》一书中，讲了他的一段经历：

从卡耐基家步行一分钟，就可以到达森林公园。他常常带着一只叫雷斯的小猎狗到公园散步。因为他们在公园里很少碰到人，又因为这条狗友善而不伤人，所以卡耐基常常不替雷斯系狗链或戴口罩。

有一天，他们在公园遇见一位骑马的警察，警察严厉地说："你为什么让你的狗跑来跑去而不给它系上链子或戴上口罩？你难道不晓得这是违法吗？"

"是的，我晓得。"卡耐基低声地说，"不过，我认为它不至于在这儿咬人。"

"你不认为！你不认为！法律是不管你怎么认为的。它可能在这里咬死松鼠，或咬伤小孩，这次我不追究，假如下次再被我碰上，你就必须跟法官解释了。"

卡耐基的确照办了。可是，他的雷斯不喜欢戴口罩，他也不喜欢它那样。一天下午，他和雷斯正在一座小坡上赛跑，突然，他看见那位执法大人正骑在一匹棕色的马上。

卡耐基想,这下栽了! 他决定不等警察开口就先发制人。他说:先生,这下你当场逮到我了。我有罪。你上星期警告过我,若是再带小狗出来而不替它戴口罩,你就要罚我。

"好说,好说,"警察回答的声调很柔和,"我晓得有没有人的时候,谁都忍不住要带这样一条小狗出来溜达。"

"的确忍不住。"卡耐基说道,"但这是违法的。"

"哦,你大概把事情看得太严重了,"警察说,"我们这样吧,你只要让它跑过小山,到我看不到的地方,事情就算了。"

那位警察也是一个人,他要的是一种重要人物的感觉,因此,当卡耐基责怪自己的时候,唯一能增强他自尊心的方法,就是以宽容的态度表现慈悲。

如果我们免不了会受到责备,何不自己先认错呢? 听自己谴责自己不比挨别人批评好受得多吗? 你要是知道某人准备责备你,你自己先把对方责备你的话说出来,对方十之八九会以宽大、谅解的态度对待你,就像那位警察对待卡耐基和他的爱犬一样。

说话大智慧

不论你是什么人,是为人父、为人子,为人妻、为人夫,为人上司、为人下属,都不应计较自己的身份地位,适时地、坦率地、真诚地向被你伤害的人道歉。身份和地位不会因你的道歉而降低或改变,相反,你的真诚和坦率还会赢得朋友们对你的尊重和信任。

NO.16

智者背后说别人的好话
愚人背后说别人的坏话

当面说别人好话和背后说别人好话，
效果绝对不一样。
当面说别人好话让人感觉是奉承，
背后说别人好话让人感觉是发自内心。
背后评论别人的人，
也许并无恶意，
但却可能因此而葬送友情。

在背后说一个人的好话比当面恭维说好话要好得多,智者相信,在背后说一个人的好话,很容易就会传到他耳朵里。

对一个人说别人的好话时,当面说和背后说是不同的,效果也会不一样。你当面说,人家以为你不过是奉承他、讨好他。当你的好话在背后说时,会被人认为是发自内心的,不带个人动机的。其好处除了能给更多的人以榜样的激励作用外,还能使被说者在听到别人"传"过来的好话后,更感到这种赞扬的真实和诚意,从而在荣誉感得到满足的同时,增强了上进心和对说好话者的信任感。

智者的故事

曹雪芹在《红楼梦》里写了这样一段话:

史湘云、薛宝钗劝贾宝玉去做官,贾宝玉大为反感,对着史湘云和袭人赞美林黛玉说:"林姑娘从来没有说过这些混账话! 要是她说这些混账话,我早和她生分了。"

凑巧这时黛玉正来到窗外,无意中听到贾宝玉说自己的好话,不觉又惊又喜,又悲又叹。结果宝黛二人互诉心声,感情大增。

因为在林黛玉看来,宝玉在湘云、宝钗、自己三人中只赞美自己,而且不知道自己会听到,这种好话不但是难得的,还是无意的。倘若宝玉当着黛玉的面说这番话,好猜疑、好使小性子的林黛玉恐怕还会说宝玉打趣她或想讨好她。

愚人的故事

玉华的公司长期和外贸公司合作做生意。外贸公司的大胖子徐经理可以说是他们的财神爷。

有天在公司里,玉华极力劝说徐经理和他们扩大贸易范围,费了九牛二虎之力也没能说服徐经理。徐经理刚一走,玉华就恼羞成怒地说:"你们看徐胖子,往公司大门口一站,蚊子都只有侧着身子才能飞进来;他那条短裤,肯定是他老婆用两个米袋子改的。"

结果徐经理忘了拿包,正好回来。虽然旁人不断给玉华使眼色,但他越说越得意,全然没注意到徐经理正在自己后面。过了一会儿,玉华才发现人们都不笑了,一回头,恰好看到徐经理涨得发紫般的脸，玉华当时的那种尴尬劲就甭提了。旁人赶紧打圆场："玉华这个家伙，就是嘴巴讨厌。"玉华也急忙赔着笑脸道歉，说自己喜欢开玩笑。徐经理当时没吭一声就走了。

之后，虽然玉华多次请徐经理吃饭，想方设法赔礼道歉，但关系始终恢复不到以前的样子了，合作生意因此也少了很多。

这就是背后说人坏话的代价。

喜欢听好话是人的天性

我们平常的谈话实际上有百分之九十是闲聊。那种品质恶劣的人总是以议论人及诽谤人为中心，仿佛这个世界上人人都不行，只有他最行，或者通过指责别人的不是来抬高自己。这种人正是自尊心极低的人。他没有真本事去表现自己，只有借助于挑别人的短处来提高自己身价，这样的人令人齿冷。

做人做事有这样一条规则：判断别人时你自己也被别人判断。一个经常说别人坏话，挑别人短处，指责别人错误的人，只会让人感到其爱挑剔而难于与其相处，让人感到其品质恶劣而对其厌烦。如果你总是认为这个也不好，那个也不行，人人都有问题，那么只能说明你自己不善于与人相处，自己有问题。别人正是通过你对别人的判断，来判断你的为人。

喜欢听好话似乎是人的一种天性。当来自社会、他人的赞美使其自尊心、荣誉感得到满足时，人们便会情不自禁地感到愉悦和鼓舞，并对说话者产生亲切感，这时彼此之间的心理距离就会因一句好话而缩短、靠近，自然就为交际的成功创造了必要的条件。

多在第三者面前说他人的好话

德国历史上的"铁血宰相"俾斯麦为了拉拢一位敌视他的议员，便有计划地在别人面前说那位议员的好话。俾斯麦知道，那些人听了自己对议员说的好话后，一定会把他的话传给那位议员。后来，两人成了无话不说的朋友。

人往往喜欢听好听的话，即使明知对方讲的是奉承话，心里还是免不了会沾沾自喜，这是人性的弱点。一个人听到别人说自己的好话时，绝不会感到厌恶，除非对方说得太离谱了。作为一门学问，说好话的奥妙和魅力无穷，然而，最有效的好话还是在第三者面前说。

设想一下，若有人告诉你，某某在背后说了许多关于你的好话，你能不高兴吗？这种好话，如果是在你的面前说给你听的，或许适得其反，让你感到很虚假，或者疑心对方是否出于真心。为什么间接听来的便会觉得特别悦耳动听呢？那是因为你坚信对方在真心地赞美你。

当你直接赞美对方时，对方极可能以为那是应酬话、恭维话，目的只在于安慰自己。要是通过第三者来传达，效果便会截然不同。此时，当事者必定认为那是认真的赞美，没有半点虚假，从而真诚接受，还对你感激不尽。

在现实中，我们往往会看到这样的现象：当父母希望孩子用功读书时，采用整天当面教训孩子的方法，还是很难获得一些效果，但是，假如孩子从别人嘴里知道父母对自己的期望和关心，父母在自己身上倾注了很多心血时，便会产生极大的动力。

卡尔上初中后，由于他父亲去世的影响，学习成绩逐渐下降。他的妈妈苏珊想方设法帮助他，但是她越是想帮儿子，儿子离她越远，不愿和她沟通。卡尔学期结束时，成绩单上显示他已经缺课 95 次，还有 6 次考试不及格。这样的成绩预示他极有可能连初中都毕不了业。苏珊想了很多办法，比如带他到学校的心理老师那里去咨询、软硬兼施、威胁、苦口婆心地劝他甚至乞求他，但是，这一切都无济于事。卡尔依然我行我素。

一天，正在上班的苏珊接到一个自称是卡尔学校的心理辅导老师的电话。老师说："我想和你谈谈卡尔缺课的情况。"

老师刚说了这一句，不知为什么，苏珊突然有一种想倾诉的冲动。于是她坦率地把自己对卡尔的爱，对他在学校里的表现所产生的无奈，她自己的苦恼和悲哀，毫无保留地统统向这个从未谋面的陌生人一吐为快。苏珊最后说："我爱儿子，我不知道该怎么办。看他那个样子，我知道他还没有长大，他是一个好孩子，只要他努力，他会学出好成绩，我相信他，我的儿子是最棒的。"

苏珊说完以后，电话那头一阵沉默。然后，那位心理辅导老师严肃地说："谢谢你抽时间和我通话。"说完便挂上电话。

卡尔的下一次成绩单出来了，苏珊高兴地看到他学习有了明显的进步。后来卡尔一跃成为班上的头几名。

一年过去了，卡尔升上了高中，在一次家长会上，老师介绍了他从差生向优生的转变过程，还夸奖苏珊教子有方。

回家的路上,卡尔问苏珊:"妈妈,还记得一年前那位心理辅导老师给您打的电话吗?"苏珊点了点头。

"那是我。"卡尔承认说,"我本来是想和您开个玩笑的。但是我听见了您的倾诉,心里很难过。我就想,是我伤了您的心。这使我很震惊。那时候我才意识到,爸爸去世了,您多不容易啊! 我必须努力,再也不能让您为我操心了,我下定决心,一定要让您为有我这个儿子而骄傲。"

卡尔的一席话,使苏珊的心里顿时充满了温暖。

请多多和孩子沟通与交流,让彼此的心灵不再遥远。如果你对孩子有什么看法和建议,不妨找个机会开诚布公地谈一次。

又如,当下属的人,平时上司在自己面前说了很多勉励的话,但还是没有多大感触,但当有一天从第三者的口中听到了上司对自己的赞赏后,深受感动,从此更加努力工作,以报答上司对自己的"知遇"之恩。

多在第三者面前去说一个人的好话,是使你与那个人关系融洽的最有效的方法。假如有一位陌生人对你说:"某某朋友经常对我说,你是位很了不起的人!"相信你感动的心情会油然而生。那么,我们要想让对方感到愉悦,就更应该采取这种在背后说人好话的策略。因为这种赞美比起一个魁梧的男人当面对你说"先生,我是你的崇拜者"更让人舒坦,更容易让人相信它的真实性。这种方法不仅能使对方愉悦,而且更具有表现出真实感的优点。

❂ 别用不礼貌的语言评论别人

有没有说话的艺术,讲不讲说话的方式,是衡量一个人为人处世能力的一把尺子。在我们人类的所有活动中,没有一种活动比说话更频繁、更普通的了。所以说话时千万要注意自己的语言,不要让自己的一句话毁掉了你的事业。许多人图一时口舌之快,而闯下祸来。三国时的杨修,自以为聪明,多次语言冒犯曹操,结果赔上了自己的性命。

在现实生活中,有许多人爱在背后毫无顾忌地评论别人,说别人的坏话。他也许并无恶意,但有意无意地对他人造成了伤害,有时一句侮辱性的语言完全可能葬送深厚的友情。语言伤害有时会超过肉体上的伤害,因为语言上伤害的是一个人的心,是人的灵魂,是难以弥补的。

当你率性而为,在背后说了一大通有关别人缺陷的话,你的言语就像墙上的钉孔一样,会在人们的心灵中留下疤痕。你这样做就好比用刀子刺了别人的身体,然后再拔出来。无论你说多少次对不起,那疤痕都会永远存在。我们对人的心灵所造成的伤害,再多的弥补也无济于事,所以当你的言语伤害别人的时候,不管怎样总要留下退一步的余地,以免做出无法挽回的事来。这么多年来,你是否发现自己有过用不礼貌的言辞评论别人的事? 你要懂得当你在用这样的语言评判别人的时候,自己也可能正被别人这样评判。

🌀 背后说上司的好话会获得信任

背后说别人的好话,远比当面恭维别人的效果好得多。我们在背后说的他人的好话,是很容易传到对方耳朵里去的。

假如我们当着上司和同事的面说上司的好话,同事们会说我们是在讨好上司,拍上司的马屁,从而容易招来周围同事的轻蔑。另外,这种正面的歌功颂德所产生的效果是很小的,甚至还会有起到反效果的危险。同时,上司脸上可能也挂不住,会说我们不真诚。与其如此,还不如在上司不在场时,大力地"吹捧一番"。而这些好话,总有一天会传到上司耳中的。

有一位员工与同事们闲谈时,随意说了上司几句好话:"刘经理这人真不错,处事比较公正,对我的帮助很大,能够为这样的人做事,真是一种幸运。"这几句话很快就传到了刘经理的耳朵里。刘经理心里不由得有些欣慰和感激。而那位员工的形象,也在刘经理心里上升了。就连那些"传播者"在传达时,也忍不住对那位员工夸赞一番:这个人心胸开阔,人格高尚,难得。

在背后赞扬别人,能极大地表现说话者的"胸怀"和"诚实",有事半功倍之效。比如,夸赞上司,说他办事公平,对你的帮助很大,还从来不抢功,那么,往后上司在想"抢功"时,便可能会手下留情。

当别人了解到你对任何人都一样真诚时,对你的信赖就会日益增加。

✿说话大智慧✿

无论是谁,听到别人说自己的好话都不会不开心,既然说好话可以让别人开心,我们又不会因此受损,何乐而不为呢? 如果照这一准则办事,你几乎不会再遇到麻烦。如果你对此信守不渝,它会给你带来无数的朋友,会让你常常感到幸福快乐。

NO.17

智者耐心倾听
愚人随便插话

聪明的人，借助经验说话；

而更聪明的人，则是根据经验不说话。

说话往往就是，说得多错得也多，

但到了说比不说更有效时，

我们一定要说。

在别人说话的时候，做到耐心倾听，

不仅会使对方感受到你对他的尊敬，

更可以使他愿意对你说，

说出你想听的话来。

有一句民谚说:"聪明的人,借助经验说话;而更聪明的人,根据经验不说话。"西方还有一句著名的话:雄辩是银,倾听是金。中国人则流传着"言多必失"和"讷于言而敏于行"这样的济世名言。

这些都给了我们这样的建议:在个别交往中,尽可能少说而多听。在我们身边,经常会有这样的人,他们喜欢多说话,总是喜欢显示自己怎么样怎么样,好像他博古通今似的。这样的人,以为别人会很服他们,其实,只要有点社会阅历的人,都会不以为然。更聪明的人,或者说智慧的人,往往会根据自己的经验,知道自己要是多说,必然会说得多错得也就多,所以不到需要时,总是少说或者不说。当然,到了说比不说更有效时,我们一定要说。

智者的故事

刘先生是一家天然食品公司的推销员。一天,他上门推销,还是像平常一样,将芦荟精的功能、效用告诉一位陌生的顾客,对方是这家的女主人,刘先生看她没有什么兴趣,自己嘀咕:"今天又无功而返了。"当他正准备向对方告辞时,看到阳台上摆着一盆美丽的盆栽,种着紫色的植物,于是说:"好漂亮的盆栽啊!平常似乎很少见到。"

"确实很罕见。这种植物叫嘉德里亚,属于兰花的一种。它的美,在于那种优雅的风情。"女主人从容地解释道。

"的确如此。会不会很贵呢?"刘先生接着问道。

"很昂贵。这盆盆栽就要800元呢!"女主人接着说。

"什么?800元……"刘先生故作惊讶地问道。

刘先生心里想:"芦荟精也是800元,大概有希望成交。"

于是慢慢把话题转入重点:"每天都要浇水吗?"

"是的,每天都要很细心养育。"

"那么,这盆花也算是家中的一分子喽?"女主人觉得刘先生真是有心人,于是开始倾囊传授所有关于兰花的学问,而刘先生也聚精会神地听。

过了一会儿,刘先生很自然地把刚才心里所想的事情提出来:"太太,您这么喜欢兰花,您一定对植物很有研究,您是一个高雅的人。同时您肯定也知道植物带给人类的种种好处,带给您温馨、健康和喜悦。我们的天然食品正是从植物里提取的精华,是纯粹的绿色食品。太太,今天就当做买一盆兰花把天然食品买下来吧!"

结果对方竟爽快地答应了下来。她一边打开钱包,一边还说道:"即使是我丈夫,也不愿听我唠唠叨叨讲这么多;而你却愿意听我说,甚至能够理解我这番话。希望改天再来听我谈兰花,好吗?"

这一结果出人意料,但并非不在情理之中。实际上,只要你善于以话语诱导陌生人,你要办的事情往往会柳暗花明,甚至在你毫无思想准备的情况下骤然成功。

愚人的故事

有一个老板正与几个客户谈生意,谈得差不多的时候,老板的一位朋友来了。这位朋友插话说:"哇,我刚才在大街上看了一个大热闹……"接着就说开了。老板示意他不要说,而他却说得津津有味。客户见谈生意的话题被打乱,就对老板说:"你先跟你的朋友谈吧,我们改天再来。"客户说完就走了。

老板的这位朋友乱插话,搅了老板的一笔大生意,让老板很是恼火。随便打断别人说话或中途插话,是有失礼貌的行为,但有些人却存在着这样的陋习,结果往往在不经意之间就破坏了自己的人际关系。

乱插嘴的人令人讨厌

在社交场上,你时常可以看到你的一个朋友和另外一个不认识的人聊得起劲,此时,你可能就会有加进去的想法。

因为你不知道他们的话题是什么,而你突然加入,可能会令他们觉得不自然,也许因此话题接不下去。更糟的是,也许他们正在进行着一项重大的谈判,却由于你的加入使他们无法再集中思想而无意中失去了这笔交易;或许他们正在热烈讨论,苦苦思索解决一个难题,正当这个关键时刻,也许由于你的插话,会导致对他们有利的解决办法告吹,到后来场面气氛就会转为尴尬而无法收拾。此时,大家一定会觉得你没有礼貌,进而令别人都厌恶你,导致社交失败。

假设一个人正讲得兴致勃勃时,你突然插嘴:"喂,这是你在昨天看到的事吧?"说话的那个人因为你打断他说话,绝对不会对你有好感,很可能其他人也不会对你有好感。

　　许多不懂礼貌的人总是在别人谈着某件事的时候，在说到高兴处时，冷不防半路杀进来，让别人猝不及防，不得不偃旗息鼓。这种人不会预先告诉你，说他要插话了。他插话时有时会不管你说的是什么，而将话题转移到自己感兴趣的方面去，有时是把你的结论代为说出，以此得意洋洋地炫耀自己的口才。无论是哪种情况，都会让说话的人顿生厌恶之感，因为随便打断别人说话的人根本就不知道尊重别人。

　　培根曾说："打断别人，乱插嘴的人，甚至比发言者更令人讨厌。"打断别人说话是一种最无礼的行为。

　　每个人都会有情不自禁地想表达自己想法的愿望，但如果不去了解别人的感受，不分场合与时机，就去打断别人说话或抢接别人的话头，这样会扰乱别人的思路，引起对方的不快，有时甚至会产生误会。

　　要获得好人缘，要想让别人喜欢你，接纳你，就必须根除随便打断别人说话的陋习，在别人说话时千万不要插嘴，并做到：

　　＊不要用不相关的话题打断别人说话；

　　＊不要用无意义的评论打乱别人说话；

　　＊不要抢着替别人说话；

　　＊不要急于帮助别人讲完事情；

　　＊不要为争论鸡毛蒜皮的事情而打断别人的话题。

打断别人说话易引起抵触情绪

　　他人的自我意识好像一个卫兵，站在他的潜意识的入口，如果你唤起了他的自我意识或把它激发过重的话，他绝不会接受你的意见。因此，想说服对方时，先不要打断他，让他陈述他的意见和理由，即使你无法同意和接纳，也不要打断对方，尤其是提出正面反对意见时，更应先听对方的意见。等听完后再开始说"你说得很有道理，但是……"等反对理由。

　　心理学家提出一个概念——心理定式：若一个人肚子里有事，他就会启动其心理定式准备讲话，直到他把事情全部说完，他的心理定式才会转而听你的意见。所以，假如你想让自己的意见被对方听进去，达到说服他的目的，首先必须学会听对方讲话。这么一来，对方会有一种你很注意听他说话的感觉，认为你尊重他的意见，进而产生想和你说话的心理。这时,对方已经对你有了好感,会不知不觉朝被说服的方向去思考问题。这一点是在说服对方时相当重要的一项心理战术。

如果你不听对方的意见就直接提出反论,那么,势必引起对方在感情上的反驳,当然也就无法引起听你说话的欲望,这样做是极不明智的,尤其是对一些比较霸道和固执的人,采取这种方式会马上遭到反驳。

最有攻心技巧的人,在他的意见遭到反对,或某人要发牢骚时,他总是耐心地听对方把话讲完,还进一步请对方重复其中某些观点和理由,询问对方是否还有别的什么事情要说。这样做就消除了对方的抵触情绪,使对方意识到,听话的人对他的观点感兴趣。

另外,社会心理学家通过对人际关系的研究,一致提出,人际相处的一个最根本的信条就是"不批评对方",并且,要完全倾听对方的谈话,这样,才能使对方开怀畅谈。心理咨询时,心理医生通常都尽量让对方说完自己想说的话,而避免在中途打岔。否则,对方倾诉的欲求得不到满足,彼此也就无法建立较亲密的交谈关系,甚至会造成双方敌对的情绪。另外,一项客户与推销员问题信赖程度的调查也显示:那些在商品售出之后会受到客户非分要求的推销员,大部分都喜欢说话,并且经常打断客户的话。因此,我们可以推知,要启开对方心扉,建立起亲密的关系,问题就在于说话的方式与内容。这样,大家就能明白有作为的推销员多半较木讷的道理了。

耐心听别人谈他自己

有一首诗说:"九牛一毛莫自夸,骄傲自满必翻车。历览古今多少事,成由谦逊败由奢。"这话是针对那些缺乏自知之明,盲目自满的人所说的,但对于我们正确地对待生活,塑造自己良好的交际形象和性格品质,也有着十分现实的意义。人的学业无止境,无论潜心自学还是向人求学,没有谦虚的态度就不会有长进。人生道路曲曲折折,要在复杂的人际关系里游刃自如,健康发展,没有虚心、诚恳的态度同样是不行的。"成由谦逊败由奢",有谦逊的态度,才会有自知之明,知道自己的不足,就有了努力的方向。

不少人,为了使别人赞同自己的意见,就唠唠叨叨地说个不停,使别人根本没有说话的余地。尤其是有的推销员最易犯这个毛病,一味地对顾客夸耀自己的货物如何美好,使顾客没有插嘴的余地,其实这是最错误的事。顾客有购买的念头,才挑剔货物,他批评这些货物,不必与之争辩,选定之后,他自然会购买。若是你和他争辩,就如同指责顾客没有眼光,不识好歹。顾客受此侮辱,肯定到别家去了,岂不白白损失了一笔生意?

所以别人说话的时候,自己若有不同意之处,应待人家说完,切不可插进去或阻止,阻止别人其实是最大的错误。因为当别人还有许多话没有说完,是绝不会接受你的意见的,也根本不注意听你的。所以我们应鼓励别人把意见表达出来,耐心地倾听对方讲话。

倾听者的良好素质

在听别人说话的过程中,一位高明的谈话者往往能够体现出许多良好的素质。他有一颗精细的心,能够体察别人的感情;他富于同情,能乐人之乐、忧人之忧;他有深厚的涵养,能体谅别人的难处,宽恕别人的错误,容忍别人的缺点;他有良好的耐性,能够长时间地听取别人零乱、不成熟,甚至是语无伦次、前后矛盾的意见。他还具有发掘和吸收别人观点的热忱和能力,当别人因有顾虑而欲言又止的时候,他能诚恳而友善地鼓励他们讲下去;而别人偶尔说出有趣的话,他就发出会心的笑;当别人讲出一些不错的道理时,他就连连点头;当别人试图说出一些难以表达的思想时,他就凝神细听,并且不时就没有听清楚的问题向别人请教;当别人的讲话告一段落时,他就把别人所讲的内容整理得条理清楚,并加以吸收。由于有以上的良好素质,高明的谈话者往往能深刻细致地了解各式各样的人。他的语言,往往可以非常有效地打动人的心坎。这样,无论什么人见到他,都愿意把他当做知心朋友,愿意向他吐露自己的心事,把自己藏在心中剧烈的痛苦、烦恼都向他倾吐出来,希望得到他的同情、安慰和帮助。

此外,一个高明的谈话者还必须谦虚谨慎。无论别人怎样敬仰他、佩服他,他都应该态度谦恭,虚怀若谷。一个狂妄自大、目中无人的人,是没有多少人愿意与他交谈的;同样,一个心地狭窄得只容得下他自己的人,也是不受欢迎的。

乔·吉拉德是首屈一指的汽车推销员,然而,他也有过一次难忘的失败经历。

有一次,有位顾客来找乔商谈购车事宜。他向那人推荐一种新型车,进展非常顺利,就在成交的节骨眼上了,对方却突然决定不买了。

那天晚上,乔辗转反侧,百思不得其解。他忍不住给对方拨通了电话:"您好先生,今天眼看您就要签字了,为什么却突然走了呢？"

"先生,你知道现在几点钟了？"

"真抱歉,我知道是晚上11点钟了,但我检讨了一整天,实在想不出自己到底错在哪里。"

"很好,你现在正在用心听我说话吗？"电话那头说。

"非常用心。"他答道。

"可是,今天下午你并没有用心听我说话。就在签字之前,我提到我的儿子即将进入大学,我还跟你说到他的学习成绩和理想,可你根本没有听！"

对方继续说道:"当时你在专心听另一名推销员说笑话,可能你认为我说的这些与你无关,但是我可不愿意从一个不尊重我的人手里买东西。"

乔从此知道了,用心倾听对于做任何一件事都是那样的重要。

每个人都有倾诉的欲望

人人皆对自己的经历和所做的事情怀着莫大的兴趣,人们最高兴的也莫过于对他人谈论这些事情。但过分地谈论这些,会使听者失去兴趣。

比如,有的人做了一个十分有趣的梦,觉得是亲临其境,其乐无穷,结果逢人便说,不厌其烦。另外,有的人则喜欢喋喋不休地对人说一些自己以前的经历:上中学时怎样,上大学时怎样,刚参加工作时怎样,后来又怎样……如此等等。但是我们若仔细想一想,自己有兴趣的事情,别人也像我们一样有兴趣吗？那些断续破碎、稀奇古怪的梦境,除了做梦者本人,别人听来是非常沉闷的。如果听者对说话者提到的那些往事、那些人、那些地方一点也不熟悉,一点也不觉有趣,无疑他也不会与说话者产生共鸣。

凡此种种,不外乎证明人们对自己所经历的事情感兴趣,而对与自己毫无关系的事情觉得索然无味。所以,我们在与他人交谈时,应把握听者的这一心理。

每个人都会做梦,他对别人那种无关大局的梦不会感兴趣;每个人也都有自己的经历,他对别人那种平淡无奇、与己无关的经历也不会关心。这一事实告诉我们,在与人交谈中,尽量少谈一些对方不感兴趣的事,不要喋喋不休地谈论自己的生活、孩子、事业等,除非对方在特殊情形下的确感兴趣的时候,否则,还是以谈别的话题为佳。

同时,既然我们知道每个人最喜欢的是自己熟知的事情,那么在交谈中便可以尽量逗引别人去说他自己的事情。这是使对方高兴的最好的方法。如果我们充满了同情和热忱去听他津津有味的叙述，一定可给对方较佳的印象。

因此，要想多交朋友，要想在交际上取得成功，自己就应该少说别人不感兴趣的话，不要只讲自己、表现自己，而是应该耐心地去听取别人的说话。

在候机大厅里，庞克正在专心读书，忽然邻座传来一位老太太的声音："我敢说芝加哥现在一定很冷。"

"大概是吧。"庞克漫不经心地答道。

"我快三年没去过芝加哥了。"老太太说，"我儿子住在那儿。"

"很好。"庞克头也不抬地说。

"我丈夫的遗体就在这飞机上。我们结婚都有53年了。你知道，我不开车。他去世时是一位修女开车把我从医院送出来的。我们甚至还不是教徒呢。葬礼的主持人把我送到机场。"老太太有点忧伤地说。

此时，庞克觉得自己刚才不理老太太的行为多么令人讨厌，他终于明白：身边有一个人正在渴求别人倾听她的诉说。她孤注一掷地求助于一个冷冰冰的陌生人，而这个人更感兴趣的是读书。

她所需要的只是一个听众，不要忠告、教诲、金钱、帮助、评价，甚至不需要同情，仅仅是乞求对方花上一两分钟来听她讲话。

庞克不再读书了，而是用心听老太太说话。老太太一直缓缓地讲着，直到他们上了飞机。

这看起来是那么矛盾：在一个拥有发达的通讯设备的社会里，人们却苦于无法交流，无法找到一个听众。老太太在机舱另一边找到了她的座位。当庞克把大衣挂起来的时候，又听见老太太用带着哀愁的音调对着她的邻座说："我敢说芝加哥现在一定很冷。"

庞克在心里祈祷："上帝，但愿有人听她讲。"

人都会有一种倾诉的欲望，如果有人在向你喋喋不休时，耐心地倾听就是对他人最大的尊重。

做一个耐心的倾听者

现代社会中,我们希望人人都能勇于开口,大胆说话。但凡事都有个分寸,如果我们不会把握这个分寸,那就只能适得其反,弄巧成拙。

生活中有许多是非之争是因为谈话多了;话说得愈多,出毛病的机会也就愈多。教人少说废话多做实事,这是古今中外哲人学者的共识,它饱含着深刻的辩证法则。真正有学问的人大智若愚,不太乱说话。相反,那些腹中空空,没有几点文墨的人却喜欢大吹大擂。所以,我们应记住一条原则:在任何地方和场合,最好能少说话。若是到了非说不可时,那你所说的内容、意义,所选用的词句,所伴随的姿势以及说话的声音,都不可不加以注意。在什么场合该说什么话,用什么方式说,都值得注意。无论是在探讨学问、接洽生意,实际应酬或娱乐消遣中,种种从我们口里说出的话,一定要有中心,要能具体、生动,要十分精彩。

在类似座谈会的场合中,大家都踊跃发言,而不注意听清楚别人的意思。所以,彼此之间经常产生误会,各想各的,都站在自己的立场,擅自解释别人的意见,表面上看起来,大家讨论得十分热烈,事实上非常散乱。因此,真正有见识的人,会在脑中把众人的论点分析、整理出来,而当座谈会进行到中段以后,才提出他归纳后的要点,让大家有个一致的方向。然后,再说出自己的意见,使整个讨论的方向更为明确,这种人才是最会表达的人。

为保证说的每一句话为人所重视,不惹人讨厌,唯一的资本是少说话,静静地思考,耐心地听别人说话。

做一个耐心的倾听者要注意 6 个规则:

规则一:对讲话的人表示称赞。这样做会营造出良好的交往气氛。对方听到你的称赞越多,他就越能准确表达自己的思想。相反,如果你在听话中表现出消极态度,就会引起对方的警惕,对你产生不信任感。

规则二:全身注意倾听。你可以这样做:面向说话者,同他保持目光的亲密接触,同时配合标准的姿势和手势。无论你是坐着还是站着,与对方要保持在对于双方都最适宜的距离上。我们亲身的经历是,只愿意与认真倾听、举止活泼的人交往,而不愿意与推一下转一下的石磨打交道。

规则三:以相应的行动回答对方的问题。对方和你交谈的目的,是想得到某种可感觉到的信息,或者迫使你做某件事情,或者使你改变观点,等等。这时,你采取适当的行动就是对对方最好的回答方式。

规则四:别逃避交谈的责任。作为一个听话者,不管在什么情况下,如果你不明白对方说出的话是什么意思,你就应该用各种方法使他知道这一点。

比如,你可以向他提出问题,或者积极地表达出你听到了什么,或者让对方纠正你听错之处。如果你什么都不说,谁又能知道你是否听懂了?

规则五:对对方表示理解。这包括理解对方的语言和情感。有个工作人员这样说:"谢天谢地,我终于把这些信件处理完了!"这就比他简单说一句"我把这些信件处理完了"充满情感。

规则六:要观察对方的表情。交谈很多时候是通过非语言方式进行的,那么,就不仅要听对方的语言,而且要注意对方的表情,比如看对方如何同你保持目光接触、说话的语气及音调和语速等,同时还要注意对方站着或坐着时与你的距离,从中发现对方的言外之意。

在倾听对方说话的同时,还有几个方面需要努力避免:

第一,别提太多的问题。问题提得太多,容易造成对方思维混乱,谈话精力难以集中。

第二,别走神。有的人听别人说话时,习惯考虑与谈话无关的表情,对方的话其实一句也没有听进去,这样做不利于交往。

第三,别匆忙下结论。不少人喜欢对谈话的主题作出判断和评价,表示赞许和反对。这些判断和评价,容易让对方陷入防御地位,造成交际的障碍。

再列举6点令人满意的听话态度:

＊适时反问。

＊及时点头。

＊提出不清楚之处并加以确认。

＊能听出说话者对自己的期望。

＊辅助说话的人或加以补充说明。

＊有耐心并想深入了解说话的内容。

◎ 倾听能帮助你思考

很多人擅长侃侃而谈，并以此为荣。不错，在很多时候，这些人奔放的思想、精彩的言辞烘托了交际氛围，使大家能交融在一起，彼此很高兴、友善地交流沟通。但对这些人来说，如此的举止或许能为你赢来朋友，却得不到对你有用的信息。这样的方式只使你付出，却无法收获什么。

人的能力毕竟有限，肯定有许多东西是我们个人所无法了解的，通过倾听别人的谈话，我们可以获取许多有用的信息，可以分享他们的知识和经验，为我们的思考提供帮助。

1951年，威尔逊带着母亲、妻子和5个孩子，开车到华盛顿旅行，一路所住的汽车旅馆，房间矮小，设施破烂不堪，有的甚至阴暗潮湿，又脏又乱。几天下来，威尔逊的老母亲抱怨地说："这样的旅行度假，简直是花钱买罪受。"善于思考问题的威尔逊听到母亲的抱怨，又通过这次旅行的亲身体验，得到了启发。他想：我为什么不能建立一些便利汽车旅行者的旅馆呢？他经过反复琢磨，暗自给汽车旅馆起了一个名字叫"假日酒店"。

想法虽好，但没有资金，这对威尔逊来说，确是最大的难题。拉募股份，但别人没搞清楚假日酒店的模式，不敢入股。威尔逊没有退缩，心中只有一个念头，必须想尽办法，首先建造一家假日酒店，让有意入股者看到模式后，放心大胆地参与募股。远见卓识、敢想敢干的威尔逊，冒着失败的风险，果断地将自己的住房和准备建旅馆的地皮作为抵押，向银行借了30万美元的贷款。1952年，也就是他旅行的第二年，终于在美国田纳西州孟菲斯市夏日大街旁的一片土地上，建起了第一座假日酒店。5年以后，他将假日旅馆开到了国外。

倾听别人说话，是处世中必不可少的内容。能够耐心听别人说话的人，必定是一个富于思想的人。威尔逊就是一个有思想的人。他的成功，在于他能注意倾听别人的谈话。

我们在吸取他人有益的思想时，必须做的事就是要像威尔逊那样，学会倾听，听别人说什么，从他人的语言中提炼有价值的信息，便于自己思考时使用。

我们的听觉不仅仅是一种感觉，它是由4种不同层面的感觉组成的：生理层、情绪层、智力层和心灵层。眼睛和耳朵是思维的助手，通过它们我们可以感觉到真正的意味。当它们"动作"协调时，我们就能够真正听到别人在说些什么，而不是草率地听。

成功的推销员给顾客说话的机会

一位成功的推销员若想拥有大量固定的销售对象,必须要做到以下五点:

* 争取拉到新的顾客。

* 逐步增进与客户间的了解,加深彼此间的信任。

* 及时帮助顾客解决购买商品时出现的问题和遇到的困惑。

* 征得客户的商品订货单。

* 向顾客推销新产品。

要做好这五项工作,其中最重要的是推销人员如何做到充当公司与客户间的联系人,以维持与顾客间的人际关系。除此之外,还必须进一步加深本身与顾客的关系。如果推销人员不首先做到这一点,便无法开展工作。

有这样一个例子:

一家机电公司的经理经常向某电子产品厂家订货,有一次某位记者问到这家机电公司为什么偏对那家电子产品厂家感兴趣,因为这家电子厂家的产品并不是该市质量最好的。机电公司经理回答说:"我之所以会大量购买他们公司的产品,是因为我很欣赏他们的推销人员,因为我认为他们的推销人员是我所见到的推销行业中最棒的。他总让我有说话的机会。"

因此,不论是零售店,还是代理商、批发商,或是代理商和批发商的推销员,若要打开该商品的销路,提高商品在该销售点的市场占有率,必须要建立良好的人际关系。

而这种联系人的角色得要有谦逊的态度。给别人说话的机会,一方面是表示你的谦逊,而使别人感到高兴,另一方面可以借此机会,观察对方的语气神色,给你一个测度的机会,这不是两全其美的方法吗? 可是,现在有许多人,总是喜欢抢先,好像自己先说了,便可以压倒对方或者使对方觉得自己不是一个平凡的人;又有好多人,一开始说话,便滔滔不绝,自以为是个长于口才者,殊不知别人早已对他有了一个恶劣的印象。事实上他已经失败,这根本不是在交谈,完全是他说给人听,以后他将不受人欢迎,人们见到他只会退避三舍。

倘若你是一个店员,对上门的顾客滔滔不绝地宣扬自己货物如何的优良,此时,顾客对你如簧之舌、天花乱坠的说话,只不过当做是一种生意经,绝不会轻易相信购买的。反过来,你如果给顾客留有说话的余地,使他对货物有批评的机会,你只是成为与他对此货物互相讨论的人,那么你的生意就可以做成了,因为上门的顾客,他早存有选择和求疵的心理,尽管他把货物批评得多不好,只要他选定了,自然会掏钱出来购买的。而你只知夸耀自己的货物,或是对顾客的批评只知争辩,无异指责顾客没有眼光,不识好货,这不是对顾客一个极大的侮辱吗?他在受了极大的侮辱之后,还会来买你的货物吗?

倾听中的插话技巧

一个倾听高手在倾听过程中如何插话,才有助于达到最佳的倾听效果呢?

根据不同对象可采取不同的方法:

1. 当对方在同你谈某事,因担心你可能对此不感兴趣,显露出犹豫、为难的神情时,你可以趁机说一两句安慰的话。

"你能谈谈那件事吗?我不十分了解。"

"请你继续说。"

"我对此也是十分有兴趣的。"

此时你说的话是为了表明一个意思:我很愿意听你的叙说,不论你说得怎样,说的是什么。这样可以消除对方的犹豫,坚定他倾诉的信心。

2. 当对方由于心烦、愤怒等原因,在叙述中不能控制自己的感情时,你可用一两句话来疏导。

"你一定感到很气愤。"

"你似乎有些心烦。"

"你心里很难受吗?"

说这些话后,对方可能会发泄一番,或哭或骂都不足为奇。因为,这些话的目的就是把对方心中郁结的一股异常情感"诱导"出来,当对方发泄一番后,会感到轻松、解脱,从而能够从容地完成对问题的叙述。

值得注意的是,说这些话时不要陷入盲目安慰的误区。不应对他人的话作出判断、评价,说一些诸如"你是对的"、"他不是这样"一类的话。你的责任不过是顺应对方的情绪,为他架设一条"输导管",而不应该"火上浇油",强化他的抑郁情绪。

3. 当对方在叙述时急切地想让你理解他的谈话内容时,你可以用一两句话来"综述"对方话中的含义。

"你是说……"

"你的意见是……"

"你想说的是这个意思吧……"

这样的综述既能及时地验证你对对方谈话内容的理解程度，加深对其的印象，又能让对方感到你的诚意，并能帮助你随时纠正理解中的偏差。

以上三种倾听中的谈话方法都有一个共同的特点，即不对对方的谈话内容发表判断、评论，不对对方的情感作出是与否的表示，始终处于一种中性的态度上。切记，有时在非语言传递的信息中你可以流露出你的立场，但在语言中切不可流露，这是最重要的。如果你试图超越这个界限，就有陷入倾听误区的危险，从而使一场谈话失去了方向和意义。

说话大智慧

当别人讲话时，你要耐心地听着，抱着一种开阔的心胸，诚恳地鼓励他说出自己的看法，这样才能使对方感受到你对他的尊敬。

NO.18

智者一句话把人说笑
愚人一句话把人说跳

把人说"笑"的语言，
通常是柔美的，
把人说"跳"的语言，
通常是尖刻的。
善于谈话的人，
一句话就能结下人缘，
不善于谈话的人，
一句话就能伤人一颗心。

"一句话能把人说笑,也能把人说跳"。一般情况下,能把人说"笑"的语言,通常是柔美的;能把人说"跳"的语言,则是尖刻的。

能把"跳"的人说"笑",需要优美的语言。所以,柔和谦逊的说法,是优美语言的重要内容。

柔和谈吐表现为:说话语气亲切,语调柔和,语言含蓄委婉,说理自然,等等。这种柔和谈吐,易使对方感到亲切、愉悦,所谈之言易于入耳生效,有较强的征服力,能收到以柔克刚的效果。

智者的故事

1962年,崔英调进中央办公厅秘书室工作。在12月间的一个周末晚会上,崔英见毛主席正坐在沙发上休息,立即走过去,向毛主席伸出了手,自我介绍说:"我是新调来的,在秘书室工作。"

毛主席握着崔英的手,看着她的面孔说:"新来的?好像见过面嘛!"崔英很惊讶毛主席的记忆力,她告诉毛主席说:"1955年我在中央宣传部工作,那时中宣部在中南海乙区办公,夏天在乙区游泳池见过主席。"毛主席凝神听了崔英的话后,说:"噢,我说见过面嘛。七年怎么就会忘记呢!"

毛主席示意崔英坐在他身边的沙发上,亲切地问她是哪里人,叫什么名字,待崔英回答后,毛主席微笑着很风趣地说:"那么你的爱人可能是姓张了?"

这一下子可问得崔英茫然不知所措,没等崔英回话,毛主席又面带笑容地问:"你读过《西厢记》吗?"崔英这才恍然大悟,明白了毛主席说她爱人可能姓张的来由。崔英笑了,毛主席也大笑起来。事后崔英回忆说,毛主席谈笑风生,平易近人,使她一点也不感到拘束。

愚人的故事

美国一位企业家,有次应邀参加一个聚会,聚会期间朋友为他介绍了一个记者。恰好这位企业家以前曾在报纸上见过他的大名,对着这位西装革履,风度翩翩的记者,企业家讨好地说:"久闻大名,我在报纸上见过你的文章,文采飞扬,读后受益匪浅。"

　　结果这位记者听后,扭头就走。企业家莫名其妙地去问他朋友,他朋友说:"唉,你拍马屁拍到马蹄子上去了。你知道他是写什么的吗? 他们主任给他小鞋穿,他是专门写讣告的。"

　　这就是在无意之中触怒了别人。在你的生活中有没有过别人的一句话深深刺痛了你,让你终身难忘,或你一句话深深刺痛了别人,让别人终身难忘的事? 触怒别人常在无意中发生,你在不知不觉中就得罪了人。

🌀 不要用言语伤人

　　人与人相处,不能始终默不作声,就是最沉默的人,在必要时,也不能不说几句话。说话是沟通彼此情愫的必需工具,你好与熟人讲话,不算本领,能与生人讲话,说得相投如故,相见恨晚,才是口才本领。你的说话目的,既在沟通情愫,当然力避因说话而反失人和。"得道者多助,失道者寡助,多助之至,天下顺之,寡助之至,亲戚叛之。"说话实在是做人之道,古人所谓"片言之误,可以启万口之讥"。刚走上社会的大学生说话宜少不宜多,宜小心不宜大意,要出口以前先得想一想,替听你说话的人想,别人愿意听的话才出之于口,别人不愿听的话还是不说为上。

　　所谓不愿意听的话,分很多种。老生常谈,别人是不愿意听的;一说再说,耳熟能详,别人是不愿意听的;与别人的心境相反,别人是不愿意听的;与别人主张相反,别人是不愿意听的;与别人毫不相关,别人是不愿意听的;与别人有利害冲突,别人是不愿意听的;与别人的程度不同,别人是不愿意听的;有关别人的创痕,别人是不愿意听的;有关别人的隐私,别人是不愿意听的。而别人最不愿意听的,是尖锐锋利而又刻薄的话。

　　说话所引起的反应,也有几种,第一种是有隽永之味,第二种是有甜蜜之味,第三种是有辛辣之味,第四种是有爽脆之味,第五种是有新奇之味,第六种是有苦涩之味,第七种是有寒酸之味,而最坏的反应,是创痛之味!

　　委婉含蓄,令人回味,对方能产生隽永的反应;热情洋溢,句句动人心坎,对方自会产生甜蜜的反应;激昂慷慨,言人所不敢言,对方自会产生辛辣的反应;知无不言,言无不尽,对方自会产生爽脆的反应;幽默风趣,妙语连珠,对方自会产生新奇的反应;陈义晦涩,言辞拙讷,对方自会产生苦涩的反应;一味诉苦,到处乞怜,对方自会产生寒酸的反应；好放冷箭，伤人为快，伤人越甚，越以为快，对方自会产生创痛的反应。

说话能得隽永反应者为上，能得甜蜜反应者为次，能得爽脆反应者为冷，能得辛辣反应者更冷，得到新奇的反应，苦涩的反应，寒酸的反应的话都是下等，而得到创痛反应的话，更是大反人情！

但是说尖刻话的人，未尝不自知其伤人，而仍以伤人为快，这是什么道理呢？说白了，这完全是心理的病态，而心理之所以有此病态，也自有其根源，是后天性的，不是先天性的。换句话说，就是环境使其走入歧途。

第一，他有些小聪明，且颇以聪明自负，而一般人却不承认他聪明，因此他有生不逢时之感。

第二，他富有自尊心，希望一般人尊重他，偏偏事不遂愿，因此他对人产生仇视的心理。

第三，仇视的心理，郁积很久，始终找不到消释的机会，他自己又不知培养自身的修养，于是这种仇视心理只有走发泄的路，到处寻找谁是他的仇视对象。

因为刺激的方面人多，早已成为极复杂的观念，复杂简单化，每个与他接触的，都成为其发泄的对象。他认为人们都是可恶的，不问有无旧恨，有无新仇，都要伺机而动，滥放冷箭。

这种人在社会上只有失败，不会成功，即使在家里亲如父兄妻子，也不会水乳交融；然而在社会上，别人则以眼还眼，以牙还牙，总有一天，会成为大众的箭靶子。所以说，说话尖刻，足以伤人情，伤人情的最后结果是伤了自己。

人都有不平之气，对方说的话，你觉得不入耳，不妨充耳不闻；对方的行为，你觉得不顺眼，不妨视而不见，何必过分认真。

不说让人难下台的话

小王有次放假回老家，去同学家里玩。同学老家有死了长辈三个月不许理发，以示戴孝的习俗。小王去的时候正遇同学母亲去世没多久。他们好久没见面了，见面后为了表示亲热，小王打了同学一拳，看着他长长的头发，开玩笑地说："瞧你这么长的头发，像条翻毛狗一样。"旁边其他同学赶紧给他使眼色，可他一点都没注意仍然说："这么乱糟糟的，麻雀都可以在上面做窝了。"

虽然同学见小王大老远从深圳赶回来，不好说他。但当其他同学告诉小王是因为同学母亲去世，三个月不许理发，表示戴孝时，小王内心却深深内疚了：别人母亲去世了，内心该多痛苦啊！可我还要开玩笑，虽然不知者不罪，但这毕竟是火上浇油的行为。

话题是否恰当，要视你周围的人们以及一刹那的气氛而定，要尽量避免那些会使双方动怒或争辩的话题，对周遭状况保持敏锐，不要有意或无意触怒别人。否则，会令你自己下不了台。

某一家企业有一位股长，偶尔在公事上犯了错误，因而遭到上级的斥责，上级说："你无论做什么事，总是会留下缺点，被人抓到辫子。"这位股长听到这句话，立刻血液往头上冲，心里十分不高兴，当场反驳说："会讲这种刻薄话的人，我相信顶多只能当科长，不会再高升了。"

不料，这一句话偏偏正打中这位科长原本闷在心里，极不愿被人提及的事情，因此科长顿时脸色变得很苍白，讷讷地说："这么说来，还是我不对吧！"说完，就从办公室走了出去。为了这短短的一句话，后来这位股长和科长之间事事不调和，结果到人事调动时，这位股长被调到乡下的某小分店去当股长，虽然同样是股长的职位，但总公司的股长和乡下小分店的股长，却差了一大截，很明显的，这是被贬职。

人是感情的动物，谁敢保证不会生气呢？而因一时冲动不加考虑说的某一句话，往往会导致失败的命运。对年轻人而言，这种失败的教训总有过两三次吧！如果能注意以下两项的话，应能防止再犯。

第一项，自认为这句话是绝招，一旦脱口说出，必有决定性的效果，这种与利害有关的话语，纵然跑到嘴边也要吞下去不说。尤其针对对方的弱点或对方所依靠的部分非难的话，最会伤害人家的自尊心，两人之间可能因此产生一道永远无法填补的鸿沟。

也许在一时冲动之下，说了一些非难或攻击性的言词，可是第二天主动找对方诚恳地道歉说："昨天我实在讲得太过分了，现在，我诚恳地向你道歉，请你原谅我吧！"

如果能有这种开朗作风，也许对方就不再计较，两人可以化干戈为玉帛了。

第二项，不要说连自己也会感觉很意外的话，这种话往往被解释成平常就有这种潜在意识。

所以自己有时候要冷静地想一想，平常对上级或同事抱着怎样的观点或感情，以免嘴快惹出祸端来。正如前面的例子，那位股长只因为说了"顶多只能当科长"这句话，结果使科长受到刺激而对自己不利。

按照精神分析学家的看法,失言或冲动之下无心说出的话,是由于平日就存有这种看法,才会不经心地说了出来。所以,平常就须随时冷静反省自己对某件事物的看法,或对某人的评价,是不是过于偏差,以谦虚的心来检讨;若需要改善就要用心地加以改善,若百思仍不得其解时,只好求助于别人,请他们在一旁督导你的一言一行。

🌀 不拿别人的短处取乐

生活中,人们在一起聊天时,总喜欢说些有趣的事,以此来给工作和生活增添开心的笑声和情趣。这种乐趣是生活的浪花,深受人们的欢迎。

但是,有些人却喜欢谈论别人的隐私,常拿别人的过失、缺陷作为乐趣和笑料,用揭别人的短来换取笑声、寻开心。如此拿人取乐,是一种不良行为。它虽然也能引出笑声,但同时也给被谈论者带来苦恼和怨恨,严重影响人际关系的发展,所以千万不要把谈论别人的缺点当做乐趣。

有几位年轻同事在一块聊天,偶然谈及黑痣的话题,其中一位平素最活跃的青年突然沉默。后来才知道,这位同事腿上有一粒大黑痣。

有人偏偏口下无德,爱揭人短处:

"你的胸脯真像液晶显示器。"

"怎么啦?"

"超薄型!"

这种人,时时处处注意他人的短处,拿来取笑,可也要知道,踢别人一脚,要提防别人一拳。拿人取笑,伤了别人对自己也不见得有多少好处,这种话还是少说为佳。

有些人是因为考虑不周,言辞无形中冒犯了他人。

"老王,你太辛苦了,白发如云!"

"老刘,你秃顶了!"

对年轻女同事说:"小李呀,你最近可发福了!"

这种话还是不说为妙,时刻提醒自己注意不要犯别人的忌讳。

摩洛哥有句俗语叫:"言语给人的伤害往往胜于刀伤。"

拿别人的缺陷取乐是不明智的,容易使人反感,引起矛盾和冲突。

谈论别人的短处以取乐是一种低级庸俗有害无益的说话方式。这种方式引来的笑声是建立在别人的痛苦之上的,很容易闹出事端来。

由于你伤害了别人的自尊心,你将结下夙敌。同时,也有损于你的社交形象,人们会认为你是个刻薄饶舌的人,会对你产生反感、戒心,因而对你敬而远之。把谈论别人的缺点当做乐趣,实在是一件损人而又不利己的事。

金无足赤,人无完人,凡人皆有其长处,亦必有其短处。我们为什么不能谈论别人的长处,偏要以谈论别人的短处来取乐呢?

再说,宇宙之大,谈话的资料取之不尽,用之不竭,我们何必一定要把别人的短处作为话题呢? 我们若仔细想想,就会明白,我们所知道的关于别人的事情不一定就完全可靠,也许别人还有许多难言之隐非我们所熟知。若我们贸然把听到的片面之词宣扬出去,那么就容易颠倒是非,混淆黑白。我们若说出了什么话,就很难收回来了,即使事后明白了事情真相,也不可能收回去,因此,我们若不是确切地知道某件事情的真相,切忌胡说八道。

另外,如果别人向我们谈起某人的短处,我们该何以应对呢?最好的办法是听了便罢,不要深信这种传言,不必将它记在心中,更不可做传声筒,而且还要提醒谈论别人短处的人是否对所谈的事情有所调查、确有把握。

朋友相聚,都不免要找个话题闲聊。天上的星河,地上的花草,眼前的建筑,身后的山水,昨日的消息,今天的新闻,都是绝好的谈话内容,何必去说东家长西家短,无事生非地议人家的短处呢? 好说人家短处是一种不道德的行为,我们必须克服。

把话说到别人的心窝里

富兰克林在自传中有这样一段话:"我在约束自己言行的时候,在使我日趋成熟,日趋合乎情理的时候,我曾经有一张言行约束检查表。当初那张表上只列着十二项美德,后来,有一位朋友告诉我,我有些骄傲,这种骄傲经常在谈话中表现出来,使人觉得盛气凌人。于是,我立刻注意到这位友人给我的忠告,并且相信这样足以影响我的发展前途。随后我在表上特别列上虚心一项,以专门注意我所说的话。现在,我竭力避免一切直接触犯或伤害别人情感的话,甚至禁止使用一切确定的词句,如:'当然'、'一定'等,而用'也许'、'我想'来代替。"

说话,是一个传递信息的过程。因此,提高自己的语言表达能力,把话说好,不仅关系到说话者本人能否准确、流畅地表达自己的思想,而且还在于你所表达的思想、信息,能否为听众所接受并产生共鸣。也就是说,把话说好,关键在于能否把话说到别人的心窝里,打动别人的心弦。

深圳电车模范售票员王苹不但具有全心全意为乘客服务的热情,而且还有一口暖人肺腑的语言。口才,使她说话深深打动乘客的心弦,使她在平凡的工作岗位上创造了不平凡的业绩。她是怎样工作的呢?请看:

有一天,车上的乘客很多,而这时又上来了一位抱小孩的妇女。于是王苹同往常一样对乘客们说:"哪位同志给这位抱小孩的女同志让个座儿。"但她连讲两次,无人响应。王苹没有着急,缓缓地站了起来,用期待的眼光看了看靠窗口的几位小伙子,提高了嗓音:"抱小孩的那位女同志,请您往里走,靠窗坐的几位小伙子都想给您让座儿,可就是没有看见您。"话音刚落,"呼啦"一声,几位小伙子都不约而同地站了起来让座。这位女同志坐下以后,光顾喘气定神,忘记对让座的小伙子道谢,小伙子面露不悦的神色。王苹看在眼里,心中明白,她忙中偷闲,逗着小孩子说:"小朋友,叔叔给你让了座儿,你还不谢谢叔叔。"一语提醒那位妇女,连忙拍着孩子说:"快谢谢叔叔,快谢谢叔叔。"那小伙子听到"谢谢叔叔"时,连声说:"不客气。"

王苹的几句话为什么能产生这么大的魔力?因为她了解人们的自尊心,只有充分理解人们的自尊心,才能把话说到别人的心窝里。

美国著名的哲学家詹姆斯曾经说过:"人类天性的至深本质就是渴求为人所重视。"从某种意义来说,人类正是凭着寻求自尊的激情,才造就了古往今来的千千万万的丰功伟绩,从古老的长城,到现代的宇宙飞船。

我们与人说话,要想收到"心有灵犀一点通"的效果,就要理解人们的合理需要,爱护人们的自尊心,要做到这一点,我们在谈话的时候就要经常注意"转换角度",即善于"站到对方的立场上,从对方的观点来观察问题,如同用你的观点一样"。

⊚ 照顾对方的自尊

如果在社交活动中不能根据交际对象的心理,选择恰当的语言形式,挫伤他人的自尊心,后果又将如何呢?

詹丽颖心地善良,待人热情,常常给人以最无私的帮助,可是周围的人却有些厌恶她。这是为什么呢？原来詹丽颖在社会交往中违背了言语交际所应该遵循的原则。所以，虽然她主观愿望很好，结果却适得其反，事与愿违。

熟人、同事、朋友之间为增进友谊而交际，说话"随便"一点儿本无可非议。但是，这种"随便"应该掌握一定的分寸，应该有一个限度，因为每个人心灵中都有自己神秘的一隅，交谈时，应该照顾对方的自尊，以免使人陷入难堪的境地。詹丽颖却完全不考虑这些，她对一位因发胖而羞赧的女同事高声宣布："哟，你又长膘啦？你爱人净弄什么给你吃，把你喂得这么肥啊？"发出这一串语言信号时，詹丽颖本没有丝毫恶意，可是，这些话语无疑激起了对方的反感以至恼怒，使双方原本亲密的感情发生裂变，不仅达不到亲近的交际目的，而且极大地拉开了双方的心理距离。

失去丈夫是件最不幸的事。一位朋友刚刚死了丈夫，正处在悲痛之中，詹丽颖却极端热情地邀请人家去看外国喜剧影片。她嘻嘻哈哈地说："装什么假正经哟！谁不想开开心，乐一乐。"这种亲近别人的说话方式，无论如何是令人难以接受的，它无情地破坏了对方的心理平衡。

大家也许都有这样的生活体验，有的人在行为上、物质上热心地帮助了别人，但由于在特定场合下措辞不当，使对方的感激之情烟消云散，化为乌有，詹丽颖就是这种人。比如：她给一位新娘子买了一枚精巧的胸针，对方十分感谢，她却这样议论人家的衣着："咳呀，你这身西服剪裁得真不错，可就是颜色嘛——跟你里头的衬衫太不协调！干吗非这么桃红柳绿地搭配？中间该有点过渡色的东西点缀，平衡一下才好。"人们在办喜事时，总喜欢听些吉利话，新娘子爱美爱漂亮，为参加婚礼曾精心打扮过，她却说人家"桃红柳绿"。因此，尽管詹丽颖的行动使交际对象感动，可是她的言谈却给对方增添了不快。由此可以看出，帮助别人时，应该多行动，少言语。詹丽颖不了解这种情理，所以没有收到预期的交际效果。

詹丽颖的言行，是探索言语交际规律的一面镜子，我们在言语交际过程中应引以为戒。

逢人短命，遇货添钱

有句俗话说："逢人短命，遇货添钱。"指的是一种把人说笑的口才。

逢人短命

短,就是减去;命,就是年龄。芸芸众生每一个人都希望自己永远年轻。因此成年人对自己的年龄非常敏感。

由于成年人普遍存在怕老心理,所以"逢人短命"就成了讨人喜欢的说话技巧。这种技巧在于把对方的年龄尽量往小处说,从而使对方觉得自己年轻,养生有术等,产生一种心理上的满足。比如一个三十多岁的人,你说他看上去只有二十多岁,一个六十多岁的人,你说他看上去只有四五十岁,这种说法对方是不会认为你缺乏眼力,对你反感的,相反,他会对你产生好感,形成心理相容。

"逢人短命"这种方法只适用于成年人(特别是中老年人),而对于幼儿、少年,用"逢人长命"(年龄往大处说)的方法效果较好,因为他们有一种渴望成长的心理。

遇货添钱

货,就是购买物品。买东西是再平常不过的日常行为。在我们的心中,能用"廉价"购得"美物",那是善于购物者所具有的特质,那是精明人的一种象征,虽然我们不会,也不可能都是精明购物者,但我们还是希望我们的购物能力得到别人的认可。因此,当我们买了一件物品之后,如果花了50元,别人认为只需30元时,我们就会有一种失落感,觉得自己不会买东西。但当我们花了30元,别人认为需要50元时,我们则有一种兴奋感,觉得自己很会买东西。由于这种购物心态的存在,"遇货添钱"这种说话方式也就能打动人心。

比如,甲买了一套款式不错的西服,乙知道市场行情,这种衣服两三百元完全可以买下。于是乙在品评时说:"这套西服不错,恐怕得六七百元吧?"甲一听笑了,高兴地说:"老兄说错了,我160元就买下啦!"

这里乙的说法就很有技巧性,在他不知道甲花了多少钱买下这套衣服的情况下故意说高衣服的价格,使对方产生成就感,当然也就使得对方高兴。

遇货添钱法能讨得对方欢心,操作起来也简单,对其价格高估就行了。当然"价格高估"也需要注意,一要对物价心里有底,二不能过分高估,否则收不到好的效果。

✲说话大智慧✲

说话是交流的桥梁。善于谈话的人,不仅凭一句话就能广结人缘,而且到处受人欢迎。切记:同样的一句话,你只要往好的方面说,绝对错不了。

NO.19

智者说话通俗易懂
愚人说话咬文嚼字

文绉绉酸溜溜的语言，
既不亲切，又艰涩难懂。
朴实无华的语言，
是真诚心灵的表露，
是美好情感的折射，
同时，也有着巨大的感染力。

说话智慧一点通
——聪明与愚蠢的说话差别

托尔斯泰说："真正的艺术永远是十分朴素的、明白如话的、几乎可以用手触摸到似的。"说话力求通俗化，口语化，如不考虑听者的接受能力，用那种文绉绉、酸溜溜的语言就既不亲切，又艰涩难懂，往往事与愿违，弄得不好，还会闹出笑话。

有一则幽默讽喻那种专会咬文嚼字，不注意口语化的人。故事说，一天晚上，一位书生被蝎子蜇了，他摇头晃脑地喊道："贤妻，迅燃银灯，尔夫为毒虫所袭！"连说几遍，他妻子怎么也听不明白，疼痛难忍的书生气急之下只得叫道："老婆子，快点灯，蝎子咬着我啦！"真是故弄玄虚，自讨苦吃。

智者的故事

1940年7月，贺龙同志在晋绥军区的党员训练班讲党课。讲课之前，指导员带人抬来一张旧木桌，一条木板凳，桌子上放了两个粗瓷大碗和一双布鞋。这三样东西，一下子吸引住了学员，大家不明白要干什么。贺龙笑眯眯地说："我来讲第一课，党的群众路线，就是党和群众的关系喽！"然后他端一个大碗问学员，里面的小米是做啥子用的，大家异口同声回答，是做饭的。又问哪来的，大家回答，是老百姓的。贺老总由此生发开，讲吃小米容易，种小米难；又讲老百姓吃墨石，让部队吃小米；讲军民关系，讲群众路线；又批评了有的同志违反群众纪律的事，讲得大家心服口服。大家明白了搞不好群众关系就会挨饿，打败仗的道理。说着说着，贺龙同志拿起另一个大碗，里面盛满了水，还有一条鱼。贺龙把鱼从碗里捞出来，不一会，鱼不动了。贺龙乘机问，鱼为什么不动了，回答是离开了水。贺龙总结道，军队和群众，是鱼与水的关系，鱼离不开水，军队离开群众，就不能生存。根据地的存在，人民军队的壮大，都是因为执行了党的路线，群众拥护的结果。贺龙的课讲得具有真情实感。它不仅重点突出，层次清楚，而且把一个严肃的课题讲得浅显形象，通俗易懂。如果贺龙没有对人民群众的热爱之情，没有对人民子弟兵的热爱之心，不考虑学员的文化程度、理论水平、接受能力，就不可能讲出这些道理，就不可能对党的群众路线作如此深入浅出的阐述。

愚人的故事

一天，某农村中学一教师去家访，正碰上学生家宾客盈门，他见自己来得不是时

242

候,便连连向家长道歉:"请恕冒昧!请恕冒昧!"学生家长顿时怔住了,次日,专程到学校找校长评理:"昨天是我妹妹大喜的日子,你校某老师不知羞耻地对我说:'请许胞妹。'要我把妹妹许配给他。我看他是'花痴'。"校长知道这位老师作风正派,工作负责,觉得奇怪,便立即找他核实并向家长做了解释。家长自责文化水平低,真糊涂。这位老师既羞且恼,哭笑不得,这场风波就是因为他语言不通俗造成的。

日常讲话的基本要求

口头语言通过耳朵传入大脑。因语言有同音异义,一音多义,如用晦涩难懂的话,势必影响听的效果。而且听众文化素养有很大差别,应该"就低不就高"。所以对广大群众讲话,更应该明白晓畅,通俗易懂。上例中那位教师对农民用"请恕冒昧"之类的话就未免过于"高雅"了。

口头语言与书面语言有较大的差异。有的人在讲话中过多地使用书面语,而不是口语化,也使人听了很不是滋味。比如有一个青年在演讲中描述他听到母亲被人杀害时的心情说:"我的心海荡起悲哀的浪潮,两只眼睛犹如双泉,盈满晶莹的、清澈见底的泪水,最后我的两行泪水像断线的珍珠纷纷落下。"台上讲者痛哭失声,台下却发出一阵笑声。这样的讲演自然是不成功的。其失败原因在于,他不讲究语言的实际效果,而一味追求形式上的华美。不口语化、通俗化,而文学味太浓,遣词造句过于华丽和艰涩,必然会令人笑话。

社交语言需要用讲话者和听者双方都习惯,共同感兴趣的"大白话"来表达,这样才容易沟通感情,交流思想。若追求华丽新奇,过分雕琢,听者就会认为这是在炫耀文采,从而对你的讲话一只耳朵进,一只耳朵出。所以,使用语言正像鲁迅说的:"有真意、去粉饰、少做作、勿卖弄。"否则,话说得再漂亮也不会有什么力量。

日常讲话力求明白晓畅,通俗易懂。那种用"请恕冒昧"之类的话就未免是故作"高雅",听众未必喜欢。罗丹说:"用铅笔画些花样,用色彩涂些炫耀的焰火,或是用古怪的文字写些光彩的句子,这些空头作家,就是世界上最机巧的人,然而艺术最大的困难和最高的境地,却是要自然地、相互地描绘和写作。"这句话对演说的语言使用也是适用的。

添加作料能使语言通俗易懂

语言是说话的最基本要素,所以,我们有必要广泛学习语言,以使会话更加通俗易懂。怎样学习语言?学习语言不可生搬硬套,而应融会贯通;应勤于观察、体验,真正熟悉自己所描绘、讲述的对象,理解事物的声调、色彩等。托尔斯泰修改《彼得大帝》时,为了描绘罗斯托夫大钟楼上7吨多重的大钟和彼得大帝乘坐过的橡木大船,曾特地爬上钟楼,亲自敲了敲那挂大钟;在一个漆黑的夜晚,去列斯拉夫湖边,亲自摸了摸那条旧船。这里尽管举的是如何运用书面语言的例子,口头语言的表达也是同理的。

将说话比喻成一部大机器的话,那么语言、词汇便是组成这部机器的零部件。就像没有好的零部件便没有好的大机器一样,苍白贫乏的语言难以构成成功的演说、讲话。中国历代的丰富语言宝库,五洲四海的优秀语言财富,鲜明生动的民间语言,精心雕琢的书面词汇,都是能让我们大力开发的不尽资源。曹禺说:"哪一天我们对语言着了魔,那才算是进了大门,以后才有可能登堂入室,成为语言方面的富翁。"巧用各种语言材料,能使话语通俗易懂。

成语

说话时熟练地运用成语,能使语言更加生动。1941年1月"皖南事变"发生后,毛主席在谈话中对国民党提出严正警告,便大量使用了成语。其中有一段是:

"我恐季孙之忧,不在颛臾,而在萧墙之内。反动派必然是搬起石头砸自己的脚,那时我们就爱莫能助了。我们是珍重合作的,但他们必须也珍重合作。老实说,我们的让步是有限度的……亡羊补牢,犹未为晚,这是他们自己性命交关的大问题,我们不得不尽最后的忠告。如果他们怙恶不悛,继续胡闹,那时全国人民忍无可忍,把他们抛到茅厕里去,那就悔之无及了……"

这段话里,毛主席用"祸起萧墙"、"搬起石头砸自己的脚"、"爱莫能助"、"亡羊补牢"、"怙恶不悛"、"忍无可忍"等成语,有一种强大的艺术魅力。同时加重语气,增强了说服力。

成语是约定俗成的用语,说话时如果换一种方式去理解,也能产生新意。钱钟书的《围城》中就有一个巧用成语的例子:"不是众叛亲离,而是离亲叛众。"这一内部语序的变化,很有辩证意味;主动与被动的错位,褒贬之间,一目了然。

成语,是时代的产物,随着时代的变迁,成语也会发生内涵的改变,所谓"世易时移,变化宜矣",别解成语亦如此。

童心田在一次即席"话别"时的开场白说:"我先带头'话别','抛玉引砖'(误会的笑)——引玉砖!"(鼓掌)这就有新意。一般自谦为"抛砖引玉",他先似不自谦,故招来"误会"。这种铺垫更显出新解之妙。

谚语

谚语和成语一样,也可以为语言增色。谚语经历了千百年的长期流传,千锤百炼,凝聚着劳动人民丰富的思想感情和智慧。谚语因其具有寓意深长、语言简练、朗朗上口、易于记忆的特点,所以常常为讲演和谈判者使用。

1988年5月,美苏两国领导人举行会谈。戈尔巴乔夫和里根经过紧张磋商,在某些问题上缩小了分歧,都表示要继续对话。戈尔巴乔夫担心美国言而无信,于是在讲话中用谚语提醒:"言不信,行不果。"里根也送给戈尔巴乔夫一句谚语:"三圣齐努力,森林就茂密。"这些谚语形象鲜明且富于表现力。

在一次我方与外方的商务谈判中,谈判已进行到尾声阶段,双方只是就一些细节反复协商。这时,外方有人送来一封信,说外方已经筹备完毕。外方主谈打开信封一看,信封内空空如也。原来,送信人一时疏忽,信没有装入信封。外方送信人十分尴尬。这时,我方代表为了缓和气氛,使谈判尽快继续下去,微笑着说道:"没有消息就是最好的消息。"这句话,使外方送信人迅速摆脱了尴尬,冲淡了紧张气氛。这句话原来是美国人常用的一句谚语,我方代表借用此语使气氛恢复了正常。

比喻

当说到一个听众不熟悉或不很熟悉的话题时,成功人士会引用贴切的比喻,便于众人理解和接受他的观点。运用比喻,可以把思想性、知识性和趣味性熔于一炉,使真理变得浅显通俗。作家秦牧曾举过一个例子:"一个好比喻,常常能有效地吸引人。比如说资本主义社会里,有的人可以不遵守法律,而有的人非守法不可,有人就比喻说:法律像张蜘蛛网,大昆虫挣走了,小昆虫却给粘住了。"如果直接说资本主义的法律对某些人没有什么约束力,意思比较抽象,而拿蜘蛛网打比方,具体形象的意思便从抽象的雾霭中显露出来了。

比喻贵在抓住事物的特征。《世说新语》中记载:谢安在一个寒冷的下雪的日子里,把家里的子侄们聚集在一起,同他们谈论做文章的规律。不一会儿,雪下大了。谢安兴致勃勃地说:"白雪纷纷何所似(这纷纷扬扬的雪花像什么呢)?"侄儿谢朗回答道:"撒盐空中差可拟(在空中撒盐大约可以比拟吧)。"侄女谢道蕴却答道:"未若柳絮因风起(不如用柳絮随风飘舞来比喻)。"谢安听了大笑,感到十分愉快。

在这则故事中,谢朗把纷飞的白雪比做空中撒盐,谢道蕴则将其比做风卷柳絮。两个比喻都符合"像"的要求,但后者显然优于前者。前者仅仅抓住了雪与盐颜色上的相似,后者则不仅顾及了颜色,而且还抓住了柳絮与雪花轻柔飘飞的形态上的相似之处,这就比以盐喻雪高明得多。所以谢道蕴的比喻受到了谢安的称许。

说话使用比喻,有必要注意比喻的技巧。比喻有两个成分:一个是被描绘、被比喻的事物,叫"本体";一个是用来打比方的事物或现象,叫"喻体"。本体、喻体是不同的东西,有本质差别,但两者之间又有一定相似之处。本体大多比较抽象、深奥,或是生疏而不易理解;喻体则具体、浅显,为人们所熟悉。比喻形式通常有:

1. 明喻

明喻,通常用"像"、"好像"、"如同"、"一样"等词来联结本体和喻体。如"她的眼睛像两汪清清的山泉",这个比喻就是个明喻。

2. 暗喻

暗喻,也叫隐喻,通常用"是"、"变成"、"当成"一类词来联结本体和喻体。如"这个人总要看'头头'脸色行事,给根鸡毛也要当成令箭",这用的是暗喻。

3. 借喻

借喻,通常是本体不出现,直接用喻体代替本体。如"真令人倒胃口,好像吃了个苍蝇",这里使用的是借喻,形容心情很不愉快。

4. 倒喻

倒喻,即把本体和喻体的关系倒过来,如:"这种动物好吃懒做,真像生活中的一些人。"还有用否定语气构成的反喻:"我又不是老虎,为什么总是躲着我?"

名言

世界上的许多成功人士,不仅为人类的文明发达、繁荣进步创造了巨大的物质财富,而且也为后人留下了广博的精神财富。他们创造的许多名言名句,脍炙人口,富有哲理,耐人寻味,发人深省,闪烁着智慧的光芒,激励着后人奋发向上。在讲话中适当引用这些名言,可大大增强讲话的感染力。

毛主席非常喜欢古典文学作品,擅长从中汲取营养,并注意把其精华,如一些名言佳句融会贯通于自己讲话艺术中,因此形成了独具魅力的说话风格。他引用《林冲夜奔》唱词里说的"男儿有泪不轻弹,只因未到伤心处"来批评某些领导干部为评级而闹情绪,说他们是"男儿有泪不轻弹,只因未到评级时"。他引用司马迁《报任安书》中"人固有一死,或重于泰山,或轻于鸿毛"的名言,来说明"为人民利益而死,比泰山还重"的道理。他引用孟子的话"心之官则思",来说明脑筋这个机器的作用是专门思想的,教育我们的干部要学会思索,学会分析事物的方法,养成分析的习惯,每件事应该用脑筋好好想一想。

富有哲理性的名言人人都喜欢,因为它凝练、深刻、上口,给人以美感,令人回味,发人深省。一个人讲话是否具有哲理性,能反映其思想是否深刻和成熟。名人名言具有深刻的哲理性和特定的含义,其正确性是被无数事实证明、被后人所公认的,在讲话中适当引用,能增强讲话的哲理性。

方言

语言是一种交际工具。一口流利标准的普通话,固然大有利于交际,但在适当的场合上讲点语言宝库中的"土特产"——方言,也有其独特的魅力。新中国成立前夕,陈毅在一次报告中说:"我们有充分的信心可以预见,解放全中国已经不需要太长的时间了!解放上海,更是指日可待!(台下爆发雷鸣般的掌声)过不了几天(用生硬的上海话)阿拉(我们)这些土八路可以到上海白相(玩)白相了!"(台下充满笑声)这样的话在那个社会环境和具体场合显得十分得体,通俗易懂,而且出语幽默,又鼓舞人心。

台湾交际专家詹晓明在谈到方言的作用时说:"喜欢人家说他的方言,这是人之常情,如果你对广东人说广东话,对福建人说福建话,对宁波人说宁波话,对上海人说上海话,如果你是他们的同乡,当然产生同乡的好感,彼此易于接近;如果你不是他们的同乡,而能说很纯熟流利的对方方言,他一定会觉得你特别聪明,虽然初次相见,印象却可能很好,对于你的请求,本来不答应,或许可以因此而通融些,你的交际,本来不为人注意,或许因此而使人乐于与你接近。"

⊚ 越朴素的语言给人印象越深

"采菊东篱下,悠然见南山"两句诗,无一字雕琢,无一丝斧凿,活画出一幅明丽、恬淡、幽雅、质朴的田园生活图。难怪金代的元好问盛赞陶渊明:"一语天然万古新,豪华落尽见真淳。"严羽《沧浪诗话》也称誉:"明之诗,质而自然。"

"清水出芙蓉,天然去雕饰"

无论在艺术领域内,还是社会生活中,纯朴、自然,都可称得上最美的境界之一。艺术大师们往往把朴素作为美的必不可少的条件。列夫·托尔斯泰在 1851 年《日记》中宣称:朴素,是他一生"梦寐以求的品质";诗仙李白主张:最好的诗文应是"清水出芙蓉, 天然去雕饰"。老舍在谈到说话艺术时也曾形象地比喻说:"真正美丽的人是不乱施朱粉、不乱穿衣服的。"作为人类社会生活重要组成部分的言语交际活动,某种意义上说,也是一种艺术活动。因此,真正富有魅力的话语,也应该是"有真意、去粉饰、少做作",表现为朴素、自然之美的。

朴素的语言体现美好的情感

朴实无华的语言是真诚心灵的表露,是美好情感的折射,因此,常常有着巨大的感染力。有一年,中国电影的最高奖"金鸡奖"与"百花奖"在北京同时揭晓。著名演员李雪健因饰演《焦裕禄》的主角焦裕禄,而同获这两个大奖的"最佳男主角"。李雪健在获奖后致答谢词时说:"苦和累都让一个好人——焦裕禄受了;名和利都让一个傻小子——李雪健得了。"他话音刚落,全场掌声雷动。李雪健这里虽然只说了不到 30 个字的获奖感言,却非常有感染力,言语中既歌颂了焦裕禄的高尚品质,又体现了自己谦虚的心怀,纯朴实在,通俗易懂,给人留下深刻的印象。

朴素绝不等于简单贫乏

有人说:"朴素就是简单而实在呗。"这话,只说对了一半。朴素的话当然必须是实实在在的,但朴素绝不等于简单贫乏。言语真正的朴素美,应如苏东坡所言:"发纤浓于简古,寄至味于淡泊"。"简古"与"淡泊"即简洁、朴拙、平淡、清纯,不仅仅是朴素美的表现形式,而细腻丰富、蕴藏深厚的内涵,才能使朴素"挺直美的脊梁"。人们常说:"墨有五彩",这正是讲的在功力深厚的丹青笔下,单纯的墨色与丰富的表现力的和谐统一。在一个平庸的画匠手里,单色的墨尽管也被涂得深浅不一,但那依然只是单调、平板,根本谈不上"五彩",更谈不上什么真正的"朴素美"。朴素的魅力首先在于它丰富的内涵。

李瑞环同志讲话一贯以朴实、幽默而著称。听众感到轻松自然,而他自己却为推敲每一次的演讲,不知熬了多少夜,流了多少汗。他对前去采访的记者深有感触地说:"看鸭子凫水,上边平静,下边爪子忙得可邪乎呢!"言语的朴素美,实际上是经过许多有形、无形的提炼加工而呈现出的一种"大巧而若拙"的美,是一种让人听来舒畅自然而又韵味深长的美。

言语的朴素美贵在保持个性。话该怎么说，就怎么说，或严肃、或幽默、或直率、或委婉，只要出口，皆发自内心，保持本色。

言语的朴素美最忌追慕虚荣和时髦。一般情况下，人们做到"怎样想就怎样说"并不难，而在讲台上，在陌生人面前，在某些特殊环境下，就不容易朴素自然地讲话。有些人见某种语言、语调时髦，便争相效仿，弄成了邯郸学步；还有的人在某种场合，唯恐别人小看自己，便故意装腔作势、卖弄博学，反倒增加了别人的反感。追慕虚荣和时髦并不能增进言语交际的效果，应当坚决摒弃。

大部分言语交际的场合，需要我们把话说得自然、通畅，因此，要尽量抛弃那些造作的、文绉绉的词汇，代之以平易新鲜的语言。例如，"久闻大名，如雷贯耳，今朝得见尊容，实乃三生有幸"等，这种说法如果不是针对特殊对象、特殊场合，只会让人感到不舒服，甚至有虚伪之感。不如这样说"今天能认识您，我真高兴啊！早就听××说起过您，今天终于见到了，真荣幸！"

朴素的言语给人的是淳美，带给交际的是成功。

☆说话大智慧☆

言语的朴素美来自朴素的处世态度，话如其人，言为心声，为人处世真诚质朴，说话也不扭捏作态。"其行也正，其言也质"。以真诚的态度为人，永远是言语朴素美的前提。

NO.20

智者幽默风趣
愚人言辞乏味

幽默的谈吐,能使紧张的气氛活泼,
让人感到温厚和善意。
也能够使不容易被人接受的意见,
变得容易被人接受。
幽默是一种人生态度,
是一个人智慧的显现,
在不愉快的气氛笼罩下,
幽默可以打破僵局,
显露出你过人的机智。

社交场合离不开幽默的谈吐，它能使紧张的气氛顿时显得轻松活泼，它能让人感到说话人的温厚和善意，使其观点容易被人接受。林语堂先生说："幽默是一种人生态度。"

在生活中，无论是文人雅士还是寻常百姓，无论是亲朋好友还是邻里夫妻间，幽默的话语几乎无处不在，它已成为一种健康的文化和艺术，是人际交往的调节剂。

幽默是一个人智慧的外现。在不愉快的气氛笼罩下，幽默的言语可以显露一个人的机智、聪敏。

智者的故事

1965年9月25日下午，中外记者云集北京人民大会堂。因为我国打破过去不举行记者招待会的先例，首次举行了大规模的记者招待会。陈毅面带笑容，步履轻快地走进会场，记者们全体起立，热烈鼓掌。

提问开始了。日本记者问及国共合作，陈毅意味深长地说："我们欢迎李宗仁参加这个合作。我们也欢迎蒋介石、蒋经国能像李先生这样参加这个合作，欢迎台湾的任何人和集团回到祖国怀抱，参加这个合作。"

有记者打听我国发展核武器的情况，企望陈毅能有所披露。陈毅笑答："中国已经爆炸了两颗原子弹，我知道，你也知道。第三颗原子弹可能也要爆炸，何时爆炸，你们等着看公报好了。"

记者们大笑，他们钦佩陈毅的机智严密、妙语谐趣。

在另一次中外记者招待会上，一位西方国家的新闻记者提出这样一个问题："最近，中国打下了美制U-2型高空侦察机，请问，是用的什么武器？是导弹吗？"

对于这个涉及国防机密的问题，陈毅并没有用"无可奉告"顶回去，而是风趣幽默地举起双手在空中做了一个动作，然后有几分俏皮地说："记者先生，我们是用竹竿把它捅下来的呀！"一句话引起一阵哄堂大笑。

愚人的故事

小丁升职了，他特别邀请了四个朋友在家中吃饭庆祝。

三个朋友准时到达。只剩一人还迟迟没有来。小丁有些着急，不禁脱口而出："急死人了，该来的怎么还没来呢？"其中有一个人听了之后很不高兴，对小丁说："你说该来的还没来，意思就是我们是不该来的，那我告辞了。再见！"说完，这个人就气冲冲地走了。

一人没来，另一人又气走了，小丁急得又冒出一句话："真是的，不该走的却走了。"剩下的两人，其中有一个人也生气了："照你这么讲，该走的是我们啦！好，我走。"说完，掉头就走了。

又把一个人气走了。小丁急得如热锅上的蚂蚁，不知所措。最后剩下的这一个朋友交情较深，就劝小丁说："朋友都被你气走了，你说话应该留意一下。"

小丁很无奈地说："他们全都误会我了，我根本就不是说他们。"最后这朋友听了，再也按捺不住，脸色大变道："什么？你不是说他们，那就是说我了！莫名其妙，有什么了不起？"说完，他也铁青着脸走了。

幽默的四大类型

幽默是人的能力、意志、个性、兴趣的综合体现，它是社交的调料。有了幽默，社交可以让人觉得醇香扑鼻，隽永甜美。它是引力强大的磁石，有了幽默的社交，便会把一颗颗散乱的心吸入它的磁场，让别人脸上绽开欢乐的笑容。它是智慧的火花，是智慧者灵感勃发的光辉；它是高级的逗笑品，幽默不一定会使你捧腹大笑，却能引起莞尔微笑。

就品种而言，幽默和笑一样丰富多彩，它有善意的、冷酷的、友好的、悲伤的、感人的、攻击性的、不动声色的、含沙射影的、不怀好意的、嘲弄的、挑逗的、和风细雨的、天真烂漫的、妙趣横生的，等等，这里不论属揶揄也好，属嘲笑也好，属充满同情怜悯也好，纯属荒诞古怪也好，其意趣必须是从内心涌出，更甚于从头脑涌出的。只有这样，它才以一种生动感、生命感，标志出超卓的心智心力，抖展开心灵的温暖与光辉。

不同的人对幽默有各自的欣赏眼光，幽默可以分为以下几种类型：

哲理性幽默

对哲学、宗教等方面有嗜好的人会对此反应强烈。他们往往能对自身弱势进行嘲笑。对这类幽默感兴趣的人并不是自虐狂，而是具有一种能坦率地承认并欣赏自己的弱点,并能超越它们的开阔胸怀,是一种令人感到和蔼可亲的谦卑。

请看下面这则妙语:

大学生请一位著名的经济学家给衰退、萧条、恐慌等词下个定义。

"这不难。"专家回答,"'衰退'时人们需要把腰带束紧。'萧条'时就很难买到扎裤子用的皮带。当人们没有裤子时,'恐慌'就开始了。"

荒诞式幽默

这是以一种出乎意料的独特方式摆脱理性而产生的完美的"蠢话"。这种幽默绝不会来自傻瓜的头脑,而是高度智慧的结晶。喜欢这种类型的人理性思维较发达,追求精神的自由奔放。

有一次,英国作家狄更斯正在钓鱼,一个陌生人走到他跟前问:"先生,您在钓鱼吗?"

"是的,"狄更斯毫不迟疑地答,"今天,我钓了半天,没见一条鱼;可是在昨天,也是在这个地方,却钓起了15条鱼!"

"是吗?"陌生人问,"那您知道我是谁吗?我是专门巡检偷偷钓鱼的,这带湖口禁止钓鱼!"

说着,那陌生人从口袋里掏出一本罚单,要记下名字罚狄更斯的款。见此情景,狄更斯忙反问道:"那么,你知道我是谁吗?"

当那陌生人还在惊讶迷惑之际,狄更斯直言不讳地说:"我是作家狄更斯,你不能罚我的款,因为虚构故事是我的职业。"

社会讽刺小品

这是对社会风气、对人性某些灰暗面的嘲讽。酷爱这类小品的人是在以一种半超然半冷漠的态度对待世界。这种幽默的欣赏者往往以一种更开阔的视野,即所谓"上帝的眼光"来看待自己与人类自身,成为自己与人类命运自由而超然的观察者。

1717年,伏尔泰因为讥讽摄政王奥尔良公爵,被囚禁在巴士底狱11个月之久。出狱后,吃够了苦头的哲学家知道此人冒犯不得,便去请他宽宏大量,不计前嫌。摄政王深知伏尔泰的影响,也急于同他化干戈为玉帛。于是两人都讲了许多恰到好处的抱歉之辞。最后伏尔泰再一次表示感谢说:"陛下,您真是助人为乐,为我解决了这么长时间的食宿问题,我衷心地再次向您表示感谢。可今后,您就不必再为这件事替我操心啦。"

插科打诨式的"胡言乱语"

这是轻松的自我娱乐。对于那些刚开始体会推理之味、对世事涉足不深的年轻人来说,可能对此会兴趣盎然。

马克·吐温一天在美国里士满城抱怨自己的头痛。当地的一个人却对他说:"这可能是你在里士满城吃的食品和呼吸空气的缘故,再也没有比里士满城更卫生的城市了,我们的死亡率现在降低到每天一个人了。"

马克·吐温立即对那人说:"请你马上到报馆去一趟,看看今天该死的那个人死了没有?"

幽默形式和品种异彩纷呈,百花争妍,表明人类的幽默艺术经久不衰,生命力旺盛。当我们为它的奇光异彩所吸引时,应该看到:一如世上绝大多数事物一样,幽默也有不同品格,有的高贵文雅,启人心智;有的低级庸俗,贻害青年。对发挥幽默力量者而言,理性的判断透视是必要的。

幽默在谈吐中的五大作用

英国哲学家培根曾经说过:"善谈者必善幽默。"

幽默风趣的谈吐,无论是在日常生活中,还是在重大的社交场合,都是离不开的。说话的幽默是指我们在谈吐中,利用语言条件,对事物表现诙谐、风趣的情趣。幽默的谈话不仅能吸引听者的注意力,而且还能与听者建立起亲密的关系。要是你的话能使听者情不自禁地笑了起来,就表明听者已完全进入了与你的思想交流之中。所以人们说幽默的谈吐是口才的标志之一。

英国有一位美貌风流的女演员,曾写信向萧伯纳求婚,并表示她不嫌萧伯纳年迈丑陋。她在信里写道:"咱们的后代有你的智慧和我的外貌,那一定是十全十美的了。"

萧伯纳给她回了一封信,说她的想象很美妙,"可是,假如生下的孩子外貌像我,而智慧又像你,那又该怎样呢?"

萧伯纳这位大师,把深邃的哲理寓于幽默的谈吐之中。可以这么说,在生活中,谁都喜欢跟那些谈吐幽默、机智风趣的人交谈,而好口才的人,差不多都有这样诙谐的语言,具有极强的幽默感。

英国作家哈兹里特曾把幽默在谈吐中的作用,比做是炒菜中的调味品,这是很恰当的。它说明幽默在谈话中是绝不可缺少的。尽管你的说话有许多实在的内容,假如没有幽默,就没有味道,也缺少魅力,然而幽默能使听者对你的说话感兴趣,但它并非食物,因此很少能从根本上改变听者的态度。所以,我们对幽默的作用,既不要小看,也不宜估计过高。

幽默在谈吐中的作用是很多的,主要可以分为以下几个方面:

调节气氛,缩短距离

善说者一席幽默的话语,往往既活跃了气氛,又把与听者之间的距离缩短。因此,无数事例可以证明,风趣幽默是说者和听者建立融洽关系的有效途径与手段。

在 20 世纪 50 年代的思想改造运动中,曾发生过这样一件事。由于某些基层干部作风粗暴,使一位老教授投河自杀(由于及时发现,终于得救了)。陈毅知道后,把有关干部叫去狠狠地对他们进行了批评,并且要他们主动去赔礼道歉。后来,在一次有这位老教授参加的高级知识分子大会上,陈毅说:"我说你呀,真是读书一世,糊涂一时,共产党搞思想改造,难道是为了把你们整死吗?我们不过想帮大家卸下包袱,和工农群众一道前进,你为啥偏要和龙王爷打交道,不肯和我陈毅交朋友呢?你要投河也该打个电话给我,咱们再商量商量嘛!当然啦,这件事主要怪基层干部不懂政策,也怪我陈毅教育不够……"

陈毅这一席话,活跃了气氛,增强了语言的亲切感,使其中所含的批评与自我批评显得那么自然得体,易于被人接受。

脱离困难,消除尴尬

幽默的谈吐常常能使局促、尴尬的场面变得轻松和缓,使双方摆脱困境,也消除了尴尬。

美国著名小说家马克·吐温有一次去某小城。临行前,别人告诉他,那里的蚊子特别厉害。到了那个小城,正当他在旅店登记房间时,一只蚊子正好在马克·吐温面前盘旋。那个职员面露尴尬之色,忙驱赶蚊子。

马克·吐温却满不在乎地对职员说:"贵地的蚊子比传说中的不知聪明多少倍。它竟会预先看好我的房间号码,以便夜晚光顾,饱餐一顿。"

大家听了不禁哈哈大笑。结果这一夜马克·吐温睡得十分香甜。原来,旅馆的职员听了马克·吐温的讲话,全体职工一齐出动,想方设法不让这位博得众人喜爱的作家被"聪明的蚊子"叮咬。

揭露缺点，进行批评教育

幽默采用影射、讽刺的手法，机智、灵活、巧妙地揭露他人的缺点，善意地进行批评，使人难以发怒，在笑声中接受教育。

一次，伟大的生物学家达尔文被邀赴宴。宴会上，他恰好和一位年轻美貌的女士并排坐在一起。

"达尔文先生"，坐在旁边的美人带着戏谑的口吻向科学家提出疑问，"听说你断言，人类是由猴子变来的，我也属于您的论断之列吗？"

"那当然啰！"达尔文看了她一眼，彬彬有礼地答道。

"我像猴子吗？"美人带点嘲弄地说。

"不过，您不是由普通的猴子变来的，而是由长得非常漂亮的猴子变来的。"

在这里，达尔文机智、巧妙地揭露了这位美貌夫人的无知和自命不凡，善意地进行了批评。

评判是非，领悟哲理

幽默在说话中将人的智慧和语言技巧巧妙地结合起来，揭示出事物的深刻含义，富有哲理，含不尽之意于言外，使人在含笑中评判是非，领悟哲理，增长智慧。

一位年轻的画家拜访德国著名的画家阿道夫·门采尔，向他诉苦说："我真不明白，为什么我画一幅画只用一会儿工夫，可卖出去却要整整一年。"

"请倒过来试试吧，亲爱的。"门采尔认真地说，"要是你花一年的工夫去画它，那么只用一天，就准能卖掉它。"

门采尔的幽默话语，的确含不尽之意于言外，使人在含笑中评判是非，增长智慧。

宽松精神，感受美感

有人说："没有幽默的语言是一篇公文，没有幽默感的人是一尊塑像。"这话是很有见地的。当今社会高效率、快节奏、信息量大，这样必然会使人的大脑容易产生疲劳。如果我们的生活多点笑声，多点幽默，就会消除人们的烦躁心理，保持情绪的平衡。说话，在某种程度上，具有一定的娱乐性。它不应该让人感到紧张、费力，而应给人一种舒适轻松之感。

有个大财主订了个规矩：庄稼人遇到他，都得敬礼，否则便要挨鞭子。

一天，阿凡提经过这里，碰上了大财主。

"你为什么不向我敬礼?穷小子!"大财主怒不可遏。

"我为什么要向你敬礼？"

"我最有钱。有钱就有势，穷小子，你得向我敬礼，否则我就抽你。"

阿凡提站着不动。

围观的人越来越多，大财主有点心虚，便压低声对阿凡提说："这样吧，我口袋里有一百块钱。我给你五十块，你就向我敬个礼吧！"

阿凡提慢慢悠悠地把钱装进兜里，说："现在你有五十块钱，我也有五十块钱，凭什么非要向你行礼不可呢？"

周围的人大笑起来，大财主又气又急，一下子把剩下的五十块也抽了出来："听着，如果你听我的，那我就把这五十块钱也送给你！"

阿凡提又把这五十块钱收下，接着严肃地说："好吧，现在我有一百块，你却一分钱也没有了。有钱就有势，向我行礼吧！"

大财主目瞪口呆。

阿凡提的故事虽然带有寓言的色彩，但他的话语的确逗人，给人以美的享受。

幽默的三大力量

与世界上所有的力量一样，幽默的力量也不是万能的，可是，幽默的力量对你的生活确有实实在在的帮助。它帮助你以新的眼光看待周围的环境和个人的生活，帮助你正视并恰当地估计和应对那些困扰你的难题，帮助你同他人的关系充满温暖与和谐，帮助你把许多的不可能变为可能……

帮你取得成功

获得工作上的成就和事业上的成功要具备很多条件，但幽默有助于你改善与他人的关系，促使你成功，则是一个不争的事实。

年轻有为的美国福特汽车公司总裁亨利，通过一系列的变革和创新，使每月亏损900万美元的公司一举扭转了被动的局面。有人针对他在改革过程中也做过一些错事而问他，"如果让你从头做起又将如何？"亨利爽朗地答道："我看不会有什么非同寻常的作为，人们都是在错误和失败中学到成功的，因此要我从头再来的话，我只能犯一些不同的错误。"

亨利幽默的语言，显示出他的坦率和诚恳，这也是他事业成功的重要原因之一。

助你排忧解难

幽默，最重要的是帮助我们解除工作中的紧张状态，帮助解决生活中的难题。

在一个大城市的市郊，有一个颇具规模的化工厂。这个厂终年生产一种化学产品，从烟囱里冒出了大量的烟和灰尘，使临近的几家企业饱受烟和灰尘之苦。在一次化工厂加班生产的时候，隔壁一家工厂的厂长半开玩笑地说："他们生产这么忙，如何处理这些烟和灰尘呢？"化工厂的厂长也半开玩笑地说："我们打算将烟筒加高二分之一，与此同时，我还将向包装厂定制一个特大的塑料袋，并用直升飞机把袋子吊到烟囱的上空罩下来。"两位厂长各带幽默的话语，使他们互相取得了谅解，一道哈哈大笑起来，紧张的心情便渐渐地舒展开来了。

替你减轻痛苦

以轻松的态度面对自己，以严肃的态度面对人生。如果反其道为之，我们就有烦恼了。不成熟的个性常常在于视自己为人际交往中的核心，而成熟则伴随着视自己和群体有合适的关系。

20 世纪 50 年代有一个相声，说的是有一个人患了盲肠炎，医生为之开刀，盲肠被割去了。患者痊愈后，小腹仍时时作痛，经检查，原来是医生把手术剪刀留在里面了，于是重新开刀。事后，病人仍感腹中气胀，经检查，原来是纱布又遗忘在腹中了，遂又开刀。于是，病人对医生说："你还不如在我的肚子上装个拉链更方便！"

要化痛苦为幽默，关键在于进入一种假定的没有生理痛苦的境界。有了这一点，一切不相干的东西会因一点相关而突然变得一致了。

笑一笑，十年少

我国有一句谚语"笑一笑，十年少"。可见，笑对于人类有益无害。幽默，作为笑的媒介，会引起人们发笑。

如有一篇名为《挤车的诀窍》的讽刺小品，写得风趣又不浅薄，让我们来欣赏其中精彩的片断：

尽管车辆增加，修建地铁，扩展环行路……可哪里赶得上人生的快！于是，上、下班乘车，就成了一门"学问"。

先说上车，车来时，上策为"抢位"——犹如球场上的"抢点"。精确计算位置，车门停在身边,可收"先据要津"之利,当然,必须顶住!此中诀窍:上身倾向来车方向,稳住下盘,千万莫被随车涌来的人流冲走(好在你身后还有助力之人)。中策则为"贴边"。外行正对车门,拥来晃去,枉费心力。尤其是北京不同于外地,哈尔滨上车是"能者为王",上海人多少顾及颜面,但动辄大呼小叫,使你无心恋战。北京人又要讲点风格,又要赶紧上车,车门前便非好去处。你是否注意过:售票员洗车,从来无须擦车门两旁——那里全被精明的挤车人蹭得一干二净了!贴住边,扮出一副泰然自若的样子,一点一点把"无根基"者拱开,只要一抓住车门,你就赢了。下策呢,可称"挂搭"。一般人,见车门内外龇牙咧嘴之惨状,早已退避三舍了。司机呢,只要车门关不上,也不敢贸然走车。这时,你将足尖嵌入车门(万勿先进脑袋),而后紧靠门边,往里"鼓拥",自可奏效……

看到这段话,凡挤过车的人都要捧腹大笑。作者观察仔细,对各地的风情了解得清清楚楚,使人阅读如入其境,遣词造句既得体又幽默风趣,使人既了解北京挤车之难,又能以轻松的心境对待之,消除忧患,实在是十分巧妙。

多数人都感觉到年龄渐长等问题,也是难以解脱的烦恼,看看应怎样以幽默来对待这个难题:

著名演说家罗伯特说:"我争取在最年轻的时候死去。"他不论在私下还是在公共场合,都把年龄看得很轻,以一颗年轻并富有趣味的心而出名。因此,在他70岁生日那天,他还签了一个为期5年的演讲合同。

幽默就是这样,让人心胸开阔,延年益寿。

◉ 幽默促推销

每个人无论在怎样的环境中生活,都会经常碰到各种各样的矛盾,有的甚至是相当棘手的难题,需要你去妥善处理。

智者的体验是:不轻松的问题,可以用轻松的方式来解决;严肃之门可以用幽默的钥匙开启。

有一位大学生思想很活跃,且为人诙谐。他在当了推销员之后,萌发出一个好主意。他有一次走进一家报馆问:"你们需要一名有才干的编辑吗?"

"不。"

"记者呢？"

"也不需要。"

"印刷厂如有缺额也行。"

"不，我们现在什么空缺也没有。"

"那你们一定需要这个东西。"

年轻的推销员边说边从皮包里取出一块精美的牌子，上面写着："额满，暂不雇人"，如此轻而易举地促成推销实在妙。

美国俄亥俄州的著名演说家海耶斯，30年前还是一个初出茅庐、畏首畏尾的实习推销员。一次，一个老练的推销员带着他到某地推销收银机。这位推销员并没有电影明星推销员那种堂堂相貌，他身材矮小、肥胖，红彤彤的脸却充满着幽默感。

当他们走进一家小商店时，老板粗声粗声地说："我对收银机没有兴趣。"

这时，这位推销员就倚靠在柜台上，"咯咯"地笑了起来，仿佛他刚刚听到了一个世界上最妙的笑话。店老板直愣愣地瞧着他，不知所以。

这时，这位推销员直起身子，微笑着道歉："对不起，我忍不住要笑。你使我想起了另一家商店的老板，他跟你一样地说没有兴趣，后来却成了我们熟识的主顾。"

而后，这位老练的推销员一本正经地展示他的样品，历数其优点，每当老板以比较缓和的语气表示不感兴趣时，他就笑哈哈地引出一段幽默的回想，又说某某老板在表示不感兴趣之后，结果还是买了一台新的收银机。

旁边的人都瞧着他们，海耶斯又困窘又紧张，心想他们一定会被当做傻瓜一样赶出去。可是说也奇怪，老板的态度居然转变了，想搞清楚这种收银机是否真有那么好。不一会，他们就把一台收银机搬进了商店，那位推销员以行家的口吻向老板说明了具体用法。结果这位推销员运用幽默的力量跨过了严肃之门，取得了成功。

幽默能使你豁达超脱，使你生气勃勃；幽默能使你具有影响力，使你打破僵局，摆脱困境；幽默是润滑剂，也是成功者的禀性。所以无论是朋友相处，还是要成为一个优秀的推销员，都应富有幽默感。

谁说中国人不懂幽默

中华民族的幽默，是源远流长的。

早在百家争鸣的春秋时期,各国的宫廷已有用优之风,贵族们自养以"滑稽调笑"为业的艺人。如《史记·滑稽列传》所载"优孟谏楚庄王贱人而贵马",用"归谬法"使楚王觉察了"寡人之过"。优孟还建议楚王以"厚礼""葬"马,送"葬"送进人肚肠。优孟的戏谑之言,是十分诙谐可笑的。关于先秦的这些记载,给后世留下了深远的影响。

《诗经》中的幽默

我国第一部诗歌总集《诗经》中的幽默,可见于不少讽刺诗和情诗。

例如《邶风·新台》一诗,就是揭露和讽刺当时卫宣公的一桩丑闻的。卫宣公打算为他的儿子娶齐国的一个名叫宣姜的女子为妻。后来,宣公听说那女子非常漂亮,便在河上筑了一座华丽的新台,把齐女宣姜中途拦截,占为自己的老婆。卫国人民写诗讽刺这件丑事。全诗分三章,其尾章是这样的:

鱼网之设,鸿则离之。燕婉之求,得此戚施。

诗歌假借齐女的口吻,进行讽刺。说张起网本为捕鱼,但哪知却遇到一个癞蛤蟆;本想求得一个如意郎君,谁知竟嫁了一个丑老公。形象的比喻,嬉笑怒骂,剥下了统治者卫宣公的面皮,又达到幽默讽刺的效果。

《笑林》中的幽默

魏晋时期,哲学重新解放,思想非常活跃,幽默再度兴起。我国出现了笑话专集《笑林》,为三国魏人邯郸淳所撰。如:

汉世有人,年老无子,家富,性俭啬。恶衣蔬食,侵晨而起,侵夜而息,管理产业,聚敛无厌,而不敢自用。或人从之求丐者,不得已而入内,取钱十,自堂而出,随步辄减,比至于外,才余半在。闭目以授乞者。寻复嘱云:"我倾家赡君,慎勿他说,复相效而来。"老人俄老,田宅没官,货财充于内帑矣。

这一短小的笑话,嘲笑剥削阶级的吝啬,富有民间笑话机智辛辣的风格。这些笑话开后世诙谐文字之先,有的故事具有一定的社会意义。

《世语新说》中的幽默

南朝刘义庄所撰的《世说新语》,记录了汉魏至东晋名人文士之逸事言谈,全书收录语录一千余则,多为清谈家言谈应对之言语片断。如《雅量》中有这样一则:

顾和始为扬州从事,月旦当朝,未入顷,停车州门外。周侯诣丞相,历和车边,和觅虱夷然不动。周既过反还,指顾心曰:"此中何所有?"顾搏虱如故,徐应曰:"此中最是难测地。"周侯既入,语丞相曰:"卿州吏有一令仆才。"

《世说新语》用大量的篇幅记载名士们奇特的兴致和玄妙的清谈,是我们研究"魏晋风流"的重要资料。这些名士标榜"雅量"、"豪爽",讲究"容止"、"识鉴",就连"任诞"、"简傲"也成了一种清高的美誉。这种所谓的雅量大度,其实是很可笑的。

到了明代,幽默突破了"礼"制的牢笼和"理"学的束缚,异常蓬勃地生长,造成了中国幽默史上又一个重要的时期。王利器先生辑录《历代笑话集》,其内容是颇为丰富的,由魏至清,共1 850则,可以佐证时代兴趣之浓厚。

《西游记》中的幽默

明代吴承恩的《西游记》,是根据民间传说和说唱故事,加工整理重新写成的。小说通过幻想的神话世界,用虚构、夸张的艺术手法,描写了猴王孙悟空大闹天宫、地府和协助唐僧取经,荡妖除怪的故事。孙悟空神通广大,具有正义感和反抗斗争精神。玉皇大帝、龙王或阎王,他统统不放在眼里,对"法力无边"的西方佛祖如来,也敢嘲笑一番。悟空保唐僧取经,一路受到无数妖魔阻挡,他不畏惧困难,顽强不屈,勇敢乐观,即使受到委屈,被唐僧驱逐回花果山时,还是念念不忘唐僧去西天取经是否平安。他的乐观与开朗的性格,使他的语言动作富于幽默感,常常博得人们的笑声。

明代另外两部著名的长篇小说《三国演义》、《水浒传》中,也妙笔生花地描绘了许多活灵活现的幽默滑稽的人物,许许多多的细节也被描写得生动和极富幽默感。如《三国演义》第二回"张翼德怒鞭督邮,何国舅谋诛宦竖"中关于张飞怒鞭督邮的描写:

张飞大怒,睁圆环眼,咬碎钢牙,滚鞍下马,径入馆驿,把门人那里阻挡得住,直奔后堂,见督邮正在厅上,将县吏绑倒在地。张飞大喝:"害民贼!认得我么?"督邮未及开言,早被张飞揪住头发,扯出馆驿,直到县前马桩上缚住;攀下柳条,去督邮两腿上着力鞭打,一连打折柳条十数枝。

再如第三十八回"定三分隆中决策,战长江孙氏报仇"中,玄德三访孔明时,关公、张飞在外立久,不见动静,入见玄德犹然侍立。请看张飞的言语:

张飞大怒,谓云长曰:"这先生如何傲慢!见我哥哥侍立阶下,他竟高卧,推睡不起!等我去屋后放一把火,看他起不起!"

张飞这些富于个性的言语,是那么滑稽,又是那么富有幽默感,从而使他的形象生动、逼真。

《水浒传》中的幽默

《水浒传》中的李逵,也是一个特别生动的形象。第七十三回"黑旋风乔捉鬼,梁山泊双献头",李逵听说宋江夺了太公的女儿,要向宋江讨还。请看书中所述:李逵、燕青径直望梁山泊来,直到忠义堂上。宋江见了李逵、燕青回来,便问道:"兄弟,你两个哪里来?错了许多路,如今才到。"李逵那里答应,睁圆怪眼,拔出大斧,先砍倒了杏黄旗,把"替天行道"四个字扯做粉碎,众人都吃一惊。宋江喝道:"黑厮又做甚么?"李逵拿了双斧,抢上堂来,径奔宋江……李逵道:"我闲常把你做好汉,你原来却是畜生!你做得这等好事!"

第七十五回"活阎罗倒船偷御酒,黑旋风扯诏骂钦差",陈太尉前往梁山泊招安,单不见了李逵,书中写道:

萧让却才读罢,宋江已下皆有怒色,只见黑旋风李逵从梁上跳将下来,就萧让手里夺过诏书,扯得粉碎,便来揪住陈太尉,拽拳便打……李逵道:"你那皇帝,正不知我这里众好汉,招安老爷们,倒要做大!你的皇帝姓宋,我的哥哥姓宋,你做得皇帝,偏我哥哥做不得皇帝!你莫要来恼犯我黑爹爹,好歹把你那写诏的官员,尽都杀了。"众人都来解劝告,把黑旋风推下堂去。

这些滑稽、幽默的语言动作,把李逵疾恶如仇、坚决反对招安的个性特征,惟妙惟肖地描绘出来了。

《红楼梦》中的幽默

我国清代古典文学名著《红楼梦》中,不乏闪耀出幽默光彩的故事,至今读来仍令人捧腹。如第四十回"史太君两宴大观园,金鸳鸯三宣牙牌令"中,由刘姥姥的幽默,引出了"群笑图",堪称是"千古之笑"。也可见,曹雪芹是工于幽默的。文中这样描述:

那刘姥姥入了坐,拿起箸来,沉甸甸的不伏手……刘姥姥见了,说道:"这个叉巴子,比我们那里的铁锨还沉,哪里拿的动它。"说的众人都笑起来……

贾母这边说声"请",刘姥姥便站起身来,高声说道:"老刘,老刘,食量大如牛,吃一个老母猪,不抬头!"说完,却鼓着腮帮子,两眼直视,一声不语。众人先还发怔,后来一想,上上下下都一齐哈哈大笑起来。湘云掌不住,一口茶都喷出来。黛玉笑岔了气,伏着桌子只叫"嗳哟!"宝玉滚到贾母怀里,贾母笑的搂着叫"心肝",王夫人笑的用手指着凤姐儿,却说不出话来。薛姨妈也掌不住,口里的茶喷了探春一裙子。探春的茶碗都合在迎春身上。惜春离了坐位,拉着她奶母,叫"揉揉肠子"。地下无一个不弯腰屈背,也有躲出去蹲着笑去的,也有忍着笑上来替姐妹换衣裳的……刘姥姥拿起箸来,只觉不听使,又道:"这里的鸡儿也俊,下的这蛋也小巧,怪俊的。我且得一个儿!"众人方住了笑，听见这话，又笑起来……

刘姥姥的坦率、语言风格、举止言谈，同大观园内的"规范"全然不同，是大观园一帮人见所未见，闻所未闻的，因而在大观园的姐妹们看来是谐趣的、滑稽的，所以会引起她们的兴趣，并博得她们阵阵"捧腹大笑"。

曹雪芹在《红楼梦》中，还用了相反相成的方法刻意描绘了刘姥姥式的幽默。《红楼梦》第四十回最后，在姐妹们都对完鸳鸯的牙牌令后，便要刘姥姥对答，书中这样写道：

鸳鸯笑道："左边'四四'是个'人'。"刘姥姥听了，想了半日，说道："是个庄家人罢！"众人哄堂笑了……鸳鸯道："中间'三四'绿配红。"刘姥姥道："大火烧了毛毛虫。"……鸳鸯笑道："右边'么四'真好看。"刘姥姥道："一个萝卜一头蒜。"众人又笑了。鸳鸯笑道："凑成便是'一枝花'。"刘姥姥两只手比着，也要笑，却又掌住了，说道："花儿落了结了个大倭瓜。"众人听了，由不的大笑起来。

从《红楼梦》的这些精彩的幽默故事中，我们不难看出，到了清代，创造幽默和欣赏幽默的能力已得到了很大的发展。

近代幽默

辛亥革命后，五四运动以科学与民主的大旗，猛烈地扫荡了封建意识形态，西方文化的传入，使东方文化蜕变更新。在这一时期，各种艺术样式都或多或少受到"渗透"和影响。散文中派生出幽默讽刺的体式"杂文"；曲艺中"笑的艺术"——相声已趋成熟；戏剧中的"喜剧"也终于成型。思想文化界也曾对"幽默"与"笑"进行了几次大讨论。以鲁迅、老舍、钱钟书为首的艺术大师们，使幽默艺术发展到了一个崭新的阶段。

例如鲁迅先生的杂文《准风月谈》、《花边文学》及三本《且介亭杂文》（即《且介亭杂文》和它的二集、末编），就是在反动势力加紧压制言论自由，一些报社编辑发出呼吁，请求作者少谈政治，多谈风月的情况下，用灵活的手法，从更加广泛的题材中，从许多细小的生活现象中，用嬉笑怒骂皆成文章的笔法，来透视当时的社会生活，达到揭露黑暗的效果。

中华民族的幽默传统虽然源远流长，但同西方比较而言，并不是一个长于幽默的民族，因此，更应发扬传统，"古为今用，洋为中用"，增强我国文化的幽默性格。近年来，幽默的发展是前无古人的，出版的"幽默小说集"、"笑语录"等数以百计；专门性的杂志《讽刺与幽默》，报纸《杂文报》等大量发行；相声、小品、喜剧电影、漫画……赢得最广大的听众、观众与读者，更使幽默艺术达到了一个新的高峰。

幽默的十大技法

1. 大词小用法

作家冯骥才访问美国,有非常友好的华人夫妇带着他们的孩子来拜访,双方交谈得投机之时,冯骥才突然发现那孩子穿着皮鞋跳到了床单上。这是一件令人很不愉快的事,而孩子的父母竟然浑然不觉。此时,任何不满的言语或行为都可能导致双方的尴尬。怎样让孩子下床呢?

冯骥才凭着他的阅历和应变的能力很轻松地解决了, 他幽默地对孩子的母亲说:"请您把孩子带回到地球上来。"主客双方会心一笑,事情得到圆满的解决。

在这里冯骥才只玩了个大词小用的花样,把"地板"换成了"地球",但整个意义就大不相同了。地板是相对于墙壁、天花板、桌子、床铺而言,而地球则相对于太阳、月亮、星星等而言。"地球"这一概念,把主客双方的心灵空间融入了茫茫宇宙的背景之中。这时,孩子的鞋子和洁白的床单之间的矛盾便被孩子和地球的关系淡化了。

技法要领:所谓"大词小用"法,就是运用一些语义分量重、语义范围大的词语来表达某些细小的、次要的事情,通过所用词的本来意义与所述事物内涵之间的极大差异,造成一种词不符实、对比失调的关系,由此引出令人发笑的幽默来。

2. 戏谑调侃法

有一个人很有幽默感,而且擅长恭维。一天,他请了几位朋友到他家一聚,准备施展一下自己的专长。他临门恭候,等朋友接踵而至的时候,挨个儿问道:"你是怎么来的呀?"

第一位朋友说:"我是坐的士来的。"

"啊,华贵之至!"

第二位朋友听了,打趣道:"我是坐飞机来的!"

"啊,高超之至!"

第三位朋友眼珠一转:"我是坐火箭来的!"

"啊呀,勇敢之至!"

第四位朋友坦白地说:"我是骑自行车来的。"

"很好啊,朴素之至!"

第五位朋友羞怯地说:"我是徒步走来的。"

"太好了,走路可以锻炼身体,健康之至呀!"

第六位朋友故意出难题:"我是爬着来的!"

"哎呀,稳当之至!"

第七位朋友讥讽地说:"我是滚着来的!"

主人并不着急,说:"啊,真是周到之至啊!"

众人齐笑。

主人的戏谑幽默是纯自我保护性的,几乎无攻击性,表现了他触景生情、即兴诙谐的才智。

技法要领:"戏谑幽默"法,就是带有很强的攻击性,或表面攻击性强,其实无攻击性的幽默技巧。越是对亲近的人攻击性越强,越是对疏远的人攻击性越弱。简言之,就是开的玩笑是带有机智、哲理的玩笑,目的是增加你与对方的亲切感。

3. 歪解幽默法

歪解就是歪曲、荒诞的解释。

三位母亲自豪地谈起她们的孩子,第一位说:"我之所以相信我家小明能成为一名工程师,是因为不管我买给他什么玩具,他都把它们拆得七零八散。"

第二位说:"我为我的儿子感到骄傲。他将来一定会成为出色的律师,因为他现在总爱和别人吵架。"

第三位说:"我儿子将来一定会成为一名医生,这是毫无疑问的,因为他现在体弱多病。俗话说'久病成良医'。"

读到这儿,我们都会忍俊不禁。这种幽默的力量是从哪里来的呢? 很显然,是从这三位母亲的滑稽的解释中得来的。如果说儿子能当上工程师是因为喜欢用积木搭桥盖房子,说儿子能当律师是因为喜欢法官的大盖帽,说儿子能当医生是因为他常玩给布娃娃打针的游戏,那就没有多少幽默可言了。这种解释是从生活的常理中来的,人们听来毫不觉得意外, 所以并不可笑。而这里的三位母亲却都跳出了这些常理的框框,给这些问题找到了一个似是而非、牛头不对马嘴的解释,结果和原因之间显得那样不相称,那样荒谬,两者之间造成了巨大反差,于是形成了幽默感。

技法要领:俗话说,理儿不歪,笑话不来。"歪解幽默"法就是以一种轻松、调侃的态度,随心所欲地对一个问题进行自由自在的解释,硬将两个毫不沾边的东西捏在一起,以造成一种不和谐、不合情理、出人意料的效果,在这种因果关系的错位和情感与

逻辑的矛盾之中,产生幽默的技巧。

4. 借语作桥法

英国作家理查德·萨维奇患了一场大病,幸亏医生医术高明,才使他转危为安。但欠下的医药费他却无法付清。最后医生登门催讨。

医生:"你要知道,你是欠了我一条命的,我希望有价报偿。"

"这个明白。"萨维奇说,"为了报答你,我将用我的生命来偿还。"说罢,他给医生递过去两卷本《理查德·萨维奇的一生》。

作家这样说就比向对方表示拒绝或恳求缓期付款要有趣得多。其方法并不复杂,不过是接过对方的词语(生命),然后加以歪解,把"生命"变成"一生"。显然,二者在内涵上并不一致,但在概念上能挂上钩就成。

技法要领:"借语作桥"法是指交谈中,一方从另一方的话语中抓住一个词语,以此为过渡的桥梁,并用它组织成自己的一句对方不愿听的话,反击对方。

作为过渡桥梁要有一个特点,那就是两头相通,且要契合自然,一头与本来的话头相通,另一头与所要引出的意思相通,并以天衣无缝为上。"借语作桥"在于接过话头以后,还要展开你想象的翅膀,敢于往脱离现实的地方想,往荒唐的、虚幻的地方想。千万别死心眼、傻乎乎,越是敢于和善于胡说八道,越是逗人喜爱。

5. 推理幽默法

有人请阿凡提去讲道。阿凡提走上讲坛,对大家说:"我要跟你们讲什么,你们知道吗?"

"不,阿凡提,我们不知道。"大伙说。

"跟不知道的人我要说什么呢,还说什么呢?"

阿凡提说完,走下讲坛便离开了。

后来,阿凡提又被请来。他站到讲坛上问:"喂,乡亲们!我要跟你们说什么,你们知道么?"学乖了的人们马上齐声回答:"知道!"

"你们知道了,我还说什么呢?"阿凡提又走了。

当阿凡提第三次登上讲台,又把上两次的问题重复一遍后,那些自作聪明的人一半高喊:"不知道!"另一半则喊:"知道!"

他们满以为这下可难住了阿凡提,哪知道,阿凡提笑了笑说:"那么,让知道的那一半人讲给不知道的另一半人听好了!"说着扬长而去。

　　阿凡提的过人之处就在于他利用"知道"与"不知道"这两个不具体而虚幻的原因，从而推理出与大家希望完全相反的结果，以不变应万变，不管对方怎么变幻情况，理由也跟着变幻，而行为却一点不变。这就是"推理幽默"法使你在社交中能够超凡脱俗、潇洒自如的妙处。

　　技法要领："推理幽默"法是借助片面的、偶然的因素，构成歪曲的推理。它主要是利用对方不稳定的前提或自己假定的前提，来推理引申出某种似是而非的结论和判断。它不是常理逻辑上的必然结果，而是走入歧途的带有偶然性和意外性的结果。

6. 反语幽默法

　　"反语幽默"法是造成含蓄和耐人寻味的幽默意境的重要语言手段之一。简言之，就是故意说反语，或正语反说，或反语正说。

　　《镀金时代》是美国幽默大师马克·吐温的杰作。它彻底揭露了美国政府的腐败和政客、资本家的卑鄙无耻。当记者在小说发表之后采访他时，他答记者问时说："美国国会中，有些议员是狗娘子养的。"此话一经发表，各地报刊杂志争相刊出，使美国国会议员暴怒，说他是人身攻击，正因不知哪些议员是狗娘子养的，便人人自危。所以群起鼓噪，坚决要马克·吐温澄清事实并公开道歉，否则将以中伤罪起诉，求得法律手段保护。

　　几天后，在《纽约时报》上，马克·吐温刊登了一则致联邦议员的"道歉启示"："日前鄙人在酒会上答记者问时发言，说'美国国会中有些议员是狗娘子养的'，事后有人向我兴师问罪。我考虑再三，觉得此话不恰当，而且不符合事实。故特此登报声明，我的话修改如下：'美国国会中有些议员不是狗娘子养的。'"

　　这段"道歉启示"，只在原话上加上一个"不"字，前边说"有些是"，唯其未指出是谁，因此人人自危；后改成"有些不是"，议员们都认为自己不是狗……于是，那些吵吵闹闹的议员们不再过问此事。

　　马克·吐温以他自己超人的智慧平息了这场风波；以反语的手法，使本来对他怀有敌意的人们谅解了他。

　　技法要领："反语幽默"法就是用相反的词语表达本意，使反语和本意之间形成交叉。"反语幽默"法的技巧在于以反语语义的相互对立为前提，依靠具体语言环境的正反两种语义的联系，把相对立的双重意义辅以其他手段，如语言符号和语调等衬出，使对方由字面的含义悟及其反面的本意，从而发出会心的微笑。

7. 指鹿为马法

《史记·秦始皇本纪》记载说：

赵高想造反，害怕群臣不听使唤，因此先设法试验，拿着鹿献给二世，说："这是一匹马。"二世笑着说："丞相弄错了吧，怎么把鹿当做马？"赵高问众大臣，有的大臣不回答，有的说是马谄谀赵高，有的说就是鹿。赵高就把说是鹿的暗记下来，假借名义送法严办。从此以后，大臣们都畏惧赵高。

依当时的情形看，赵高"指鹿为马"，是他为谋权篡位采取的卑劣手段，若站在交际的角度来说，"指鹿为马"则是一种高超的幽默艺术。

某厂，有两个工人在评价他们的厂长。

"厂长看戏怎么总是坐在前排？"

"那叫带领群众。"

"可看电影他怎么又坐中间了？"

"那叫深入群众。"

"来了客人，餐桌上为啥总有我们厂长？"

"那是代表群众。"

"可他天天坐在办公室里，车间里从不见他的身影，又怎么讲？"

"傻瓜，这都不懂，那是相信群众嘛！"

谁都明白这两位工人在心照不宣地指鹿为马，指白说黑地讽刺他们厂长的工作作风。虽然显得名实不符，却有很强的幽默感。这是为什么呢？因为幽默感并不是一种客观的科学的认识，而是一种情感的交流。情感是主观的，不是客观的，情感与科学的理性是矛盾的。科学的生命在于实事求是，而情感则不然，实事求是不一定完全表达情感。幽默的生命常常在名不副实的判断中产生。

技法要领："指鹿为马"在幽默中就是用双方心照不宣的名不副实，把白的说成黑的，从而产生反差，传达另外一层真正要表示的意思，达到幽默交流的目的。

8. 位移真义法

人们总希望自己能言善辩，能够妙语连珠、幽默诙谐地和周围的同事、朋友们交谈。或许，"位移真义"这种巧钻空子的幽默技巧能为你的谈吐增色。

在一次军事考试的面试中，主考的军官问士兵："一个漆黑的夜晚，你在外面执行任务，有人紧紧地抱住你的双臂，你该说什么？"

"亲爱的,请放开我。"报考者幽默地回答。

乍一看,我们也许会莫名其妙,可等你回过神来,恍然大悟时,一定会忍俊不禁的。"亲爱的,请放开我。"一般是情人间亲昵的用语,军官提问是想知道他的士兵怎样对付敌手,而年轻的士兵则理解或者说故意理解为恋人抱住他双臂时,他该说什么。把原心理重点"怎样对付抱住他双臂的敌手",巧妙地移到另一个主题——"怎样对付抱住他双臂不放的情人"。这就是我们所说的"位移真义"法。

技法要领:人们说的话,往往字面意义与说话人想表达的意义并不完全一致,我们暂且称它们为表义和真义。将人们说话的真义弃之不顾,而取其表义,是"位移真义"法的根本技巧。

9. 望文生义法

十年动乱中,有位姓张的干部在"批判会"上被诬为"两面派",谁知老张淡淡一笑,答道:"刚才有人说我是'两面派',这使我十分奇怪! 请看我的脸:皮肤是这样黑,颧骨是这样高,两颊是这样瘦,鼻梁是这样低,嘴唇却这样厚。双眼无神,两耳招风……"

说着他指着自己的脸,风趣地说:"让革命群众一起评一评吧,如果我还有另一张脸,是什么'两面派'的话,我会用这张脸吗?"

一句俏皮话,引得听众哈哈大笑。诬陷老张的打手狼狈不堪,老张因而平安通过"批判"会。

老张这番话中,从"两面派"的表面字义来理解,明知故错地把它解释成"有两张面孔的人",再郑重其事地"摆事实,讲道理",证明自己并没有两张面孔。由于这一点是众所周知的事实,老张却煞有其事地去论证,刻意费力,显得滑稽可笑,十分幽默。

技法要领:"望文生义"法是一种巧妙的幽默技巧。运用它,一要"望文",即故作刻板地就字释义;二要"生义",要使"望文"所生之"义"变异得与这个"文"通常的意义大相径庭,还要把"望文"而生的义,引向一个与原义风马牛不相及的另一个内容上,从而在强烈的不协调中形成幽默感。

10. 随机套用法

"随机套用"法就是预先熟练地掌握一些与本人工作生活有关的幽默范例,然后加以灵活套用的幽默技巧,最好能根据自己所处的环境特点即兴加以发挥。

张大千是我国现代著名的画家。他颔下留长须,讲话诙谐幽默。一天,他与友人共饮,座中谈笑话,都是嘲弄长胡子的。张大千默默不语,等大家讲完,他清了清嗓门,态度安详地也说了一个关于胡子的故事：

三国时候，关羽的儿子关兴和张飞的儿子张苞随刘备率师讨伐吴国。他们两个人为父报仇心切，都想争当先锋，这却使刘备左右为难。没办法，他只好出题说："你们比一比，各自说出自己父亲生前的功绩，谁父功大谁就当先锋。"

张苞一听，不假思索顺口说道："我父亲当年三战吕布，喝断坝桥，夜战马超，鞭打督邮，义释严颜。"

轮到关兴，他心里一急，加上口吃，半天才说了一句："我父五缕长髯……"就再也说不下去。

这时，关羽显圣，立在云端上，听了儿子这句话，气得凤眼圆睁，大声骂道："你这不孝之子，老子生前过五关斩六将之事你不讲，却在老子的胡子上做文章！"

听了这个幽默的故事，在座的无不大笑。

张大千巧妙地套用了关于胡子的幽默故事，不仅使自己摆脱了众矢之的的困境，而且也反击了友人善意的嘲弄。

技法要领：掌握一些现成的幽默的语言、轶事、故事之后，不但要做到不为所制，而且更重要的是灵活自由地套用它来说明自己的观点，解决自己面临的困境。这时，要有一种大加发挥的气魄，切忌拘谨。而在发挥时，就不仅是套用了，而是创造幽默了。

说话大智慧

幽默的话有惠己悦人的神奇功效。在工作中，上司可能因为你的幽默口才对你大加赞赏和提拔；在爱情中，你所追求的异性可能因为你妙语连珠而对你青睐有加；在人际交往中，人们可能因为你大方得体的幽默口才而对你倍加赞赏。

NO.21

智者开玩笑活跃气氛
愚人开玩笑伤人自尊

玩笑是缓冲剂，

可以消除敌意，

化干戈为玉帛。

玩笑不能过火，

伤害别人的自尊，

嘲弄与愚弄别人，

只会产生矛盾，

是损人不利己的行为。

会开玩笑的人，能让人在一片欢笑中记住他的风采，并对他产生亲近感。在出现意见分歧的时候，开玩笑或许就可成为紧张局面的缓冲剂，使同事之间消除敌意，化干戈为玉帛。玩笑有时还可以用来委婉地拒绝同事的要求或进行善意的批评，等等。

但玩笑要达到的目的，在于"玩"，千万不要把玩笑开得过火。如果玩笑话让人觉得受嘲弄，被"涮"了，那就过了，弄不好还会产生矛盾，造成损失。

智者的故事

抗日战争胜利后，著名国画大师张大千要从上海返回四川老家。临行前，他的学生糜耕云设宴为大师饯行，梅兰芳等社会名流出席了这次宴会。

宴会一开始，张大千便首先向京剧大师梅兰芳敬酒，说："梅先生，你是君子，我是小人，我先敬你一杯。"

梅兰芳不解其意，忙含笑问："此作何解？"

大千先生笑着答道："你是君子，动口（指唱）；我是小人，动手（指画）。"

张大千先生的解释引得宾客为之大笑。

愚人的故事

一天，三四个同事在办公室聊天，其中有一位张小姐提起她昨天配了一副眼镜，于是拿出来让大家看看她戴眼镜好看不好看。大家不愿扫她的兴都说不错。这件事使老吴想起一个笑话，他就立刻说出来：有一个老小姐走进皮鞋店，试穿了好几双鞋子，当鞋店老板蹲下来替她量脚的尺寸时，这位老小姐——我们要知道她是近视眼——看到店老板光秃的头，以为是她自己的膝盖露出来了，连忙用裙子将它盖住，立刻她听到一声闷叫声："混蛋！"店老板叫道，"保险丝又断了！"

接着是一片笑声，谁料事后竟从未见到张小姐戴过眼镜，而且碰到老吴也不再和他打一声招呼。

这里面的原因不难明白。说者无心，听者有意。在老吴来想，他只联想起一则近视眼的笑话。然而，张小姐则可能这样想："你取笑我戴眼镜不打紧，还影射我是个老小姐。我老吗？上个月我才26岁！"

所以，说笑话要先看看对哪些人说，先想想会不会引起别人的误会。像老吴的一句笑话严重地伤了张小姐的自尊，却是始料不及的。

如何掌握开玩笑的"度"

熟人之间相处，免不了开开玩笑，这样可以融洽关系，活跃气氛，增强团结。但是，凡事都要有个分寸，开玩笑也要适"度"。如果过了度，做出有失礼仪的事，则其效果肯定也将适得其反。

开玩笑的"度"如何掌握呢？简单些说，要因时、因人、因内容和因场合而定。

开玩笑要看时间

当别人在生活中遇到不幸和烦恼时，情绪比较低沉，常常需要的是安慰和帮助，如果这时去打趣逗笑，便不合时宜了，弄不好，人家还以为你是幸灾乐祸。即使是同一个人，在不同的时间里也会有不同的情绪。例如：工作不顺利、遭到领导批评，家庭发生矛盾，等等，情绪都可能会出现低落。这时，就不适宜开玩笑。

开玩笑要看对象

人的性格各不相同。有的人活泼开朗，有的人沉默寡言，有的人豁达大度，有的人则小心多疑，对不同个性的人，要做到因人而异。同样的玩笑，对有的人可以开，对其他的人就不能开，对男性可以开，对女性就不能开，对青年人可以开，对老年人就不一定能开。如果不注意各人的特点和承受能力，就会伤害别人的自尊心，影响人与人之间的感情。本来是一次比较愉快的聚会，结果也可能弄得不欢而散。

开玩笑要讲究内容健康

拿别人的生理缺陷开玩笑，这是故意揭别人的"疮疤"，把自己的快乐建立在别人痛苦的基础之上；津津乐道男女之间的隐私，绘声绘色地传播庸俗、无聊甚至下流的情节，这是在寻求感官的刺激；捕风捉影，以假乱真，把小道消息作为茶余饭后的笑料，这是不负责任的低级趣味。凡此种种，都是属于格调不高、内容不太健康的玩笑。开玩笑的内容一定要清新健康、风趣幽默、情调高雅，所开的玩笑要带有思想性、知识性和趣味性，使大家在开玩笑中学到知识，受到教育，得到陶冶。

开玩笑要看场合

当别人在专心致志地学习和工作时，不应去开玩笑，以免分散其注意力，影响别人的学习和工作。在一些比较严肃、紧张甚至是悲哀的场合和气氛之中，例如参加庄重的集会或重大的活动，包括平时参加各种会议时，也都不能嬉笑打闹，以免冲淡现场的气氛。在公共场合和大庭广众之前，也应尽量不要打趣逗笑，因为人多嘴杂，容易引起某些不必要的误会。

✪ 说笑话的艺术

说笑话，是当今社会交往中不可缺少的艺术。也许大家有这样的体会，在会场或课堂上，一席趣语可使笑语满堂，气氛和谐而轻松，增强接受效果；在交际谈话时，一则笑话，常令人捧腹不止，在笑声中交流和深化了感情。

一则笑话就是一个短故事。它是用巧妙的线索和故弄玄虚、柳暗花明的情节仔细编织而成的。讲笑话的目的是要获得一种突然的出人意料的高潮，即引起听众哄然大笑。当然，一个说笑话的能手都会使用一些吸引你的注意力的动作：一个出奇的微笑、耸肩、乐融融的点头、哄骗式的呻吟，所有这些，都是为了控制听众。

如果你没有一副天生的口才和说笑话的技巧，下面 4 点是使你不把说笑话的材料弄糟的基本要点：

1．只对故事中的主角详加说明，其余一概从简叙述

如果你说："比尔·盖茨，一位企业家正迈步走来"，或"刘德华，一位影视演员"，这时你是向听众暗示上述人物将会再次提及。如果不是如此，故事情节就会被冲淡直至丧失。因为你给听众制造的欲望，没有在故事的结尾加以满足。

说笑话的开场白不要用一种夸张的许诺或可怜的道歉："它肯定使你捧腹大笑"、"我不知道能否讲好"等。要知道，过度吹牛和过分谦虚都会引起听众的反感。说幽默故事也不要以"这个医生"或"这个杂技演员"开始。如果是这样，你的听众会无意识地问自己"哪个医生？"或"哪个杂技演员？"这就难免会分散他们的注意力。下述这则笑话若添加不必要的"这个"、"这些"或加些累赘的人物介绍，甚至人物的名字，那就势必失去其幽默风趣的韵味。

三个斜视的囚犯站在一个斜视的法官面前。法官怒目注视着第一个囚犯，厉声问道："你叫什么名字？"

"伊莱·克兰茨，"第二个囚犯抢答。

"我不是跟你说话！"法官怒斥。

"我什么也没说呀！"第三个囚犯大声嚷道。

从这则笑话中可见讲笑话须字斟句酌，力求简洁概要，用不着过分地渲染笑话中的人物背景。

2. 你说笑话时要表露出你也喜欢你所说的笑话

微笑、高兴地暗笑，总之精神要振奋。不要呈阴郁表情，没精打采的，即使是说一则三言两语的笑话，也不要如此。"一位外交官绝不会忘记一位妇女的生日，但却从记不起她的年龄。""一个惹人厌烦的家伙离开一间房子，会使你感到一位迷人的佳人款款地走进房子。"像这样寥寥的几句，也要郑重其事地讲，但自己切莫未讲先哈哈大笑起来。

3. 双眼注视听众的眼睛

如果听你说话的不止一个人，请注意听众的每一张脸。不要眼望天花板，也不要看墙角的鸟笼。这会使你的听众也去注意那里，去观看那些引起你注意的物体。最好的方法，是将全部听众都视为一个人。

4. 时机合适时再说

不要刚想到一则笑话就讲出来，要等到环境气氛适合于说笑话的时候再讲出来。另外，还要准备好适当的词句以及故事高潮的韵律。笑话结束语要干净利落、欢快、自信。

一天，纪晓岚与和珅在后花园饮酒。突然，一条狗从旁边跑过。和珅故意问："是狼（侍郎）是狗？"当时纪晓岚官居侍郎，和珅官居尚书。纪晓岚立即应声答道："（尾巴）下垂是狼，上竖（尚书）是狗。'"

在这里，纪晓岚与和珅都运用了谐音双关的语言技巧互相开玩笑，开得诙谐，开得幽默。该故事紧凑，不拖沓，语言也精练。

讲笑话的九要诀

开玩笑要注意以下九点事项：

1. 滑稽的动作不可重复

假如平时不爱言笑的人，突然在大家面前表演翻跟头，并且头上起了个大包，大家会不由得纵声大笑。但是倘若该人一再地表演同样的动作，笑声不但会消失，甚至会使人产生怜悯之心，以为他的脚有毛病。

2. 不可有反常的举动

不是机智型的人，却以机智的方式说话，乃是一种反常的举动，令人感到厌烦。

3. 说笑话不可勉强

说笑话的目的在于活跃气氛,具有刺激作用,有如乐章的前奏曲和戏剧的序幕,与主题的发展有密切的关系。因此,不论笑话本身多有趣,绝不可说与话题无关的笑话。

4. 选择合适的笑话

有位大使意外受了伤,一位到大使馆采访的新闻记者说:"大使夫人真像日本人。"这句话若是早知道大使夫人是日本人,当然甚觉好笑,否则推敲半天,也不会觉得这句话有什么可笑。

5. 不说肯定的话

"这是非常有趣的笑话,你们大家一定会感到好笑的。"

像这样事先讲明的话,效果就大为减弱了。

6. 自己不可先笑

自己讲而自己先笑了,可以断定是性情很好或容易满足的人。事实上讲笑话的要领是讲的人自己不笑,这样才能使听者觉得倍加可笑。

7. 独创性的笑话

众所周知的笑话,只要改变角度,曲折一点,也就变得新鲜有趣了。将旧歌唱成特殊的调子,不但使年老者大笑,经过解释以后甚至可以引起年轻人的共鸣。

8. 不讲讽刺的话

带有讽刺性的话,是令人反感的,至于含恨的攻击性笑话,更应避免。有时也许会因为某人的失策而觉得相当好笑,但是应该同时提及他的优点,这样才能算是个有涵养的人。

9. 宽恕、容忍的态度

说话不仅要注意方式方法,更应该具有使人快乐的幽默感。幽默的意义不在滑稽的表现,而是发挥人性的温暖,展露理性的笑容,使听众有如同看完小丑影片后产生的喜悦感。此外,幽默也代表你乐观开朗的个性,并不是刻意装饰伪善的动作。

说话大智慧

开玩笑不可使对方陷于难堪。如果一点也不顾及别人的尊严,专挑别人的短处当做笑柄,这就远远超出了开玩笑的实际意义。尤其是不要把别人生理上的缺陷当做开玩笑的谈资,对不幸者,我们应该给予更多的同情与关怀,而绝不可笑话他们。

NO.22

智者说"我们"
愚人只说"我"

自我意识不能过于强烈，
只强调"我"的作用，
人际关系难免会因此受到影响。
使用"我"字频率最高的人，
也是不受欢迎的人。
多多采用"我们"的说法，
可以让别人产生团结的意识，
你的意见也才能更容易被别人接受。

　　小孩在做游戏时,常会说"我的"、"我要"等语,这是自我意识强烈的表现。在小孩子的世界里,这或许无关紧要,但有些成人也是如此。他们说话时,仍然强调"我"、"我的",这给人自我意识太强的坏印象,人际关系也会因此受到影响。

　　有位心理专家曾作过一项有趣的实验。他让同一人分别扮演专制型和民主型两个不同角色的领导者,而后调查人们对这两类领导者的观感。结果发现,采用民主型方式的领导者,他们团结意识最为强烈。而研究结果又指出,这些人当中使用"我们"这个名词的次数也最多。而专制型方式的领导者,是使用"我"字频率最高的人,也是不受欢迎的人。

　　我们在听别人说话时,对方说"我"、"我认为……"带给我们的感受,将远不如他采用"我们……"的说法,因为采用"我们"这种说法,可以让人产生团结意识。

智者的故事

　　俄国十月革命刚刚胜利的时候,许多农民怀着对沙皇的刻骨仇恨,坚决要求烧掉沙皇住过的宫殿。

　　别人做了许多工作,农民都置之不理,非烧不可。最后,列宁亲自出面做说服工作。列宁对农民说:"烧房子可以。在烧房子之前,我们大家一起来思考几个问题可不可以?""当然可以。"列宁问道:"沙皇住的房子是谁造的?"农民说:"是我们造的。"列宁又问:"我们自己造的房子,不让沙皇住,让我们自己的代表住好不好?"农民齐声回答:"好!"列宁再问:"那么这房子我们还要不要烧呢?"农民觉得列宁讲得好,同意不烧房子了。

愚人的故事

　　农夫甲和农夫乙忙完了田里的工作,一起回家。他们走在路上,农夫甲忽然发现地上有一把斧头,就跑过去捡起那把斧头。他看了看斧头,觉得还很新,就想带回家占为己有。农夫乙看到这把斧头是他发现的,应该归他所有,就对农夫甲说:"你刚才说错了,你不应该说'我们发现'。因为这是你先看见,所以你应该改口说'我发现了一把斧头'才对。"

他们两个继续往前走，农夫甲的手上仍然拿着那把斧头。过了一会儿，遗失这把斧头的人走了过来，远远地看见农夫甲的手上拿着他的斧头，就匆匆忙忙地追上来，眼看对方就要追上来了。这时候农夫甲很紧张地看了农夫乙一眼，然后说："怎么办？这下子我们就要被他捉到了。"

农夫乙听他这么一说，知道甲想把责任归咎到两个人的身上。于是农夫乙就很严肃地对农夫甲说："你说错了，刚才你说斧头是你发现的，现在人家追来了，你就应该说'我快被他捉到了'，而不是说'我们快被他捉到了'。"

语言表达能力决定事情的成败

在你想表达一个问题时，你一定要寻找合适、让人愉悦的叙述方式，这种方式不能让对方觉得厌烦，这样，你所说的一切，才能让对方接受。

如果你的表达方式有问题，就会让对方反感，那么你所说的道理也不可能让对方接受，这就意味着你在这个问题上的失败。

曾经有两个女大学生，毕业后到一家大宾馆去应聘服务员。她们两人的年龄、身高、容貌等外形条件都符合这家宾馆的招聘要求，但是不巧得很，这家宾馆只有一个位置，那么留谁呢？

总经理想了想后让两人先在宾馆里试用一周，然后看她们的表现再作决定。

工作了几天之后，总经理发现她们两个人都很敬业，表现都很出色。那么到底留谁呢？这让总经理为难了。

总经理决定测试一下她们和人说话的表述能力。他请两位朋友帮忙，让这两位朋友住进了宾馆。接待这两位朋友的分别就是这两位女大学生。

第二天，这两位朋友要退房了。

第一位女大学生对她的顾客说："请您先等等！我要去查一下房，看看房间里是不是缺少了什么东西。前天有位顾客拿走了房间里的浴巾，还把床单烧了一个大洞，所以请您不要介意，我只是例行公事去看一看。"

第二位女大学生这样对她的顾客说："请您先等一下好吗？我到您的房间去看一看您是不是落下了什么东西，以免您乘车离开还得返回来。"

两位女大学生到房间里检查的结果是她们发现房间少了毛巾，而毛巾是不允许客人拿走的。

第一位女大学生下来后,她对客人说:"我们发现您的房间里少了一条毛巾,按照规定,您是要按价赔偿的。我们将在您的住房押金里扣除这笔钱。"

第二位女大学生对她的客人这样说:"并没有发现您落下什么东西。我们发现你爱用我们宾馆里特制的毛巾,而且我们也非常愿意顾客带走我们宾馆里的毛巾留作纪念,只是这些物品不是免费的,我们要收一些工本费。毛巾的工本费是……我为您把那条毛巾包起来好吗?"

总经理听了他朋友说了整个事情的经过,他当然录用了第二位女大学生。

说话要避开"我"字

《福布斯》杂志上曾登过一篇"良好人际关系的一剂药方"的文章,其中有几点值得借鉴:

语言中最重要的 5 个字是:"我以你为荣!"

语言中最重要的 4 个字是:"您怎么看?"

语言中最重要的 3 个字是:"麻烦您!"

语言中最重要的 2 个字是:"谢谢!"

语言中最重要的 1 个字是:"你!"

那么,语言中最次要的一个字是什么呢?是"我"。

亨利·福特二世描述令人厌烦的行为时说:"一个满嘴'我'的人,一个独占'我'字,随时随地说'我'的人,是一个不受欢迎的人。"

在人际交往中,"我"字讲得太多并过分强调,会给人突出自我、标榜自我的印象,这会在对方与你之间筑起一道防线,形成障碍,影响别人对你的认同。

因此,会说话的人,在语言传播中,总会避开"我"字,而用"我们"开头。

有人曾经作过调查,看看人们每天最常用的是哪一个字,那就是"我"字。为什么人们对"我"字特别关心呢?就是因为大多数人都喜欢被人称赞,也喜爱称赞自己。因此,你若想得到你所希望得到的,就要避免与对方争高低,而要维护他人的自尊心。为了使对方的面子不受伤害,我们办事千万不要常把"我"字挂在嘴上,别说"我的公司",而说"我们的公司"。

少说"我"多说"你"

说话好像驾驭汽车,应随时注意交通标志,也就是要随时注意听者的态度与反应。如果红灯已经亮了仍然向前开,闯祸就是必然了。无聊的人是把拳头往自己嘴里塞的人,也是"我"字的专卖者。

人们最感兴趣的就是谈论自己的事情,而对于那些与自己毫无相关的事情,众多的人会觉得索然无味,自己很感兴趣的事情,常常很难引起别人的共鸣,而且还令人觉得好笑。年轻的母亲会热情地对人说:"我们的宝宝会叫'妈妈'了。"她这时的心情是高兴的,可是旁人听了会觉得谁家的孩子不会叫妈妈呢!你可不要为此而大惊小怪!这是正常的事情,如果不会叫妈妈的孩子才是怪事呢。所以,你看来是充满了喜悦,别人不一定有同感,这是人之常情。

竭力忘记你自己,不要总是谈你个人的事情,你的孩子,你的生活。每人喜欢的是自己最熟知的事情,那么,在交际上你就可以明白别人的弱点,而尽量去引导别人说他自己的事情,这是使对方高兴最好的方法。你以充满同情和热诚的心去听他叙述,你一定会给对方以最佳的印象,并且对方会热情欢迎你,热情接待你。

把"我的"变为"我们的"

说话时,把"我的"变为"我们的",可以巧妙拉近双方距离,使对方更容易接受你和你的话。

如果你在说话中,不管听者的情绪或反应如何,只是一个劲地提到我如何如何,那么必然会引起对方的反感。如果改变一下,把"我的"改为"我们的",这对你并不会有任何损失,只会获得对方的好感,使你同别人的友谊进一步地加深。

我们经常看到记者这样采访:"请问我们这项工作……"或者"请问我们厂……"经常发现演讲者使用"我们是否应该这样"、"让我们……"等表达方式。这样说话能使你觉得和对方的距离接近,听来和缓亲切。因为"我们"这个词,也就是要表现"你也参与其中"的意思,所以会令对方心中产生一种参与意识。

比如说"你们必须深入了解这个问题",便拉开了听众与演讲者的距离,使听众无法与你产生共鸣。如果改为"我们最好再作更深一层的讨论"就会缩短与听众之间的距离,使气氛立刻活跃起来,达到共鸣的效果。

与听众融为一体

与听众融为一体，能让他们在心理上接纳你成为其中的一员。

尽快地，最好是一张口说话便指出自己与听众之间有某种直接的关系。如果觉得很荣幸能应邀发表演说，就照实说吧。当哈罗·麦克米兰在印第安纳州的德堡大学向毕业班讲话时，第一句便打开了沟通的线路。

"我很感激各位亲切的欢迎词，"他说。"身为英国的首相，应邀前来贵大学，实非寻常等闲之事。不过我感觉，本人当前的政府职位，恐怕不是各位盛邀的主因。"接着，他提到自己的母亲是美国人，出生于印第安纳州，而父亲则是德堡大学首届毕业生之一。

"我可以向各位保证，我深以与德堡大学有关联为荣。"他说，"并以能重温老家的传统为傲。"

无疑地，麦克米兰提到美国学校，以及他母亲和身为先驱的父亲所知悉的美国式生活，即刻就替自己赢得了友谊。

另一种可以打开沟通线路的方法，是使用听众中的人名。要小心的是：如果要在演说里用上奇特的名字，这些名字是为了这个场合经由询问而得知的，就必须确定它们正确无误；必须确实而完全地了解自己使用这些名字的原因；必须只能以一种友好的方式来提到它们；并且使用它们应有节制。

另外，还有个法子可以使听众注意力保持在巅峰状态，那就是采用代名词"你"而不要"他们"。这种方式可以使听众维持在自我感知的状态中。

不过，也有些时候使用代名词"你"是很危险的。它们可能不是在听众和讲演者间建设桥梁，而是造成分裂。在我们似乎以行家居高临下的口吻对听众讲话或对他们说教时，这种情形便会发生。这时最好说"我们"，而不要说"你"。美国医药协会的健康教育组组长包尔博士，常在无线电和电视演讲中采用这个技巧。"我们都想知道怎样去选个好医生，对不？"他某次演讲时这么说。"那我们既然想从我们的医生那里获得最佳服务，我们是否都应该知道怎样做个好病人呀？"

"如果我是你"的说服技巧

有人说，要想让别人相信你是对的，并按照你的意见行事，那首先需要人们喜欢你，否则你就无法获得成功，可如果你不能设身处地站在别人的角度，找到别人的兴奋点、热点,又怎么可能说服别人呢?

有家电视台,每周设有一次关于人生问题讲座的节目,据说收视率要比其他同时段的节目高出许多。收视率之所以高,当然有许多原因,但其中或许有人们都喜爱观看他人遭遇不幸的残酷心理。不过,最主要的还是因为节目中巧妙的对话,使人百看不厌。

大多数有疑难问题而上电视请教的观众朋友,在开始时,多会对解答者所作的各种忠告提出反对意见或辩解,并且显得十分不情愿接受对方所言。但久而久之,不觉对解答者所说的每一句话都会频频点头称是。见了这些画面,真是比起在电影院中观赏一部电影的感受还要深。

凡电视台的主持人或问答者,无不是精挑细选才产生出来的,所以光是听听他们的说服方式也获益不少。

对于不易说服的人,最好的办法就是要使对方认为你与他站在同一立场。通常出现在探讨有关人生问题的电视节目的观众朋友,离婚女子占多数。此时,负责解答疑难者说的一句话是:"如果我是你的话,我会原谅他的,而且绝不与他分手。"

千万别认为话中的"如果我是你"只是短短的单纯的一句话而已,殊不知它能发挥的效力是不可限量的。而这也就是由于人人都有认为"自己是最可爱"的心理所致。

如果你在说服别人的过程中,无意中使用了一些不太得当的言词,但由于你巧妙地运用这句"如果我是你",从而弥补了言词上的过失,不仅如此,它还能促使对方作自我反省,使对方终于感觉到唯有你的忠言,才是对他自己最有利的。

让我们再看看美国心理学专家卡耐基是怎样做的吧。

卡耐基曾用某家大礼堂讲课。有一天,他突然接到通知,租金要提高3倍。卡耐基前去与经理交涉。他说:"我接到通知,有点震惊,不过这不怪你。如果我是你,我也会这么做。因为你是旅馆的经理,你的职责是使旅馆尽可能赢利。"紧接着,卡耐基为他算了一笔账,将礼堂用于办舞会、晚会,当然会获大利。"但你撵走了我,也等于撵走了成千上万有文化的中层管理人员,而他们光顾贵旅社,是你花5 000元也买不到的活广告。那么,哪样更有利呢?"经理被他说服了。

卡耐基之所以成功地说服了经理,在于当他说"如果我是你,我也会这么做"时,他已经完全站到了经理的角度。接着,他站在经理的角度上算了一笔账,抓住了经理的兴奋点——赢利,使经理心甘情愿地把天平砝码加到卡耐基这边。

汽车大王福特说过一句话：假如有什么成功秘诀的话，就是设身处地替别人着想，了解别人的态度和观点。因为这样不但能得到你与对方的沟通和理解，而且更为清楚地了解了对方的思想轨迹及其中的"要害点"，从而做到有的放矢，击中"要害"。

❂ 用名片效应拉近和听众的距离

名片效应，是指说话者先亮出自己的底牌，表明说话者自己的看法、兴趣、经历等方面与对方有许多相同之处，在听者中造成一种与他们有共同观点的好印象，以便以"同路人"的身份介入其间，然后逐步引导、感化对方接受劝告。

英国首相丘吉尔是一位说服与反说服的高手。他很懂得如何利用名片效应去赢得人心。1941年圣诞节，二战正酣。丘吉尔去美国，希望说服美国人和英国人站在一起，立即参加对德作战，以扭转当时英国所面临的危险局面。可是，当时不少美国人对英国人不抱好感，反对介入对德战争，这给丘吉尔的说服工作增添了难度。丘吉尔利用向美国公民致圣诞祝词的机会，声情并茂地朗读了他的"心理名片"。他强调英国和美国间的共同血缘、共同语言、共同宗教、共同处境、共同情感，从而深深地打动了美国人的心，使他们克服了对立情绪，把英国人当做"自己人"。下面请看丘吉尔的说服技巧：

各位为自由而奋斗的劳动者和将士：

……

我远离祖国，远离我的家庭，在这里欢度这一年一度的佳节。但确切地说，我并不觉得寂寞和孤独。或者是因为我母亲的血缘关系，或许是因为在过去许多年的充满活力的生活中，我在这里得到的友谊，或许是因为我们伟大的人民在共同事业中所表现出来的那种压倒一切其他的友谊的情感，在美国的中心和最高权力的所在地，我根本不觉得自己是个外来者。我们的人民讲着同样的语言，有着同样的宗教信仰，还在很大程度上，追求着同样的理想。我所能感到的是一种和谐的兄弟间亲密无间的气氛。

……

战争的狂潮虽然在各地奔腾，使我们心惊肉跳，但在今天，每一个家庭都在宁静的肃穆的空气中过节。今天晚上，我们可以暂时把恐惧和忧虑的心情抛开、忘记，而为那些可爱的孩子们布置一个快乐的晚会。全世界说英语的家庭，今晚都应该变成光明与和平的小天地，使孩子们尽情享受这个良宵，使他们因为得到父母的礼物而高兴，同时使我们的任务,以各种的代价,使我们的孩子能继承的产业,不致被人剥夺;使他们在文明世界所应有的自由生活,不致被人破坏。因此,在上帝庇护之下,我谨祝各位圣诞快乐。

一席话把美国人拉上了战场,可见说服术的威力。

美国总统林肯也是一位善于运用名片效应,制造共同意识,从而赢得人心的专家高手。林肯曾经说过:"不论人们如何仇视我,只要他们肯给我一个说几句话的机会,我就可以把他们说服。"他之所以如此自信,就在于他能巧妙地运用情感技巧,将别人同自己之间的心理距离拉近,使之由仇视变为好感。下面请看他在竞选总统辩论中争取民众,化仇恨为好感的一番演讲:

"南伊里诺伊州的同乡们,肯塔基州的同乡们,密苏里的同乡们,听说在场的人群中,有些要想和我为难,我实在不明白为什么要这样做,因为我也是一个和你们一样爽直的平民。我生于肯塔基州,长于伊里诺伊州,和你们一样是从艰苦的环境中挣扎出来的。同乡们,让我们以友好的态度来交往。我立志做一个世界上最谦和的人,绝不会去损害任何人。我现在对你们诚恳要求的只是请求你们允许我说几句话。你们是勇敢而豪爽的,这一点要求,我想不会遭到拒绝。……"

林肯的心理名片发挥了效应。他赢得了选票,当上了总统。

🌀 站在对方的立场想一想

某保险公司的一位小姐在电话联系的约定时间对李先生进行访问。

她一进门便开门见山说明来意:"李先生,我这次是特地来请您和太太及孩子投人寿保险的。"

不料李先生一句顶回来:"保险是骗人的勾当!"

小姐并未生气,仍微笑着问道:"噢,这还是第一次听说,您能给我说说吗?"

李先生说:"假如我和太太投保3 000元,3 000元现在可买一部兼容电脑,20年后再领回的3 000元,恐怕连部彩色电视机都买不到了。"

小姐又好奇地问:"那又是为什么呢?"

李先生很快地回答:"一旦通货膨胀,物价上涨,即会造成货币贬值,钱就不经花了。"

小姐又问："依您之见，10年20年后一定会发生通货膨胀吗？"

李先生又迟疑了一会儿说："我不敢断定，依最近两年的情形来看，会有这种可能的。"

小姐再问："还有其他因素吗？"

李先生支吾了一下说："比如受国际市场的波动影响，说不定……"

接着小姐又问："还有没有别的因素？"

李先生终于无言以对。通过这样的问话，小姐对李先生内心的忧虑已基本了解。

于是小姐首先维护李先生的立场："您的见解有一定的道理。假如物价急剧上涨20年，3 000元不要说黑白电视机都买不了，怕只够买两棵葱了。"

李先生听到这里，心里很高兴，但接着这位精明的小姐给李先生解释了这几年物价改革的必要性及影响当前物价的各因素，进一步分析我国政府绝对不会允许旧社会那样的通货膨胀的事情发生的道理，并指出以李先生的才能和实力，收入可望大幅度增加。

对于这些话，虽然李先生也不止一次听别人说过，但总没有今天这种亲切的感觉。最后小姐又补充一句："即使物价有稍许上升，有保险总比没有保险好。况且我们公司早已考虑了这些因素，顾客的保险金是有利息的。当然！我这么年轻在您面前讲这些，实在有点班门弄斧，还望您多多指教……"

说也奇怪，经她这么一说，李先生开始面带笑容，相谈甚欢，当然，这位推销小姐此行的目的也达到了。

这位小姐成功的秘密在什么地方呢？就在于站在对方的立场上来思考，设身处地，投其所好，发现对方的兴趣、要求，而后再进行引导，晓之以理，动之以情，使对方与她的想法同调，最后使之接受。

如果不是首先与顾客步调取得一致，而是针对李先生的"保险是骗人的勾当"观点，开展一场"革命大批判"，那么，劝李先生投保就没有指望了。

说话大智慧

据说，墨西哥的大企业家办公室中常有两只椅子并行排列，"商谈"时并肩而坐，这样，能使"商谈"格外顺利完成，因为这时由于双方的步调一致、立场一致，给人们的就不是"你我"的感觉，而是"我们"的感觉。

NO.23

智者说话简洁明快
愚人说话拖泥带水

简洁的语言中，
有着伟大的哲理。
说话要简洁明快，
千锤百炼，尽量长话短说。
恰如其分的词句，
可以表达深刻的内涵。

好的语言并不在多，达意则灵。已故著名艺术家赵丹先生的遗孀黄宗英女士是一位作家，又是一位企业家。有一次，有人问黄宗英是否再嫁，黄宗英回答说："我已经嫁给大海，就不能再嫁给小河了。"这句话非常简洁明快，并且意蕴深刻，耐人寻味。

高尔基曾说："简洁的语言中有着最伟大的哲理。"在当今的信息时代，人们的生活节奏大大加快。人们不喜欢那些穿靴戴帽，庞杂冗长、繁文缛节的空话套话。说话要达到简洁、明快，就要千锤百炼，使自己的词汇富足、思路清晰。因为词语贫乏，表达必词不达意、啰嗦干瘪；思维模糊，表达必语无伦次，枉费口舌。所以，在说话时应要求自己长话短说，要"筛选"、"过滤"出最精辟的、恰如其分的表情达意的词句，尽可能以省略的语言表达出深刻的内涵。

智者的故事

某县国税局，连年完不成税收任务，当年上半年全县就欠税350多万元。七月，张局长临危受命，上任后即展开了深入细致的调查摸底工作。

在此前提下，国税局召集17个纳税大户举行座谈会。张局长开宗明义说道："我是个转业干部，天生的二杆子脾气，我到这儿任国税局长，一不图官，二不图钱，就图个痛痛快快干工作。我初来乍到，能不能踢好头三脚，还要看各位买不买账。一句话，政策以外的钱我一分不收，该纳的税一个子儿也不能少，而且一天也不能再拖，谁觉着为难，自己看着办，下周的这个时间我要结果。"

会后，在17家纳税大户的带动下，上半年歉收的所有税款一周内全部完成。

愚人的故事

1968年秋，"文革"正在高潮，学校要结合学毛著"斗私批修"，"灵魂深处爆发革命"。在一次"斗私批修"会上，学生们的发言仍然是检讨男同学打架斗殴偷偷抽烟；女同学拉小圈子搞不团结讲吃讲穿之类。一个军代表听后极不满意，在严厉批评一番之后自己做了一个"狠斗私字"的示范：

"同学们，这个私字总是藏在灵魂最深处，不用层层剥笋的方法就斗不出来，我给你们斗个样子看看。同学们，昨天下午我晚来了几分钟，耽误了大家几分钟时间。为什么我会迟到这几分钟呢,这里面有私心。当时我正在洗衣裳,知道时间到了,还是想再有几分钟就能把军服洗完晾出去。为什么非要先把军服晾出去呢,这里面有私心,就是想一下午这件军服就晾干了,明天还可以穿。为什么非要尽着这一件衣服穿呢,这里面又有私心,就是想自己今年可能要复员回家,尽量拣一件军服穿,到时候上交,带回家的那件衣服就新一点。为什么想到复员回家了呢,这里面又有私心,我已经超期服役两年了,提干看来是没希望,心想那就不如早点回家,再加上母亲也想要我早点回去结婚成家。革命战士要时刻听从组织指挥,自己是走是留这是组织考虑的事,组织让走就走,让留就留,自己根本就不应该想这个问题,我却想了那么多。你们看,迟到几分钟看起来是小事,里面的私心可不小……"

林肯的演讲词

1863 年 7 月 1 日,美国南北战争中的一场决定性战役,在华盛顿附近的葛底斯堡打响了。经过 3 天的鏖战,北方部队大获全胜。战后,宾夕法尼亚等几个州决定合资在葛底斯堡建立国家烈士公墓,公葬在此牺牲的全体将士。

1863 年 11 月 19 日,公墓举行落成典礼,美国总统林肯应邀到会演讲。这对林肯来说,有很大难度,因为这次仪式的主讲人是艾弗雷特,林肯只是由于总统的身份,才被邀请在艾之后"随便讲几句适当的话"。艾弗雷特不仅是个著名的政治家和教授,而且是当时被公认为美国最有演说能力的人,尤其擅长在纪念仪式上的演讲,在这个典礼上,他那长达两个小时的演讲,确实精彩极了。

在这种情况下,怎样讲才能和观众建立良好的交往关系,并最终赢得他们的掌声呢? 林肯决定,以简洁取胜。结果林肯大获成功。尽管他的演讲只有 10 句话,从上台到下台不过两分钟,可掌声却持续了 10 分钟。林肯的演讲不仅赢得了在场一万多名听众的热烈欢迎,而且轰动了全国。当时的报纸评论说:"这篇短小精悍的演说是无价之宝,感情深厚,思想集中,措词精练,字字句句都很朴实、优雅。行文完全无疵,完全出乎人们的意料。"就是艾弗雷特本人第二天也写信给林肯道:"我用了两个小时总算接触到了你所阐明的那个中心思想,而你只用了两分钟就说得明明白白。"后来,林肯的这篇出色的演讲词被收藏到图书馆,铸成金文存入牛津大学,作为英语演讲的最高典范。

林肯这次演讲获得巨大的成功,给了我们一个启示:简洁明快的语言会使说话者更添魅力。

历史上冗长的演讲纪录

在人际交往中,要想得到一种较佳的效果,语言必须简洁、明快,要能使听者在较短的时间里获取多而有用的信息。

历史上曾记载了一些冗长的演讲纪录,这些演讲绝对是不能称为优秀的。比如,1933年一位名叫爱尔德尔的美国参议员,为了反对通过"私刑拷打黑人的案件归联邦法院审判"的法案,在参议院高谈阔论了5天时间。一位记者统计:他在演讲台踱步75公里,共做了1万个手势,吃了300个夹肉面包,喝了40公升清凉饮料。

1957年,斯特罗姆·瑟蒙德做阻止"民权法案"通过的演讲,历时24小时18分,但遭失败。

1912年,英美发生战争,一个众议员用马拉松式的演讲来阻止通过对英宣战的决议。直到战火烧到家门,形势迫在眉睫,可这位议员仍在喋喋不休。时至半夜,听众席上鼾声四起,最后,一议员急中生智,将一个痰盂甩到演讲者的头上,才得以终止辩论,通过了宣战决议。

演讲大师都惜语如金

"言不在多,达意则灵。"要语不烦,字字珠玑,简练有力,能使人不减兴味;冗词赘语,絮语唠叨,不得要领,必令人生厌。在中外历史上,不少演讲大师惜语如金,言简意赅,同样留下了许多珍贵的篇章,成为"善辩者寡言"的典型。比如:

最短的总统就职演说,也就是1793年的华盛顿总统的演说,仅用135个字便举世闻名。

恩格斯在马克思墓前的演说只有1260个字。

列宁在马克思、恩格斯纪念碑揭墓典礼上的讲话只有552个字。

斯大林在1941年7月3日发表的反对德国法西斯入侵重要广播演说只有3 800个字。

罗斯福的就职演说仅有985个字。

1984年7月17日,37岁的法国新总理洛朗·法比尤斯发表的演说,更是短得出奇,演讲词只有两句:"新政府的任务是国家现代化,团结法国人民。为此要求大家保持平静和表现出决心。谢谢大家。"措辞委婉、内容精辟。

上述这些演讲大师驾驭语言的功力都是非凡的。同时,这也就说明了简洁明快在语言交际中举足轻重的作用。

不做罗嗦先生

简洁明快的语言能增添说话的魅力,其原因只要有以下几方面:

第一,简洁明快的语言是认识能力和思维能力高超的表现。话语的简洁常常体现出说话人分析问题的快捷与深刻。

第二,简洁明快的语言是果敢决断的性格表现。自信心强、办事果敢的人都说话干脆果断,不拖泥带水。

第三,现代社会节奏快,时间观念强,说话简洁会给人一种生机勃勃的现代人的感觉,所以,简洁明快的话语还是时代风貌的反映。

第四,简洁的话语既能不占用听者太多的时间,又能使听者觉得说话者很尊重他,所以,说话简洁的人受人欢迎。

我们都会有这种感觉,即那种说话唠唠叨叨、罗罗嗦嗦、拖泥带水、言语空泛的人,是很令人讨厌的。曾有位"罗嗦先生"在写给家人的信中说:

"……吾于下月即将返里。不在初一即在初二,不在初二即在初三,不在初三即在初四,不在初四即在初五,不在初五即在初六,不在初六即在初七,不在初七即在初八,不在初八即在初九……不在二十八即在二十九。其所以不写三十,因月小之故也……"

"罗嗦先生"这封可简为"吾下月将返里"的书信,却罗嗦了这么长,谁看了也会觉得索然寡味,十分讨厌。虽然这仅是一则笑话,但它也告诉我们一个深刻的道理:说话罗唆就会失去魅力。

许多说话罗嗦的人,常常是因为情绪激动而造成思维混乱,且语言表达前后倒置,条理不清。所以,要做到说话简洁明快,我们就要在思维和语言两个方面下工夫,不断练习,掌握技巧,适当发挥。

丘吉尔的演讲词

1948 年,牛津大学举办了一个"成功秘诀"讲座,邀请到了当时声誉已登峰造极的伟大的丘吉尔来演讲。三个月前媒体就开始炒作,各界人士引颈等待,翘首以盼。

这一天终于到来了,会场上人山人海,水泄不通。全世界各大新闻机构都到齐了。人们准备洗耳恭听这位大政治家、外交家、文学家(丘吉尔曾获诺贝尔文学奖)的成功秘诀。

丘吉尔用手势止住大家雷动的掌声后,说:"我的成功秘诀有三个:第一是绝不放弃;第二是绝不、绝不放弃;第三是绝不、绝不、绝不能放弃!我的讲演结束了。"说完就走下讲台。

会场上沉寂了一分钟后,才爆发出热烈的掌声,经久不息。

前总裁的回答

一个年轻人28岁便获选为银行总裁。他从没有想到自己会成为总裁,更无法想象自己这么年轻就能担当这个职位。一天,他与股东会议主席,也就是前任总裁谈话。他说:"正像您所知道的那样,我刚刚被指定担当总裁的职务,这真是个艰巨的任务。我非常希望您能根据您自己多年的经验给我一点建议。"

年长的前任总裁看着坐在自己面前的新总裁,微微一笑,很快地以六个字作为他的回答:"作正确的决定。"

年轻的总裁期望能得到更进一步的建议,他说:"您的建议很有帮助,我能得到您的帮助感到很荣幸,也非常地感激。但是能否请您说得详细一点儿呢?我是真的很需要您的帮助以便我作出正确的决定。"

可这个睿智的老人惜言如金,仍然很简单地回答:"经验。"

新总裁很困惑,再次问道:"没错,那正是我今天出现在这里的原因。我不具备我所需要的经验,我该如何获得这些经验呢?"

老人无声地笑了,但依旧以简短精练的话语总结道:"错误的决定。"

措辞简洁明快应注意的六大方面

1. 尽量简明扼要

说话越简明越好,有些人在叙述一件事情时说了很多话,但还是无法把他的意思表达出来,以致听者花了很多时间和精力,仍然不知道他想说明什么东西。如果你有这种毛病,一定要自己矫正。矫正的最好办法是,在说话之前,先在脑子里做一个初步的计划,然后再把计划要说的东西讲出来。

2. 用语不要过多重叠

在汉语里,有时的确要使用叠句来引起别人的注意,或者加强语气。但是,如果滥用叠句,就会显得累赘。例如,许多人在疑惑不解的时候常常会说:"为什么为什么?"其实,一个"为什么"就足以表达你的疑惑之情,为什么偏要多加一个呢?还有的人答应别人一件事情的时候,常常说"好好好",一连说上好几个。其实,说一个"好"字就足够了。

3. 同样的词语不可用得太频繁

听者总希望说者的语言丰富多彩。我们虽然不必像某些名人所说的那样,每说一事都要创造一个新词汇,但也应该在许可的范围内尽量使表达多样化,不要把一个名词用得太频繁。即使是一个非常新奇的词,如果你在几分钟之内就把它复述了好几次或十几次,那么人们对它的新奇感会丧失,并对它产生一种厌倦感。

4. 要避免口头禅

有些人在交谈中爱说口头禅,诸如"岂有此理"、"我以为"、"俨然"、"绝对的"、"没问题"一类的话总是脱口而出。不管这些话是否与所说的内容有关联,这类的口头禅说多了,不仅影响说话的效果,而且容易被别人当做笑柄。因此,这类的口头禅应下决心不说。

5. 避免使用粗俗的词

常言道:"言语是个人学问品格的衣冠。"一个相貌堂堂、看上去高贵华丽的人,如果一开口就说出粗俗不堪的话,那么别人对他的敬慕之心会马上烟消云散。其实,这些人中的相当一部分并非学问品格不好,只是在追求语言的新奇和俏皮的过程中染上了这种难以更改的坏习惯。试想一想,在一个陌生人面前,你说了粗俗的话,他会怎么想呢?他不一定会认为这是一个习惯问题,而可能会认为你是一个修养不足、不可交往的人。

6. 不要滥用术语

粗俗的词不可用,太深奥的词如专用术语也不可多用。如果不是同一个学者讨论学术问题或不得不用,过多地使用专业术语,即使你使用得很恰当,也会给别人以故弄玄虚的感觉。

上述几点只是列举了几个易于为人们觉察到的问题,那些较为隐晦的问题还有赖于你在实践中去揣摩和克服。如果你在说话时能措辞简洁、生动、高雅而又贴切,那么就可能会成为一位交际明星、说话好手。

什么是不必要的

一篇成功的演讲稿，要避免赘词，读者中有没有拉拉杂杂讲了一大堆话，却毫无重点、不知所云的经验呢？

以下是主人面对丰盛的午餐，向所有客人做的礼貌性致辞。读完原稿以后，请考虑如何删除赘语。

各位来宾、女士们先生们：

首先让我说声大家好，由于平常承蒙各位的照顾，一直希望有报答的机会，聊表我的一点谢意。因此今天特地邀请各位参加这个招待会。各位能在百忙中拨冗驾临，真使我觉得三生有幸，特地在此表示谢意。（第一段）

利用今天的机会讲公事是一件不礼貌的事，但是事不由己，请先接受我的歉意。敝公司数年来苦心研究的新产品已经研制成功，并且在大量生产中，今后开展市场大力推销时，还须赖各位助一臂之力，因此特地摆席设宴，聊表心意。（第二段）

过去已有不少新产品仰赖各位出售，并且接到不少订单。敝公司对于成品的销售能有十成的信心和把握，都是大家的赐予，关于这一点，敝公司非常感激。现在再度重托各位，但愿能再为新产品推广销路。总之，请容我再度向各位拜托。（第三段）

至于新产品，比起同类的产品有两项优点，一点是……另一点是……（第四段）

说句真心话，凭这些优点，新产品能够获得好评是理所当然的事。敝公司为了使消费者能认识这项产品，曾经通过大众传播工具，如：电视、广播大力宣传，不过最彻底的方法，仍须依赖直销，因此请各位尽力帮忙。（第五段）

今天麻烦各位专程来参加宴会，但因准备不周，未能尽心招待，草草备有薄酒粗菜，还请慢慢饮用，并且开怀畅谈。（第六段）

拉拉杂杂讲了一大堆话，非常抱歉，请各位宽恕我的无礼。最后再一次谢谢各位给我们的关怀和照顾。现在谨以拙辞聊表十二万分谢意，并且预祝各位事业如意，精神愉快。（第七段）

读了这篇讲稿以后，你认为应该删除哪些地方呢？第三、第五、第六、第七段的赘词是否需要删除？请大家仔细阅读。依照文句来看，应该说非常详细，那么为什么需要删除呢？请仔细深思。

日俄战争后，日本有名的乃木辉将军应邀演讲时，不是站上讲台而是站在听众的面前说："诸君！我就是杀死诸君兄弟的凶手……"说完这简短的一句话，乃木辉的泪水夺眶而出，无法接下去。然而，此时全场鸦雀无声，大家都受了感动，场面肃然而感人。

我们可以借鉴乃木辉的演讲方法，把不必要的前言或者一般性文句删掉。

仔细听听在使用客套话的文句中，常有如下的词句出现：

＊突然被指名致辞，深感荣幸……

＊口才非常差，又因不习惯……

＊在口才比我好的长辈面前，觉得越权……

＊我的口才极差，委屈大家了……

＊口吃的我，居然有机会站在台上，深深觉得惭愧……

常听的结束语：

＊简单几句话来结束我的话……

＊这些就是我向各位问安的拙辞……

＊各位能侧耳倾听，真是感激不尽……

＊浪费大家宝贵的时间非常惶恐抱歉……

＊拉拉杂杂毫无系统，特此表示歉意……

因发明飞机一跃成名的飞行家莱特兄弟，在庆祝会上，作了非常简短的演说。他说："各位先生，各位女士，鸟类中最善于讲话的鹦鹉是不会飞的，而我则不善于讲话。谢谢各位！"

◎ 在家庭里，多余的话也不是一无是处

人与人的交谈中总带有一定"废话"：陌生人相见有礼节性的客套，客人会面要寒暄一番，实质性的话常常用委婉的说法表达出来……这些看来无关紧要的"多余话"，却是攻心中不可或缺的工具。让我们看一些生活的情景：

妻子回到家，推开门，丈夫劈头就问："怎么这么晚才回来？"而妻子也许遇上了不顺心的事，已经是急匆匆地赶回家来的，一听这话就火了："我晚回来关你什么事？管头管脚，你样样都要管？"丈夫也火了："我问错了？我问你怎么会这么晚才回来，又有

什么不对？"

单单把丈夫的话写出来分析，是没有什么不对，他要了解一下妻子晚回来的原因，其中包含着关心的意思。那么，问题出在哪里了呢？让我们来看看，要是给这些话加上点无关紧要的"废话"，效果会怎么样。

丈夫说："阿玲，你回来了！今天好像晚了点……"其实，无须再问下去，妻子就会说明晚归的原因了。同样问询晚归的原因，加了几句多余话，却让人感到亲切和体贴。

同样，如果丈夫那句直率的问话已经出口了，妻子在回答时注意加上一两句无关紧要的"废话"，比如说："你瞧，我这不是回来了。"或者："真对不起，让你等急了吧？"这样，两个人也不至于吵起来，即使妻子不忙着解释原因，丈夫焦急和不耐烦的心情也能缓解了。

对于这种近乎于婆婆妈妈的事，做丈夫的往往很不在意。比如：

丈夫马上要上班了，温柔细心的妻子反复叮咛："中午饭后别忘了吃药"，"下午天要冷的，带件衣服走吧。"丈夫不耐烦地说："你有完没完？年纪还不大就这么唠唠叨叨的。"试问，妻子这时会怎样想？妻子自然会感到伤心和委屈。她还会联想到当初恋爱时，每次分手，"你别饿着"、"过马路要当心"之类的话不知说了多少遍。那时，说的人甜滋滋的，听的人乐陶陶的，同样的话，为什么如今却惹人讨厌了呢？

再如，丈夫回到家里，把该买的买回来了，该做的做了。妻子问什么答什么，一言两语、干净利落。可是，妻子总觉得还缺少点什么，同姐妹们唠家常时，不无埋怨说："我那口子老实得像块木头，三拳头打不出句话来。"原来，妻子内心在期待着丈夫除了讲这些最"实用"的话之外，再加一些温存的"废话"。

人们在恋爱的时候，需要许许多多多余的话。你待我好，我心里感到暖和，我对你爱，你更觉得热乎乎的，一言一语、一举一动都充满着只有对方才体会得到的情意。可是，在婚后夫妻交往中，对这种多余度的要求减少了。从个人的感觉来说，既已成夫妻，再说那些"年轻人"的火热的话似乎有点不好意思。夫妻间事务性的"正经话"越来越多，含情脉脉的"没用话"则越来越少。时间一长，对方都会感到失去了什么，逐渐产生"家庭是爱情的坟墓"之感觉。

注意一下人们从恋爱到结婚乃至家庭生活的不同阶段中对语言交往冗余度要求的变化，有助于夫妻间保持亲密和谐的关系。

例如，丈夫不慎丢失了20元钱，回家对妻子说了。妻子既感到可惜，又埋怨丈夫不谨慎,不停地唠叨起来。她从丈夫平时大大咧咧的作风讲起,举了日常生活中许许多多实例,叮嘱丈夫下回要把钱放好……丈夫理亏,感到妻子讲得在理,然而,妻子的这种分析和叮嘱,翻来覆去,没完没了,不由得惹出丈夫的回击:"你还有完没完?"妻子说:"我说的没有道理吗?"从而导致矛盾加深。

妻子说的都是对的,句句在理,反复叮嘱也是必要的。但是,冗余度太大了就让人受不了。最后,免不了要吵起来。其实,当夫妻一方有了过失并已认识到了的时候,对方不仅不能有过多的冗余,而且还要比往常更简略一些。设想一下,丈夫丢了钱,妻子听说后,就简简单单说一句:"丢了就丢了,不过,你乱放东西的习惯是得改一改。"这句话既把批评的意思讲了,又充满着对丈夫的信赖和体贴,充分尊重了他的自尊心。因为这时丈夫自己也在懊恼和反省,妻子只需点一点,就足够引起他的重视了。

由此可见,适度地说些多余的话,能够体现夫妻之间的尊重和体贴,这对于赢得爱人之心,还是必要和有效的。

说话大智慧

言不在多,达意则灵。用最少的字句,包含尽量多的内容,并打动听众,是讲话成功的基本要求。所以我们讲话要言简意赅,同时还要重点突出,饱满有力。

NO.24
智者问对问题
愚人不会提问

想听到更多的东西，
必须做到多听少说。
谁说得越多，
谁获得的东西就越少。
与人交谈时，
不想让别人牵着你的鼻子走时，
就多用提问的方式，
可以让别人说得更多。

　　谁想要从另一方那里得到更多的东西，谁就必须做到一点：多听少说。谁说得越多，谁获得的东西就越少。

　　在沟通中，让对方说得越多，我们了解对方真正意图的机会就越多。所谓知彼知己，百战百胜。当你掌握对方的情况，远比对方知道你的情况要多，你自然就把握住了先机。

　　那么，怎样才能让别人说得更多呢？秘诀就是——提问！

智者的故事

　　有一天，一位老态龙钟的妇人来找林肯律师，哭诉自己被欺侮的事。这位老妇人是独立战争时期一位烈士的遗孀，每日就靠抚恤金维持风烛残年。前不久，出纳员竟要她交付一笔手续费才准领钱，而这笔手续费却等于抚恤金的一半，这分明是勒索！素有修养的林肯听后怒不可遏，他安慰了老妇人，决定帮助她打这个官司。

　　法庭开庭了，因为那个狡猾的出纳员是口头进行勒索的，这样就造成原告证据不足，被告矢口否认，情况显然不妙。轮到林肯发言了，上百双眼睛紧盯着他，看他有没有办法扭转形势。

　　林肯用婉转的嗓音，首先把听众引入到对美国独立战争的回忆。他两眼闪着泪花，用真挚的感情述说革命前美国人民所受的苦难，述说爱国志士是怎样揭竿而起，又怎样忍饥挨饿地在冰天雪地里战斗，为浇灌"自由之树"而洒尽最后一滴鲜血。突然间，他的情绪激动了，言辞有如夹枪带剑，锋芒直指那位企图勒索烈士遗孀的出纳员，最后他以巧妙的设问，作出令人听后怦然心动的结论：

　　"现在事实已成为陈迹，1776年的英雄早已长眠地下，可是他们那衰老而可怜的遗孀，还在我们面前，要求代她申诉。不消说，这位老人以前也是位美丽的少女，曾经有过幸福愉快的家庭生活，不过她已经牺牲了一切，变得贫穷无依，不得不向享受着革命先烈争取得来的自由的我们请求援助和保护，试问，我们能熟视无睹吗？"

　　发言至此结束，听众的心腑早被感动了，有的捶胸顿足，扑过去要撕扯被告，有的眼圈泛红，为老妇洒下同情之泪，有的还当场解囊捐款。在听众的一致要求下，法庭通过了烈士遗孀不受勒索的判决。

愚人的故事

打工妹燕子找到了一份在饭店做服务员的工作，却只上了一天班就被老板辞退了。其实她的条件并不是很差，也没有做错什么事，只是不小心问了一句不该问的话。

那天，燕子刚一上班，店里就进来了三位客人，她随即拿了菜单，去让客人点餐。第一位客人点的是糖醋里脊，第二位客人点的是宫保鸡丁，第三位客人点的是京酱肉丝，但是，他特别强调要用干净一点的杯子倒啤酒。

很快，燕子将这三位客人所点的菜，用盘子端了出来，一边朝他们坐着的方向走来，一边还大声地向这三位客人问道："你们谁要用干净一点的杯子盛酒……"就因燕子的这一句问话，老板当然会毫不客气地向她下辞退令，因为她的问话很使老板脸上无光。

提问的四大作用

提问，是社会交往中很常见的一种活动。如何使对话按照自己计划的进程发展，使社交对象说出自己想要得到的回答，很重要的一点就是取决于人们提问技巧的高低。它也是口才高低的表现。提问的一个重要作用是让对方为自己解疑释难，此外，提问还有以下作用：

促进人与人的关系

我们每天遇到熟人都会说："小陈，上哪儿？""老林，你来啦？""小白，吃过了吗？"很显然，问题的内容并不是我们关心的，而是用这种问候语进行感情交流。在同事、好朋友之间也经常用提问来交流情感。例如：你的女同事坐在那儿哭，其实你也明白她哭泣的原因是由于夫妻俩感情不融洽，受到丈夫的欺负。如果你坐近她，从事件的起因问起，一直问到结束，她一定会感激你的体贴和关心。如果你不问她的苦衷，说上一大通大道理，肯定不能使她感到安慰。

以问话作为话语的引子

冯玉祥将军统领西北军时，部队中有个外国军事专家经常提问以刺探军事秘密。冯玉祥不高兴了，有一天对他说："你知道中国'顾问'二字是什么意思？"

"不知道。"

"'顾'者看也；'问'者问话也。'顾问'者，我看着你，有话问你时，才请你答复。"

显然，冯玉祥将军的问话，其目的就要引出对方讲"不知道"，然后就势讲出后面他想说的，对他进行教育。

以提问代回答

《钢铁是怎样炼成的》里写道：有一天晚上，保尔和安娜不幸被几个匪徒拦劫。一个匪徒用手枪逼住了保尔，另外两个兽性大发的匪徒把安娜拖到了一所空房子里。事后，一个正爱着安娜的工人茨维泰叶十分不安地问保尔安娜是否被强奸了。保尔很难过，反问道："你爱安娜吗？"茨维泰叶费力地说："是的。"听了这话，保尔抑制住愤怒，头也不回地迈步走了。这里，保尔对对方提出的问题不作正面答复。保尔这个反问，实际上回答了对方的牵挂问题，这个问句起到了一种以问代答的作用，反驳对方的话语。

回击、反驳对方的话语

回击、反驳有三种情况，一是回击对方刁难、攻击自己的话语动机；二是反驳对方的人品；三是反驳对方话语中提出来的观点。试举一例：

"徐孺子，南昌人，十一岁时与太原郭林宗游，稚与之还家。林宗庭中有一树，欲伐去之，云：'为宅之法，正如方口，口中有木，困字不祥。'余曰：'为宅之法，正如方口，口中有人，囚字何殊？'郭无以难。"

郭林宗有迷信思想，认为宅中有树，犹如口中有木，成了不吉利的"困"字，因此想把树砍掉。而十一岁的徐稚一个问句就把这种观点给反驳了。他说如果宅中不能有树的话，那么宅中也不能有人，因为口中有木成了"困"字，口中有人成了"囚"字。如果说"困"就不祥，那么"囚"字又有什么不同呢？问得对方无言以对。

🌀 提问的技巧

要恰当、得体、有效地提问，需要掌握一定的提问技巧。

选好对象，有针对性地提问

1.适应对方的年龄、身份、文化素养、性格等特点

你对小朋友可以问"你几岁啦？"对老年人就不宜这样问。再如你可以对一个中国人问："你在哪儿工作？""收入不错吧？""家里有几口人？"这是关心尊重对方的表示；但这样问一个美国人，就是打听别人隐私的不礼貌行为。被问人有的热情直爽，有的

沉默寡言;有的文静安详,有的急躁毛糙;有的高傲,有的谦虚;有的诚恳,有的狡黠。性格不同,气质各异,提问的方式也应当有相应的变化:或单刀直入,或迂回进攻,或敞开发问,或试探而进。只有这样,才能达到目的。

2. 根据对方的心理特点

在问答过程中,提问的人,提问的内容、提问的方式,甚至提问行为的本身都会对被问人的心理产生一定的影响。提问人必须根据被问人的心理特点进行提问,这样才能达到提问的目的。在提问的时候,被问人总是处于一定的心境之中,比如我们去探望病人,人家正在为病情焦灼不安,我们就不应问:"病情会不会恶化呀?"

另外,被问人总会对提问人的问题本身采取一定的态度,从而产生种种心理活动,如抗拒心理、回避心理、揣测心理等。

掌握双方问答进程,提问要有明确目的

提问在交际活动中处于主动地位,它决定了对方说不说,说什么,怎么说;也决定了双方的交谈程序和交际气氛。所以,提问也应有控制技巧。

1. 掌握社交气氛

两人问答,气氛是冷淡或是融洽,对社交的效果有很明显的影响。社交气氛可由提问的问题和方式来控制。选择问句的句式和严肃的语气,使气氛紧张,能对被提问的人的心理产生压力。如审讯犯人:

"你昨晚去没去会计室?""去过。"

"一个人还是几个人?""一人。"

"去干什么?""偷钱。"

"偷没偷?""偷了。"

从此例可看出收到了较好的效果。

又如一位外祖母同她的小外孙久别后,见面时的一次对话:

"夏天过得好吗?""好。"

"游泳了吗?""没有游。"

"你见到了许多小朋友吧?""嗯。"

"你爱吃冰淇淋吗?""爱吃。"

这样的谈话气氛沉闷,双方都像例行公务似的。其实,老祖母只是想和小外孙亲近亲近,可不知怎样才能让他说话,只好接二连三地采取是非问和事件信息问,这种闭

塞式的提问,当然不会打开对方的话头了,这样的提问就没有控制住谈话活动。

2. 掌握由提问到表达的过程

有时人们提问,是要对方听自己表达,这就有个由自己提问到自己表达的转变过程。如:

电车上,一位中年人给一位妇女让座。这妇女一声不吭就坐下了。

中年人问:"嗯,您说什么?"

"我没说什么呀!"

"哦,对不起。我以为你说了'谢谢'呢。"

先生的提问是为了引出自己后面对女方的批评,显得含蓄而又有心计。

又如孟子在批评齐宣王不会治国时问:

"假若一个人,把妻室儿女托付给朋友照顾,自己到楚国去了。等他回来时,妻子儿女却在挨饿受冻。对这样的朋友,该怎么办?"

王答:"和他绝交。"

孟子说:"假若管刑罚的官吏不能管理他的部下,怎么办?"

王答:"撤掉他!"

孟子又问:"假若一个国家搞得很不好,那又该怎么办?"

王这时只好顾左右而言他了。

孟子先设两问,诱导齐宣王作出肯定的回答,然后提出应该怎样处置不会管理国家的国君,使宣王无以对答,最后服从自己的想法。

讲究方式提问,提高提问水平

1. 话题的选择是一大关键

一位心理学家曾说过,要使对方乐于答话,莫如挑他擅长的来说。其实,提问也如此。比如一个人羽毛球打得好,就可先问:"听说你对羽毛球很拿手,是吗?"问话的提问正像打羽毛球时的发球,你以对方的特长发问,就像特意发了个使对方容易接的球,他当然乐意还击,一来一往,畅谈不休。所以,有人把提问称为"谈话的发球",这一比喻是很恰当的。

2. 技巧要与实际相适应

有位青年人走进一家装潢别致的咖啡厅,拿起餐巾围在脖子上。店主看见了,就对伙计说:"你过去告诉他,他弄错了。不过讲话要注意方式。"服务员走过去,对顾客说:

"对不起,先生,您要刮脸,还是理发? "青年人听后却拉下了脸。这个提问由于不符合社交场合,谁也不会跑到西餐馆来刮脸或理发,于是这种委婉提问在青年人听来就可能是讽刺与嘲弄,是达不到交际效果的。

3. 运用技巧要讲究效果

有位父亲想知道儿子毕业后找什么工作。他问:

"宝儿,你长大后要干什么? "

"当飞机驾驶员! "儿子说。

"当驾驶员干什么? "

"周游世界! "

这位好心的父亲启发式的提问之所以未能达到效果,是因为提问的导向不明确,故儿子不可能如他预想的那样回答。

🌀 提问的方法

表达同类或类似的意思、达到同样或类似目的的问话,以不同的形式说出来,其效果也不一样。比方说,问"你很讨厌他吗"或"你很喜欢他吗"就不如问"你对他的印象怎么样"好。对一个看来超过 40 岁的人,与其问"你今年贵庚",倒不如问"你今年可能有30 多岁了吧";问"替我把信寄了吗",就不如问"是否帮我寄了那封信"听起来更舒服。

为什么会出现这种效果上的差异呢?原因很清楚。第一句问话太直接,第二句话以对方为中心,让人听来有被尊重之感。提问者是否谦恭,其问话是否合乎听者的心意,都会直接影响到问话的效果。任何人都希望得到别人的尊重和体谅。问话者如果不尊重和体谅对方,他自己也只能自讨没趣。下面,我们将通过对两句普通问话的分析来说明这一点。

一家餐厅里曾发生过一件饶有兴趣的事。有两位顾客同时到这家餐厅吃饭。在点菜时,一位顾客问服务员:"今天的石斑鱼好不好?"服务员答应说:"好。"结果这位顾客只吃到了前一天剩下的石斑鱼。另一位顾客则问服务员说:"今天有没有什么好的海鲜?"服务员也满口应承说:"有。"这位顾客最后真正吃到了好海鲜。

为什么这两位顾客的遭遇不一样呢?这就要从他们的问话上找原因。"今天的石斑鱼好不好"和"今天有没有什么好海鲜"两种问法,在对方心理上引起的反应是不一样的，虽然它们在字面上有些相似之处。前者只是在问一样东西，只有好或不好的两个答案，为了顾全餐厅的声誉，服务员不能不说"好"。而且，一种东西好与不好的标准是很难说的。标准既不易界定，那么服务员说了个"好"字，也不能说是欺骗了你，即使今天的石斑鱼并不好。另外，前者所问的只是石斑鱼，似乎除了石斑鱼外，其他的都不爱吃。为了讨好你，服务员也觉得说"好"是他的责任。这种问话产生的效果，只能是问话者吃亏。

第二种问法就不同了。首先，"今天有没有什么好的海鲜"表示心中并无成见，不管什么海鲜，只要好便行。其次，这种问法还体现出提问者为人谦虚，善于请教他人，不是故作聪明。再次，这种问法范围很广，给对方留下了较大的回旋余地。服务员可以说"有"，也可以说："今天没有什么好海鲜。但今天的烧鸡又肥又嫩，值得一试。"因此，这种问法必定会给服务员留下良好的印象。他见你求教于他，其自尊心就得到满足。出于内心的高兴，也出于对工作的负责，他当然会把最好的海鲜介绍给你。而且，"海鲜"的范围很广，只要把各种海鲜比较一下，把当天最好的介绍给你就行了，并且这工作也易于应付。

问话的方式是千变万化的，这里所举的例子，只起到抛砖引玉的作用。要掌握纷繁的问话方式的奥妙，还得自己去不断地揣摩和探索。

🌀 提问的尺度

提问是开启谈话对象的百宝匙。只要你掌握了一定的问话尺度，即使你没有各种专长，也足以应付各种各样的人，因为你如果不能回答对方，就可设法一直提问。

交谈，特别是陌生人之间的交谈，都是以问话开始的。对不同的人，应问不同的话。假定你的谈话对象是一位医生，而你在医学方面完全是个门外汉，你可以说"近来乙型肝炎好像又开始流行，你们大概又忙于给一般人打预防针了吧？"这个问题既是大家都关心的，又是对方的工作问题，经你一问，对方的口便开了。由此可以接着谈下去，从乙型肝炎的症状谈到饮食卫生，谈到治疗药品……只要你不厌烦，你可一直追他谈下去。如果遇到房地产经营者，你可以问近来地价的起落；遇到电器行业的负责人，你可以询问哪种牌子的录像机最实用；遇到教师，你可以问他学校的情形，学生的素质和倾向。总之，问话是打开交谈之门的最好办法，而在问话时最好是问对方知道的问题或最内行的问题。

但应该注意,在日常交谈中,有些方面是不宜提问的。

第一,对方不知道的问题不宜问。如果你不能确定对方能否充分地回答你的问题,那么你还是不问为佳。譬如你问一位医生:"去年发生在本市肝炎病例有多少?"这个问题对方很可能就答不出来,因为一般的医生谁也不会去费神地记这类数字。要是对方回答说"不太清楚",就不仅使答者有失体面,问者自己也会感到没趣。

第二,政见不宜问。如果你的谈话对象不是一位政治家、政论家或权威人物,你最好不要就某个重大的政治问题向他提问。普通人对于政治的看法是有很大分歧的。对方不知道你有何背景,也不知道你有无成见,不会开诚布公地回答这类问题。

第三,有些问题不宜刨根问底。比方说,你问对方住在哪里。对方回答说"在北京"或者说"在香港",那么你就不宜再问下去。如果对方高兴让你知道,他一定会主动详细地说出来,而且还会说"欢迎光临"之类的话。否则,别人便是不想让你知道,你也就不必再问了。此外,在问其他类似的问题如年龄、收入等的时候,也要注意掌握问话尺度,要适可而止。

第四,不要问同行的营业情况。在激烈竞争的社会里,任何人都不愿意把自己的经营状况或秘密告诉一个可能的竞争对手,即使你问到这个方面的问题,也只能自讨没趣。

另外,在交往中还应注意:不问别人的饰物的价钱;不问报纸刊物的销量(除非知道该刊物是一流的,对方说出来面无愧色);不问女子的年龄(除非知道她有 60 岁);不问对方的家世;不问别人用钱的方法。总之,凡对方不知道或不愿别人知道的事情都应避免问。时刻要记住,问话的目的是引起双方的兴趣,不是使任何一方感到没趣,那么,你的问话技巧就非等闲了。

◉ 看清对方,问得适宜

日常闲聊总免不了提问,但问也不是随随便便的。俗话说:到什么山唱什么歌。同样,提问也应见什么人发什么问。

首先,人有男女老幼之分,该由老人回答的问题,向年轻人提出就不合适,该向男性提出的问题,也不能叫女性来回答。

其次,每个人都有自己独立的性格色彩。有人性格外向、热情直率,对任何问题几乎都能谈笑风生，畅所欲言；有人寡言好思，情绪不外露，但态度比较严肃；也有人讷于言辩、孤僻自卑，对任何问题都敏感，甚至有点神经质。对性格外向的人尽管什么问题都可以提，但必须注意问得明白，不要把问题提得不着边际，否则很容易使谈话"走题"；对寡言好思的人，要开门见山，简洁明了，提问要富有逻辑性，尽量提那种"连锁式"问题，"你为什么会这样呢？""后来呢？"等，这样可以促使他源源不断、步步深入地谈下去；对那种敏感而又讷于言辞的人，要善于引导，不宜开始就提冗长、棘手的问题，通常以他喜欢的话题，由浅入深据实发问，启发他把心里话说出来，但必须注意绝不能向他提令其发窘的问题。

再次，提问必须掌握最佳时机。提问并不像逛大街、上自由市场那样随时都可以进行。有些提问时机掌握得好，发问的效果才佳。两个过去很要好的朋友都刚刚走上工作岗位，一个偶然的机会他们相遇了，互相询问："你们单位怎样？工作还顺利吧，谈恋爱了吗？"显得既亲热自然，又在情理当中。但是，如果一位姑娘经人介绍与一位从未见过面的小伙子谈恋爱，公园门口两人准时赴约了，沉默了一会，姑娘抬起头来问："你谈过恋爱吗？工作轻松吗？工资多少？"其结局就可想而知了。中国人见面打招呼都喜欢问一句"吃了吗？"如果这话用在吃饭时间前后，倒也无妨，但如果下午三点左右在公共汽车上遇到熟人也问这么一句，就难免让人感到有点莫名其妙。

一般来说，当对方很忙或正在处理急事时，不宜提琐碎无聊的问题；当对方正专心欣赏音乐文娱节目或体育比赛时，不宜提与这支音乐或这场文娱节目和体育比赛无关的问题；当对方伤心或失意时，不宜提太复杂、太生硬、会引起对方不愉快的问题。

总之，一把钥匙开一把锁。我们应该注意选择最佳时机，针对不同的对象，采用不同的对策提问，让对方在轻松、自然的气氛中，把思想深处的东西和盘托出。

一次提出两个问题

有人说，女性的心理真是难以捉摸，在邀请女孩子时，如果你先问："去吗？"然后再问她："不去吗？"可能百分之八十的女孩子会拒绝说："算了吧！"因为女孩子总是比较含蓄和留有余地的，对于没有把握的事往往选择"不"。

知道了女孩子的这种心理，你在邀请女孩子时就不妨运用一点攻心上的技巧，即不妨先问她："不去吗？"然后再问："去吗？"增加她考虑答应的几率，情况就可能改观。

也有些女性总是难以开口说"不"，让你搞不清她的意思，你问她："怎么决定？是去，还是不去？"她沉默不语。有位心理学家是这样说的："女孩子的沉默不语，表示答应。"因此，你不妨这样问她："怎么样，还是去吧！"除非她很快地开口说"不"，否则就表示默许了。

日本著名的心理学家多湖辉说过这样的话，根据人们选择后者的思维习惯，在有两个以上的选择时，将你所期待的问题放在最后，就能获得满意的回答。

他还举过这样一个例子。

某男演员是一个著名的花花公子。有一次，他在一家杂志上发表一段话，对于如何说服一名女性留下过夜，他用了这样的问法："你是要回去呢？还是要住下来？"而绝不会问："你是要住下来，还是要立即回去？"

你看了这段故事后，大概也会觉得这家伙确实有一手。

因为，当一名女性被自己喜欢的男性问及"是否要回去"时，心里便有安全感，因为对方似乎颇尊重自己，同时又因为期待落空而略感失望，便紧接着对方的"还是要住下来"的问话，又使失望感顿时消失，即使是不回答，也等于是答应了。

如果我们反过来先问"你是要住下来"的话，一般女性必定会产生警戒心，而接着又问"还是要回去"，使对方直觉感到是要回去，即使原本是愿意留下的，此时也不好说出口。

当然，在实际生活中，即使两个人的交往已经到了炉火纯青的地步，"是否住下"这一问题对女性而言，还是一个很大的问题，必然会产生紧张心理。第一种说法，表面上看似尊重对方，其实不过是诱使女方的一种说辞。

我们在日常生活中也时常会遇上二者选择其一的情况。若是你想让对方选择自己所期待的，问话时最好是将它置于后方。例如，在商店，当一位客人买了许多东西正要回去时，你便问他："是要我帮你送过去呢？还是你自己带回去呢？"

大多数客人听了都会说："还是我自己来好了。"

如此提问不但达到了你对他的关怀之意，同时却又替自己省去了许多的时间和劳力。

只给出一个选择答案：Yes或No

有一个人的女儿才貌双全，许多条件很好的男人向她求婚，但都被她拒绝了。

并非她不想结婚，而是她想到结婚以后，必须走进厨房，每天为柴、米、油、盐之类的事情烦心，就退缩了。

但是有一年，突然出现了一个让她决定出嫁的男士。

这个男士既能干又有钱，只是长得不英俊。每一次约会她都是在不知不觉中答应的。后来渐渐地了解了他的工作，也和他的家人见了面。

当有一天她突然觉醒时已经太迟了，因为订婚戒指已牢牢地套在她左手的无名指上。

每次问她怎么会嫁给他时，她总是开玩笑地说："我是上了他心理战的当。"

有时又会说："可能一切都是命。"

也许因为说了这些话，而引起了她继续说下去的兴趣，她谈起了他们是如何开始约会，又如何闪电般迅速结婚的。现在将她听说的话，掺杂了个人的想象，认为他们第一次约会时对话可能是这样的：

"网球和电影，你喜欢哪一种？"

"我喜欢看电影。"

"国产片和外国片，你是喜欢外国片？"

"是的，但是华星国际影城正在上演张艺谋导演的新片，虽然是国产片，我也很想看。"

"这样好了，这个礼拜天我们一起去看。"

这个女孩不假思索，轻松地答道："好吧！我们去看。"

然后，他们就经常一起看电影。

刚开始时，这个女孩根本没有想过要和这个男士约会，但事后想起来，当时男士问的问题中，她好像没有回答"No"的余地，都是说"Yes"或"OK"的。本来在一开始约会时，其内容都会有"Yes"和"No"的选择，如果是"Yes"的话，那么在以后的约会中，就会谈有关"Yes"的内容，或A和B问题中的内容，而这个男士提问时，几乎无视这一点，他只让她从A或B中来选择"Yes"或"No"。

虽然，她在这场心理战中失败了，所幸的是她建立了一个幸福的家庭，所以也就没有什么关系。

🌀 让对方说"是"

美国电机推销员哈里森，讲了一件他亲身经历的有趣的事：

有一次，他到一家新客户的公司去拜访，准备说服他们再购买几台新式电动机。不料，刚踏进公司的大门，便挨了当头一棒：

"哈里森，你又来推销你那些破烂了！你不要做梦了，我们再也不会买你那些玩意儿了！"这家公司的总工程师恼怒地说。

经哈里森了解，事情原来是这样的：这位总工程师昨天到车间去检查，用手摸了一下前不久哈里森推销给他们的电机，感到很烫手，便断定哈里森推销的电机质量太差。因而拒绝哈里森今日的拜访，推销更是无门啦！

哈里森冷静考虑了一下，认为如果硬碰硬地与对方辩论电机的质量，肯定于事无补。他便采取了另外一种战术，于是发生了以下的对话：

"好吧，斯宾斯先生！我完全同意你的立场，假如电机发热过高，别说买新的，就是已经买了的也得退货，你说是吗？"

"是的。"

"当然，任何电机工作时都会有一定程度的发热，只是发热不应超过全国电工协会所规定的标准，你说是吗？"

"是的。"

"按国家技术标准，电机的温度可比室内温度高出 42℃，是这样的吧？"

"是的。但是你们的电机温度比这高出许多，喏，昨天差点把我的手都烫伤了！"

"请稍等一下。请问你们车间里的温度是多少？"

"大约 24℃"

"好极了！车间是 24℃，加上应有的 42℃的升温，共计 66℃左右。请问，如果你把手放进 66℃的水里会不会被烫伤呢？"

"那——是完全可能的。"

"那么，请你以后千万不要去摸电机了。不过，我们的产品质量，你们完全可以放心，绝对没有问题。"结果，哈里森又做成了一笔买卖。

哈里森的成功,除了因为他的电机质量的确不错以外,他还利用了人们心理上的微妙的变化。

当一个人在说话时,如果一开始就说出一连串的"是"字来,就会使整个身心趋向肯定的一面。这时全身呈放松状态,容易造成和谐的谈话气氛,也容易放弃自己原来的偏见,转而同意对方的意见。

使用让对方说"是"的方法,有几点要特别引起我们注意:

1．一定要创造出对方说"是"的气氛,要千方百计避免对方说"不"的气氛。因此,提出的问题应精心考虑,不可信口开河。

例如,一推销员与顾客之间发生了一场对话:

"今天还是和昨天一样热,是吗？"

"是的！"

"最近通货膨胀,治安混乱,是吗？"

"是的！"

"现在这么不景气,真叫人不知如何是好！"

这一类问题虽然很正常,不论推销员如何说,对方都会回答"是的",好像已经创造出肯定的气氛,可是注意他说话的内容,却制造出一种让人无心购买的否定悲观的气氛。

也就是说,顾客在听到他的询问后,会变得心情沉闷,当然什么东西也不想购买了。

2．要使对方回答"是",提问题的方式是非常重要的。什么样的发问方式比较容易得到肯定的回答呢？最好的方式应是:暗示你所想要得到的答案。

所以,在推销商品时,不应问顾客喜不喜欢,想不想买。因为你问他"你想不想买"、"喜不喜欢"时,他可能回答"不"。因此,应该问:"你一定很喜欢,是吧？"

当你发问而对方还没有回答之前,自己也要先点头,你一边问一边点头,可诱使对方作出肯定回答。

◎ 相同的问题可以有不同的问法

同是一个问题,措辞略有不同,效果相差很远,例如,说"邮筒在哪里？"和"在哪里有邮筒？"便有不同的答案。因为你问法不同,听起来就有差别。

以讲究衣着出名的美国电影明星辛西娅·吉布，某次出席一个聚会，穿的是一件红色的大衣，用一句形容词就是"红得很好看"。第二天，许多亲友和记者来问及那件红大衣的事，问法有如下的不同。

"吉布小姐，昨天你穿了件什么颜色的大衣呀？"（自由式）

"吉布女士，你昨天穿了件大衣，是红色，还是什么别的颜色？"（半自由式）

"是红色的吗？"（肯定式）

"不是红的吧？"（否定式）

"是红的，还是白的？"（选择式）

"是深红还是浅红？"（强迫式）

吉布事后对人说，令她最不开心的是听到"否定式"的提问，对于强迫式也不感愉快。她笑道："他们何不问我那大衣是浅绿还是深绿？这样，我会爽快地答他是红的。"

否定的方式常会使问话的意义模糊不清，比如：

"你昨晚喝醉了酒所以没有回家吗？"

公共汽车上有一个女学生问她的同学小赵："你觉得这个假期的电影不算没有好看的吧？"

小赵听不惯对方的问话，因为小赵一时也想不出如何答她，答"有"还是"不算没有"呢？实在是因为她的问题令人难解。

智者都喜欢间接，但是大都加以滥用，所以有时弄巧成拙。凡是可能直接使对方难过，有所损害的，都以间接法为宜。

有这样一个例子：某地有一个退休干部，年已99岁，拿退休工资数十年，每次都由他的孙儿到有关方面领取。某次财务处换了一个新人，他看见花名册上写着领薪人的出生年月是1907年，算一算岂不已近百岁，心想可能是他的儿孙蓄意瞒报领薪人死亡，从而冒领退休工资。

本来他可以问："喂，同志，这个老先生究竟死了没有？"可是他并不这样问，却用"间接法"："老先生在1907年出生，今年高寿是？"听话的人当然知道对方用意何在，于是答道："今年99岁了，托福他还健在。"对方疑团顿释，当即语带歉意地说："是吗？恭喜你有这么一个长寿的祖父。"于是双方满意告别。

要知道别人的年龄，直接询问也常会得不到好结果，尤其是问女性今年多少岁，简直会被对方认为是一种侮辱。被选为日本第一号保险推销员的原一平，就常用以下的

方法问别人的年纪。

他先问对方："你看我今年有多少岁呀？"对方说："三十四五岁吧？"原一平就答："你猜中了，我今年34岁，你呢，我看是四十二三吧？"（故意把对方估计年轻一些）

"哪里，我今年48岁了。"

先用一种方法向对方示以敬意，就是间接法的经典之处。比方说，你看见一个妇女大腹便便，你与其问她："你怀孕啦？"就不如说："恭喜你！"

🌀 问句类型举例

1. 封闭式问句

例一：有相当程度威胁性，令人不舒服

"上星期三，你上哪儿啦？"

"你有没有向××提那件事？"

例二：供对方任意选择

"你的专业是文科还是理科？"

"毕业后，你是去政府机关，还是到工矿企业？还是选择留校？"

例三：让对方进一步明朗态度

"你想办×××那件事，决定了没有？有什么困难吗？"

"你说领导交给你的那项任务非常不好办，现在有没有勇气承担？"

例四：敦促对方表态

"一个共产党员，必须无条件服从革命需要，你说是吗？"

"学习刘翔的拼搏精神，就能克服困难，你说对不对？"

"他一贯表现很好，应不应该受到表扬？"

例五：参照式问句，用第三者的意见说服对手

"老李认为××事应该采取××措施完成，你以为如何？"

"经理说，今年把营业额提高10%，大家认为怎么样？"

2. 开放式问句

例一：使大家畅所欲言

"你对自己当前工作表现有什么看法？"

"你看我们承担××任务应该怎样开展才好？"

"你对明年的工作计划有什么考虑？"

例二：征求意见

"公司经理说需要派一个人去××洽谈业务，你愿意去吗？"

"工厂要搞一项技术革新，你在这方面有基础和经验，你愿意参加吗？"

"我校新兴学科缺乏教师，要公开招聘，你愿意报考吗？"

例三：探索式问话可以显示兴趣和重视

"你谈到在工作中遇到不少困难，能不能告诉我主要有哪些？"

"你刚才讲不适合承担这项工作，你能进一步说明原因吗？"

"你说小张有才华可以提拔重用，能不能进一步谈谈理由？"

例四：启发对方谈出新看法

"现在接近年末了，你能不能谈谈对今年工作的评价？"

"你在报刊上发表了不少××方面的学术论文，对于学术研究有什么窍门？"

"明年的物价可能还要上涨，你有什么看法和意见？"

说话大智慧

与人交谈时，千万不要让别人牵着你的鼻子走，而避免的方式很简单，只要抓住关键字眼进行提问就可以了。

NO.25

智者巧妙周旋
愚人不知应变

在情急时失言，
使局势发生难以预料的变化，
这些问题并不可怕，
重要的是保持稳定心态，
运用智慧巧妙周旋，
灵活处理找到解决对策。
遇到无礼取闹的人，
保持头脑冷静，理智应对，
这样不仅可以有效化解危局，
还可以为交际活动带来一丝情趣。

在交际中，经常会碰到一些意想不到的事情，这时候，要么是自己失言失态，要么是对方反应不如预料的好，要么是周围环境出现了没有预料到的变化，等等。

遇到有些猝不及防、进退维谷的情景，往往会令人啼笑皆非、狼狈不堪，最后陷入窘境。身处窘境如何解脱？那就需要巧妙周旋，随机应变。

智者的故事

有个地痞好吃懒做，游手好闲，到了过年时一个子儿也没有，就溜溜达达来到理发店。

"给我剃发！"服务员赶紧给他剃了头刮了脸。他又说："服务员，把眉毛给我刮了去。""啊！先生您刮眉毛做啥呀？""过年了，干净干净，去去晦气。""我剃了20多年头了，没听说过刮眉毛的。""让你刮你就刮，刮完我多给钱。"伙计无法，拿起刀子把眉毛刮去了。这时这个地痞来劲了。"哎，你怎么把我的眉毛刮去了！"伙计愣了："啊，你刚才让我刮的。""什么？我让你刮的，我吃饱了撑着，我疯啦，诸位听听，这合乎情理吗？"

两人一吵，老板出来了，怕耽误生意，赶紧了事："先生，我们的服务员一时不留神，算了，这个头钱您甭给了。""噢，我到这儿讹你的头钱来了，大过年的，我这一个眉毛怎么出门儿，到现在，什么东西都还没买，怎么见人？"掌柜的一听，明白了。"先生，您多担待，我这儿刚买的两棵白菜，一斤羊肉，您拿回去包顿饺子，您全看我薄面吧！"地痞把东西接过来，心里高兴，说："老板，我留一眉毛也不好看，您受累把这个眉毛也刮下去吧。"老板一听忙说："先生，您这个眉毛留着明年刮吧！"

愚人的故事

三国时吴国诸葛瑾的长子诸葛恪，能言善辩。一天，一只白头翁停歇殿前。孙权问："这是什么鸟？"恪答："白头翁。"

张昭最老，以为恪拿鸟取笑他，便挑拨说："恪欺陛下，没听说过有鸟叫白头翁的，你能找出白头母吗？"

恪答："有鸟叫鹦母，你能找出鹦父吗？"

张昭无言可答，引得众人大笑。

🌀 耐心与人周旋

我们总难免碰到一些无理取闹的事情。你对某人的不良或错误行为进行直接责备,他却反过来与你顶撞,这时就要有良好的语言应变能力。如在一外国球场里,一个大学生的视线完全被前面年轻妇女的帽子挡住了, 于是他对她说:"请您摘下帽子。"可妇女连头也不回。

"请您摘下帽子。"大学生气冲冲地重复一遍,"为了这个位子,我破费了15欧元,却什么也看不见!""为了这顶帽子,我破费了115欧元。我要让所有的人都看它。"年轻的妇女说完,一动也不动地坐着。她违反公共道德,却反而振振有词地反驳大学生的正常干预,让人哭笑不得。

碰到这种无理行为,你怎么办? 许多人常常大发一通怒火,大骂一顿无赖,可到头来,对方还是振振有词,头头是道,"理由"充足得很。你自己倒气得手脚发颤,只会说:"岂有此理,岂有此理。"

那么,应该怎样说话,才能反击这种无理的行为,使对方觉得理屈词穷、无言以对呢? 有四点值得注意:

1. 情绪平和

遇到无理的行为,首先要做到的就是不要激动,要控制情绪。这个时候的心境平和,对反击对方有重要作用:一是表现自己的涵养与气量,以"骤然临之而不惊,无故加之而不怒"的大丈夫气概在气质上镇住对方,如一下子就犯颜动怒,变脸作色,这不是勇敢的行为。古人曰:"匹夫见辱,拔剑而起,挺身而斗,此不足为勇也。"对方对此不但不会惧怕,反而会对你的失态感到得意。二是能够冷静地考虑对策,只有平静情绪,才能从容选出最佳对策,否则人都弄糊涂了,就可能做出莽撞之举来,更不要说什么最佳对策了。

例如,萧伯纳的名剧《武器与人》首演时,获得极大成功。他应观众的要求来到台前谢幕。这时,有一个人在首座高喊"糟透了"。对于这种无理的语言,萧伯纳没有怒气冲冲,他微笑地对那人鞠了一躬,彬彬有礼地说道:"我的朋友,我同意你的意见。"他耸了耸肩,又指着正在热烈喝彩的观众说道:"但是,我们俩反对这么多观众又有什么用呢?"观众中顿时爆发出更为热烈的掌声。萧伯纳在反击对方的过程中无论是温文尔雅的举动,还是调侃戏弄的言辞,都显示出一种情绪的平和,单就这种情绪的力量,就

足以压倒对方。

2. 反击有力

对无理行为进行语言反击，不能说了半天不得要领，或词软话绵，而要做到打击点要准，一下子击中要害；反击力量要猛，一下子就使对方哑口无言。

有一个常愚弄他人而自得的人，名叫汤姆。这天早晨，他正在门口吃着面包，忽然看见杰克逊大爷骑着毛驴哼哼呀呀地走了过来。于是，他就喊道："喂，吃块面包吧！"大爷连忙从驴背上跳下来，说："谢谢您的好意，我已经吃过早饭了。"汤姆一本正经地说："我没问你呀，我问的是毛驴。"说完得意地一笑。

大爷以礼相待，却反遭一顿侮辱。是可忍，孰不可忍！他非常气愤，可是又难以责骂这个无赖。否则，无赖会说："我和毛驴说话，谁叫你插嘴来着？"于是大爷抓住汤姆语言的破绽，进行狠狠的反击。他猛然地转过身子，照准毛驴脸上"啪、啪"就是两巴掌，骂道："出门时我问你城里有没有朋友，你斩钉截铁地说没有。没有朋友为什么人家会请你吃面包呢？""啪、啪"，杰克逊大爷对准驴屁股又是两鞭子，说："看你以后还敢不敢胡说。"说完，翻身上驴，扬长而去。

大爷的反击力相当强。既然你以你和驴说话的假设来侮辱我，我就姑且承认你的假设，借教训毛驴，来嘲弄你自己建立的和毛驴的"朋友"关系，给你一顿教训。

3. 含蓄讽刺

对无理行为进行反击，可直言相告，但有时不宜锋芒毕露，露则太刚，刚则易折。有时，旁敲侧击，绵里藏针，反而更见力量，就像苏格兰诗人彭斯所做的那样。

有一天，彭斯在泰晤士河畔见到一个富翁被人从河里救起。富翁给了那个冒着生命危险救他的人一块钱作为报酬。围观的路人都为这种无耻行径所激怒，要把富翁再投到河里去。彭斯上前阻止道："放了他吧，他自己很了解他的一条命值多少钱。"

🌀 巧妙地随机应变

国外一旅馆老板测试三名男性应试者，问："假如你无意推开房门，看见女客正在淋浴，而她也看见你了，这时你该怎么办？"

甲答："说声'对不起'，然后关门退出。"这种应对无称呼，虽简洁，但不符合侍者的职业要求，而且也没使双方摆脱窘境。

乙答："说声'对不起,小姐',然后关门退出。"称呼准确但不合适,反而加深了旅客的窘迫感。

丙答："说声'对不起,先生',然后关门退出。"

结果,丙被录用了。为什么呢?因为他的这种随机应变的说话技巧,维护了旅客的体面,异常得体、机智,表现出一个侍者所应该具有的职业素质和应变能力。

巧妙地随机应变有以下六种方法:

1. 示错法

示错法是成功说话的技巧之一。人们说话交谈,总是尽量避免出现差错。可是,在某些情况下,有意地念错字,用错词语,却有神奇的功效,能丰富语言的表现力,使人的谈吐生辉。当年在美国主办《中西日报》的伍磐昭在一次演讲中谈到袁世凯,他说:"袁世凯生平只做了一件大利大益于中国的事。"听者愕然,急于想知道是何事。他这才回答说这件大利大益于中国的事:"即是他死了——绝对的死了,很合时宜的死了。"很合适宜的死了,这一妙语,使在座的人都会意地笑了。

2. 谐音法

说话时巧用谐音法,可以化平淡为神奇,取得出人意料的戏剧性效果。

清人郑板桥在潍县做县令时,逮捕了一个绰号"地头蛇"的恶棍。恶棍的伯父和舅舅因为与郑板桥是同科进士,便带着酒菜连夜登门求情。在酒席上,进士提出要行个酒令,并拿起一个刻有"清"字的骨牌,一字一板地吟道:"有水念作清,无水也念青,无水添心便念精。"郑板桥更正道:"兄弟差矣,无水添心当念情。"进士听了大喜。郑板桥猛然感到中了计,紧接着大声说道:"酒精换心方讲情,此处自古当讲清。老郑身为七品令,不认酒精但认清。"那两人见状,只好告辞。这里,这位进士巧用谐音求情,而郑板桥更妙用谐音变化,表明了为官一身清、绝不徇私的态度。

3. 点化法

宋代《过庭录》记载:滑稽才子孙山和一个同乡的儿子一起去考举人。孙山考中了最末一名。孙山回家以后,这个同乡就问孙山,他的儿子考中了没有,孙山不直截了当地回答,而是仿照欧阳修的词《踏莎行》中"平芜尽处是春山,行人更在春山外"的句子,念了这样两句诗:"解名尽处是孙山,贤郎更在孙山外。"意思是说:"你的儿子没有考中。"从此以后,人们就把榜上无名说为"名落孙山"。

在这里,孙山的回答就使用了"点化"这种修辞方法。他把欧阳修词中的句子巧妙

地加以改造,委婉而风趣地表达了自己的意思。

4.颠倒法

颠倒词序法可以增强语意,使交谈语言更加深刻。颠倒词序,可以改变语意,使交谈朝着有利的方向发展。曾国藩在镇压太平天国时,几遭挫折,连连失败。他打算请求皇上增援军队,于是就草拟了奏章,作为面奏时的"腹稿",其中讲到战绩时,不得不承认"屡战屡败"。一位师爷看了这个奏章后,觉得不妥,他在"屡战屡败"这个用词上冥思苦想良久,忽然灵机一动,将"战"与"败"两字调换一下位置,这样"屡战屡败"变成"屡败屡战",从而使这句话的意思起了实质性的变化。"屡战屡败"表现为无能;"屡败屡战"却表现为无限英勇。次日,皇上听了曾国藩面奏"臣屡败屡战"一语后,果然龙颜大悦,认为他在失败面前斗志不灭、百折不挠,从此他福星高照,形象大好,连连受到皇上恩泽。

实践表明,在一定的情况下,采用颠倒词序的方法,能更好地表达人们所要表达的内容。萧伯纳访问上海时有这样一个趣闻。上海那几天天气一直十分阴晦。林语堂先生陪着萧伯纳在花园里散步时,天气放晴了,清凉的阳光照在他们身上。林语堂先生说:"萧先生,您福气真大,可以在上海看见太阳。"萧伯纳却说:"不,是太阳的福气,可以在上海看见萧伯纳。"

5.牵连法

顺势牵连也是一种应变方法。山东蓬莱一位导游为八位日本客人讲解,当讲完"八仙过海"的故事后,一位日本客人问:"八仙过海漂到哪里去了?"这是一个难题,没有人考证过。导游一见眼前的八位日本客人,突然灵机一动,答道:"我想,为发展中日两国人民的友谊,八仙过海东渡到日本去了吧!"日本客人一听,高兴得笑起来。导游的回答巧妙地把眼前的情景、巧合的数字(八仙过海,八位客人)顺着客人的问话和中日两国人民的友谊,自然地连了起来。

顺势牵连的应急艺术,确能有效地使人从困境中摆脱出来,但是,必须注意,"牵"得要自然,"连"得要巧妙,不能牵强附会,否则会弄巧成拙。

🌀 巧妙应对别人的羞辱

我们有些时候会无缘无故遭到别人的羞辱。公然直接羞辱人的言语不论是卑鄙的、恶毒的、残酷的还是无聊的,都有一个共同点——说话的人很冲动。这时你不可以被他的一句羞辱感染而像他一样失去理智。应付这种情况的基本对策是保持冷静安详,也不要因别人的冒犯而张口结舌,这样你才能稳操胜券。

以下举出一些最为基本的应付羞辱的问答法:

1."你有毛病吗?"

当对方说出这句话时,必是他认为你犯了什么不可饶恕的大错,因此用这样否定你思想、能力、态度的质问来羞辱你。

①当它是一句医生的问话时,你这样回答:

"有,消化不良"或者"有,肝炎"。

②引起你的心病了,你说:

"有,就是罪恶感,因为以前有一个问我这样一句话的人让我揍了!"

③你没有心情开玩笑时,可以严肃一点地说:

"有是有,不过只要走开了就会好些。"然后你大跨步离开这儿。

2."你父母怎样教养你的?"

谈话之中突然牵扯到父母,这是最令人冒火的事,但是你千万别为父母受了指责而生气,他的目标是惹你发火。

①别上钩,你说:"我是爷爷、奶奶带大的。"

②你默想一会儿,再说:"我记不得了,恐怕得麻烦你自己去请教他们。"

③做肯定的答复回敬他:"我只记得一点,那就是不可以问这样没有礼貌的问题。"

3."你以为你是谁?"

①不要动怒,索性把他的话说清楚:"依你看我要是某某人才够资格和你说话,是吗?"如果对方说"是",这时,你可以反击一下问他:"那你以为你是谁?"

②谦和一点,用开玩笑的方式说:"天气不好时,我自以为就是拿破仑。"或者:"现在吗?我自以为是一个受害者。"

③停顿一下,指指旁边的人说:"我自以为是他,你再问问他自以为是谁?"

4."你开玩笑!"

这话本来无伤大雅,但是说话人带有不屑的表情和讥嘲的口吻,就是有意要使你出丑了。

①表示你留意到他的态度:"我是在开玩笑,可是你忘记听了之后应该笑啊!"

②当做他的一项要求:"好! 你要听什么笑话?"

③故意以为他在猜测:"对! 我正在开玩笑!"

5."难道没有人告诉过你……"

当然省略号部分一定是你的某项缺点或错误言行。当着众人的面对你说此话并非是善意的。

①当做他自己曾有这种切身的经验:"好像没有,你大概常常有这样的经验吧!"

②承认你有过这种经验:"有是有的,可这样讲话的人我从来不理他。"

③煞有介事地想起来:"嗯,有的,不过那个人是个心理变态者。"

6."别人都喜欢。"

言下之意:"你不喜欢,那就是你有毛病。"

①表示不信任他的调查结果:"真的? 没有一个是假装喜欢?"

②他的调查引起了你的兴趣:"你说得对,可你没有问他为什么喜欢?"

人与人相处,可能产生的摩擦何止千种,更复杂琐碎的情况要自己去类推和发展,而且去实践。

在羞辱面前,尽量做到以下几点:

第一,不要花太多时间和精力去自寻烦恼,"为什么这个人对我如此无理?"这些人有的是生就一张"攻击"他人的嘴巴,其实并无恶意。所以你没有必要去设想这种人一定有别有用心的动机。这种人很可能没有意识到你的感情会受到伤害。当你坦率地指出他的失礼时,那些并无恶意而是缺乏社交经验的冒犯者就会向你表示歉意。

第二,要视具体对象和情形区别对待。假如是领导当着你同事的面训斥你,而且可能一向如此,这时,就应该冷静地对他说:"我们个别谈谈这个问题,好吗?"

第三,如果羞辱来自配偶或是好友,你千万不要报以刻薄的挖苦或讽刺,而应向对方讲明,你觉得感情受到了伤害,明确地告诉对方今后不要这样做了,否则,你就难以再信赖他(她)了。

如果有人故意出你的丑,让你难堪,你可以以牙还牙,采取更严厉的措施。有时你必须打破僵局,使这种窘迫场面马上结束,可以这样说:"你显然是想存心让我下不了台,能告诉我你这样做的目的吗?"或者说:"你似乎有些心烦意乱,我是否有什么地方惹你不高兴了? 你能告诉我吗?"

另外,无论你怎么做,都必须注意避免发火动怒。如果你不是沉着从事,而是失去理智,那就会给挑衅者提供机会,让其占据优势,结果使自己处于更为不利的地位。

巧妙应对语言伤害

"你真的没救了!"

"啊!多么漂亮的衣服,只可惜你穿上太不合身。"

"还在浪费时间练小提琴?死了这条心吧,你永远也无法像你母亲弹得那么好。"

诸如此类伤人的话我们几乎天天听到,有意和无意说这类话的人可能会因此而使得你一蹶不振。

这些伤害别人的人往往还冠冕堂皇,他们总是说:"亲爱的,要是我不爱你的话,我怎么会这么说呢?这完全是为了你好。"或者说:"要是你不介意我直率的话……"

在很多情况下,你可能会因为自己受到无缘无故的伤害而发展成一种保护自己和以牙还牙的心理。然而,你这样做只会使你陷入"反击——被反击"的无端纠缠与烦恼之中。我们其实有更好的办法来对付它。下次当你面临如此境地时,不如照以下几个方法去做。

1. 冷静分析

几乎所有用语言伤害别人的人都是事出有因。他们的内心郁闷难解,他们一有机会就要发泄自己心中的怨气与愤怒,他们如此并非真正是单独针对你。

不耐烦的女招待不是有意找你的碴儿,她和男友昨晚闹了别扭;司机恶声恶气在中途就叫你下车,这也并不是你在什么地方冒犯了他,他还要赶往医院看望病危的爱子。设身处地地想一想,心里也就好受得多,记住,退一步海阔天空!

2. 发出信号

有一个男子总喜欢在很多人面前挑妻子的刺,妻子因而十分恼火。她决定不能让丈夫再如此下去。于是,以后她跟丈夫一起出去时就随身带一块小毛巾,每当她看到丈夫将要恶语相加时,就把毛巾戴到他头上,在惊讶和羞辱之中,做丈夫的从此再也不敢当众出妻子的丑。对那些一而再、再而三好挑剔的人用发信号的方法对他们进行事先警告是防止被伤害的有效办法。

3. 反唇相讥

海顿·爱尔京在《保护的艺术》一书中说,回击的切实可行的方法是抓住对方污蔑性的话,找出漏洞,从反面回答问题。比如爱人说:"如果你爱我的话,那你就必须减

肥。"你可以反问："你有多久认为我不爱你了？"这样借对方的话，机智地加以运用，使说话者自觉无理。

4. 置若罔闻

随他说去，将逆耳之语当耳边风，乐得一身轻松。如果你妻子说："亲爱的，你又增加 20 斤了吧！"回答："实际上是 25 斤。"如果她还说："那是否想点办法呢？"说："先胖一阵再说。"我们要学会原谅，原谅别人是人类得以生存的本领。

5. 百分之十

再等百分之十的时间，你有可能在另一家商店买到更便宜的东西；百分之十的时间，你的朋友会因说出的话而向你道歉；百分之十的时间，使你有更清醒的头脑，从而不至于在盛怒下失去控制。

受到别人的伤害，我们都有可能怒发冲冠，不如暂且使自己先静下来，然后才去想办法对待。要知道，大多数人不是有意要伤害我们。

事实上，我们永远也无法避免受到伤害，伤害是我们生活的一部分。既然如此，何必忧之恨之？除此之外，要想别人不伤害你，还要时刻想到不要伤害别人。只有这样，才能活得轻松，活得愉快。

🌀 女友生气时的应对方法

恋爱是美好的，但恋爱之舟驶向婚姻彼岸的过程却不是一帆风顺的。其间，由于双方性格的不同，对某些问题所持观点的差异，一方言行的失当或对对方言谈理解上的偏差等因素，彼此之间总难免会出现一些感情上的摩擦。那么，正畅游在爱河之中的男士，当心上人的芳容因这样或那样的原因而出现"晴转多云"时，该奉送上什么样的乖巧话来使它"多云转晴"呢？

1. 你平安回来我就放心了——显示关爱法

一天傍晚，琴与亮两个年轻人为一件小事闹了点别扭。分手时，亮要送一送她，她执意不肯，和同学颖走了。亮回去后，虽然对琴"不知好歹"的举动余怒未消，可他怎么也对琴放心不下。九点多钟，琴从颖家回来，刚一推门，电话铃就响了。她抓起电话，听筒里传来亮的声音："是琴吗？我是亮。"琴听说是亮，正要放下电话，又听亮说："琴，我回来后对你一直放心不下，你没事吧？你平安回来我就放心了。"听了亮的一番话，琴只觉得心头一热,对亮再也气不起来,原本"三天不理他"的想法此时已是烟消云散。

亮不失时机的一番关爱之语,向恋人传送了自己的关心与牵挂,语虽短,意却浓,话虽简,情却真,令对方不由得怦然心动,怨气全消。

2. 我真的没有别的意思——追本求源法

海与恋人敏在一次散步的时候,不知怎么就扯起了恋爱过程中双方花钱的话题。海说:"敏,自从咱们交往以来,你没让我花多少钱,却为我花费不少。"敏一听这话,立时把脸扭到一边,嘴也撅起老高,语带哭腔地说:"我真行,找了个倒贴的对象。"海一见这情形,立即意识到敏误解了自己的意思,便上前解释说:"敏,别生气,我真的没有别的意思。我之所以这样说,是因为我感到不好意思,何况我这样说也是有根据的。不是吗?我没请你吃过几次饭,也没给你买什么礼物,而你却为我买了不少的书,我给你钱,你又不要。我总觉得……"还没等海说完,敏便破涕为笑了,她说:"噢,原来你是这个意思!你刚才那样说,我还以为你在轻视我呢。"

恋爱时的心总是很敏感的,特别是女孩子,常为男友的一句不经意的话而"听者有意"、"浮想联翩",自己给自己弄出些不快来。面对恋人因敏感而产生的误解,海及时抓住"病因",追本求源,给对方一个有理有据的"说法",从而使对方消除了误会。

3. 你要回家我送你——顺其意愿法

一天晚上,平到男友豪的单身宿舍去玩,两人一边看电视,一边说笑。突然,豪抓住平的手激动地说:"平,你真让我心动,现在就让我吻一下吧!"平以前没见过这阵势,一下子羞红了脸,用力推开豪的手说:"咱俩交往还不太长,请你别这样好吗?"豪激动地望着平说:"平,我只想吻你一下,不会有过分举动。"说着又要拉平的手。平生气了,脸阴沉得像要下雨,不客气地说:"豪,你再这样,我现在就走,以后再也不见你了!"豪见平真生气了,便把手缩回来,忙不迭地道歉:"平,对不起,刚才我太冲动了。以后我会尊重你的意愿,不再让你为难。现在你要回家,我这就送你走,你看好不好?"平见豪态度挺诚恳,手脚也放规矩了,便打消了立即回去的念头,说:"好吧,这次我就原谅你。"二人随即又如先前那般说笑起来。

在恋爱期间,彼此总会向对方提出一些合适或不合适的要求。豪面对恋人的"最后通牒",他没有继续缠磨,而是迅速收起随心所欲的缰绳,及时勒住强人所难的烈马,说一些顺从对方意愿的话,从而防止了"小不忍则乱大谋"结局的出现。

4. 我不能向你轻易许诺——坦诚相告法

伟与慧看完电影出来,边走边聊,两人都为刚才的电影中男女主人公的充满浪漫与激情的爱情故事迷住了。慧望着伟说:"他为了她献出了自己的生命,你能吗?""我,我……"他俩刚认识不久,伟不知如何回答。慧有点生气了,她轻蔑地看了伟一眼,就往前走。伟同她说话,她也不搭理。她自己去街边买一只烤白薯,吃了两口,又拿出一块糖塞进嘴里。伟问她:"白薯已够甜的了,你为什么还吃糖?"慧赌气地说:"不甜,不甜,我觉得它不够甜!"聪明的伟听出她的话外之音是对自己有点不满,觉得他们俩的爱情还不够甜蜜,于是说:"你是不是怪我有点自私,不愿为你付出?那你就错了。因为我们相处时间还太短,我轻易许诺,你会觉得我是一个不可靠的人。爱情的果实到底甜不甜,时间长了,你就会品味出来了。"伟的一番推心置腹、坦率真诚的话语把慧深深打动了,此时再看她脸上,"阴云"早已无影无踪,二人的感情也由此得到升华。

耍"小性子"可以说是女孩子的天性,她们常为男友的言行不符合自己的心意而耍性赌气,挤眼抹泪,使原本和谐、热烈的恋爱场景顿时出现僵局。伟对恋人生气使性时的一番坦率真诚的表白,使恋人意识到他的诚心可鉴、真意可察,从而自动放弃"大小姐脾气"。

恋爱是婚姻的前奏曲,当你巧妙运用你的"恋爱口才",一次次拨开恋人脸上的阴云时,婚姻殿堂的大门也就离你不远了。

说话大智慧

情急失言、受到语言伤害,这些问题并不可怕,重要的是面对这些问题时要找到恰当而巧妙的应对技巧。找到技巧后,不仅能有效地化解危局,还能为你的交际活动带来一丝情趣。

NO.26

智者循循善诱
愚人喋喋不休

只有摸透了别人的内心，
才能清除他的忧虑，
解答他的怀疑，
把那些和你相反的意见推倒移开。
真正的"说服"，
不只是口头上的说服，
更是心里的说服。
口服心不服，
不能算是真正的说服。

在日常的社会生活中，你、我、他都会遇到这样的情况：

有时你认为是很正确的问题，却无法让对方与你意见一致；

有时，你明明心里认为那种行为不对，却在关键时刻身不由己；

有时对一个问题在头脑中分析得清晰透彻，可是，到需要用语言表达出来时却不知如何张口；

……

如今是信息高速发展和张扬个人能力的时代，各行各业的竞争非常激烈，每个行业、每个人都越来越注重增强自身的能力，也特别注重说服与反说服的技巧，因为它对自己将来的结局是成功还是失败具有重要的影响力。

智者的故事

有个出租车女司机把一男青年送到指定地点时，这个男青年掏出尖刀逼她把钱都交出来，她装作害怕的样子交给歹徒300元钱说："今天就挣这么点儿，要嫌少就把零钱也给你吧。"说完又拿出20元找零用的钱。见女司机如此爽快，歹徒有些发愣。女司机趁机说："你家在哪儿住？我送你回家吧。这么晚了，家人该等着急了。"见司机是个女子，又不反抗，歹徒便把刀收了起来，让女司机把他送到火车站去。见气氛缓和了，女司机又不失时机地启发歹徒："我家里原来也非常困难，咱又没啥技术，后来就跟人家学开车，干起这一行来。虽然挣钱不算多，可日子过得也不错。何况自食其力，穷点儿谁还能笑话我呢！"见歹徒沉默不语，女司机继续说："唉，男子汉四肢健全，干点儿啥都差不了，走上这条路一辈子就毁了。"火车站到了，见歹徒要下车，女司机又说："我的钱就算帮助你的，用它干点正事，以后别再干这种见不得人的事了。"一直不说话的歹徒听罢突然哭了，把300多元钱往女司机的手里一塞说："大姐，我以后饿死也不干这事了。"说完，低着头走了。

愚人的故事

"来两只嫩煮鸡蛋，一盘油炸土豆条，一块乌饭浆果松饼，再加咖啡和鲜橘汁。"尼古拉斯吩咐餐厅的侍者，慢跑后的他感到饥肠辘辘。

尼古拉斯刚打开报纸,咖啡就端上来了。"先生,请用咖啡,"侍者说。"不过,对不起,我们的立法当局坚持要我们提醒顾客,每天喝三杯以上的咖啡有可能增加得中风和膀胱癌的危险。虽然这是除去了咖啡因的,但食品和药物管理局仍要求我们说明,提取过程中或许还残留了微量的致癌可溶物。"侍者说完这些话后,才给他的杯子斟上。

侍者端着他叫的早点回来时,尼古拉斯差不多看完了第一版。

"您的鸡蛋,"侍者说,"如果不煮透,就可能含有沙门氏菌,会引起食物中毒。蛋黄中有大量的胆固醇,它有诱发动脉硬化和心脏病的潜在危险。美国心血管外科医生协会主张每星期至多只吃四个鸡蛋,吸烟者和身体超重十磅者尤应如此。"

尼古拉斯的胃感到一阵不舒服。

"马铃薯,"侍者继续着,"皮上的青色斑块有可能含有一种叫龙葵碱的生物碱毒素,医药书上说龙葵碱会引起呕吐、腹泻和恶心。不过放心,您用的土豆是仔细地去了皮的,我们的供应商还答应,如有不良后果,他们将承担一切责任。"

"但愿这'不良后果'别降临到我头上。"尼古拉斯想。

"松饼含有丰富的面粉、鸡蛋和黄油,还有乌饭浆果和低钠味粉,唯独缺少纤维素。营养研究所警告说低纤维饮食会增加胃癌和肠癌的危险。饮食指导中心说面粉可能受到杀真菌剂和灭鼠剂的污染,还可能含有微量的麦角素,它能引起幻觉、惊厥和动脉痉挛。"

顿时,尼古拉斯觉得焦黄松脆的松饼诱人的香味变得十分可疑。

"黄油是高胆固醇食品,卫生部忠告近亲患心脏病的人限制胆固醇和饱和脂肪的摄入量。我们的乌饭浆果来自缅因州,从未施过化肥和杀虫剂。但美国地质调查队有报告说许多缅因州的浆果长在花岗岩地区,而花岗岩常常含有放射性物质铀、镭和氧气。"

尼古拉斯立刻想起了切尔诺贝利事故幸存者头发脱落的不雅观之状。

"最后,烘焙的麦粉中含有硫酸铝钠盐,研究者认为铝元素可能是早老性痴呆症的罪魁祸首。"侍者说罢便离去了,令人肃然起敬的营养咨询也许结束了。

但侍者很快又回来了,还带着一只罐子。"我还得说明,我们的鲜橘汁是早上6点前榨的,现在是8∶30。食物和药品管理局与司法部正在指控一家餐馆,因为它把放了三四个小时的橘汁说成是新榨的。在那案子裁决前,我们的律师要求我们从每一个订了类似食品的顾客那儿弄一份放弃追究声明书。"

尼古拉斯填写了他递过来的表格,侍者用曲别针把它附在账单上。尼古拉斯伸手取杯子时,侍者又拦住了他。"还有一件事,"侍者说,"消费安全组织认定您使用的叉子太尖太锋利,必须小心使用。"

"祝您胃口好。"侍者终于走开了,尼古拉斯也终于松了一口气。他拨拉着已是冷冰冰的那份早餐,胃口彻底倒了。

◎ 说服之前先了解对方

在我们的周围,经常会看到有些人就某一事情在说服别人的时候语无伦次,喋喋不休地讲个没完,而他要说服的对象却一头雾水,不明其所以然。词不达意和过多的言辞,不但不能说服对方,反而会令对方更加厌烦。

而另一些人围绕一个主题旁征博引古今中外的事例,以小见大,以浅喻深,虽口若悬河,但言辞中既照顾到说服对象的特殊地位和心理,顾全面子,又能让对方快速理解自己的意图,有效打消其逆反心理,通过自己有条理、层次分明的语言,令倾听者心服口服。由此可见说服是需要能力的。

"说服"是一门让人们认同你的观点、展示个人魅力的影响艺术,同时也是一种让他人能够听信于你的个人能力。具有说服能力的人大多是善于运用自己独特个人魅力的人。他们总是表现出信心十足、精力充沛的风貌。他们不但能把握自己的情绪,也能把握他人的情绪,从而使自己始终处于主动地位。

我们要说服别人,必须首先透彻地了解别人的意见,看他们是怎样想的,有了怎样的感觉,了解他们怎样看事情。

我们对别人的思想、感觉、看法了解得越清楚,我们的说服力就越强,越能够替人剖疑析难,指点迷津。我们对别人的想法了解得越多,我们言语的说服力也就越大。

"知彼知己,百战百胜",大家应练好这种"知彼"的功夫。

摸熟了通向各种人物内心的道路后,才能够逐渐清除他们内心的忧虑,解答他们内心的怀疑,并且把那些与你的观点不同的或相反的意见推倒移开。

有许多口才很好的人,往往用自己的唇枪舌剑把对方口头上所说的意见驳倒后,就以为自己说服了别人,但却不知道别人心里还藏着什么疑难未解之处。这样的"说服",只是口头上的说服,心里并没有服。别人口服心不服,就不能算是说服。别人对你的话没有心服,就不会按照你的话去做。所以我们应该经常关心他们的生活,和他们接近,倾听他们的谈话,注意他们各方面的表现,研究分析他们的行为动机和他们的心理活动规律。这些,正是我们说服别人的准备工作。

若是想提高自己说服别人的能力,必须把关心别人、了解别人当做一种经常努力的工作。

◎ 耐心、耐心,还是要有耐心

我们在说服别人的时候,经常犯的错误,除了过分心急,不够耐心之外,就是我们并没有在说服的过程中提高自己的认识。我们不外乎把说过的话说了又说,说来说去还是那一套。许多人不能说服别人,恐怕第一步就败在自以为是上了。

因为没有关心别人的生活,没有细心地去研究别人的问题,就下了判断,自以为"一眼就看穿了别人"。就如医生,未详细了解病情就下了诊断结论,结果是变"医"为"害"了。

在说服别人之前,最重要的是把准备工作做好,先把别人的想法,别人的问题看清、摸准,反复研究,深思熟虑。在说服别人之前,多听、多看、多想、多研究、多分析,把别人的想法、做法和问题所在看得清清楚楚,使自己给出正确的判断。

假定我们的看法是对的,我们的意见是正确的,那么,在我们去说服别人的时候,我们可能犯些什么错误呢? 首先,我们可能过分心急,巴不得别人听了我们的话,立刻点头说好、大为赞赏,向我们感激地说:"听你一席话,胜读十年书。"或:"你的话,真是一言惊醒梦中人,倘若我能早点向你请教,早点听到你的指点,那就不会惹出这么多麻烦了。"

是的,这种情形不能说没有。一个头脑清楚,眼光敏锐,而又善于表达自己意见的人,对别人常常会有这样的帮助。但实际上,这种情形是不太多的,在大多数场合,别人不会被我们一"说"就"服"的。我们应明白,别人的看法、想法、做法,不是一天形成的,正所谓"冰冻三尺,非一日之寒"。因此,没有那么快就改变自己的想法。即使别人肯听我们的话,甚至在听我们说话时,曾经大加赞赏,大为感动,说了许多使我们非常高兴的话,但回去仔细考虑之后,他们原先的想法,又可能占上风。

何况,别人所接近的,也并非只有一人。别人所听到的,也并非只有一种意见。除了

我们，别人，还有他们很熟悉的或很信任的家人、朋友，也许比我们更能说服他。

如果你操之过急，就会把意见强加于人，使问题更难解决。

另一方面，各人的思想不同，而这些思想及心里的成见是根深蒂固的，就像一座山，要移去这座山，就需要有"愚公"的魄力和勇气。

我们第一要耐心，第二要耐心，第三还是要耐心。遇到不能说服别人，反而被别人抢白一顿的时候，不要生别人的气，更不能生自己的气，也不要泄气。说服别人也像愚公移山一样，今天挖开一角，明天铲平一块，今天解释清楚一个细节，明天说明一个要点，日积月累，相信是会解决问题、会说通的。

有的时候，别人实际上已经被我们说服了，但是在他的身后却存在庞大的力量，这个人拉住他的手，那个人扯住他的脚，因此，我们面对的就不只是一个人，而是很多人。这时候，我们也应该增强我们的力量，介绍好的书给他看，请他去看一部很好的电影，也可以找几个见解和我们相同、口才比我们更好的人，和他做朋友，和他谈各种问题。这样，双方在想法上可能展开了拉锯战，就像一场"拔河比赛"。可是，正确的意见，总是会胜利的，除非你不再努力，不再坚持。

这样做，对你自己也不是没有好处的，可以使你本来正确的认识更细致、更丰富，可以使你对本来看得清楚的问题，看得更深刻、更透彻，同时锻炼了你的眼光、你的脑子和你的口才，增强了你说服别人的能力。

不同的人不同的说服方式

社会上，有这么一种人，一方面只坚信自己，不相信别人比他更聪明、更正确；另一方面又非常缺乏自信，生怕自己的理由被别人驳倒，生怕自己的信心被别人动摇，因而不敢说出真正的理由。

他们的心里有一种很妙的想法："我讲出来，你就驳不倒。"当然，他们对自己也并不十分坦白。他们会想出种种很漂亮的理由支持自己这样做，但无论他们怎样说，无论他们怎样想，骨子里面他们认为：不说出理由是最安全的。有许多人就在这种自欺欺人的"政策"之下，过了一生，做了许多不值得做的事。这种人确实是很难说服的。

说服这种人要有真诚的态度，足够的机智，并且要去了解他们的思想及内心世界。这就要靠我们平时对别人的生活多留心，熟悉各种人的思想与行为的规律，能够深入地分析别人的内心活动。

当我们猜中别人想法的时候,别人可能脸红了,可能感到非常狼狈,甚至会恼羞成怒,把错误坚持到底。这种情形当然并非我们所愿意看到的。

但是我们必须了解:一个人内心坚固的堡垒一旦被人摧毁时,是可能非常震动和痛苦的。这时,我们就需要设法减轻他们的痛苦,或是使他们不觉得痛苦,反而觉得快乐。这就要靠我们有一颗至诚的心,能够真正为别人着想,不但指出他们的错误,而且还能为他们指出光明的前途。

还有一种人更难说服,这种人对他心中的真正的理由,不是不肯说,也不是不敢说,而是不知道,是真正不知道。

对别人的说服工作,如果你用的方法及言语很正确,对方仍然表现出茫然不解,或不以为然时,我们就要动脑筋了。这就需要我们立刻顺风转舵,改变初衷,换一个更好的方式。

大家知道,同样的一种内容,可以有千百种表达的方式和方法。同样意思的话,可以有千百种表达方法。我们要随时反省自己:我们的话,对方能够接受吗?是讲得太深奥了,还是讲得太肤浅了?是把问题提得太高了,还是把问题降得太低了?我们的话是太武断了,还是太含蓄了?我们所用的词汇是太文雅了,还是太粗俗了?

说服这件事情,仔细研究起来,是非常复杂的。有时,我们可能因为用错一个字眼,无端地惹起对方的反感。在我们这个社会中,各个阶层,各种宗教,各种信仰的人,都各有一套说话的习惯,各有一套习惯的用语。讲究口才的人,对这方面的知识都相当看重。要和别人建立更深入的关系,最好能善于把握对方惯用的语言。

总之,我们的话一出口,也像一个人要远行一样,未必一帆风顺。如果这个说法没有效果,或效果不好的时候,就要换个说法,直到对方完全了解,完全赞同。事实上,有些比较困难的说服工作,绝不是一次或几次的谈话,就可以收到效果的,有时候需要很久的时间,有时候还需用事实、用行动做我们言语的后盾。

在说服别人的过程中,我们必须不断地深入了解自己的问题,并且丰富自己对人对事的认识,否则,如果只是单调地重复我们已经说过的话,那么除了令人讨厌之外,恐怕是得不到什么说服效果的。

因此,当我们要说服别人的时候,每一次见面,每一次谈话,都必须添一点新的材料,多一点新的理由,加一点新的力量。一句话,争取新的发展,把阵地再向前推进一步。

牵着他的鼻子走

　　人,由于他们在社会活动中所处的地位不同,家庭环境、社会经历、文化程度、心理需要、个人品质、性格脾气、兴趣爱好也各不相同,于是就形成了人的不同层次。同一类型的事情发生在不同的个体身上,就会产生不同的思想观念。当一个人心中存在一种不正确的,但又不是错误的观念,而打算向错误的方向发展的时候,此刻,我们要改变他的思考方式使之向正确的方向发展并不是一件容易的事。

　　我们要说服别人改变他的思考方式,可以采取正面说、反面说、侧面说的方法,这里各举一个事例加以证明。

正面说

　　这是一个用正面言辞夸大对方的错误意愿,在对方彻底认识自己的错误后,而不得不改正的说服原则。《史记·滑稽列传》记载:楚庄王最心爱的枣红马病死了,庄王打算用大夫的丧礼来安葬它。群臣认为这种做法不妥。庄王下令说:"谁来劝谏我不要葬马的,就处以死罪!"优孟得知此事后,上殿仰面大笑,庄王惊问其故。优孟没有直接说庄王葬马这件事欠妥之处,而是说以大夫之礼安葬枣红马显得寒酸,应以国君的葬礼来安葬。庄王更加糊涂了,要优孟解释清楚。优孟说:"应以雕玉为棺,文梓为椁,调动大批士卒修坟,征用大批百姓负土。送葬时,让齐国、赵国的使节列于前,让韩国、魏国的使节翼随于后;再给它造起祠庙,祀以太牢之礼,奉以万户之邑。这样一来,诸侯各国就知道大王您把人看得轻贱,而把马看得很尊贵了。"庄王一听,突然醒悟过来,深责自己险些铸成大错,遂打消了用大夫礼葬马的念头,改以六畜之礼葬之。

反面说

　　这是从事物的反面入手揭示出它的错误的原则。

　　秦宣太后爱魏丑夫,太后病危将死之时,下令说:"埋葬我的时候,一定要魏子殉葬。"魏丑夫听后十分害怕。庸芮可怜魏丑夫,为他向太后求情。他问太后:"您认为死了的人还有知觉吗?"太后说:"没有知觉了。"他又说:"像太后这样圣明聪慧的人,明明知道死者是没有知觉的,为什么白白地将自己生前所热爱的人用来为没有知觉的死人陪葬呢?如果死者真有知觉,那先王一定已经长期积怒在心了,太后连补救过失的时间都不够,哪里还有时间去私爱魏丑夫呢?"太后听了连连称好,而魏丑夫也免于一死。这就是违背说话人的本意,用道理直击其错误,使他想违抗又不能违抗,想发怒又不能发怒，最后只得低下头来，跟着你的意思走。

侧面说

这是从别人思想的侧面指出他的错误的原则，是一种隐匿的说法。

优旃是秦朝皇宫里的歌舞艺人，个子非常矮小。他擅长说笑话，然而都能合乎大道理。秦始皇曾经计划扩大射猎的区域，东到函谷关，西到雍县和陈仓。优旃说："好。多养些禽兽在里面，敌人从东面来侵犯，让麋鹿用角去抵触他们就足以应付了。"秦始皇听了这话，就打消了扩大猎场的念头。

正面说、反面说、侧面说作为有效的说服方法在具体运用时，只要采取慎重的态度，就可以不用花多大的力气而达到目的。这三条原则中，正面说和侧面说都是避免和对方发生正面冲突，而在维护对方自尊心的前提下建立起来的。富兰克林为了维护他人的自尊心，不仅不直接指出对方的错误，而且不用自信的口气、坚决的语气说话。他总结说："我立了一条规矩，绝不准自己太武断。我甚至不准自己在文字或语言上有太肯定的意见。比如当然、无疑等，而改用我想、我假设、我想象一件事该这样或那样。当别人陈述一件事而我不以为然时，我绝不立刻驳斥他或立即指正他的错误。我会在回答的时候，表示在某些条件和情况下，他的意见没有错，但在目前这件事上，看来好像有两样等。我很快就领会到我这种改变态度的收获：凡是我参与的谈话，气氛都变得融洽多了。"

能做到富兰克林说的这些，你便能牵着别人的鼻子走，而他不会感觉到他的鼻子被你牵拽着，如此也就达到了预想的目的。

◎ 从消除心理障碍入手

战国时代的策士都是驾驭言语的高手。《战国策》里记载了这样一则故事：靖郭君是齐国的贵族，原来很受齐王重用，在国内很有权势。后来他与齐王发生了矛盾，担心有朝一日会与齐王闹翻，于是，打算在自己的封邑四周筑起城墙，以防止齐王的进攻。这一举措显然太不明智了，以一个家族的力量与强大的齐王相抗衡，无异于以卵击石。筑起高高的城墙，不但挡不住齐王，反而会使双方的关系进一步恶化，自招灭亡。因此，众门客纷纷劝阻，无奈靖郭君十分固执，不但不听，而且命令守门的人不得为说客通报。

正当众人束手无策焦头烂额之时，一个齐国人自告奋勇，上门求见。他向靖郭君保证，见面时只说三个字，多一字愿受烹刑。由于他许诺的条件十分奇特，靖郭君总算同意了他求见的要求。进门之后，他十分严肃地凝视着靖郭君，看了很长时间，然后，慢慢吐出三个字："海、大、鱼。"说完转身就走。靖郭君听后大惑不解，忙叫住他追问，那人却不肯多说。直到靖郭君声明前面的约定作废时，他才作了进一步的解释。他对靖郭君说："先生没看见海中的大鱼吗？何其逍遥自在！鱼网捕不住它，鱼钩钓不到它。然而，一旦离开大海，在沙滩上搁了浅，就连小小的蝼蚁也能群起而攻之，把它当做口中之食。如今齐国就是您的大海，若有齐王的宠信，您何须筑城？倘若失去了齐王的支持，即使把城墙筑得再高，又于事何补？"靖郭君听了不由得连连称是，就此放弃了筑城的计划。

这位说客所讲述的道理，其实也算不得十分深奥，从前几位进行规劝的人，想必也都考虑过了。为什么他们规劝时，靖郭君听不进去。这位客人一说，靖郭君就听进去了呢？关键在于说服技巧。

从交际心理学的角度看，"规劝"这一行为方式本身带有某种暗示。即对方犯了错误，提出规劝的人真理在握，特来帮助对方，为对方指点迷津，这一暗示与听话人的自尊心相抵触，很容易引起听话人的反感。就靖郭君而言，这种抵触心理表现得尤为强烈——不仅拒谏，而且闭门谢客。因此，不难想象，众门客之所以劳而无功，有很大一部分原因，可能就在于他们不懂得分析听话人的心理。心理障碍不消除，再有说服力的言辞也不得其门而入。

这位齐人的游说工作，正是从消除心理障碍入手的。首先，他用"海、大、鱼"三个字增添了一些神秘色彩，激起了靖郭君的好奇心。按常理说，会话时，话语应该围绕特定的话题展开。"海、大、鱼"三字，从字面上看，和当时双方共同关心的话题——筑城无丝毫联系。这样一句莫名其妙的话，不能不使靖郭君心痒难搔，好奇之心大起，好奇心一起，则主客之势互易。本来是靖郭君摆开了架势，严阵以待，准备拒谏，现在却是放下架子，好言安抚，虚心求谏。

不过，要克服靖郭君的心理障碍，光引起他的好奇心是远远不够的。如果没有其他策略相配合，仍然不可能说服他。这位齐国人所采用的第二个重要步骤便是迂回出击。虽然靖郭君有了求谏的表示，他却并不急于谈论筑城的故事，因为"筑城"是一个敏感的话题，过早触及这个话题是危险的，很可能会唤醒靖郭君的戒备心理，使他重新回到原先那种封闭状态中去。所以，这位老练的说客开始时仍然若即若离地大谈"海"和"大鱼"的故事。直到他把"大鱼"对"海"的依存关系充分论述清楚，并清晰地描绘出了大鱼"荡而失水"为蝼蚁所食的血淋淋的残酷景象之后，才画龙点睛地道出这则寓言的真意所在。这对靖郭君来说，无疑是醍醐灌顶，当头棒喝，不由得他不翻然猛醒，马上放弃筑城的计划。

喻之以利，晓之以害

有这样一个故事，空荡荡的电梯里只有两个人：一个是双鬓染雪的老者，另一个是身强力壮的歹徒。此刻，歹徒手中那寒光闪闪的匕首正逼在老者的胸前："识相点，快把钱拿出来！"

老者看了看胸前的匕首，又看了看眼前这凶相毕露的年轻人，和善地说："你缺钱花，不要采取这样的方式，直接跟我说就行。你能把刀子收起来同我说话吗？"

此时，双方的神经都高度紧张，谁能稳住情绪、沉着应战，谁就有可能是赢家。面对危险，老者不惊不乱、镇定自若。"你缺钱花"，一开口，就表现出对对方生活情况的理解；"不要采取这样的方式"，直白式的评价，表明一个历经沧桑的老人对持刀抢劫这种行为不齿；"直接跟我说就行"，传达给歹徒这样一个信息：解决问题可以有多种途径，不必非采取这种极端的方式不可，使歹徒对自己行为的必要性产生怀疑；"你能把刀子收起来同我说话吗"，在前面理解、表白的前提下，老者试图创造一种能够平等交流的氛围，以松弛对方的神经，减少"一触即发"的危险因素。

歹徒虽然没有放下匕首，但也没有实施更为凶残的行为，说明老者的这番话初步起到了稳住歹徒的作用。

老者微笑着打开随身带的小包，说："我这里有一万元钱，你如果坚持要拿去，我也没话说。但你用刀逼着我拿钱就算抢劫，这样会坑了你一辈子。"

老者"微笑着"，表明自己并没有被对方的嚣张气焰所吓倒；"我这里有一万元钱，你如果坚持要拿去，我也没话说"，语言上采取"退"势，进一步稳住歹徒；"但你用刀逼着我拿钱就算抢劫，这样会坑了你一辈子"，老者话锋一转，果断地拿起法律这个强大的武器，对头脑懵懂、一心劫财的歹徒晓以利害："借"或"拿"与"用刀逼着我拿钱"性质截然不同，后者属于性质恶劣的犯罪行为，坚持这样做，等待你的将是严惩。

歹徒举着匕首的手颤抖起来,匕首也举得越来越低了。

"不如这样,我给你留张名片,你需要钱到我家里去取。"老者说着掏出一张名片递了过去。

看到歹徒的心理防线已经开始松动,老者乘胜追击。"递名片"的言语和动作在眼下这样危急的关头可称棋高一着。它既印证了老者"你缺钱花,直接跟我说就行"的诚意,表明了老者对这个年轻人的信任,又亮明身份,将辩论角色的弱势和强势来了一个大换位,再加上一开始老者就采取沉稳、平和、理解、宽容的态度,一定会再次深深震撼歹徒的心灵。

歹徒接过名片一看,吓得脸色刷白,匕首"当啷"一声掉在地上,泪水夺眶而出:"孙院长,您的话我记住了。我以后再也不干这种缺德事了!"

在这场惊心动魄的较量中,语言成为孙院长最有力、最有效的武器。孙院长运用语言这一武器,成功地把体力上的较量转化为心理上、人格上的较量。他在选择语言时采取了"稳住对方——暂时退让——晓以利害——动之以情"四步方略,环环紧扣,步步为营,晓以利害,终于赢得了这场殊死较量的最后胜利,也为我们身处危险境地如何运用语言技巧智辩突围、转危为安提供了一个成功的范例。

古时候,西楚国有个叫张丑的人,被送到韩国当人质。不久,楚韩交恶,韩王便打算把张丑杀了。张丑得知消息,连忙逃跑,但不幸的是,在边境上还是被守卫边境的军队官兵抓住了。官员对他说:

"你是逃犯,必须将你抓去面见韩王!"

张丑说道:"你们知道韩王为什么要杀我吗?是因为有人跟韩王说,我有一颗宝珠,韩王一心想得我的宝珠,可我的宝珠已经丢失了。韩王不相信,以为我在欺骗他,没法子,我只好逃跑。现在你抓住了我,还要把我交给韩王,我在韩王面前就会说是你夺去了我的宝珠,吞到你的肚子里去了。韩王为了得到宝珠就一定会把你杀掉,剖开你的肚子,把你的肠子一寸寸地剪断来寻找,这样我活不成,同样你也会死得更惨。"

官吏一听,非常恐惧,连忙将张丑放了,于是张丑就平安地回到了齐国。

张丑通过晓以利害的方法,向对方讲明将他送交韩王的严重后果,从心理上威慑对方,取得论辩胜利。

要顺利施行晓以利害的方法,自己必须对其中的利害得失有深刻的了解,成竹在胸,这样才能真正打动对方,取得共同的认识。

某市一机电厂由于长期亏损,债台高筑,濒临破产。这时,本市无线电厂对机电厂实行有偿兼并的大会在机电厂举行,上千名职工感到耻辱,坚决反对兼并,人们争吵着,吼叫着,吹口哨,鼓倒掌,一片混乱。面对骚动不安的人群,无线电厂王厂长开始讲话,但人们喊叫着:

"你讲的,我们不听,趁早回你的厂去!"

"我们反对兼并!"

这时,王厂长呼地站起来,扯大嗓门:"我告诉你们一个事实,到下个月工商银行的抵押供贷款已经到期,机电厂马上就要破产,上千名职工就要失业!难道你们愿意这个具有几十年历史的我市唯一的机电厂破产吗?难道我们厂上千名职工心甘情愿失业,重新到社会上待业吗?请问,谁能使机电厂不破产?谁能使上千名职工不失业?是能人,请站出来!有高招,请拿出来!你反对兼并,拿出主意来!"

她声音嘶哑,但裂人心肺,骚动的人们霎时静了下来。她面对上千双翘首以待的眼睛,接着说:

"我王厂长不是资本家,是国家干部。就我个人来说,叫我兼并机电厂,我才不干呢!我又何必找苦吃?可是我是共产党员,看到国家受损失,我于心不忍哪!"

这时有人站起来:"我要问王厂长,你能保证我们不失业,机电厂不破产吗?"

王厂长说:"有些同志对我不信任,这是可以理解的,不了解嘛。但是请大家放心,从并厂后第一个月起,如果再亏损,由我负责。我和大家同舟共济。如果要跳海,我第一个带头跳!至于具体办法,我这里就不说啦!"

这时全场爆发出雷鸣般的掌声。

在当时的情况下,面对骚乱的会场,训斥制止不行,婉言相劝也不行,这时,王厂长直陈并厂与不并厂的利害得失,终于镇住了混乱的会场,打破了人们认识的障碍,取得了论辩的胜利。

⊚ 说服用语

说服,使他人相信自己;说服,使对方接受并产生积极行动。说服引导,工作中常会遇到。下面提供一些说服的有效方法,供读者参考:

1. 心理接触法

"有人说我们班学习成绩不好,是'垃圾班',是处理品,这是没有道理的,就拿体育锻炼来说,我们班不但不是垃圾班,而且可以当先进班……"

2. 借此说彼法

"把水淘干了,不是得不到鱼,但明年恐怕就不会有鱼了;把森林烧光了,不是猎不到野兽,但明年就不会有野兽了;如果把工作骨干都抽出来,生产怎么办?"

3. 以褒代贬法

"嗨,你小子真有本事,三枪都打到靶子外面,真不容易呀。"

"三个客户都让你气走了,下次如果有类似比赛,一定让你参加。"

4. 融情动心法

"小伙子,这次改了发型,挺大方的。但是今天迟到啦,快去车间加把劲,把任务赶出来。"

"别着急,看你跑得上气不接下气,准是家里出了什么事把时间耽误了吧?"

5. 侧击暗示法

一作曲家带着自己七拼八凑的曲子请教大师,大师在听演奏时不断脱帽。作曲家问:"大师,是不是屋里太热?"大师说:"不热。我有碰到熟人就脱帽的习惯。在阁下的曲子中我碰到那么多熟人,不得不连连脱帽。"

6. 鼓动激励法

信任他,任用他,赋予他更多的责任,这正是调动他积极性的最好手段。

"×××,你脑子灵活,技术又好,我考虑再三,还是觉得你做这项工作最合适。这项工作要求很急,我相信你一定会做好的。"

说话大智慧

说服的过程是说服者对被说服者攻心的过程,也是被说服者心理渐变的过程。"说服与反说服"作为我们心灵和思想斗争的一对冤家,它们矛盾的激化、舒缓、还是和解,都直接影响着我们在家庭和工作生活中的言谈、行为举止、与周围相关,群关系的亲疏以及家庭、事业的成败。因此,只有掌握"说服与反说服"的技巧,达到自己理想的说服与反说服的效果,才能为自己家庭和事业的顺畅铺平道路。

NO.27

智者适时沉默
愚人夸夸其谈

言多必失,祸从口出。
失言会让你招惹祸端。
人多地方少讲话,
并讲究"忌口"。
如果一味让别人下不了台,
只会把事情搞槽,
这才是最不划算的事情。

我们常说："言多必失。"意思是说：如果一个人总是滔滔不绝地讲话，说得多了，话里就自然而然地会暴露出许多问题。言多必失，祸从口出。特别是人多的场合，你一不小心，一旦失言，你的话就可能中伤或伤害到某个人，这自然会让你招惹祸端。

由于"言多必失"的教训很多，不少人将"三缄其口"作为处世的座右铭。那些成功的人，说话就会注意方式、把握分寸感，不管在什么场合都是落落大方，说话的时候，说得很充分，不该说的时候，一句话也不说。

有的人口齿伶俐，在交际场合口若悬河，滔滔不绝，这固然是不少人所向往的。但如果在人多的地方，口无遮拦，说错了话，说漏了嘴，也是很难补救的。所以在人多的场合尽量少讲话，并讲究"忌口"。否则，若因言行不慎而让别人下不了台，或把事情搞糟，那是最不划算的事。

智者的故事

一位朋友来到老赵家，告诉老赵自己与妻子离婚了，想找个人陪陪他。那一刻，朋友很消沉，什么都没说，老赵很想问一问：为什么？怎么回事？但是终究没问。他知道那个时候朋友已经什么都不想说，不想回忆，也不想表白。他们默默地喝着咖啡，听着CD。

女孩找到一位男朋友，跑来征求琳的意见。琳左看右看觉得那男人不顺眼，但看看女孩那兴高采烈的样子，话到了嘴边便咽了回去，几年后，看到他们恩恩爱爱幸福美满的小家庭，她便庆幸自己当初的沉默。

愚人的故事

一位哲人曾说过："话说得太多，总会说出蠢话来。"

1956年，苏美最高领导人举行谈判。赫鲁晓夫自恃比艾森豪威尔聪明，结果闹出了不少笑话。

在谈判过程中，不论赫鲁晓夫提什么问题，艾森豪威尔都表现得稀里糊涂，总是先看看他的国务卿杜勒斯，等杜勒斯递过条子后，他才开始慢条斯理地回答。据此，赫鲁晓夫认为艾森豪威尔智力低下，而认为自己作为苏联领袖，当然知道任何问题的答案而无须借助他人。赫鲁晓夫当场讽刺说："美国谁是最高领袖？是艾森豪威尔还是杜勒斯？"

从表面上看,赫鲁晓夫显得非常机敏、博学,常常口若悬河,滔滔不绝;而艾森豪威尔却显得迟钝、犹豫,缺乏领袖气概。但事实上却正好相反。

艾森豪威尔在谈判中的智慧表现在两个方面,既能及时获得助手的忠告,同时又为自己赢得了充分的思考时间,避免急中出错。而赫鲁晓夫刚愎自用,闹出了诸如用皮鞋敲讲台的笑话。

◉ 适时沉默是一种明智行为

过去心理学家常常认为我们应该把自己的事情讲出来,告诉别人,但现在人们逐渐发现与别人交往中有时更需要忍耐和沉默。

你必须认识到沉默与精心选择的词具有同样的表现力,就好像休止符与音乐符一样重要。沉默会产生更完美的和谐,更强烈的效果。

在商业或私人交际中,无言也许是最好的选择之一。

一个印刷业主得知另一家公司打算购买他的一台旧印刷机,他感到非常高兴。经过仔细核算,他决定以 250 万美元的价格出售,并想好了理由。

当他坐下来谈判时,内心深处仿佛有个声音在说:"沉住气。"终于,买主按捺不住,开始滔滔不绝地对机器进行褒贬。

卖主依然一言不发。这时买主说:"我们可以付您 350 万美元,一个子也不能多给了。"不到一个小时,买卖成交了。

在日常交往中,沉默往往会给你带来益处。在某些场合,沉默不语可以避免失言。许多人在缺乏自信或极力表现得礼貌时,可能会不假思索地说出不恰当的话而给自己带来麻烦。

有时候说话不经思考,即使言者无心,也会产生严重后果。一天深夜,哈罗德回家时误入隔壁邻居家,他非常窘迫,便自我解嘲地说:"我好像听见里面在庆贺什么。"房间里顿时出现了一片尴尬的沉默。事后,哈罗德的妻子告诉他,邻居家的主妇刚刚小产。哈罗德说:"现在,即使是情况万分紧急,我也要静思慎言。"

适时地保持沉默不仅是一种智慧,而且也有实际的好处。常言道:"沉默不会使人

后悔。"一位女士的经验证明了这一点,她说:当我们第一个孩子出世时,我丈夫由于工作繁忙,对我和孩子疏远了,这样几周以后,我感到筋疲力尽,并想大发雷霆。

一天我给他写了封充满怒气的信,然而不知为什么我没把信给他。第二天,丈夫提出要给婴儿换尿布,并且说:"我想我现在应该学会这些事了。"

"尽管我不知道他为什么会改变想法,但还是非常高兴地把信撕了,并暗自庆幸我给了他时间。一场争吵就这样避免了。此后,他一直对我很好。"

人们往往不善于等待,而等待往往是适用于各种情况的一种策略。有时片刻的沉默会产生奇特的效果。

圣诞节后大甩卖期间,玛丽安去退货。柜台前挤满了顾客。玛丽安要求退钱,售货员正忙得不可开交,告诉她衣服售出概不退换,然后就去为其他顾客服务了。玛丽安一声不响地拿着衣服在柜台前等候。

10分钟后,售货员又走了过来,玛丽安面带微笑,依旧在等待。售货员也只顾在柜台前忙碌,玛丽安还是沉默不语。又是几分钟过去了。这时,售货员什么也没说,拿起衣服走了。大约3分钟后,她回来了,而且,还带着钱!玛丽安的耐心和温文尔雅的微笑得到了回报。如果她大吵大闹的话,也许什么也得不到。

研究谈话节奏的学者们认识到,有张有弛的谈话在人际交往中至为重要。《谈话的艺术》的作者、心理教授格瑞德罗解释说:"沉默可以调节说话和听讲的节奏。沉默在谈话中的作用就相当于零在数学中的作用。尽管是'零',却很关键。没有沉默,一切交流都无法进行。"

言多必失,言多坏事

任何事物,不管是多么复杂的现象,多么深奥的思想,只需抓住它的核心,就相当于找到了一把钥匙,只要抓到它,就能提纲挈领,一通百通,在与人交往过程中,将会收到"画龙点睛"的效果。古语说:兵不在多而在精。说话也应以"精"为好。《墨子闲话》中记下这样一个故事:

子禽有一次问他的老师墨子:"多言有好处吗?"

墨子回答说:"青蛙日夜都在叫,弄得口干舌倦,却不为人们所爱听。而晨鸡黎明按时啼,天下不都被叫醒了!多言有什么好处?"事实正是如此。

贺若弼的遭遇

隋朝时贺若弼任大将军，但他常常为自己的官位比他人低而怨声不断，自认为当个宰相也是可以的。不久，还不如他的杨素做了尚书右仆射，而他仍为将军，未被提拔，他气不打一处来，不满的情绪和怨言便时常流露出来。

后来一些话传到了皇帝耳朵里，贺若弼被逮捕下狱。隋文帝杨坚责备他说："你这个人有三太猛：嫉妒心太猛；自以为是，自以为别人不是的心太猛；随口胡说目无长官的心太猛。"但是念在他平时有功，不久隋文帝就把他放了。谁想此后他还不吸取教训，又对其他人夸耀他和皇太子之间的关系，说："皇太子杨勇跟我之间，情谊亲切，连高度的机密，也都对我附耳相告，言无不尽。"

后来杨勇在隋文帝那里失势，杨广取而代之为皇太子，贺若弼的处境可想而知。

隋文帝得知他又在那里大放厥词，就把他召来说："我用高颖、杨素为宰相，你多次在众人面前放肆地说'这两个人只会吃饭，什么也不会干'，这是什么意思？言外之意是我这个皇帝也是废物不成？"贺若弼回答说："高颖是我的老朋友，杨素是我舅舅的儿子，我了解他们，我也确实说过他们不适合担当宰相的话。"这时因他言语不慎，得罪了不少人，朝中一些公卿大臣们怕受株连，都揭发他过去说的那些对朝廷不满的话，并声称他罪当处死。

隋文帝对贺若弼说："大臣们对你都十分的厌烦，要求严格执行法度，你自己寻思可有活命的道理？"贺若弼辩解说："我曾凭陛下神威，率八千兵马渡长江活捉了陈叔宝，希望能看在过去功劳的分上，给我留条活命吧！"隋文帝说："你将出征陈国时，对高颖说：'陈叔宝被削平，问题是我们这些功臣会不会飞鸟尽，良弓藏？'高颖对你说：'我向你保证，皇上绝对不会这样。'是吧？等到消灭了陈叔宝，你就要求当内史，又要求当仆射。这一切功劳过去我已格外重赏了，何必再提呢？"贺若弼说："我确实蒙受陛下格外的重赏，今天还希望格外的赏我活命。"此时他再也不攻击别人。隋文帝考虑了一些日子，念他劳苦功高，只将他贬为庶民。

贺若弼因言多而坏事，所以处世要忍那些不该讲的话，以免招致不必要的祸端。

沉默是金

古代印度有一位国王要考考他的一位大臣是否聪明。他给这位大臣三个高矮、大小、胖瘦、色泽全同的小金人，叫他辨明三"人"的各自特点。这大臣苦思冥想，心无旁

蠢，也不知所以。叫下边人看，个个搔首语塞。一个年轻人听说了，自告奋勇来辨认。他凝思片刻，要了三根草棍。他将第一根从小人左耳通入，从口中出来；将第二根通入小人右耳，从另一耳出来；将第三根通入小人之耳，草棍伸入肚中。然后他说：第一个"人"的嘴浅，听到什么便说出去，不受人欢迎；第二个"人"心不在焉，听了什么这耳进那耳出，他始终生活平庸；第三个"人"深沉，谨慎，听进什么藏在心中，不轻易表现自己，所以他容易成功。年轻人话音未落，满座为之叫绝。

这"三个小金人"的故事表明为人应该谨慎说话。

祸从口出而使人身败名裂，福自心生而使人添色增光。有时说话的人并无恶意，但对听者而言，却可能是伤及他的恶语。人们说话应谨慎，只说该说的话。

话说得体，则让人高兴；反之，只会让人伤心。一句话是同一个意思，出自两个人之口，听起来也有区别。你自己信口开河，根本意识不到会伤害人，但别人认为你是有意的，俗话说"口乃心之门"，你明显是故意伤害他。

不爱多说话的人，他内心并不是糊涂得无话可说，而是他明白话说多了鲜有不败事的道理。

当初，释迦牟尼佛在莲花池上，面对诸位得道弟子，突然拈花示众，众人不解其意，而只有迦叶尊者领悟了佛祖的意思，他会心一笑，于是就有了禅宗的起源。孔子观于后稷之庙，有三座金铸的人像，几次闭口不说话，只在它的背上铭刻了几句名言："古之慎言人也，戒之哉！无多言，无多事。多言多败，多事多害。"

释迦牟尼佛无语拈花，孔子铭刻"无多言，无多事"，这两位东方圣人的行为，寓意深刻。它劝诫人们：为人宁肯保持沉默寡言的态度，不骄不躁，宁可显得笨拙一些，也绝对不可以自作聪明，喜形于色，溢于言表。

有一首诗写道："缄口金人训，兢兢恐惧身。出言刀剑利，积怨鬼神嗔。缄默应多福，吹嘘总是蠢。"善于把持自己，让他人觉得你深不可测，从而集中心思与力量来对付你。这便是"沉默是金"的道理。

不到时候不开口

范雎是秦国历史上的一位贤相。开始，他并没有那么幸运，而是费了很大周折才得到秦昭王的重用。一次，在大臣王稽的引见下，范雎进宫拜见昭王。昭王早就听说范雎的贤明，便把他引入密室，单独倾谈。凡是一个足智多谋的人，均能把虚与实、张与弛处理得恰到好处。秦昭王越是急切切地请教高见，范雎越是慢腾腾地故弄玄虚。秦昭王毕恭毕敬地问道："先生以何教诲寡人？"范雎却一再"唯唯"连声，避而不答。最后，秦昭王深施大礼，苦苦祈求说："先生难道终不愿赐教吗？"范雎见秦昭王心诚，这才婉言作答，但谈论的都是一些与治政无关的小事。等到昭王拜他为上卿，封之于应地后，范雎才拿出他的"远交近攻"的策略。

范雎这样做是有原因的。当时的秦国，内有太后的专横，外有穰侯的跋扈，再加上高陵君、华阳君、泾阳君为虎作伥，以范雎一个卿客的身份是不敢轻举妄动，与昭王畅谈国事的。直到确立了自己的地位，时机成熟时，他才畅所欲言。因此，不是时候，不到时机，有些话是不能说的。说了，反而会惹上麻烦。

"话不投机半句多"，要想达到目的，没有机会就更加困难了。韩非子在他的《说难》中谈到了多种劝谏的原则，堪称不朽的著作。而且，韩非子在每一个说话的原则后附加一则史实，用来证明说话之难。

韩非子说："大凡游说的要务，在于知道美化所说对象自认为得意的地方而掩盖他羞耻的地方。他有个人的急事，就一定要表示是合乎公理道义的，并且勉励他。他的心中有卑下的意念，然而不能克制，游说者应将之说成是美好的，并嗔怪他为什么不去做。他心中有过高的企求，而实际上达不到，游说者应为他举出这件事的缺陷，揭示它的坏处，称赞他不去做。有的君主想自夸智能，就为他举出同类的其他事情，以增加君主智慧的来源，使他借助于我的进言，而我却假装不知，以帮助他自逞智能。游说者想进献与人相安的话，就必须说些美好言辞，而又暗示这是合乎君主私利的。游说者想陈述有危险的事情，就要强调它会遭到非议，而且暗示他也会给君主个人带来祸患。游说者要赞誉其他与君主有同样行为的人，策划其他与君主考虑的相同的事。有人与君主有同样卑污的行为，就必须大力美化，说它没有什么害处；有人与君主遭遇同样的失败，就必须公开掩饰，说他没有过失。君主自夸有能力时，不要给他出难题，让他难堪；君主自以为勇于决断时，不要以他的过失激怒他；君主自以为计谋高明时，不要用他的失败让他窘迫。游说的内容对君主没有什么不合，言辞又没有什么抵触，然后就可以自由地施展自己的智慧和辩才了。"

虽然韩非子说的是古代辩士游说君王时所采取的策略，今天，我们为了说服朋友和周围的人，也用得上这些理论。只要利用时谨慎行事，没有不心服口服的。

沉默有时比论理更有说服力

在特定的环境中,沉默常常比论理更有说服力。我们说服人时,最头痛的是对方什么也不说。反过来,如果劝者什么也不说,对方的错误意见就找不到市场了。

不同的沉默方式有不同的作用,运用时必须恰到好处。

1．咄咄逼人的沉默能使人不攻自破

有一个出生在有一定家庭教养的小学生,一天他拿了同学一件玩具,晚饭前回来,装出一副若无其事的样子,同往常一样笑吟吟地说:

"妈,我回来了!"沉默。

"姐,我饿了。"沉默。

"怎么了?"沉默。

"我没做错事啊!"还是沉默。

妈妈眼睛瞪着他,姐姐背对着他,全家都冷冰冰地对待他。他终于不攻自破了:"妈、姐,我错了……"

2．平平淡淡的沉默能发人深省

有些人态度很积极,但发表意见时不免有些偏颇,直截了当地驳回,又易挫伤其积极性,循循诱导又费时,精力也不允许,最好的办法便是平平淡淡地沉默。他说什么,你尽管听,"嗯"、"啊"……什么也不说,等他说够了,告辞了,再用适当的不带任何观点的中性词和他告别:"好吧!"或"你再想想。"别的什么也不说。如此,他回去后定然要竭思尽虑:"今天谈得对不对?对方为什么不表态?错在哪里?"也许他会向别人请教,或许自己悟出真谛。

3．转移话题的沉默能使人乐而忘求

对要回答的问题保持沉默,而选准时机谈大家的热门话题并引人入胜,使对方无法插入自己的话题,且从谈话中悟出道理,检讨自己。

4．义无反顾的沉默能使人就范

某领导有一次交代属下办一件较困难的任务,当然,他能胜任。交代之后,对方讲起了"价钱"。于是该领导义无反顾地保持沉默,连哼也不哼。困难如何大,条件如何差,时间如何紧……下属说着说着就不说了,最后说了一句:"好,我一定完成。"

沉默是金,有时沉默不语能够出奇制胜,如果滔滔不绝,反而有理说不清。

林肯是一位勤勉好学的人,他通过自学,领得了律师营业执照。他在法庭诉讼中的能言善辩、机智灵活,赢得了人们普遍的赞誉。有一次,他竟一言不发而击破了原告律师,在诉讼中获胜。

在法庭上,原告律师滔滔不绝,把一两个简单的论据反反复复地讲了两个小时,法官和听众都显得十分不耐烦,一片议论声。有的人竟打起瞌睡来。最后,原告律师终于说完了,林肯作为被告律师登上讲台,但他却一言不发。台下一片肃静,人们都感到很奇怪。

过了一会儿,林肯把外衣脱下,放在桌上,然后拿起水杯喝口水,再把水放下,重新穿上外衣。然后又脱外衣又喝水。如此重复了五六次,法官和听众被林肯的哑剧逗得哈哈大笑,而林肯却始终未发一言,在笑声中走下讲台,他的对手最终被"笑"输了。

◎ 在谈判中,沉默是制胜的武器

在谈判中,沉默不语是一种武器。如果对方提出不合理的要求,或者你对他所说的事情感到厌烦,最好坐在那里,一言不发。

我们有时会看到这样的现象:一位谈判者在对别人的谈话感到乏味时,会拿起桌上的报纸或其他什么,随便翻阅起来。这是暗示对方,报纸虽然很乏味,也比他的话有意思。这种做法,无疑是让对方终止谈话。

谈判中,恰到好处的沉默也是一种艺术,所谓"此时无声胜有声"。

有一次,一位领导主持记者招待会,一位外国记者问:"中国有没有妓女?"回答:"有!"然后停了下来。此时全场哗然。几秒钟之后,那位领导接着说:"在中国的旧社会。"

这一恰到好处的沉默,使后续的话语产生了惊人的效果。

英国作家赖白斯在一次演讲中,突然停顿,取出了表,站在讲台上一声不响地看着观众,时间长达 72 秒之久。正当听众迷惑不解之时,他说:"诸位刚才所感觉到的、局促不安的 72 秒长的时间,就是普通工人垒一块砖所用的时间。"

赖白斯以默语(即话语中短暂的间隙,又称停顿)的方式来表现演讲内容,实属高超,这是吸引听众注意力的一种方法。

谈判中默语所表达的意义是丰富多彩的。它既可以是无言的赞许,也可以是无声

的抗议;既可以是欣然默认,也可以是保留己见;既可以是威严的震慑,也可以是心虚的流露;既可以是毫无主见、附和众议的表示,也可以是决心坚定、不达目的绝不罢休的标志。

默语不仅可以增强语言的效果,也可以用来对付谈判对手。比如,你提出一个诚恳的建议,而对方却给了你一个不完全的回答。这时,你应该等下去。

沉默,会使人感到不自在,会给对方造成一种僵持的感觉,使其觉得非得回答你的问题或提出新建议的方式来打破僵局不可。要注意的是,你提出问题并沉默后,不要继续提出其他问题或发表评论,以防把对方从僵持中解脱出来。否则,你的这一计策就无法奏效。

用沉默来对付饶舌的对手,当然还有一个礼貌的问题。如果对方在热情地讲述着,你却表现得极不耐烦,或无动于衷,那都是不礼貌的。但如果你随声附和一两句话时,对方会误认为是对他的赞同,他说起来就会更起劲。

你不妨采取这种方式的沉默:不时地端起茶来劝饮,或者不时地看看表。这样,多数人见到这种姿态就会终止谈话。

当然,也有少部分人故意视而不见,非得讲完不可。这时,你可以做一些明显动作:如动一动身体,或故意上一趟厕所,或借故干点别的什么事。

如果担心这些动作还是有不礼貌之嫌,你可以眼睛故意不看对方,而看身旁的某处。

从道理上讲,听别人讲话时应当看对方眼睛才算有礼貌,通过双目交流,达到感情的互相沟通。但当你避开对方视线时,这种沟通就会受影响,而减弱对方的讲话兴致。

说话大智慧

风流不在谈锋胜,袖手无言味最长。沉默,显示了冷静和清醒;沉默,闪烁着智慧和胆识。

NO.28

智者嘴上有一把钥匙
愚人嘴边没有把门的

隐私要有所保留，
过度公开自己的人，
往往会吃大亏。
守住自己的秘密，
是对自己的一种尊重，
是对自己负责的一种行为。

罗曼·罗兰说："每个人的心底，都有一座埋藏记忆的小岛，永不向人打开。"马克·吐温也说过："每个人像一轮明月，他呈现光明的一面，但另有黑暗的一面从来不会给别人看到。"

这座埋藏记忆的小岛和月亮上黑暗的一面，就是隐私世界。每一个人都有自己的隐私，都有一些令人不快、痛苦、悔恨的往事。比如感情的破裂，夫妻的纠纷，事业的失败，生活的挫折……这些都是自己过去的事情，不可轻易示人。

在工作中和同事相处，不要把自己过去的事全告诉别人，特别是那些不愿让他人知道的个人秘密，要做到有所保留。向他人过度公开自己秘密的人，往往会因此而吃大亏。因为世界上的事情没有固定不变的，人与人之间的关系也不例外。今日为朋友，明日成敌人的事例屡见不鲜。你把自己过去的秘密完全告诉别人，一旦感情破裂，反目成仇或者他根本不把你当做真正的朋友，你的秘密他还会替你保守吗？

智者的故事

罗斯福还没有当选美国总统时，曾在海军担任要职。一天，一位好友出于好奇向罗斯福问起海军在加勒比海一个小岛上建设基地的情况。罗斯福神秘地向四周看了看，对着朋友耳朵小声说："你能保密吗？""当然能，谁叫咱们是朋友呢？"朋友挺有诚意地回答。"我也能，亲爱的。"

罗斯福一边说，一边对朋友做了个鬼脸。

愚人的故事

振华是一个公司的职员，他与他的好朋友林明无话不谈。一次，借着酒兴，他向林明说出了他不为人知的秘密。原来年轻时他曾与别人打群架，砍伤了别人，结果被判了两年刑。从监狱出来后，改过自新，重新做人，考上了大学，进了现在的这家公司工作。

时值年底，公司效益不佳，并准备裁员。振华和林明从事同一个工作，这个位置精简后只能留下一人，如果论实力，振华比林明要略胜一筹。

不久，公司就传开了，大家都知道振华是坐过牢的"劳改犯"，对他的印象大打折扣了。谁愿意跟劳改犯一起共事呢？结果振华被裁掉，林明幸运地留了下来。

和同事说话不可尽言

每个人都有自己的过去,都存在一些不为人知的秘密。朋友之间,哪怕感情再好,也不要随便把你过去的事情、秘密告诉对方。

如果你是职场中人,你将你的秘密告诉你的同事,在关键时刻,他很可能会跟林明一样,拿出你的秘密作为武器回击你,使你在竞争中失败。他将你不光彩的秘密说出来,你的竞争力就会大大削弱。

自己的秘密不要轻易示人,守住自己的秘密是对自己的一种尊重,是对自己负责的一种行为。"逢人只说三分话,未可全抛一片心。"这话虽有偏颇,但却有些道理。尤其是同事之间,存在着竞争关系,可能你觉得这样做过于圆滑,但现实生活就会告诉你这样的道理,孔子说过:"不得其人而言,谓之失言。"又有古语告诉我们:"言多必失","君子三缄其口"。

与同事说话,要分人、分场合、分时间。你所说的话,对方是不是爱听?说你自己的事,同事必须关心吗?说同事的事,你的说法正确吗?不分场合地讲你的事情或同事的事情,他们会不会反感?不管同事的心情好坏,时间松紧,唠唠叨叨,同事不厌烦吗?这些都是你要考虑的,要"三思而后言"。过多的暴露,会让人觉得你肤浅;过分的热情,会让人产生讨好的印象。因此,与同事说话,要因人而异,否则物极必反。

不分青红皂白地把同事当做知心朋友,动辄一吐心曲,更是需要小心的。特别是与同事相交甚欢或话语投机之时,更要把住口舌关。当别人对自己倾诉知心话,自己要以诚相待时,仍要特别注意,不可毫无遮拦。因为人际关系是经常变化的,今天的知心人或许就是明天的对手,你的知心话就会成为明天握在对方手中的把柄。给自己留一点余地,留一条后路,总会让人觉得安全、踏实。

逢人只说三分话

逢人只说三分话,不是不可说,而是不必要说的话不要说。善于处世的人,说话圆滑而保守,是不必说、不应该说的缘故,绝不是他不诚实,更不是狡猾。

说话本来就有三种限制:一是人,二是地,三是时。非其人不说;非其时,虽得其人,也不必说;得其人,得其时,而不是说话的地方,仍是不必说。

不是说话的人,你说三分话已是太多。得其人,而非其时,你说三分话,正给他一个

暗示,看看他的反应。得其人,得其时,而不是说话的地方,你说三分话,正可以引起他的注意。如有必要的话,不妨选个地方仔细谈谈,这才是通达明智的做法。

有时你只说三分话,正是你的职业道德。做医生的人,普通病人或者可以对人提起;如果是绝症的人,你就只字不能对别人提及,这是医生的职业道德。经办银行业务的人,业务大概情形或者可以对人提及,对于存款人的姓名与存款额,你是绝对不可提起的,这是银行人员的职业道德。这样的例子还多得很。有时你因为不能遵守只说三分话的戒条,酿成大祸,往往使你的精神备感痛苦,甚至蒙受更大的损失。

如果你从事的是机密工作,或者特殊的行业,对人只说三分话,还要在重要话题之外。重要话题是一个字都说不得的。你说的三分话,应该是风花雪月,应该是柴米油盐,应该是上天下地。总而言之,应该是无关紧要的材料。无关紧要的材料,虽是说得头头是道,说得兴味淋漓,说得皆大欢喜,其实是言之无物,不会引来什么苦恼。

🌀 领导面前这些话不能说

对领导说话要讲究技巧,上司毕竟不像一般同事,何况一般同事之间也应该注意分寸,不能太无所顾忌。所以与领导相处,平时说话交谈,汇报情况时,都要多加小心。特别是一些让领导不快的话,就更要注意。如:

1.不经意地说:"太晚了!"

这句话的意思是嫌领导动作太慢,以至于快要误事了。在领导听来,肯定有"干吗不早点"的责备意味,你看这话能说吗?

2.对领导说:"这事不好办。"

领导分配工作任务下来,而下级却说"不好办",这样直接地让领导下不了台,一方面说明自己在推卸责任,另一方面也显得领导没远见,让领导没有面子。

3.对领导说:"您真让我感动!"

其实,"感动"一词是领导对下级的用法,例如说:"你们工作认真负责不怕吃苦,我很感动。"而晚辈对长辈或下级对上级用"感动"一词,就不太恰当了。尊重领导,应该说"佩服"。如:"经理,我们都很佩服您的果断。"这样才算比较恰当。

4.对领导说:"不行是吗?没关系!"

这话是对领导的不尊重,缺少敬意。退一步来讲,也是说话不讲方式方法,说了不该说的话。

5. **对上级的问题回答："无所谓，都行！"**

过度客气反而会招致误解。和领导说话应该小心谨慎，顾全大体，但顾虑过多则适得其反，容易遭受误解。

善于察言观色，以平常心去应对，习惯成自然，对这类情况就可以应付自如了。如果想克服胆小怕事的心态，有时越是谨慎小心，反而越容易出错，会被上司误认为没有魄力，不值得重用。

你有义务为朋友保守秘密

"水至清则无鱼，人至察则无徒"——"徒"的意思并非徒弟，而是朋友。也就是说，人至清则无友。

正是因为道德礼俗的规范与人类天性的永恒冲突，所以人具有倾吐内心隐秘的需要，这种心理需要也就构成了对友谊的渴望。

倾吐内心隐秘必须是相互的。有时候你没有把某一个朋友当成知己，但他却一时冲动把自己的一件隐秘告诉了你，如果你珍视友谊，你就很有必要把自己一件类似的隐秘也告诉他，有必要的话甚至要编造一件类似的丑事，既表示对他的安慰，也为了使他事后不必因为告诉你而不安。交换秘密使两个人的秘密都有了保险系数，如果你知道他人的秘密而不用自己的秘密与之进行交换，那么你就成了"知道得太多的人"，他轻则与你断交，重则用诋毁和诽谤来先发制人。许多仇人就是从不幸的友谊变形而来的。

我们需要明白这个事实，朋友之所以将他的"隐私"告诉我们，目的是为了赢得我们的同情、爱怜，要我们及时帮他出点子、想办法。但这些"隐私"知道者范围不能大，只能"你知他知"。

朋友把自己的"隐私"告诉了你，即使没有叫你保密，也证明了他对你的极度信任。对此你只有为他分忧解愁的义务，而没有把这种"隐私"张扬出去的权利。如果不把"保密"作为一种义务，一种责任，热衷于流言飞语，把朋友的"悄悄话"公之于众，如果是无意间的"泄露"，还情有可原。否则，可能会引起不少人的风言风语，甚至被歪曲事情真相，不仅不利于解决问题，相反会把事情搞糟。同时还会使你失去朋友，甚至会失

去周围同事对你的信赖，最终成为孤家寡人。

马克思住在巴黎的时候，与诗人海涅之间的友谊，达到了"只要半句就能互相了解"的地步。海涅思想相当进步，写下很多战斗诗篇，夜晚，就到马克思家中朗诵自己的新作。马克思和燕妮就一起与他加工、修改、润色，但马克思从不在别人面前"泄露天机"，直到海涅的诗作在报章上发表为止。海涅称马克思是"最能保密"的朋友。他们的友谊为世人所羡慕，所称颂。

只有为朋友保密，"守口如瓶"，才能得到朋友的信赖，友谊才能不断加深。

❧说话大智慧❧

"树大根细招风气，信口直说人人忌。"在社交场合与人讲话，"嘴上保留个把门的"。要根据不同的情况而说不同的话，同时在说话时要慎重考虑哪些话该说，哪些话不该说。

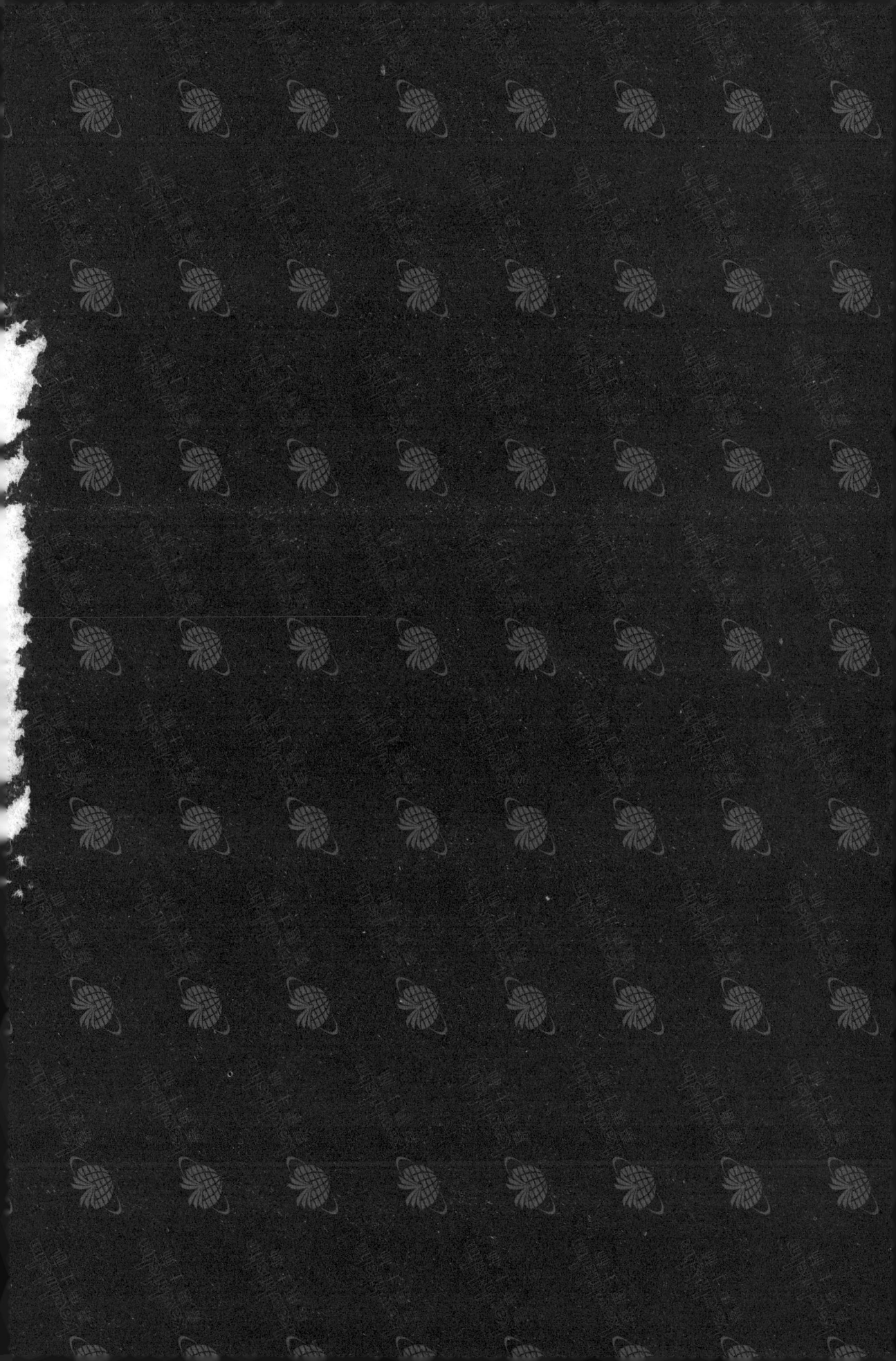